复旦大学当代国外马克思主义研究中心编

当代国外马克思主义评论

Contemporary Marxism Review

2019年第2期·总第19辑

人民出版社

Contemporary Marxism Review(19)

The Journal of the Center for Contemporary Marxism abroad, Fudan University

Editor-in-chief	*Wu Xiaoming*
Executive Editor-in-chief	*Wang Xingfu Zou Shipeng*
Edited by	*The Center for Contemporary Marxism abroad*
Published by	*Renmin Press*

当代国外马克思主义研究中心顾问：

海外：（以字母为序）

Tony Andréani［法］   Jacques Bidet［法］

Iring Fetscher［德］   Agnes Heller［匈］

F.R.Jameson［美］   Georges Labica［法］

Francette Lazard［法］   Michael Lowy［法］

David Mclellan［英］   Juergen Habermas［德］

Bertell Ollman［美］   John E.Roemer［美］

John Rosenthal［美］

国内：（以姓氏笔画为序）

王邦佐	韦建桦	伍伯麟
庄福龄	刘放桐	李其庆
余源培	杨春贵	陈占安
陈先达	秦绍德	顾锦屏
徐崇温	黄楠森	陶德麟
靳辉明		

主　　编：吴晓明
执行主编：汪行福　邹诗鹏

学术委员会:（以姓氏笔画为序）

王　东	王德峰	朱立元	朱钟棣	衣俊卿
冯　平	孙正聿	孙承叔	孙　辉	李瑞英
吴　松	吴晓明	何　萍	张一兵	张晖明
张　雄	余文烈	陈学明	陈振明	林尚立
杨　耕	汪行福	邹诗鹏	俞可平	袁　新
顾海良	梁树发	韩庆祥	韩　震	童世骏
曾枝盛				

目　　录

1

三、社会理论与政治哲学研究

四、民族主义专题

一、纪念阿多诺逝世 50 周年专辑 <<<<

对形而上学的沉思（节选）[*]

（Meditation zur Metaphysik）

［德］阿多诺（Theodor W. Adorno）著　　王凤才　译

奥斯维辛之后（Nach Auschwitz）

人们再也不能这样断言：真理是不变的，表象是变化的、易逝的，暂时性观念与永恒性观念是彼此漠不关心的，即使用黑格尔的大胆的说法——暂时性的定在因为其概念中固有的永恒的毁灭，而服务于在毁灭的永恒性中表现出来的永恒——也不行。在辩证法中被世俗化的神秘的冲动之一，就是这样一种学说，即尘世的、历史的东西与被传统形而上学抬高为超越性的东西相关联，或者并不神秘地、彻底地说，至少与哲学教规指派给形而上学的问题之有意识的立场相关联。奥斯维辛之后，在情感上，我们反对任何关于此在肯定性的空谈、反对此在无罪于牺牲者的肯定性的断言、反对从牺牲者的命运中榨出任何一种被如此耗尽的意义。在将这些从肯定性地设定的超越性中散发出来的内在

* 本文译自 Theodor W. Adorno, Gesammelte Schriften Herausgegeben von Rolf Tiedemann unter Mitwirkung von Gretel Adorno, Susan Buck-Morss und Klaus Schultz Bd.6-Negative Dialektik/Jargon der Eigentlichkeit Frankfurt/M.: Suhrkamp, 7. Auflage 2015。（《否定辩证法》，阿多尔诺著，王凤才译，商务印书馆 2019 年版。为纪念阿多尔诺逝世 50 周年，承蒙商务印书馆同意，选取部分在此发表，特此致谢！）

3

性意义建构宣判为嘲讽的事件之后，我们的情感中的确有客观性要素。

这种结构肯定了绝对否定性，并有助于它从意识形态上继续存活下去；在现存社会原则中直至它自我毁灭，这种否定性一直现实地存在着。里斯本大地震①足以使伏尔泰摆脱莱布尼兹的神正论；而且，与第二自然，即社会的灾难相比，第一自然之一目了然的灾难是微不足道的。第二自然抽走了人的想象力，因为这种想象力从人的邪恶中引出了现实的地狱。趋向形而上学的能力瘫痪了，因为实际发生的事情摧毁了思辨的形而上学思想与经验一致性的基础。令人难堪的是，从量到质的突变之辩证动机又一次取得了胜利。随着通过行政管理手段对数百万人的谋杀，死亡变成了某种再也不令人害怕的事情。在个人经验的生命中，死亡再也不可能作为任何一种与生命过程相一致的东西出现。（死亡）作为留给个体最后的、最可怜的东西也被剥夺了。在集中营中，不再是个体的死亡，而是试验品的死亡。这种死亡想必也刺激了那些逃脱了行政管理措施的人们。

种族灭绝是绝对的整合。在人们被当作同样的，就像德国军队所说的必须"被干掉"的那样，直到他们被当作完全无用的概念之偏离需要从字面上抹掉一样，到处都准备好了这种整合方式。奥斯维辛确证了纯粹同一性就是死亡这个哲学原理。来自贝克特《决胜局》的大量文献（表明）：人们对在集中营里给他们提供第一手试验材料的实践反应根本不是感到害怕，而是在这种一度令人尊敬的实践概念中有目的地潜藏着对非同一性的毁灭。绝对的否定性是看得见的，不再令人惊奇。可怕的是与自我保护的个体化原则联系在一起，这个原则由于始终如一而自我废黜。集中营里的施虐狂们预先通知他们的牺牲者：明天你们将化作一缕青烟从这个烟囱中缓缓升入天空。这种预报表明了

---

① 里斯本大地震发生于 1755 年 11 月 1 日 9:40（持续 3.5—6 分钟），里氏 8.7 级，死亡 6 万—10 万人，随后引发的火灾、海啸使里斯本毁于一旦，令葡萄牙帝国从此衰落。里斯本大地震催生了现代地震学，推动了神正论与崇高哲学的发展。——译者注

历史所趋向的对每个人生命的冷漠。个人即使在他的形式的自由中也是可互换的、可替代的,正如在清算者的脚下一样。

然而,由于在以普遍的个体利益为法则的世界中,个人不过是已经成为无关紧要的自我,那么人们所信任的、古老趋势的发生同时也是最恐怖的事情。人们很难从这种趋势中走出来,就像很难逃脱集中营的带电铁丝网一样。人们有权利表达持续不断的痛苦,就像遭受酷刑者有权利喊叫一样。因此,奥斯维辛之后不再让写诗,这也许是错误的。但提出一个不太文明的问题却不是错误的:奥斯维辛之后你是否还应该活着?特别是那些偶然逃脱,但依法必须被处死的人是否还可以继续活着?他的继续活着需要冷漠,即资产阶级主观性的基本原则。没有这一原则,也许就不会有奥斯维辛:奥斯维辛是那些被赦免的人的巨大罪过。为了报复,他将受到梦魇的折磨:似乎他根本不再活着,而是于 1944 年被投进了焚尸炉中。他以后的整个生存不过是在想象中,一个在二十年前就被处死的人之扭曲愿望的流溢。

思想家、艺术家时常表达一种并非完全在场的、并非共同参与的感受,似乎他们根本不是他们自身而是某种旁观者。其他人对于这种经常出现的情况感到厌恶,克尔凯郭尔将由他自己提出的所谓美学领域论战建立在这个基础之上。相反,对哲学人格主义的批判,赞同所有生存行为在超越自我保护动机蒙蔽的要素中,赋予对直接的东西进行否定的立场以客观真理性。"这根本不重要"——人们喜欢将这句话与资产阶级的冷漠联系在一起,但正是在这句话中,个体很轻易地、毫不恐惧地觉察到其生存的空无性。不人道的方面在于,在旁观中拉开距离并得以提升的能力,最终是人道的方面,是意识形态家所抵制的方面。

如此表现的那部分是不朽的,这并不缺乏说服力。萧伯纳①在通

---

① 萧伯纳(George Bernard Shaw, 1856—1950),爱尔兰现实主义剧作家,费边社会主义者,1925 年获得诺贝尔文学奖。——译者注

往剧院的路上将他的证件递给一个乞丐并匆忙地说:"报社的。"这个场景表明,在玩世不恭的外表下隐藏着一种意识,它承担着阐释令叔本华感到吃惊的事实:在不是他人而是我们自己的死亡面前,人的情感常常是很脆弱的。也许,人们无一例外地处于魔力之下,已经没有人能够去爱,因此意味着每个人很少感受到被爱。但旁观者的行为同时也表达出对事情能否完全如此的怀疑,尽管主体与其蒙蔽如此关联,不过是这个可怜的东西、在感情冲动中像动物一样短命的东西。

在魔力之下,活生生的人要在不自觉的无动于衷(一种出于软弱的审美)与被卷入的兽性之间进行抉择,这两者都是虚假的生活。不过,这两者中的任何一个都是为了正当的超然与同情。那种自我保护之有罪的冲动一旦被克服,也许正好强化了不断当代化的威胁。自我保护唯一令人怀疑的东西,就是自我保护强加给生活的东西,是否变成了令人不寒而栗的东西,变成了幽灵,变成了鬼怪世界的一部分;而觉醒的意识又将这个世界视为不存在的。这种生活作为纯粹事实已经剥夺了其他生活的可能性。从统计学上看,这种生活的罪责在于,通过极少数人的被拯救来弥补绝大多数人的被谋杀,似乎这是由或然性统计预测到的。这种生活的罪责与生活不再能够和解。这种罪责不断地再生产出来,因为目前它还不能完全意识到这一点。

这就是被迫从哲学上进行思考的东西。在这里,人们体验到了震惊:哲学越是深刻地、越是有力地穿透事物,人们就越是怀疑哲学远离了实际事物;对本质之曾经的揭示,也许能够使最肤浅的、最平淡的直观,真正嫌弃那些指向本质的直观。由此,一束耀眼的光线就落在了真理身上。思辨感受到了某种义务:为它的对立面,即共同感开启矫正的立场。生活哺育了预感的恐怖:必须被认识的东西,更类似于在大地上发现的东西,而不是类似于漂浮于空中的东西。这种预感在平淡事物那里能够得到确证,尽管思想只有在提升中才有它的幸运,即真理的前兆。

如果平淡事物都有最后定论,如果这个定论就是真理,那么真理也就贬值了。平淡意识，就像它在实证主义与非反思的"唯名论"中从理论上表达的那样，也许比崇高意识更能接近"思想与事物符合"；在对真理之滑稽的嘲讽中，它要比优越意识更真实，除非其他的真理概念比"符合论"真理概念更加成功。形而上学只有通过自我废黜才能赢得胜利，这也是刺激形而上学向唯物论过渡的原因之一。这种刺激也适合于其他的真理。这种倾向可以追溯到黑格尔主义者马克思直至拯救归纳法的 W.本雅明，卡夫卡的著作对于这种倾向加以神化。如果否定辩证法要求思维进行自我反思，那么就明显包含着：思维为了成为真实的，尤其是今天想成为真实的，那么它就必须对自身进行思维。如果思维不用那种逃避概念的最外在的东西来衡量，那么事先它就被伴奏乐的敲击声所掩盖，党卫军①喜欢用这种伴奏乐的敲击声来掩盖牺牲者的惨叫声。

形而上学与文化（**Metaphysik und Kultur**）

希特勒将一个新的绝对命令强加给不自由状态中的人们：如此安排他们的思维和行动，为的是奥斯维辛不再重现、不再发生任何类似的事情。就像康德的绝对命令被给予性一样，这种绝对命令是如此反抗它的论据。推论性地对待这种绝对命令，也许是亵渎：从这种新的绝对命令中，可以亲身感受到伦理的附加要素。之所以说"亲身感受到"，是因为这种伦理的附加要素在不可忍受的肉体痛苦面前实际上变成了厌恶。个体，即后来的个体性，准备将这种痛苦的肉体当作精神的反思形式而使之消失。道德只有在坦率的唯物论动机中才能幸存。

历史的进程迫使在传统上与唯物论直接对立的东西，即形而上学走向唯物论。精神曾经自诩被规定为或被建构为类似于存在的东西，

---

① 党卫军（Schutzstaffel，简称 SS）是德国纳粹党于 1925 年 4 月成立的特务和军事组织，最多时达 90 万人，包括秘密行动队（主要屠杀犹太人、波兰人）、武装党卫队（作战部队）、盖世太保（国家秘密警察）。——译者注

趋向于与精神不同的东西;但逃避精神支配的东西表明这种支配是绝对恶的东西。活生生的人之肉体的、远离意义的层面是痛苦的舞台。在集中营中,这种痛苦毫无安慰地烧毁了精神及其客观化,即文化的所有安抚作用。这个形而上学曾经想反对的过程已经达到了它的逃离点,通过这个过程形而上学不可阻挡地发生了变形。自青年黑格尔以来,哲学不能排除形而上学迅速进入物质定在中的问题,假如它不为了被许可的思维而出卖自己的话。

儿童从对屠宰场、腐尸、令人作呕的甜兮兮的腐烂气味、那些区域可使用的脏话的着迷中预感到了这一点。那些区域之无意识的力量并不比幼儿性欲的力量小。这两者叠加成肛门固恋,但两者又几乎不是一回事。无意识的知识将被文明教育压抑的东西通过耳语传给儿童,这涉及下述问题:在几乎很少被压抑的最高兴趣中、在"这是什么"与"趋向何处"的问题中,引出了可怜的肉体生存问题。有人成功地用"猪粪"和"猪圈"这样的语词使儿童们想起曾经侵袭他们的东西,这也许比黑格尔的著作更接近于绝对知识。黑格尔的著作向读者许诺绝对知识,为的是拒绝读者思考绝对知识。肉体死亡在文化中的整合从理论上被废除了,但不是取悦于本体论上的纯粹本质的死亡,而是因为腐尸的恶臭所表达的东西之缘故,并由于尸体被美化为遗体而受到欺骗。

一个儿童喜欢一位名叫亚当的小旅馆老板,他在观看亚当用一根棍子打死从院子里的洞中灌出来的老鼠。这个儿童根据这个小老板的形象塑造了人类始祖亚当的形象。"亚当"已经被遗忘了,人们不再理解他们在狩猎者的车前曾经发现的东西。这既是文化的胜利也是文化的失败。文化不再容忍对这个区域的记忆,因为它一再模仿古老的亚当,而这种记忆恰恰与文化概念自身不相容。文化憎恶恶臭,因为它发出恶臭;就像布莱希特在一个卓越的句子中所说的那样,"文化的殿堂是用狗屎建成的"。在写出这句话几年之后,奥斯维辛无可辩驳地证明了文化的失败。

在所有哲学、艺术、启蒙科学传统中发生的事情,并不仅仅是说,这些传统、精神不能把握和改变人。在那些领域本身中、在它们被强调的自足性的诉求中，存在着非真理性。奥斯维辛之后的所有文化，连同对它们的急切的批判，都是垃圾。由于文化在其故乡中毫无抵抗地发生的事情之后得到了恢复，文化就完全变成了它曾潜在地所是的意识形态。从此以后，文化在与物质的生存之对立中，自以为给物质的生存带来了光明，但这种光明对物质的生存隐瞒了精神劳动与体力劳动的分离。若谁为这种极其罪恶的、卑劣的文化辩护，那他就成了这种文化的帮凶；与此同时，若谁拒绝文化，那他就直接促进了文化所揭示的野蛮。

即使沉默也不能走出这个怪圈。沉默只能用客观真理状态使自己主观的无能合理化，由此再一次将真理贬低为谎言。东方国家（尽管是相反的家伙），它们废黜了文化，并使文化作为纯粹的支配手段变成了废物。这样，对此发出呻吟的文化就遭遇了它理应得到的东西；并在所有人的民主权利的名义下，热情地趋向于对人们来说平等的东西。只有当高高在上的官员将行政管理的野蛮自夸为文化并将恶的东西当作不可失去的遗产来看护时，才证明了它们的现实，即（经济）基础就像（通过将上层建筑纳入其管理之下而消除的）上层建筑一样是野蛮的。至少在西方，人们可以这样说。

危机神学记录了它抽象地因而徒劳地反抗的事情，即形而上学与文化已经聚合在一起。精神的绝对性、文化的光环，是同一个原则。这个原则不知疲倦地对它假装表达的东西施加暴力。奥斯维辛之后，任何漂亮的空话，即使神学的空话，也不再拥有不可改变的权利。很早以前尼采对观念所做的判断再次被运用到牺牲者身上。传统语词的挑战在于，检验上帝是否容许而不是发怒地干预这个判断。

在奥斯维辛和其他集中营幸存下来的人，会以令人惊奇的力量激动地反驳贝克特说：如果贝克特在奥斯维辛待过的话，那他肯定不会这样写了，即不会用出逃者的战壕信念来写了。与贝克特认为的不同，出逃者是正确的。贝克特和其他有自制力的人，在奥斯维辛会被打断骨头，或许被迫承认出逃者用"他想给人以勇气"这样的语词美化的这个战壕信念：仿佛任何一个精神构造物、仿佛那种求助于人们并适应于人们的意图，并没有给人们带来他们所诉求的东西，即使他们相信相反的东西。这是与形而上学一起出现的。

今日之死（Sterben heute）

这就赋予这个要求——与形而上学一起从头开始，或者像通常所说的那样，对形而上学进行彻底质疑——以诱惑力；并消除失败的文化用来掩盖其罪责和真理性的幻想。但只要这个所谓消除满足于完好无损的基础层面的渴望，那么它就刚好与自夸要消除的文化结成了同盟。在法西斯主义者激烈地反对解构性的文化布尔什维主义时，海德格尔则令人尊敬地将解构当作渗透进存在中的活动。文化批判与野蛮并非没有一致性。这在实践中迅速得到了检验。那种试图摆脱围绕着它的、被中介的文化因素之形而上学权衡，否定了其所谓纯粹范畴与社会内容之间的关系。对社会的无视，鼓励形而上学以现存形式继续生存；相反，这种现存形式又阻碍着真理性认识及其实体化。纯粹原始经验的偶像完全像文化上被预选的东西一样，是选错了的、作为存在的东西之范畴资源。唯一的出路是，在它们的中介性中从两个方面加以规定：作为废物之覆盖的文化；与作为绝对的文化要求（它必须在所有的变化中始终保持自身）之投射的自然，即使它将自身视为存在之基石。甚至死亡经验也不足以作为最终的、无可怀疑的东西，作为笛卡尔曾经从无效的"思维"中推演出来的类似于形而上学的东西。

死亡形而上学无论是退化为对英勇死亡的宣告，还是退化为"人必有一死"这种显然是纯粹无聊的重复，其全部意识形态之恶或许奠基于这个事实中：人的意识至今都持续性地虚弱，以至于难以承受死亡经验，或许根本不能接受这种经验。任何公开地、自由地对待客体的人的生活，都不足以完成在每个人的精神中作为潜在的东西而存在的东西；生命与死亡彼此分离开来。那些给予死亡以意义的反思像同语反复的反思一样无济于事。人的意识越多地摆脱动物性并成为固定的、在形式上持久的,它就越固执地反对所有使它怀疑自身永恒性的东西。

"主体似乎是不可丢弃的",这种欺骗与主体历史地提升为精神是交织在一起的。早期财产形式与想消除死亡的神奇的实践叠合在一起,人的所有关系越是完全地为财产所决定,理性就越像从前的仪式一样固执地去驱走死亡。在最终阶段上,死亡本身在绝望中成为财产。死亡形而上学的拔高解除了死亡经验。流行的死亡形而上学不过是社会对下述事实的无力的安慰:通过社会变化使人们失去了对他们来说曾经应该忍受的东西即死亡,失去了死亡与生命从根本上说如史诗般统一的感受。

即使这种感受也只想用老年人和生活富足者的疲倦来美化死亡支配。生活富足者因此敢于去死,因为他们从前艰难的生活甚至不是生活,因为生活给予他们自身的力量还不足以抵抗死亡。但在社会化的社会中,在社会内部不可逃脱的密网中,人们只是将死亡感受为一个外在于、异于他们的东西;而没有关于死亡与他们的生命具有通约性的幻想。他们不能接受"他们一定要死"这个事实。与之相联的希望,是反常的、破碎的:正是因为死亡不能构成此在的整体,就像在海德格尔那里一样,只要这个人不是愚钝的,他就会将死亡及其征兆,即疾病,体验为异质的、异于自我的。

人能够灵活地对此进行论证,即自我不过是与死亡相对立的自我保护原则,因而自我不能被"它本身就是自我"的意识所吸收。但这个意识经验很少支持这种观点。面对死亡,意识经验并不必然像人们所期望的那样采取抗拒姿态。"凡是存在的就一定要灭亡",黑格尔的这个学说几乎不为主体所确认。即使对那些已经觉察到身体虚弱症候的老年人来说,"人总是要死的"这个事实似乎更表现为一种由自己的身体引发的偶然事件,具有与今天典型的外在的事故同样的偶然性特征。

这就强化了与客体优先性见解相对立的思辨:精神是否不拥有独立的、未混合的要素。恰恰当精神未吞噬所有这些要素并从自身出发

11

再生产"死期至矣"时,这种要素才是自由的。自我保护的兴趣无论多么骗人,如果没有这种要素就几乎不能解释(如康德珍视的)灵魂不朽观念的抵抗力。但正如在衰老的个体中一样,在类的历史中那种抵抗力似乎也下降了。在曾经许诺要驱赶死亡的、(早已被秘密认可的)客观宗教衰落之后,死亡今天彻底变成了完全异化的东西,因为从根本上说它是通过社会决定的连续性经验衰落而变成的。

越多的主体越少地生活,死亡就越突然、越恐怖。从字面上看,死亡使主体变成了物。这使主体觉察到它们永久的死亡、物化,以及由它们共同的过失而造成的关系。文明对死亡的整合,没有战胜死亡的力量,也没有在死亡面前可笑的、装模作样的对待死亡的力量。这种整合形成了对商品交换社会之笨拙的、尝试性的社会反应,它试图堵住商品世界敞开的最后一个漏洞。

死亡与历史,尤其是个体范畴的集体的历史,形成了一个星丛。个体,例如哈姆雷特①,曾经从死亡的不可避免性的朦胧意识中推导出来死亡的绝对本质。这样,个体就与整个市民社会的定在结构一起毁灭。被毁灭的是一个自在的或许甚至是自为的虚无。因此,面对死亡是持久的恐慌。除了通过死亡压抑之外,再也无法平息这种恐慌。这种绝对的死亡,或者说,作为生物学上的原现象,不能从历史的缠绕中抽出来②。所以,承载死亡经验的个体更多的是历史范畴。"死亡总是一样的",这个说法既是不真实的又是抽象的。意识容忍死亡的方式,连同具体条件都是变化的,就像一个人的死亡归根到底是肉体的死亡一样。

在集中营里,死亡有了新的恐惧感:自奥斯维辛以来,害怕死亡意味着,怕死是比死亡更糟糕的事情。死亡给社会上被判刑的人带来的

---

① 哈姆雷特(Hamlet),英国剧作家莎士比亚(William Shakespeare,1564—1616)篇幅最长的戏剧《哈姆雷特》的主人公。《哈姆雷特》(1599—1602)与《奥赛罗》(1603)、《麦克白》(1606)、《李尔王》(1606)一起,被公认为莎士比亚"四大悲剧"。——译者注

② 参见 H.雷吉乌斯:《拂晓》,苏黎世 1934 年版,第 69—70 页。

东西,对人们很喜欢的老人来说从生物学上是可以预知的。不仅他们的身体而且他们的自我——被规定为人的所有东西,在没有疾病和暴力干预的情况下崩溃了。最后一点对先验性之持续性的信任仿佛消失在尘世生活中:对他们来说,还有什么是不应被毁灭的呢?信仰的安慰,作为人的核心,还续存于这种解体或疯狂中;对死亡经验的漠不关心,是某种愚蠢的和玩世不恭的东西。信仰的安慰被引申为厚颜无耻的市侩式的聪明;但人总是保持他所是的样子,永远如此。一个人故意避开可能实现的形而上学需要所否定的东西,是对形而上学需要的嘲笑。

"死亡是绝对最终的事情",这个思想也许是不可思议的。用语言表达死亡的尝试,在逻辑上根本是徒劳的。谁是在此被预测到的主体、此时此地已经死亡的主体?按照尼采使人易懂的话说,愉悦不仅是希望永恒性、不仅是抗拒易逝的东西。如果哲学肯定性地、徒劳地召唤那成为绝对的死亡,那一切根本上就是虚无;即使关于死亡的思想也只是在空无中思考,根本不是思考真理。因为真理连同它的时间核心是持续的,这是真理的一个要素。若没有持续性,就不是真理,连真理的最后的痕迹也被绝对的死亡所吞噬。

绝对死亡观念像灵魂不朽观念一样不理会思维。然而,死亡的不可思议性并没有保护思想抵抗住形而上学经验的不可靠性。包围着所有人的蒙蔽关系分有着人们敢于用来撕破这个面纱的方式。"从根本上说,形而上学经验是否还是可能的"这个历史哲学的问题,代替了康德的认识论问题,即"形而上学是如何可能的"。正如在"形而上学"一词的学院用法中一样,"形而上学经验"从来也不是超时间的。人们已经观察到,神话希望拯救形而上学经验的直接性,而反对由于制度安排导致的形而上学经验的丧失。形而上学经验形成了传统并来自传统,超越了相互视为"异端邪说"的宗教分界线。犹太教文集名为"喀巴拉",其实就意味着传统。形而上学的直接性,在它冒险前行至最远的地方,并没有否定它也是间接的。

然而,若形而上学的直接性召唤传统,那么它也必须承认它对精神的历史状态之依赖性。在康德那里,尽管形而上学观念使生存判断摆脱了已经完成了的经验材料,但它应该(尽管是二律背反的)被置于纯粹理性的结论中。今天,形而上学观念是如此之荒谬,正像人们拒绝分类逻辑所指称的那些被说成是不在场的东西一样。但自我否定的意识,否定历史哲学对形而上学观念的摧毁,又不能忍受这种形而上学观念,除非它同时否定作为意识的自身。这就趋向于,不仅仅是语义学的混乱直接将形而上学观念的命运抬高为形而上学本身的命运。因而,公开的秘密就是,对以事实为基础的并拥有真理性的世界之绝望——既不是审美的尘世疼痛又不是虚假的、该被诅咒的意识——准备保证毫无希望的缺乏的东西之定在;与此同时,这个定在就变成了普遍的罪责关系。

在所有由于神学原因而遭受的耻辱中,最令人气愤的是实证宗教对不信教者的绝望发出的欢呼嚎叫。这些宗教正是在上帝被否定的地方吟咏它们的感恩赞美诗,因为它们至少使用上帝的名称。就像在地球上的全部居民都轻信的意识形态中手段篡夺了目的一样,在当今得以复兴的形而上学需要中也篡夺了它所缺乏的东西。被篡夺了的东西之真理性内涵成为无关紧要的。人们固守着需要,因为需要对人们来说是好的。形而上学辩护者与它所鄙视的、先天的消解形而上学的实用主义的一致性证明了这一点。绝望同样是被历史地、社会地制约着的意识形态,正如那种一直吞噬着形而上学观念而又不能因"目的何在"而停止下来的认识过程一样。

幸福与徒劳的等待(Glück und vergebliches Warten)

什么是形而上学经验?如果人们羞于将它拉到所谓原始宗教经验上来,那么就很有可能像普鲁斯特那样将它想象成某种幸福的东西,诸如奥特巴赫、瓦特巴赫、劳伊恩塔尔、莫恩布鲁恩那些村庄所承诺的东

西。人们相信,如果他们到那些地方去,他们就能如愿以偿,仿佛那里
有某种幸福的东西。事实上,如果人们到了那里,那些许诺的东西就又
像彩虹一样消失了。但人们并不觉得失望,而是感到现在更加接近了
它,尽管不能看见它。在这里,风景与决定着儿童形象世界的地区之间
的差别,也许根本不会太大。普鲁斯特在伊利埃①发现的东西,对同一
社会阶层的许多儿童来说,在其他地方也会发生。但由此形成的普遍
的东西、普鲁斯特描述的本真的东西,应该是人们在一个地方会着迷的
东西,而不用去窥视这种普遍的东西。

对儿童来说,这是理所当然的,即他们在自己最喜欢的城镇感到心
醉神迷的东西,只有在那里而不是在其他任何地方才能找到。他们是
错误的,但他们的错误在于确立了经验模型,一种概念模型。这种概念
模型最终就是事实本身的模型,而不是从事物中抽取出来的可怜的东
西。普鲁斯特的"讲述者"作为一个儿童,在那场婚礼上第一次见到了
盖尔芒特公爵夫人②。也许,在其他地点、其他时间也会举行这样的婚
礼,对其后来的生活同样也会有巨大影响。只有面对绝对的、不可消解
的被个体化了的东西时,人们才能希望:正是这个被个体化了的东西已
经被给出并正在被给出。只有实现这个希望,概念的概念才能实现。
然而,概念与幸福的许诺联系在一起,而这个否定幸福的世界是支配性
的、普遍性的世界,它固执地攻击着普鲁斯特对经验的重构。

幸福,这种唯一与形而上学经验联系在一起的、比微弱的要求更多
的东西,将对象内部的东西同时当作脱离对象的东西。相反,朴素地感
受到这类经验的人则将这类经验提示的东西当作在手的东西,屈从于
他想超越的经验世界的条件。但只有这些条件才能给他提供超越这些
条件的可能性。与康德的先验辩证法教导人们的不同,形而上学经验

---

① 伊利埃,法国地名,位于博斯地区与博尔什地区之交界处。——译者注
② 盖尔芒特公爵夫人(Duchesse de Guermantes),是普鲁斯特在《追忆似水年华》
  (1907—1922)中塑造的谈吐高雅又庸俗无聊、颇有姿色的女主人公之
  一。——译者注

概念还是二律背反的。在自主的主体渴望不将他自己不理解的东西强加给他之前,形而上学经验,如果不求助于主体经验、不宣布主体的直接在场,那么它就是无用的。然而,对主体来说直接的、理所当然的东西,都难免患上易误性和相对性之病。

由未断裂的主观直接性之愿景激发的物化范畴不应再拥有关键特征,这种关键特征是由愉快地吸收唯物论思想的辩护性思维过于热忱地赋予它的,它对所有在形而上学经验概念之下的东西具有反作用。自青年黑格尔以来,客观的神学范畴被哲学攻击为物化,但这些范畴根本不是要从辩证法中清除的残余物。对观念辩证法的弱点来说,它们是补充性的。观念辩证法作为同一性思维并没有投诉那些沉入思维中的东西,但只要同一性思维不将这些东西与作为纯粹他者的东西相比,那么,这个可能的规定性就被吃掉了。在形而上学范畴客观性中沉积的,并不像生存主义所想的那样仅仅是僵化的社会,而是作为辩证法要素的客体优先性。所有物性的东西一点也不剩地液化倒退为纯粹行为的主观主义,中介被实体化为直接性。纯粹直接性与拜物教同样都是不真实的。正如在黑格尔的体制化中所看到的那样,对于反对物化的直接性的坚持,任意地放弃了辩证法中的他性要素,就像后期黑格尔不再将辩证法停留在一种超越辩证法的固定的东西之上。但主体形而上学经验不想说出的超出主体的盈余,以及物性的东西之真理性要素,是在真理观念中触及的两极。因为若没有挣脱表象的主体,就没有真理;同样,若没有那种不是主体但又在其原型中拥有真理性东西,也不是真理。

显而易见,纯粹形而上学经验在世俗化过程中变得苍白和混乱,并软化了古老经验的实质性。这种形而上学经验否定性地处于下述状态中:"这就是一切吗?"这很可能在徒劳的等待中被世俗化。艺术对它做了记录。在《沃采克》中,A.贝尔格①将那些似乎只有音乐才能表达

---

① [奥地利]A.贝尔格(Alban Berg,1885—1935)与勋伯格、A.v.韦伯恩同属于"新维也纳学派",其表现主义代表作《沃采克》(1914—1921)根据19世纪德国剧作家K.G.毕希纳的同名戏剧改编而成。——译者注

的徒劳等待之节拍置于最高位置,并在关键的休止符与段落的结束处运用了这些节拍的和声。但这些刺激,不是从 E.布洛赫指称的象征意向中得出的任何东西,并没有免除与纯粹生活的混杂。徒劳的等待并不保证人们期望的东西,而是反映了按照他的标准进行否定的状况。人们留存下来的生活越少,对人们的意识就越具有诱惑性。对表现出来的绝对而言,它想把握活生生的东西之贫乏的、破碎的剩余。

如果不承诺一种对生活来说先验的东西,那也许就没有任何东西能够被体验为活生生的东西,也就没有任何概念的努力能够超越这些先验的东西。先验的东西既存在又不存在。对是其所是之绝望,波及了曾经用来禁止绝望的先验观念。无限煎熬的有限世界被一种神圣的世界计划包围着,这对每个不关心世界事务的人来说,就变成了"与肯定的规范意识和平共处"之荒谬。悖谬的神学构想,一个最后的、困厄的堡垒,为世界过程所认可。这个世界过程将克尔凯郭尔关注的丑闻变成了公开的亵渎神明。

(译者　复旦大学哲学学院教授)

论社会科学的逻辑[*]

[德] 阿多诺著　　谢永康译

　　补充报告人一般要么选择扮演迂腐的学究,要么就做主报告人的附庸。首先我要感谢波普先生,让我能避免这种尴尬的处境。我要接着他的话说,但又不用从头说起,也不用逐字逐句地大量重复他的报告,尽管我本来是必须依赖于他的报告的。在拥有如此不同的知识背景的作者之间,有如此大量客观的一致,简直令人惊叹。我常常不必针对他的论点提出相反的论题,而能够先接受他所说的内容,并努力做进一步反思。当然,我理解的逻辑概念要比他的更宽泛,在我看来,这个逻辑更多的是社会学的具体操作方式,而非一般的思想规则、推论法则。在此我不愿切除社会学中特有的问题。

　　我就从波普对完全的知识和无界限的无知之间的区分开始。在社会学领域中,这是有足够说服力的,完全确定的。但是我们也不断地提醒,直到今天,这个区分还没有成为一条被类似于自然科学的学科门类所承认的法则。而且这个区分包含着一种成问题的可能性,当然这属于一种流行观点,肯定不是波普思想中的。按照这种区分,社会学由于其众所周知的遗传特性,就在精确科学的后面亦步亦趋,首先安于收集

---

　　* 本文是国家社科基金重点项目"法兰克福学派主体与主体间性问题的源流与意义研究"(项目编号:19AZX003)的阶段性成果。

数据,阐明方法,而不是要求提出有说服力同时也是至关重要的知识。那么,对社会及其结构的理论思考往往就被视为一种不被允许的未来预测而遭到禁止。但是如果我们从圣西门,而非其受洗神父(Taufvater)孔德那里开始考虑社会学,那么它就已经有一百六十多岁了,它就再也用不着以其年少无知而拘谨了。在它那里表现出的曾经的无知,是不能在不断进步的研究和方法论中直接得到解决的,用一个令人不快的、不甚恰当的术语来说就是通过"综合"而得到解决。而毋宁说,事情是与由命题联结成的光鲜体系一性相对抗的。我的目的并不在于自然科学和人文科学之间的传统划分,正如李凯尔特的自然科学与人文科学方法(nomothetischer und ideographischer Methode)一样,这在波普看来比我还更加实证一些。但是事情本身,即社会并非一贯,也非简单,对现有的范畴赋形来说也绝不中性,而是如其推论性逻辑的范畴体系对它的客体预先期待的那样,在此一贯地、尽可能简单地、如数学上简洁地阐明这种知识的理想便落空了。社会是充满矛盾的,但的确是可规定的;是一个理性和非理性的统一,体系和断裂的统一,既是盲目的自然又是通过意识中介了的。对此,社会学的运作方式应当尊重。否则,出于反对矛盾的纯粹主义热情,它便会陷入充满灾难的境地:在它的结构与客体的结构之间。社会很少能逃脱的理性知识;它的矛盾以及其条件越是透明,那么它就越不是通过思想前提用变戏法变出来的,这些前提被扣减为与知识相对的无差别的质料,这个质料不设定任何对那种常常与认知意识相协调的科学运用的反抗。社会科学的运作永远受到这种威胁,即它出于对清晰性和精确性的偏爱,会错失它想要认识的东西。波普批评这种陈词滥调,即认识经历一个逐级上升的过程,从观察到组织、整理和材料系统化的过程。这种陈词滥调在社会学中变得如此荒唐,因为它无法支配脱质化了的数据,而仅仅是处理被社会总体性背景构建出的材料。所谓社会学的无知,在宽泛意义上标志着作为对象的社会与传统方法的分歧;因此这也不能由这样一种知识来弥补,这种知识倾向于从自身的方法论出发否认其对象的结构。但另一方面,对理论的经验主义禁欲,却又是无法贯彻的——波普却是毫无疑问地承认这一点的。离开对那个结构性要素的预期,对整体的预期——这种整体在单个观察中几乎不可能适当地转换,那么单个的观察就具备任何地位。从而,类似的东西,如文化人类学中,某些原始社会中央集权和总体特征通过选出的西方文明的坐标系来进行转述,这种趋势就得不到拥护。如果人们像我一样感到总体形式的向心力以及个体的败落并非幻象,一个前个体社会和后个体社会之间的诸区别便判然明确。在以民主的方式治理的工业社会国家中,总体性是一个中介范畴,并非直接的统治和屈服。这包含着在工业化的交换社会,绝不是所有社会性的东西无一例外地要从它的原理中演绎出来。在它之中包含着不计其数的非资本主义飞地。需要考虑的是,在当前的生产关系条件下,为了自身的永久化,它是否并不必须这样的飞地,例如家庭。家庭特殊的非理性似乎在量上补充了结构的总体性。社会的总体性并非在它所掌握的东西之上过着属于它自身的生活,它就是由它所掌握的东西组成的。通过它的诸多单个环节,它生产和再生产着自身。这些环节中的许多环节维持着一种相对独立性,这种独立性是原始的总体社会所不知道的,也是其所未经历的。但是那个生活的整体不能与其要素的合作和对抗隔离开来,同样,任何要素也不能单纯就其功能,不顾对整体的洞见而得到理解;这个整体本身的本质在于诸要素的运动之上。系统与单一性是交互的,并且只有在其交互性中二者才能被认识。即使是那些飞地本身,那些不同时的社会图景,那种想摆脱社会概念(一如其想摆脱十足的思辨哲学一样)的社会学的宠儿,其所是将不是自在的,反而是处在与其所背离的统治性总体的关系当中的。在今天最为人所喜爱的社会学观念,即中产阶级理论中,这一点被严重低估了。

　　与自孔德开始引进的观点相对,波普主张问题相较于知识与无知之间的紧张的优先性。关于波普反对自然科学方法的错误转换,反对"错误的和误导性的方法自然主义或科学主义"所说的全部内容,我都是同意的。如果他批评社会人类学的教义,即他通过可避免的更高的客观性,就是那些从外部来思考社会现象的人的客观性,取消了追问真理和非真理的问题,那么他是一个好的黑格尔;在《精神现象学》的"前言"中,有些人就被黑格尔嘲讽,因为他们超乎事物之上,而没有在事物之中。我希望柯里希①先生不要生我的气,也批评一下波普的报告,他这是哲学,而非社会学。在我看来,一个将辩证法视为诅咒的学者,发现自己被迫走向根植于辩证思想中的诸多表述,这是有说明价值的。另外,被波普签准的社会人类学与方法对事情的独立性思想密切相关。一个发达资本主义国家的叠床架屋的更多(mores)与特罗布里恩群岛落后的仪式相比起来,它肯定是有它的优点的,像一个野蛮文化的苍白的理论那样。但是对坐标系选择的臆想的自由却突变为对客体的伪造,因为关于现代国家的任何一个成员,说出其对这个的经济体系的从属性,要比那些死亡和禁忌的漂亮类比实际上说出的内容丰富得多。

在我对波普批评科学主义和问题的优先性命题的赞同中,或许我必须再进一步,如果他同意的话。因为社会学的对象本身,即社会,它和它的成员维持其生活并同时经受着毁灭的威胁,这才是重要的问题。但这就是说,社会学的问题并不总是通过发现而产生的,"我们的不可靠的知识中有不对头的地方……我们的不可靠的知识与不可靠的事实之间的矛盾"②。矛盾,如波普在此至少会猜想的那样,必定是一个单纯出现在主体和客体之间的东西,对主体来说它仅仅表现为应该进行的判断的不充分性。而毋宁说,它在事情中有其高度现实的位置,而根本不是由于增长了的知识和更加清晰的表述在世界之外创造出来的。这样一种在事情中必然地发展出的矛盾的最早的社会学模型,是变得

① René König(1906—1992),德国经验社会学家,其奠基的"科隆学派"(Kölner Schule)与法兰克福学派和莱比锡学派并列为德国战后三大社会学流派,主张经验的、量化的研究。
② Karl Popper, Die Logik der Sozialwissenschaften,译文见 K.鲍波尔:《社会科学的逻辑》,《哲学译丛》1985 年第 1 期。

著名的黑格尔"法哲学"的第 243 节："人们通过他们的需要而形成的联系既然得到了普遍化,以及用以满足需要的手段的准备和提供方法也得到了普遍化,于是一方面财富的积累增长了,因为这两重普遍性可以产生最大的利润;另一方面,特殊劳动的细分和局限性,从而约束于这种劳动的阶级的依赖性和匮乏,也日益增长。"①有一个模糊的地方需要稍微指出一下:在波普那里,问题仅仅是认识理论的问题,而在我看来它同时也是某种实践的问题,最终乃是世界的成问题状态。但是对此做这样的区分也是有道理的。如果人们将内在的问题与现实的问题极端地割裂开(这些现实问题在它们的形式主义中纯粹地反映出来),那么就会将科学拜物教化。没有任何一种逻辑绝对主义,塔斯基的或者胡塞尔的,能够颁布法令,让事实数据臣服于逻辑原则,这些逻辑原则的有效性要求得益于清除所有事实内容。我必须满足于此,回忆一下《认识论的元批判》中对逻辑绝对主义的批判,在那里这是与对社会学相对主义的批判结合起来的,当时我对波普先生还不太熟悉。另外,社会现实的矛盾性的观念,并不破坏其知识,交付给偶然事件,这是由于这个可能性,即甚至将矛盾理解为必然的,并从而将合理性扩展到其上。

方法并非依赖于方法论理想,而是依赖于事实。在问题优先性命题中,波普怀有隐秘的算计。他断言社会科学成就的质量与其问题的意义和兴趣之间存在着确然的关系,那么接下来无疑就是对这种无关联性的意识,按照这种无关联性,无数的社会学研究就会被这样来评判,它们屈从于方法上的第一性,而非对象的第一性;它们为了自身之故而继续提出方法,事先挑选出对象,以让那些已经掌握的方法能够处理之。波普关于意义或者兴趣的谈话内容指出了有待研究的事情本身的分量。对它唯有以这种方式才能定性,即其与对象的关系也不能先

---

① [德]黑格尔:《法哲学原理》,范扬、张企泰译,商务印书馆 1961 年版,第 278 页。

天地来进行判断。范畴之网结得如此紧密的地方,即某些处于网络下的东西被意见的惯例所遮蔽,即使是科学的对象,那么这张网所没掌握住的那些偏离现象就会获得有时意想不到的分量。对其特性的这种洞见也会解释那被视为核心领域的东西,但绝非向来如此。这个科学理论的动机可能与弗洛伊德致力于研究"现象世界的剩余"的决心曾经不无关系;在西美尔的社会学中,它恰恰表明自身是成果丰富的,当他质疑体系性的总体,沉浸到社会学的详细研究,例如对敌人或者是演员的详细研究之中。即使是对问题的关联,人们也不必变得教条化;对研究对象的挑选的合法性获得,在很大范围内是按照社会学家在他所挑选的客体上能看出什么;而不是为了那些无数的、仅仅为了学术升迁而乐于进行的项目提供借口,在这些项目中,课题的不相关性与研究技术家们的枯燥乏味幸运地结合到一起。带着些许谨慎,我也想揣摩一下,在问题相关性之外,波普赋予真实方法的那些特征。诚实,即不虚构,即表达出一致的东西而不拐弯抹角,这应该是不证自明的。但是在实际的科学活动过程中,这条规范常常被可怕地误用。从而,一个人纯粹地沉浸于事情之中,就意味着他没有将自身的任何东西带到事物之上,而是将自身等同于一个记录装置;取消想象力或者创造性的缺乏,被作为科学的伦理强加下来。我们不应该忘记,坎特里尔和艾尔波特(Cantril and Allport)①在美国给对诚实理想的批判带来了什么;包括在科学当中,诚实被视为纯粹虚荣的浮华,即想要看出某种特别的东西,并且因此已经开始一道附和了。同样爽直和简单在事情复杂的地方并不是无可置疑的理想态度。健康的人类知性的答案在这样一个广度上让它的范畴涉及现存事物,即它倾向于增强现存事物的面纱,而不是穿透它的面纱;就爽直的方面说就是,人们通向知识的道路是难以预期的。就当前社会学的现状,我想在波普先生所谓的科学品质的标准下,强调其推荐的答案中的大胆和魄力,这本身当然也仍是被反复批判的。

---

① Cantril and Allport,美国心理学家,曾合作完成《广播心理学》。

最后是问题的范畴也不应该被物化。谁想在某种程度上不偏不倚地掌控自身的问题,就会碰到如下情况,即承认只会加强所谓无前提性的禁忌。不少人都是已经有了答案;它涉及某个东西,而人们接下来事后构建出问题。但这不是偶然的:社会作为一个概括性和汇总性的东西,相对于其诸多单个表现的优先性,通过这样一些洞见表达出来,这些洞见源于社会的概念,并且通过已然被接受了的东西与特定素材的对抗才转化到单个的社会学问题之中。或许一般地说,知识论问题,被培根和笛卡尔以来的伟大哲学独立地提出并流传下来的知识论问题,即使是在经验主义者那里,也是自上而下地被构想出来的。相对于新鲜地完成的知识,它们在多方面仍显得不相称;从这些知识看来,它们已经将一套陌生和外在的科学规划裁剪为归纳或者演绎的连续性。在知识论已经完成了的任务中,尤其需要反思的是[如柏格森(Bergson)注意到的那样],这究竟是怎样被认识到的,而非按照一个逻辑或者科学模型来描述知识成就,而创造性的知识根本就是不符合这个模型的。

在波普的范畴框架中,答案的概念是归属于问题概念的。答案被建议提出并接受批判。借助于批判的这个关键特征,朴素且远离知识的观察第一性学说,便取得了一个关键性的位置。社会学知识事实上就是批判。但是在这里却付诸阙如,正如科学立场与此的决定性差异毋宁说常常变得微妙,即它似乎应该带来了宏伟的世界观概念。波普说,如果一个答案尝试不能得到事实性的批判,那么就应该被作为非科学而被排除,即使可能仅仅是先行排除。这至少是有歧义的。如果这种批判指的是回溯到的所谓的事实,即将思想完全兑换为观察到的东西,那么其所期望得到的不过是将思想拉平为假设,并且社会学便被夺走了那种本属于它的预测因素。存在着这样的社会学定理,它作为对表面背后的统治性社会机制的洞见,本身是出于社会的根据与诸多表象相矛盾,即它从这些表象出发不可能充分地得到批判。它们的批判是坚持不懈的理论,是持续思想的责任,而非(如波普先生没有说出的那样)跟笔记条文相对抗。因此,在社会中,事实并不是最终的东西,以让知识可以附着于其上,因为事实本身就是通过社会而被中介了的。并非所有的理论原理都是假设;理论是最终目的,并不是社会学的工具。

在将批判与反驳努力相等同这一点上似乎还需要停留一下。反驳只有作为内在批判,才是富有成果的。黑格尔已经意识到这一点了。在关于"概念的判断"问题上,"大逻辑"第二卷写下这些句子,它们可以抵得上后来对价值的大部分语言:"善、劣、真、美、正确等宾词表示事情在其普遍概念里,即在全然事先建立的'应当'里,得到衡量,是与概念一致或不是。"①从外部出发,所有事情都是可反驳的,同时也没有什么事情可以反驳。怀疑主义者适合这种讨论游戏。它见证了对有组织的科学这个真理主管机关的信任,面对怀疑主义社会学家都应该是很脆弱的。考虑到科学性的思想控制拥有特别的分量(社会学本身也要承认其为条件),波普要为批判的范畴留出中心位置。批判的冲动与对向来流行的意见的固化的一致性的反抗是一回事。这一动机在波普那里也出现了。在其第十二条论纲中,他将科学的客观性与批判的传统严格地等同起来,这个传统"总是不顾任何反对,使批判占统治地位的教义能够进行"②。像不久前的狄尔泰和更早的黑格尔一样,他呼吁开放的、非固化的和非物化的思想。对这种思想来说,实验性的因素,如果不说是游戏性因素的话,是必不可少的。但我无论如何都不能不怀疑,是否能将其与尝试的概念毫无保留地等同,并引其为颠扑不破的原理。在其所产生的语境中,"尝试"这个词是有歧义的;它恰恰携带着自然科学的联想并且转而将矛头指向这种自身无法检验的思想的独立性。但是某些思想,并且最终是本质性的思想取消了这种检验,并占据真理的内容:因此与波普是一致的。其实没有任何实验能令人信服地说明任何一种社会现象对总体性的依赖,因为形成可把握社会现

---

① [德]黑格尔:《逻辑学》下卷,杨一之译,商务印书馆1976年版,第333页。
② Karl Popper, *Die Logik der Sozialwissenschaften*, 译文见 K.鲍波尔:《社会科学的逻辑》,《哲学译丛》1985年第1期。

象的总体,本身并不进入任何特殊的尝试程序。但是有待观察的社会事物对整体结构的依赖,实际上要比任何单个事物中不可辩驳地可证实的发现要有效得多,而所有一切不过是精心编造的思想谎言。如果人们不想最终将社会学与自然科学模型相混淆,那么尝试的概念就必须也要延展到这种思想,它饱含着经验的力量,超出经验,以把握经验。在社会学中不同于在心理学中,狭窄意义上的尝试没有什么创造性。——在社会知识中,思辨的因素并不缺乏,反而是社会知识不可或缺的因素,即使曾经使得思辨大获繁荣的唯心主义哲学已经成为过去了。当然也可以转变一下,即批判与答案之间不应该割裂开。答案有时候是优先的、直接的以及暂时的批判,通过批判它才得以被中介到知识的进步过程中来;但首先批判的形象也是反之亦然,如果它显而易见地成功了,那么答案已然被隐含在其中了;二者向来都不可能是从外部进入的。这就涉及规定了的否定这个哲学概念,波普距此其实已经不远了,尽管他声称对黑格尔没有什么好感。由于他将科学的客观性与批判方法等同起来,他就强调将这种方法提升为真理的机体。今天的辩证法家没有谁能走得更远。

由此我很担心一个后果,波普的报告没有说出来,而我也不知道他是否预见到了。他将他的立足点称之为批判的——一个十分非康德意义上的批判。但是一旦我们像波普那样看重方法对事物的依赖性,如他规定的对事物的关联和兴趣是内在于社会知识的尺度,那么社会学的批判工作就不仅限于对其命题、原理、概念框架和方法的自我批判和反思。它同时也是对对象的批判,而所有主体方面的东西,所有被囊括进组织化的科学的主体,所有有确定位置的因素都依赖于这个对象。如果可以将操作方式定义为工具性的,那么它在对象上的对应物总还是被要求的,也应该是隐藏着的。如果它缺少这样的对应物,那么操作就是非创造性的。事物还是应该按照自身的分量在方法中发生作用,否则即使最精致光鲜的方法也是坏的方法。这里涉及的无非是,事物必须表现在理论的内涵之中。何时社会学范畴的批判仅仅是对其方法的批判,何时在事物与概念之间的差异成为事物的负担,即事物并不是概念声称其是的东西,是由有待批判的理论的内容所决定的。批判的道路并不仅仅是单纯形式性的,而且也是质料性的;批判的社会学,如果真有这个概念的话,按照其概念必然同时也是对社会的批判,如霍克海默在他关于传统理论与批判理论的论文中提出的那样。康德的批判主义某种程度上说也是这样。他针对上帝、自由和灵魂不死的科学判断提出的东西,反对这样一种状态,即人们考虑通过歪曲事实的方式挽救那些已然损失掉其神学约束力的理念。康德的术语,欺诈,在思维错误中就是自身负有责任的撒谎。批判主义就是战斗性的启蒙。但是,若批判的思考在现实面前止步,在工作中满足于自身,那么作为启蒙就很难获得进步。因为它剪除了自身的动机,那么它必定也会漫不关心——将受管制的研究与社会的批判理论做对照就鲜明地揭示出这一点。时下应该正是社会学反抗这种藏匿在无形的方法背后的漫不关心的时候。因为知识存活于与其自身不同的东西的关联中,与他者的关联中。但是如果这种知识只是在批判的自身反思中单纯间接地执行,那么它就能不满足于这种关联;它必须过渡到对客体的社会学批判。如果社会科学——我在此不预先断定这些命题的内容—— 一方面将自由社会理解为自由和平等,另一方面由于决定着人与人之间不平等关系的社会权力而反驳自由主义观念中的这些范畴的真理内涵,那么它涉及的就不是通过更加正确的定义来清除的逻辑矛盾,或者为了事后添加上经验限制,限制其定义出发点上的差异,而是社会本身的结构性特征。但是如果这样,批判就不仅仅是为了科学关系的一致性而重组矛盾命题的问题了。这种逻辑性会因为推脱现实的分量而变成错误的。我想要补充的是,这个转向刺激到了社会学知识的概念手段;社会的批判理论将社会学知识那持久的自我批判指向另一个维度。我在此只想回忆一下,我将对组织化的社会科学的天真的信任称为真理的担保人,究竟暗示了什么。

所有这一切无论如何都预设了真理与非真理的划分,这是波普牢牢地坚持的。作为怀疑论相对主义的批判者,他如此激烈地批判了尤其受到帕累托和曼海姆影响的知识社会学,正如我重复做过的那样。但是所谓的总体意识形态概念,以及真与不真的模糊化,并不是经典的意识形态学说的题中之义(如果可以这么说的话)。它表现的是这个概念的一种衰落的形式。它与这一尝试是结合在一起的,即让那种学说接受尖锐的批判,并且在科学运作中将其中性化为一个科学分支。曾经,意识形态被称为社会必然的假象。意识形态批判在具体的证据上与一个定理或者一个教条的非真理性结合在一起;单纯的意识形态猜测,如曼海姆所说,是不够的。马克思曾经以黑格尔的方式嘲笑其为抽象的否定。意识形态从社会必然性之中推导出来,并没有减轻对其真理性的判断。将它从商品拜物教特征[被称为第一的假象(proton pseudos)]这样的结构性法则中推导出来,正是要将其置于科学客观性的尺度之下,波普也着意于这种客观性。人们习以为常的关于上层建筑和经济基础的谈论,已经将这一点简化了。知识社会学(它将正确意识与错误意识之间的划分软化)做出的举动,好像它是科学客观性意义上的进步似的,但通过这个软化,它却倒退到马克思那里被彻底客观地理解的那种科学概念的后面去了。只有借助于视角主义这样的胡扯和造新词,总体意识形态概念才能跟世界观上空洞无物的粗陋相对主义保持距离。从而,对于知识社会学的公开或者秘密的主观主义,波普的批判是有道理的,并且在其批判中,宏大的哲学与具体科学的工作是一致的。这种一致是绝不能与所有人类知识的相对性的普遍一致相互混淆的。如果波普批判的是科学的客观性被科学家的客观性污染,那么他击中的是一个完全被矮化了的意识形态概念,而非真正的意识形态概念。真正的意识形态概念指的是,虚假意识之客观的、与单个主体以及其多重立场相独立,在社会结构分析中可以被证实的规定;另外这一思想,即使不是回溯到培根也是要回溯到爱尔维修。热衷于考虑与单个思想家的立场捆绑起来,产生了一种虚弱,即固执于曾经获得了的关于真理的客观的扭曲洞见。它与这些思想家

以及其整个的心理学之间了无关系。简言之,我与波普先生对知识社
会学的批判是一致的,从而也是与那种未注水的意识形态学说是一
致的。

在波普那里,正如曾经在韦伯的著名论文中那样,关于社会科学之
客观性的问题是与价值中立问题结合在一起的。在他那里,这个问题
仍未被忽略,即这个时下被教条化的范畴,这个只有借助于实用主义的
科学运作才能更好理解的范畴,必须得到重新思考。客观性与价值的
分离并非如其在韦伯那里读出的那么令人信服;在韦伯的文本中,这个
论点当然被评价得比它的啦啦队所期望的都要高。如果波普将无条件
价值中立的要求称为悖论性的,因为科学的客观性和价值本身也是价
值,那么这个洞见就并非如波普所估计的那样不重要。从其中是可以
引出科学理论后果的。波普强调,科学家的价值是不可能被禁止或者
被毁掉的,除非他作为一个人类也作为一个科学家被毁灭。但这说的
不仅仅是某种单纯知识实践的东西;"他作为科学家而被毁灭"涉及的
是科学的客观性本身。价值行为与价值中立行为的分裂是虚假的,一
旦价值和价值中立都被物化的话——的确,一旦精神的行为不能按照
偏好逃离物化的立场。被称为价值问题的东西,只是在这一阶段中才
成立,在其中目的与手段为了顺利实现自然统治的目的而被撕裂开;在
其中目的那种非但不减,反倒增加的非理性那里,手段的合理性获得长
足增长。康德和黑格尔也还没有使用在政治经济学中安家落户的价值
概念。价值概念只是到了洛采(Lotze)才挤进哲学术语表的;康德在实
践理性中关于尊严与价格的区分与它应该是不兼容的。价值概念形成
于交换关系之中,一个为了他人的存在。在这样一个社会中,所有东西
都已经变成了这种功能性的东西——被波普觉察到了的对真理的否认
公开了这同一个事实状态;当"为他"这个概念变得不真实之后,当其
逐渐习惯于随心所欲地以流行的兴趣填充经验的真空之后,这个"为
他"就自身妖魔化为"自在",妖魔化为实体性的东西。那些后来被人
们认可为价值的东西,并不处于事情的外部,并不是事情对面的分离者

(Choris),而是其内在的东西。事情,作为社会知识对象的事情,并不是一个没有应当的东西(Sollensfreies),并不是单纯的定在者,它只有经过抽象的削减才能成为这个单纯的定在,正如不能将价值牢牢钉在理想天空的彼岸。对事情的判断肯定需要主观的自发性,它总是会同时被事情预先规定,并非如韦伯想象的那样,形成于主观的非理性决断之中。用哲学的语言说,这种判断就是事情关于自身的一个事情;事情的脆弱性在此也得到见证。这判断在与这个总体的关联中形成自身,这个总体藏在其本身之中,而不是直接给出的,不是事实性;这样就过渡到这个命题,即事情应该用其概念来衡量。总的价值问题,是社会学以及其他学科所携带的负担,但由此看乃是以错误的方式提出来的。装作价值中立的关于社会的科学意识,忽略了这样一个事情,即它是建立在或多或少地被预先规制并武断地确立的价值之上的;如果人们屈从这一选项,那么他便会陷入悖论之中。即使是实证主义也无法摆脱这些悖论;涂尔干,尽管他的物本主义(Chosisme)尤其在实证主义思考上要胜过韦伯,但在他的宗教社会学中这也仍是一个待证主题(Thema probandum),他并不承认价值中立。波普在这个意义上对此悖论是有所贡献的,即他一方面拒绝知识与价值之间的划分,另一方面又希望知识的自我反思将本内涵于其中的价值内在化;就是想说,其真理内涵并不为了证实什么东西而被歪曲篡改。其所期望的两个方面均是合法的。这个意识仅仅是将其悖论纳入了社会学之中。存在与应当的二分法就像历史的强制一样是虚假的,并且因此而不能简单地忽略。只有通过社会批判透视到其强制性,它才会变得清楚明了。事实上,价值中立行为不仅在心理学上,而且在事实性上也是不可能的。社会,社会学最终是指向关于它的知识;如果社会学不想作为单纯技术的话,一般都会围绕一个正确社会的观念而结晶出来。这个正确社会不应该被作为现存的东西抽象地被证实,也就是当作预先给予的价值被证实,而是发源于批判,也就是发源于关于社会矛盾和社会必然性的意识。波普说,"因为尽管我们不能合理地证明我们的理论,而且甚至连它是或然的也不能证明,但是我们能够合理地批判它"①,这不仅是对社会,而且对关于社会的理论都是如此。这就会导出一种态度,它既不仅仅抓住价值中立(这会蒙蔽社会学的本质兴趣),也不会从抽象和静止的价值教条主义中推导出来。

波普看透了那种价值中立的知识社会学那种天真的主观主义,知识社会学尤其得益于其在科学上的无偏见性。顺理成章地,他还攻击了社会学的心理主义。在此我同意他的意图,但或许我可以参引一下在霍克海默的纪念文集中的那篇文章,在其中两者的不一致性在人的科学这个稀薄的种概念下被概括为几条。但是,驱使我和波普走向同一个结果的动机,并非同一个动机。在我看来,将人与社会周遭区分开来是有些外在化了,尤其是过于倾向于上述科学蓝图,而波普是从根本上拒绝这种科学的假设的。心理学承诺要研究的主体,并不是如人们所说的被社会影响,而是其最内在部分都是通过社会而被构型了的。人的自在的基底,即被存在主义再次复活的跟周围环境相对立的人的基底,始终是一个空洞的抽象物。反过来,以社会的方式发生影响的周围世界,则是由人,由社会所产生的,尽管是以如此间接和匿名的方式。尽管如此,心理学不能被视为社会科学的基础科学。我想简单地回忆一点,即社会化的形式,使用英语研究机构的语言说,已经借助于其内在动力独立于活生生的人类以及心理学,作为人类的如此陌生同时又超强力的对立面出现,以至于回溯到原初的行为方式,如心理学所研究的那样,也就是回溯到典型的、有说服力的普遍化的行为模式,都无法到达在人们头上发生的社会过程。无论如何,由于社会相对于心理学的优先性,我不会像波普那样得出两种科学之间彻底互不依赖的结论。社会是一个总体过程,在其中被客观性所包围、操纵和赋形的人也反过来对客观性施加影响;心理学本身很少进入社会学,正如单独个体之很

---

① Karl Popper, Die Logik der Sozialwissenschaften,译文见 K.鲍波尔:《社会科学的逻辑》,《哲学译丛》1985 年第 1 期。

少进入生物学种类及其自然史一样。完全可以肯定的是，法西斯主义是不能用社会心理学来解释的，正如人们有时候会误解"权威主义人格"那样；但是如果那些与权威主义相结合的特征没有出于以社会学方式透视的原因而如此广泛传播的话，法西斯主义无论如何是没有大众基础的，而离开这个基础，它就不可能在一个社会成功掌权。社会过程的自律因此就不是自在的，而是奠定在物化之中的；即使是与人类相陌生的过程也仍然是人类的。因此这两个学科之间的界限是如此的不绝对，正如社会学与经济学之间一样，或者社会学与历史学之间一样。社会作为总体性，这个洞见还隐含着，所有人都在总体性中起作用，并且根本不必须是毫无保留地相互还原的因素而进入知识；它们不能被科学分工区域化。社会性的事物相对于个人性事物的优先性由事实得以澄清，即个人在社会面前的无力，而后者在涂尔干看来直接的就是社会事实（faits sociaux）的标准；但是社会学的反思也必须愈加针对科学史的遗产，这个遗产诱使人们对这个后来的、在欧洲还总是不为"知识的总和"（universitas litterarum）①公平接受的科学的自给自足过分夸张。

女士们、先生们，波普先生在一次早于我的报告的通信中是这样描述我们立场之间的差别的，即他相信我们生活在有史以来存在的最好的世界，而我并不这么认为。至于他，为了使争论针锋相对，他的确有点夸张了；在不同时代社会的糟糕之间进行比较，着实有些棘手；说再没有什么社会比孵化出奥斯维辛的社会更好，我是难以接受的，而在这点上波普先生对我的描述毫无疑问是正确的。我只是不将对立理解为单纯的立场，而是理解为可判定的东西；就立场哲学而言我们两人可能是同等程度地否定的，就立场社会学而言也是如此。从对充满矛盾特征的经验出发，这并不是什么主观偏好的出发点，而是构成社会学之可

---

① universitas litterarum，即"知识的总和"，是洪堡对大学本质的理解，这里指大学的学科体系。——译者注

能性的动机。用波普的话说,只有对现存社会能够进行另一种思考的人,社会才会成为问题;只有通过其所不是的东西,才能揭开其所是的面纱,而就此果真到达了这样一种社会学,正如其大多数计划的那样,不满足于为公共的或私人的统治目的服务。或许这就是社会在社会学这个个别学科之中不具有任何地位的原因。如果说孔德那里提出这个新学科规划是出于如此目的,即在毁灭性的潜力面前保护时代的创造趋势,保护生产力之解放,那么从那时候开始,社会学在这个出发点立场上就没有做出任何改变。有所改变的是,它将这个出发点推向极端。社会学本应该明确这一点的。孔德这位十足的实证主义者认识到那种社会的对抗性特征是决定性的因素,而实证主义后来的发展却想将其戏变为形而上学的思辨,从而实证主义后来的诸阶段上的愚蠢行为后来再次证明,社会现实是如何沾染了它们的诉求。它的职业就是认识这个现实。其中就有社会学必须越来越多地揭示的危机,它并不仅仅是市民社会秩序的危机,而且也直接威胁到社会机体的总体存在。鉴于社会关系那种赤裸裸地出现的强力统治,孔德的希望,即社会学可能掌握社会权力的希望,被表明是天真的,它可能只是,为总体的权力拥有者提供计划。社会学取消社会的批判理论就是退却:人们不敢冒险去思考整体,因为人们必须怀疑改变这个整体的行动。但是如果社会学因此就在服务现存事物的过程中对知识的准确信息宣誓效忠,那么在不自由中的这种进步也会越来越多地损害那种细节洞见,并完全地堕入漠不相关性,据说它以这种漠不相关性超越了理论。波普的报告是以色诺芬的一句话结尾的,这象征着他像我一样在哲学与社会学之间几乎不区分,这对今天来说有助于心平气和。但是色诺芬,尽管其有爱利亚学派的本体论,也是一个启蒙者;甚至在他那里还发现了后来被阿纳托尔·法朗士(Anatole France)[1]复兴的观念:如果动物也有上帝

---

① 阿纳托尔·法朗士(Anatole France,1844-1924),法国作家、文学评论家、社会活动家。——译者注

观念的话,那么它与其本身的形象是相同的。这种类型的批判是整个欧洲启蒙运动从古代流传下来的。今天这个遗产在一个宽泛的意义上移交到社会科学手里。它意味着去神话化。这不仅仅是单纯的理论概念,也不是不加选择的偶像破坏——这种破坏行为将正确与错误之间的区别,将合理与虚假之间的差别打得粉碎。向来启蒙在祛魅这方面所实现的东西,就其本义来说就是将人类从魔法中解放出来;过去是从魑魅魍魉的魔法中解放出来,而今天则是从人类关系给人施加的魔法中解放出来。启蒙,忘记这一点的启蒙,漠不关心地维持魔法原状并为生产实用的概念框架而费尽心机的启蒙,自己破坏了自己的真理概念,而波普还是将其与知识社会学对立起来的。在本来的真理概念中,社会的正确建构是一道被考虑的,但不应该将其作为未来图景勾画出来。以人为本,这点激励着所有批判性的启蒙,对这个人来说已然成为实体,这个人只是在一个自身具有强力的社会中才得以产生出来。但是在当今社会,社会性的不真是其唯一的索引。

(译者 海南大学社会科学研究中心教授)

阿多诺论社会科学的逻辑[*]

——从"实证主义争论"切入

谢 永 康

摘　要：与实证主义社会学的争论，是法兰克福学派社会批判理论的一个连续的传统，而 20 世纪 60 年代阿多诺与波普等人的论战，则是其中最为著名也是影响最为深远的一次交锋。波普的理性批判主义恰好处于德国古典哲学传统与当代实证主义之间，而其带出诸多实证主义理论前提恰好给处于德国古典哲学传统中的批判理论家提供了攻击的目标。针对波普对康德批判哲学的推崇，阿多诺首先认定波普只是在形式上模仿了康德的形而上学批判，而对其支撑整个认识论的同一

＊　本文是国家社科基金重点项目"法兰克福学派主体与主体间性问题的源流与意义研究"（项目编号：19AZX003）的阶段性成果。

　　这里我们将社会学、社会科学、社会理论和社会研究并列且不加严格区分。由于涉及不同学派之间的分歧和争论，这几个概念各自侧重和角度有所不同，但意义又相互重叠。就学科定位的意义上，我们将其统一于社会科学这个宽泛范畴之内来讨论。这些术语在当时的社会学讨论中往往也是被混用的。"实证主义争论"主要指 20 世纪五六十年代，以阿多诺、哈贝马斯为代表的法兰克福学派与波普等人就社会科学研究方法在德国社会学和社会哲学领域展开的争论，此争论向前可追溯到霍克海默 30 年代对实证主义的批判，阿多诺之后则在哈贝马斯和实证主义社会学家之间展开。其中阿多诺与波普之间的争论影响最为深远。波普其实很难说是典型的实证主义者，但由于其思想源于经验主义传统，并且与实证主义共享着诸多观念，所以阿多诺和哈贝马斯等人将其处理为实证主义。

性观念则置之不理,但后来的辩证批判则是基于这个同一性发展起来的。黑格尔在肯定康德哲学的同一性核心的同时,指出其认识工具论的外在批判缺陷,并试图以绝对精神的总体性来实现这种同一性,从而实现真正的内在批判。阿多诺作为马克思主义者,一方面认为黑格尔的总体性事实上有其社会根源,其现实状态就是通过商品交换所构成的现实总体性。同时他认为这种总体性本身是成问题的,而且正是这个问题构成了批判的社会理论的现实动机。阿多诺试图承接古典哲学的核心观念,将知识问题与实践问题,理论的奠基性与批判性结合起来,以批评波普理论的非实践性。而作为结果,批判理论作为社会科学方法论的角色始终含混不清,最终不得不面对批判标准和尺度的缺失问题,而这正是批判理论进一步发展的着眼点。

关键词:社会科学 批判 理性 证伪

阿多诺最重要的社会身份是哲学教授和社会学家,法兰克福大学社会研究所所长,并于1963年当选德国社会学协会主席。这在一定程度上标志着其理论贡献的主要领域。作为哲学家的阿多诺自不待言,而对于社会学家阿多诺,除了音乐社会学、意识形态理论等特定的主题之外,我们首先想到的立该就是其与波普之间的"实证主义争论",或者说关于社会学的方法论之争。与实证主义的争论,包含着阿多诺对批判的社会理论的诸多自我理解和自我界定。法兰克福学派作为"学派"的形成,与此有莫大的关系。作为批判理论的奠基人之一,阿多诺理论工作中的"社会"要素体现在不同的层次:首先在最宽泛的意义上,社会是批判理论的底色,无论涉及哪个学科的主题,阿多诺始终会以社会作为其逻辑的最终支撑点和归宿;其次在研究主题上,阿多诺也对诸多社会问题和社会现象做了正面研究,其主要成果汇集在《阿多诺文集》的第八卷和第九卷;最后是在研究方法上,阿多诺在战后对其社会研究本身做了一系列的反省和自我界定。尤其是在"实证主义争论"中,阿多诺就研究对象和研究方法等勾勒出批判的社会理论的基本特征,明确了批判理论与其他社会学学派之间的区别和界限。最后一方面的工作因为涉及学派的自我理解,因此尤其具有理论价值。与霍克海默在 20 世纪 30 年代区分传统理论与批判理论,界定批判理论任务和工作方式遥相呼应①,二战之后的阿多诺却更需要考虑批判理论与政治形势的关联,同时也要更具体地面对其他学派尤其是波普的批判理性主义对马克思主义的挑战。

一、经验的批判还是辩证的批判

二战后的社会科学家都必须面对一个迫切的政治任务,即反思集权主义统治。一般而言,哲学家会将现实的统治与封闭体系以及构成这个体系的概念总体关联起来,而这些又往往集中体现在某些哲学家如柏拉图、黑格尔等人的思想中。为了祛除这种总体的统治,除了像阿伦特等人那样尝试寻找前现代的解救资源,更多的哲学家还是试图以某种方式恢复近代哲学中的批判性和理性主义精神,以炸开思想和现实中的统治性结构。在这一点上,波普和阿多诺之间是一致的。阿多诺在 1961 年德国社会学大会的报告中说,他与波普之间有着"有如此大量的、客观上的一致,简直令人惊奇。我常常不必针对他的论点提出相反的论题,而能够先接受他所说的内容,并努力继续反思"②。波普将柏拉图、黑格尔和马克思列为开放社会的"敌人",因为社会的统治性已然根植于他们的决定论体系,归根到底则是对理论及其使用的概念本性的"偏见"。柏拉图和黑格尔作为阿多诺那里的"传统的"、"肯定的"辩证法的作者,其哲学努力最终旨在建立一个无所不包的总体体系,将经验事物囚禁于其中,而这种统治乃是由概念的拜物教所导致的。而波普所理解的马克思哲学,与当时流行的正统马克思主义哲学,

---

① 参见《霍克海默集》,上海远东出版社 1997 年版,第 167—211 页。
② Theodor W. Adorno, Zur Logik der Sozialwissenschaften, in Gesammelte Schriften, Bd.8.Suhrkamp Verlag,Frankfurt/M 1997,S.547.

也就是辩证唯物主义（Diamat）相差无几，而对此阿多诺的确也是持激烈的批评态度。所以初看起来，波普与阿多诺在关于现实问题与哲学之间的看法是一致的。但是对于这两个层面之间的关系以及解决问题的路径，二者的立场却大相径庭：波普试图借助一种修改过的康德式批判来破除概念体系的统治，而阿多诺则试图到黑格尔—马克思辩证法中去发掘解救的资源。

如前所述，波普不是一个严格意义上的实证主义者，而通常被称为一个理性批判主义者，但他却共享着实证主义的诸多基本信条。而这些都可回溯到波普推崇的哲学家康德那里。康德说："我所理解的纯粹理性批判，不是对某些书或体系的批判，而是对一般理性能力的批判，是就一切可以独立于任何经验而追求的知识来说的，因而是对一般形而上学的可能性和不可能性进行裁决，对它的根源、范围和界限加以规定，但这一切都是出自原则。"①康德的理性批判对象是人类理性独立于任何经验而追求知识的能力，因而也就是形而上的理性能力。其结果便是形而上学的可能性以及不可能性，也就是说理性的批判具有消极的和积极的两方面的结果。积极方面在于康德试图通过批判，从特定的原理出发而对形而上学及其根源进行奠基，而消极的方面则涉及人类理性的尺度，其针对的不仅是漫无边际的形而上学独断论，也包括认为人类不可能获得理性知识的怀疑论。我们知道，康德为理性知识奠定基础，关键在于自我意识（我思、先验统觉）的原理，而展示这一原理，本身就是对怀疑论的驳斥，但是其对独断论的驳斥，则要借助于人类理性有限性的一面，直言之就是其依赖经验的一面。用我们熟知的方式表述，康德认为凡是科学知识都是先天综合命题，都必须拥有处于时间和空间之中的经验对象，而对于任何超感官对象，我们均不能获得知识，反过来说任何对超感官对象的知识主张，都是虚妄的。相对于之前强大的唯理论传统，这个独断论批判是革命性，康德本人甚至将其

---

① ［德］康德：《纯粹理性批判》，邓晓芒译，人民出版社2017年版，第3页。

与哥白尼在天文学领域中的革命相提并论。

康德通过经验批判形而上学的方法源远流长,向前可以追溯到唯名论传统,而往后则延续到 20 世纪的逻辑实证主义。逻辑实证主义者认为,面对形而上学必须重新启用"奥康姆剃刀",将没有经验对应物的概念剔除。这其中包含着康德式的批判精神,但是这个批判却已经将康德的哲学概念纳入其对象范围。实证主义者认为,知识中只有两个部分是可靠的,一是形式逻辑,一是直接经验,而康德那里归属于"我思"的范畴则是不可靠的,黑格尔、海德格尔等形而上学家使用的概念就更是如此。因此科学知识本质上就是逻辑的正确和经验的证实的组合。但是波普看到了这种经验主义学说的缺陷,即直接和有限的经验其实无法保证知识的普遍有效性,这其实也是康德早就考虑到的。所以波普将证实的理论做一个翻转,认为科学理论的科学性,本质上在于其能够被证伪,而非证实。直接经验不能保证知识的有效性,但是却足以否定知识的有效性诉求。而如果立足于证伪,那么这种批判便只能得出否定的结论,任何对知识的正面主张就至多是暂时性主张,普遍的逻辑是纯形式的,而经验又不能支撑有效的知识,所以批判在波普这里不过是表明,"到目前为止,我们解决问题的尝试似乎还能承受我们的最尖锐的批评。超越这一点的实证主义的证实是不存在的"①。这样知识活动就被理解为一个试错的过程,任何知识都是不能被证明证实的,而对它的批判不过是证明它暂时还有效。显然波普的理性批判主义实质上是一种改装过的实证主义,而其基本精神则是经验论传统中一贯的形而上学批判,这的确构成了康德理性批判的一部分。

波普的确在不止一个地方表达了对康德批判哲学的推崇,但是正如阿多诺直接指出的,其批判概念恰恰是"十分非康德的"②。我们知

---

① K.鲍波尔:《社会科学的逻辑》,《哲学译丛》1985 年第 1 期。Karl Popper,旧译作"鲍波尔"。——作者注

② Theodor W. Adorno, Zur Logik der Sozialwissenschaften, in Gesammelte Schriften, Bd.8.Suhrkamp Verlag,Frankfurt/M 1997,S.556.

道,康德的理性批判不仅仅意味着对理性的批判,也意味着这个批判的主体是理性自身,这意味着批判是理性主体的自我批判,而且被揭露的幻象恰恰是理性要为之负责的。这就是说,理性的批判并不是像波普那种"质检"工作一般的活动,而其最终目的是要为知识提供基础和可能性条件。在波普看来,理论不过是一系列假说,而且很多是脱离经验的形而上学假说,与事实本身没有本质上的联系。基于外在性,波普就将批判理解为一种外在操作,其理论方法或者工具是随时可以放弃和更换的。这就使得批判者与被批判者之间相脱离,知识被理解为各种"尝试"。这种尝试是必须要经得住批判的,本质上就是暂时经得住批判。但是这种无法自证为永远经得住批判的尝试,其两端却是同样无法证伪的前提,一是客观的逻辑,一是客观的经验。这两端对于波普来说是不可再深究的,也正因此而成为批判知识的工具。这就与康德的知识论相去甚远了,因为在康德那里,逻辑与经验之间如何统一以构成知识乃是知识论的核心问题,这两者都不是不可穿透的最终标准。所以在康德那里,批判才将"我思"这个中间环节引入进来,成为知识的"至上原理"。这个"我思"既是构成知识的机关,也是进行知识批判的机关。所以,批判在康德那里是一种自我反思的行动,主体从不置身事外。阿多诺说:"批判主义就是战斗性的启蒙。但是,若批判的思考在现实面前止步,在工作中满足于自身,那么作为启蒙就很难获得进步。因为它剪除了自身的动机,那么它必定也会漫不关心——将受管制的研究与社会的批判理论做对照就鲜明地揭示出这一点。时下应该正是社会学反抗这种藏匿在无形的方法背后的漫不关心的时候。"①的确,康德在探讨启蒙和批判等概念时始终强调主体对谬误和蒙昧状态负有责任,而波普在截取康德批判的激进一面之后,却设定一个外在的批判者和批判方法,对于知识的构成前提也不做检查。

---

① Theodor W. Adorno, Zur Logik der Sozialwissenschaften, in Gesammelte Schriften, Bd.8.Suhrkamp Verlag, Frankfurt/M 1997, S.557.

要理解阿多诺对波普的批评,首先要将其与康德剥离开,但是并不意味着阿多诺是站在康德的立场之上。阿多诺说:"批判的道路并不是单纯形式性的,而且也是质料性的;批判的社会学,如果真有这个概念的话,按照其概念必然同时也是对社会的批判,如霍克海默在他关于传统理论与批判理论的论文中提出的那样。康德的批判主义某种程度上说也是这样。"①宽泛而言,阿多诺的意图是捍卫社会科学领域中的德国古典哲学传统,甚至是"思辨"的传统,这个传统的开端当然是康德。但是康德仅仅是开端而已,其开启的内在批判和自我反思的传统,在黑格尔那里走向更加彻底的立场,而这种彻底化本身就包含着康德批判。尽管康德的理性批判在一定程度上是涉及内容的,但是仍然保持一个工具论的基本结构。康德的认识批判有这样一个假设,即我们的认识活动本质上是通过工具或者媒介去认识对象,而检查这种追求真理的行为首先要从检查工具和媒介开始。他假定着"绝对站在一边而认识站在另外一边,认识是自为的与绝对不相关联的,却倒是一种真实的东西,换句话说,认识虽然是在绝对以外,当然也在真理以外,却还具有真理性——这样的一种假定,不禁使人觉得那所谓害怕错误,实即是害怕真理"②。康德的知识批判尽管是主体的自我批判,但是他假设了主体之外的自在的真理却又无法达到,从而从康德那里开始同一性理想就无法实现。

黑格尔的康德批判导向一种总体范畴,即不仅要将真理理解和表述为实体,而且要理解和表述为主体。③ 这个主体与客体的统一,最终就是绝对精神。阿多诺显然并不认同绝对精神为绝对真理,但是他却不否认社会甚至整个人类生活已经发展为一个总体。这个总体正是社

---

① Theodor W. Adorno, Zur Logik der Sozialwissenschaften, in Gesammelte Schriften, Bd.8.Suhrkamp Verlag, Frankfurt/M 1997, S.557.

② [德]黑格尔:《精神现象学》上卷,贺麟、王玖兴译,商务印书馆 1979 年版,第53 页。

③ [德]黑格尔:《精神现象学》上卷,贺麟、王玖兴译,商务印书馆 1979 年版,第10—11 页。

会学研究和批判的对象,批判者不仅始终处于这个总体之中,而且也试图超出这个总体之外。"其实没有任何实验能令人信服地说明任何一种社会现象对总体性的依赖,因为形成可把握社会现象的总体,本身并不进入任何特殊的尝试程序。但是有待观察的社会事物对整体结构的依赖,实际上要比任何单个事物中不可辩驳地可证实的发现要有效得多,而所有一切不过是精心编造的思想谎言。如果人们不想最终将社会学与自然科学模型相混淆,那么尝试的概念就必须也要延展到这种思想,它饱含着经验的力量,超出经验,以把握经验。"①这里阿多诺理解的社会学批判处于一种矛盾的境地之中,一方面他必须接受社会总体这个事实,而这个总体事实在今天又带有虚假性。也就是说,批判理论也将统治性与总体性关联起来,其根源乃是概念的拜物教化,但是祛除这种拜物教的方式必须是概念自身的"祛魅",必须是黑格尔的否定性之后的再次否定。显然辩证法并不完全反对康德式的批判,但是这种批判是从概念活动内部发出的,其结果就是新形态的辩证法。

二、社会学问题与社会学事实

批判方法的不同选择,并非阿多诺与波普之间的主观分歧,因为方法最终要依赖于它的研究对象。波普认为,社会学批判产生于其遇到的"问题":"如果能说科学或者认识从何开始的话,那么认识并非开始于感觉或者观察或者资料及事实的收集,它开始于问题。没有问题,就无所谓知;同样,没有问题就无所谓无知。这就是说,认识开始于知与无知的矛盾:没有知识就无所谓问题;没有无知就无所谓问题。这是因为,每一种问题的产生都是由于发现了我们的不可靠的知识中有不对

---

① Theodor W. Adorno, Zur Logik der Sozialwissenschaften, in Gesammelte Schriften, Bd.8.Suhrkamp Verlag, Frankfurt/M 1997, S.556.

头的地方;或者逻辑地认为,由于发现了我们的不可靠的知识与事实的矛盾;或者更确切地说,由于发现了我们的不可靠的认识与不可靠的事实之间的矛盾。"①问题在科学中处于优先地位,波普的这个主张阿多诺是同意的。但是其中的问题是什么样的问题,却需要进一步深究。在波普看来,问题就是发现了我们的知识有不对头的地方,发现了认识与事实之间存在矛盾。这是一种相对朴素的说法。这个问题本质上是主观的问题,即知识与事实之间产生了矛盾。因此,知识的批判自然地就是检查我们的主观知识,批判活动中的各个元素其实是相互独立:批判的对象、批判的标准和批判主体在本质上没有关联。但如果这样的话,知识与事实之间的对应关系就首先成为一个非反思的预设前提。

波普批判方法的一般结果是命题与事实的对应关系是可以的,但却仅仅是暂时有效的,这个批判本身却已然预设了这种对应是当然的,正如其质疑概念的使用但却又只能首先运用概念来提问一样。② 波普不得不纠缠于知识与事实之间的区分。应该说这种区分是符合我们的常识的,但是如果作为一条原则来坚持的话,就会导致扭曲科学观。如阿多诺所说:"在波普那里,问题仅仅是认识理论的问题,而在我看来它同时也是某种实践的问题,最终乃是世界的成问题状态。但是对此做这样的区分也是有道理的。如果人们将内在的问题与现实的问题极端地割裂开(这些现实问题在它们的形式主义中纯粹地反映出来),那么就会将科学拜物教化。"③事实上这种科学的拜物教化,普遍地存在于哲学的唯心主义之中,而这种唯心主义又不过是社会过程的一个表征。这其中包含着两个层次的含义,首先对社会学而言,这种区分的合

---

① K.鲍波尔:《社会科学的逻辑》,载《哲学译丛》1985 年第 1 期。
② 参见《阿多诺论马克思与社会学理论的基本概念——整理自 1962 年夏季研讨课的课堂记录》(未刊稿),汉斯-格奥尔格·巴克豪斯整理,蓝江、李乾坤译。
③ Theodor W. Adorno, Zur Logik der Sozialwissenschaften, in Gesammelte Schriften, Bd.8.Suhrkamp Verlag, Frankfurt/M 1997, S.551.

理性是有限度的,社会学在认识论层面的任务乃是要寻求两者的统一性;但是阿多诺的理论却不满足于像康德那样为社会学知识奠定基础,他力图将这种二分扩展为整个近代哲学尤其是唯心主义哲学的基本结构,并指出必须将这个基本结构放回社会过程的总体之中,以最终将这种科学观念鉴别为一种拜物教观念。所以阿多诺的理论中包含着批判和"元批判"两个层面,就为社会学知识奠定基础的意义上,阿多诺会认为指出社会过程的总体性就已足够,而就这种科学观念的社会根源来说,则是对古典时代知识批判的二阶批判,阿多诺将这一工作视为其核心任务。这两个层次的工作在阿多诺那里是一个总体性的工作,但是若力图厘清两者的关系便可能出现问题,元批判的成果在何种意义上影响到知识奠基工作。

显然,阿多诺这个计划恰好与那个时代最重要的哲学家之一胡塞尔的纯粹逻辑和严格科学的理想相对立,而阿多诺又恰好是从对胡塞尔的批判走向社会研究的。我们知道,阿多诺大学时代的导师是新康德主义者的柯内留斯,他也是胡塞尔当时的一个主要论敌。当然,阿多诺对胡塞尔的批判最终超出了新康德主义的范畴,也就是从柯内留斯的经验论走向了社会研究。阿多诺对胡塞尔的批判主要集中在关于物的问题,如其学生内格特所说,"非同一物的问题域在阿多诺那里首先是锁定在物的问题上。胡塞尔现象学从其最早期著作一直到晚年始终陪伴着阿多诺,这是绝非偶然","是否成功地脱离唯心主义,并拯救哲学,还是在半透明的伪具体性中残留现象世界的经验多样性,全系于物的问题"。① 当然,阿多诺尽管认为胡塞尔哲学是德国唯心主义之后的最重要努力,但是这个努力仍然是局限在唯心主义内部的,并未真正超出唯心主义的问题框架。"直观给予物中的最初的东西不应该与自然主义的、经验的自在部分有任何关系。所以阿多诺最终得出的结论是,

---

① Oskar Negt, Der Soziologe Adorno, in Soziologie im Spätkapitalismus: Zur Gesell-schaftstheorie Theodor W. Adornos, Wissenschaftliche Buchgesellschaft Darmstadt, 1995, S.10,11.

最终意识对象物根本不应该被划归位置和空间行的外部世界。胡塞尔已经清除了唯心主义的任何思辨的残余,并达到了他所可能的最大程度的实在性,但是并没有挣脱唯心主义。"①要真正走出唯心主义,便意味着达到真正的实在性,而这就必须放弃传统的物的问题,揭示认识问题的真正起源。

在最一般的意义上,阿多诺将认识中的思维和概念理解为一种人类活动,其原型乃是劳动和社会生活:"思维本身已是对所有特殊内容的否定,是对强加于它的东西的反抗;这一点是思维从劳动与其质料的关系,从它的原型那里继承下来的。"②所以,社会学研究的社会,就不是外在地规划而来的研究对象,而是已然内在于思维和认知逻辑之中的。"真实的社会生活过程,不是某种通过分配而运进哲学中的私货,相反,这个过程是逻辑内容本身的核心。"③但是,这种社会内容对于普通科学来说却是妨碍其有效性的不纯粹的起源,因此越是纯粹的真理要求就越是排斥其逻辑的起源,这种矛盾事实上支配着整个的认识论历史。在近代自然科学的典范数学之中,数本身本质和发生却是不能进一步追问的,而是首先被接受为先天和普遍的,这种先天和普遍则同样源于社会过程中的排他性程序。所以在科学取得长足发展的今天,一般的科学就转变为一种统治性的力量,或者对社会权力产生程序的单纯接受。"数学通常会将数是什么这类问题当作数学之外的而打发掉那样,哲学应当只关心普遍有效的东西的结构及其条件。然而,因为这些主题是已经准备好了的,是由社会工厂所提供的,所以科学思想并不依赖于这些主题所自发获得的东西,而是使它们服从于由社会所要

---

① Oskar Negt, Der Soziologe Adorno, in Soziologie im Spätkapitalismus: Zur Gesell-schaftstheorie Theodor W. Adornos, Wissenschaftliche Buchgesellschaft Darmstadt, 1995, S.11.

② Theodor W. Adorno, Negative Dialektik, in Gesammelte Schriften, Bd. 6. Suhrkamp Verlag, Frankfurt/M 1997, S.28.

③ Theodor W. Adorno, Zur Metakritik der Erkenntnistheorie, in Gesammelte Schriften, Bd.5. Suhrkamp Verlag, Frankfurt/M 1997, S.34.

求或打磨的程序。"①如果说具体科学对其社会起源的接受和认同还是不自觉的,那么传统的知识批判则试图以某种方式巩固这个过程所取得的成果,也就是试图割断认识形式与社会过程之间的发生关系,从而将认识形式获得一种永恒性。

从社会科学逻辑的问题到整个认识的起源问题,而从整个认识的起源问题又要回到认识的方法论的问题。如果说波普的批判方法的问题在于其与问题的外在关系,那么阿多诺则是要试图表明其内在关系,而这种内在关系最终又是整个理论认识与社会过程的内在关系。因此阿多诺对波普的态度是从形式上的认同走向进一步的反思,而进一步的反思所得出的是一般性的哲学前提,最后这个哲学前提又要反过来提供社会学作为一门普通学科的合法性和有效性根据。笔者认为阿多诺的二作更多的是在前一个环节,而反思所获得一般性前提如何统摄和支持作为一门具体科学的社会学却是不够有说服力的,甚至按照波普的见解来说是含混的。不难理解,对于何为社会学研究的问题,阿多诺是站在黑格尔—马克思的传统中的:"社会学的对象本身,即社会,它和它的成员维持其生活并同时经受着毁灭的威胁,这才是重要的问题。"②这样理解问题的话,社会这个整体本身就是问题的根源,而批判者也是这个整体的一员,而且批判的标准也必须处于这个整体之内。

在阿多诺的著作中,这个整体性往往是作为其论述的起点,被认定为一个社会现实,而其构成机制则很少被主题化。阿多诺只是在很少的地方提到,理论的同一性原则与现实的统一性之间存在着对应的关系,而且应该被理解为一种"同源的"(urverwandt),这里他援引的是马克思的经济学成果:"交换原则,也就是将人类劳动向平均劳动时间的

---

① Theodor W. Adorno, Zur Metakritik der Erkenntnistheorie, in Gesammelte Schriften, Bd.5.Suhrkamp Verlag, Frankfurt/M 1997, S.50.

② Theodor W. Adorno, Zur Logik der Sozialwissenschaften, in Gesammelte Schriften, Bd.8.Suhrkamp Verlag, Frankfurt/M 1997, S.551.

抽象的一般概念的还原,与这种同一化原则是同源的。在交换中,这种原则便有了它的社会模式,离开这种原则这种模式便不能存在;通过它,非同一的、单个的东西和劳动成果(Leistungen)就变得可以通约,变成同一的。这一原则的扩展将整个世界变成了同一的东西,变成了总体性。"①社会存在与思维之间的这种同源性,是社会理论以及社会批判有效性的基础,它不同于唯心主义将社会仅仅视为逻辑的应用(黑格尔),也不同于实证主义将社会视为一个非反思的事实集合,在批评了唯心主义的同时又坚持了必要的同一性。

如前所述,笔者认为阿多诺的这个理论基础在解释理论逻辑本身的来源是有优势的,但是这个来源如何能够作为一门科学的规范而起作用,也就是说,阿多诺的这个解释如何承担类似康德认识论上的奠基功能,却仍然是值得我们进一步深究的。因为按照阿多诺的解释,社会过程之抽象化为理论规则,是通过意识形态机制实现的,而作为必然的虚假意识,意识形态的内在限度却还不能说已经得到确定的说明。当然,阿多诺这一思想的认识论意义在其理论战友和追随者索恩-雷特尔那里得到更进一步的展开,但是如果将社会抽象理解为一个综合过程,那么至多只是获得历史学意义上的"演绎",而不可能具有真正的认识论效果。②

三、批判的社会科学与改变世界

辩证批判的认识论功能未得到突出,与阿多诺社会理论的实践取向有很大关系。事实上,从先验的批判到辩证的批判,再到后来立足于社会实践的元批判,也可以视为一个从理论走向实践的过程。从阿多

---

① Theodor W. Adorno, Negative Dialektik, in Gesammelte Schriften, Bd. 6, Suhrkamp Verlag, Frankfurt/M, 1997, S.149.
② 参见谢永康:《综合的社会起源——马克思主义认识论的两个方案》,《教学与研究》2015 年第 2 期。

诺以及批判理论第一代理论家所处的社会背景和实践需要看,其强调元批判作为意识形态批判,强调其直接作为实践,是可以理解的。但是从后来的理论发展来看,类似波普的经验主义路向在社会学学科领域中更容易被接受,以至于实证研究仍然可以说统治着今天的社会学。而辩证的社会理论,则很难说成果丰富,或者确切地说只是经过哈贝马斯等人的改造才得以继续,但是阿多诺和霍克海默主张的诸多命题已经被替换,尤其是其中黑格尔—马克思的要素,即关于社会对象的同一性基础,已经不再被认为是商品交换,而被替换为以语言为基础和模型的交往行为。哈贝马斯更多地采用了康德式的理论模型,从学派的层面上说,也可以理解为是对实证主义社会理论的务实的退让。这一退让正是为了相对突出社会批判理论的认识论功能。而与之相对照,阿多诺晚年坚持的辩证的社会理论,则更加强调理论的实践功能,这正是马克思主义哲学传统的核心部分。

如前所述,二战后的理论家大多有很强的实践意图,阿多诺和波普均是如此。尽管波普强烈地批判过 20 世纪的极权主义,但是他并不认为现时代有多么糟糕。甚至在提到他本人与阿多诺的立场差别时,波普认为我们生活在有史以来最好的世界,而阿多诺显然认为这个世界是最糟糕的。阿多诺评论说:"为了使争论针锋相对,波普的确有点夸张了;在不同时代社会的糟糕之间进行比较,着实有些棘手;说再没有什么社会比孵化出奥斯维辛的社会更好,我是难以接受的,而在这点上波普先生对我的描述毫无疑问是正确的。我只是不将对立理解为单纯的立场,而是理解为可判定的东西;就立场哲学而言我们两人可能是同等程度地否定的,就立场社会学而言也是如此。从对充满矛盾特征的经验出发,这并不是什么主观偏好的出发点,而是构成社会学之可能性的动机。"①提到奥斯维辛,我们自然会想到阿多诺的两个著名的说法,

---

① Theodor W. Adorno, Zur Logik der Sozialwissenschaften, in Gesammelte Schriften, Bd.8.Suhrkamp Verlag, Frankfurt/M 1997, S.564.

一是说奥斯维辛之后写诗是残忍的,一是说希特勒强加给我们一个新的绝对命令,即着眼于奥斯维辛之不再发生而去思考和行动。① 就第一方面而言,显然波普的话显得有些"口无遮拦",因为纳粹和奥斯维辛是当代社会中最突出的事件,而阿多诺在此又一次提起奥斯维辛似乎是认为波普的轻浮态度伤了受害者的感情,而且对于如此严肃的事情其态度有些不负责任;就学理而言,阿多诺认为只有对现实有如此判断,才可能认识到批判的社会学发生的真实动机,即以否定的方式改变世界。

其实波普并不反对改变世界,其批判包含着很明显的实践旨趣。波普试图通过对工具即方法的批判来消除虚假社会科学理论,从而避免极权主义,走向开放和自由的社会。而阿多诺则认为外在于研究对象的方法本身是可疑的,理论方法与理论对象至少在社会科学领域是一体的,这是内在批判的基础。而这一意义上的内在批判,本身已经是理论家对其批判对象(包括被批判的理论以及其研究对象)的参与,从而也就是一种实践性的理论。显然,波普那里还预设了一个理论方法"运用"于对象的环节,而阿多诺则认为批判本身已经就是实践。这两种批判在一定程度上都可以理解为意识形态批判,波普意在通过方法论的探讨,消除虚浮的社会科学,走向务实的经验研究;而阿多诺同意这个意图,但是认为波普不仅在研究对象上有非批判的预设,而且其通向实践的道路过于间接,因为社会对象本身已经有概念性,而理论的批判直接就是现实的批判。

波普的批判主要着眼于主观的方面,也就是检验一种理论或者观念的可反驳性,因为在他看来,"可反驳"或者可以"经验地反驳"是科学理论的标准,而空洞的不可检测的形而上学观念则容易成为当权者的工具。按照波普的理解,任何科学都是做预测的科学,但是不是所有

---

① Theodor W. Adorno, Negative Dialektik, in Gesammelte Schriften, Bd. 6, Suhrkamp Verlag, Frankfurt/M, 1997, S.356.

的预测都是科学的预测,因为只有可检测的预测才是科学的预测。而历史主义那种绝对的预测则是不可检测的,黑格尔、马克思对历史发展的整体性论断就属此列。科学的预测都是在特定经验条件下的预测,而关于历史进步、自然的进化的预测则是无条件预测,因此不是科学预测。所以在波普看来,关于国家、阶级等整体性的理论,进化论和各种进步学说都是非科学的。科学预测的意义就在于其可以被证伪,以及经受住证伪。波普将这种试探和清除错误的方法理解为最为普遍的科学探索方法,以此为标准来检查黑格尔的逻辑学以及马克思主义者对黑格尔的运用,便发现辩证法乃是一种糟糕的研究方法。① 马克思主义者主张辩证法为一种逻辑同时又是一种关于世界的一般理论,为波普所不容,因为在他看来这是含混不清的,尤其是其坚持矛盾与一般的科学精神相违背。

针对波普而提出"可反驳"或者可以"经验地反驳"是科学理论的标准,阿多诺认为,只有作为内在批判,反驳才是富有成效的。② 而这个观念又要追溯到马克思的批判,马克思对黑格尔法哲学以及后来的政治经济学批判,无不同时将其视为现实批判的一部分。而这种观点又可以追溯到黑格尔:"真的驳斥必须在对手方强有力的范围内,和他角力较量;在它以外的地方去攻击它,在他不在的地方去主张权利,对事情是没有进益的。"③辩证法强调的是反驳应该深入到事情本身之中,在事情本身中内在的矛盾力量驱动否定的进程。而波普则认为反驳应该立足于事实所提供的经验,不符合事实理论是错误的,而无法找到相应事实的理论本身就是虚假的。两者所主张的可反驳标准可谓大异其趣,就此阿多诺抓住的并不是这个经验标准在认识论层面的意义,

---

① 参见[英]卡尔·波普尔:《猜想与反驳——科学知识的增长》,傅季重等译,上海译文出版社2001年版,第486页。

② Theodor W. Adorno, Zur Logik der Sozialwissenschaften, in Gesammelte Schriften, Bd.8.Suhrkamp Verlag,Frankfurt/M 1997,S.555.

③ [德]黑格尔:《逻辑学》下卷,杨一之译,商务印书馆1976年版,第244页。

而是其在实践层面意义的匮乏。因为在波普的反驳概念中,经验提供信息可以被视为知识错误与否的标准,这就隐含着对于这个通常被视为事实的部分,波普的批判方法是无法反思的,而这又可以扩展到这种批判方法对现实社会秩序的屈从。

从实践旨趣的角度,辩证法对波普的证伪方法的批评应该是有其道理的。但这是否意味着社会理论必然地走向辩证的社会学,却是一个值得我们深入思考的问题。尤其是,社会理论不仅是一种批判性的理论,而且也应该包含着具体科学的成分,因此其方法论中就不仅包含着导向实践的部分,而且也应该包含着为经验的社会科学奠基的功能。甚至其实践的部分,也应该有其理性的尺度。也就是说,如果科学,包括社会科学的原则本质上乃是社会过程中的意识形态部分,但是这个意识形态的真实与虚假的尺度却从来都是不明确的。我们一般会说,一个思想原则都有其社会生活来源,如果将其绝对化并孤立于社会实践,便成为虚假的意识形态。但这仍然是模糊的标准。甚至阿多诺提到的新的绝对命令,似乎可以说是阿多诺提到的关于人的行动的最为确切的依据,但是人们仍然无法依据这一条来采取行动,因为"奥斯维辛不再发生"这个否定性的标准与实际的行动之间仍然没有直接的关联。所以阿多诺在面对学生运动的"行动主义"时,他一再地主张其理论与实践之间的关系是"非常间接的"①。然而这又似乎退回到其批判对象的立场上去了。当然,我们并不认为阿多诺的立场与思辨的唯心主义者或者实证主义者是一致的,但是这至少表明,批判的社会理论未来所面对的最重要问题,或许应该是意识形态批判的理性尺度的问题,这也是该理论如何展开自身的问题。

(作者　海南大学社会科学研究中心教授)

---

① Theodor W. Adorno, Keine Angst vor Elfenbein, in Gesammelte Schriften, Bd. 20. 1. Suhrkamp Verlag, Frankfurt/M 1997, S. 403.

社会事实何种程度上是
艺术的一种特性？[*]
——从阿多诺美学思想出发的一个考察

孙　斌　张艳芬

摘　要：艺术就其本义而言与制造或生产有关。阿多诺对艺术的社会解读定位于生产而不是对效果的研究和分类。与此同时，艺术作为社会的精神劳动的产品又是一种社会事实。涂尔干把他社会学中的这个术语指认为物。这样的物是被给定的产品，不能产生决定社会变革的力量。艺术作为产品也是如此。但艺术的自律性使艺术通过对社会的反对而成为社会的，而艺术中的社会的东西正是它内在的反对社会的运动。自律性和社会事实作为艺术的双重特性在相依和冲突中表现出来。艺术在社会中的两难处境使自律的艺术被整合为其他诸领域中的一个无害领域。这个时候，艺术成为具有无害性这种社会功能的社会事实。作为结果，艺术必须借着反艺术的元素才能对自己保持忠诚。

关键词：艺术　社会事实　自律性　物　反艺术

阿多诺在他进行有关艺术问题的思考时，几乎无时无刻不把这种思

---

* 本文系教育部人文社会科学研究规划基金项目"普罗米修斯诗性形象的艺术哲学研究"（项目批准号：13YJA720011）的阶段性成果。

考置于社会的语境或者说视野之中。这很大程度上恐怕是因为他的这种思考更多的不是研究,而是批判,或者,用霍克海默的话来说,不是属于传统理论,而是属于批判理论——根据霍克海默的想法,批判的活动就是"一种以社会本身为其对象的人类活动"①。即便如此,当我们看到他把涂尔干②所说的社会事实指认为是艺术的双重特性之一——另一个是自律性③——时,可能还是有些不解,因为如果要强调——一般而言至少从柏拉图讨论艺术对城邦公民的影响开始就已经被注意到的——艺术的社会意义或者说社会维度,他完全可以,就像其他人那样,采用诸如社会性之类含义更宽泛的措辞,而不必采用社会事实这样一个有其严格界定的社会学术语。而且,作为涂尔干社会学的谙熟者④,他对这个词的使用也绝对不可能是随意之举,更不可能是误用。这是否透露了某种倾向,即,艺术的社会方面在这个时代已经不能简单地用一个宽泛的术语来加以刻画,而是必须用随着现代社会科学的兴起而发展出来的社会学理论及其术语? 或许这是一个会引起争论的问题,不过,无论如何,探问社会事实对于阿多诺而言究竟在何种程度上是艺术的一种特性,对于弄清楚这个问题以及可能其他更多的问题,是一件值得做的事情。

一、作为生产的艺术

既然讨论的主题是艺术,那么从何处入手来讨论? 这看似是一个问题,而且如果要追问的话,甚至是一个复杂的问题,但是好像没有什

---

① Max Horkheimer, *Critical Theory: Selected Essays*, Translated by Matthew J.O'Connell and Others, New York: Continuum, 2002, p.206.

② Durkheim 的中译有涂尔干、迪尔凯姆、杜尔克海姆等多种,本文中统一译作涂尔干。

③ 在《美学理论》中,阿多诺不止一次地将艺术的双重特性明确指认为自律性和社会事实。

④ 阿多诺不仅在诸多作品中援引和评论涂尔干的思想,而且有像《埃米尔·涂尔干〈社会学与哲学〉导论》("Einleitung zu Emile Durkheim Soziologie und Philoso-phie", in Gesammelte Schriften, Band 8: Soziologische Schriften 1, Herausgegeben von Rolf Tiedemann, Frankfurt am Main: Suhrkamp Verlag)这样的专题研究。

么人在这个问题上费神停留乃至耽搁他们的工作,因为他们几乎毫不犹豫地选择从艺术作品来入手。即便是海德格尔,正如他自己承认的,在艺术作品、艺术家、艺术之间绕了几个圈子之后,最后也表示:"艺术在艺术—作品中成就本质。……什么是艺术? 这应当从作品那里获得答案。"①事实上,他正是以"艺术作品的本源"这个标题入手来展开他的这项关于艺术或者说艺术本质的研究的。当然,更多的时候,选择从艺术作品入手,根本不需要像海德格尔那样绕圈子,因为艺术作品是最直接地被人们经验到的与艺术相关的东西,正如我们感觉到的对象是最为直接地与我们身处其中的这个世界相关的东西——艺术作品使得艺术在可被经验直观的对象中呈现出来,这无疑极大地投合了人的对象性观察方式和思维方式。

那么,什么是艺术作品? 这差不多是一个无法回答的问题,因为所有尝试给出的有意义的回答后来都可能在理论和实践中得到质疑和驳斥。不过,对于这个问题,我们可以像海德格尔或者几乎任何一个人那样谨慎地从物来开始讨论。每一件艺术作品都是一件物,确切地说,人造物或人工制品,这个说法大概不会引起太多争议——毋宁说,它倒是会被质疑为泛泛而谈。反过来,那些非人造的物,不管它们在外观上多么令人愉快,也不能被算作是艺术作品。对此,杜威陈述道:"为了举例说明,我们假定一个精制的对象,其质地和比例在知觉上极为令人愉快,曾经被人们认为是某个原始民族的一件产品。而后来发现的证据却证明,它是一件偶然的自然产品。作为一个外在的物,它现在分明就是它以前所是的东西。但是同时,它却已不再是一件艺术作品了,而是变成了一件自然的'奇物'。它现在应归入自然历史博物馆,而不是艺术博物馆。"②

---

① [德]马丁·海德格尔:《林中路》(修订本),孙周兴译,上海译文出版社 2008年版,第 2 页。

② John Dewey, Art as Experience, in The Later Works, 1925–1953, Volume 10:1934, Edited by Jo Ann Boydston, Carbondale and Edwardsville: Southern Illinois University Press, 1987, p.55.

也就是说,对于一件物来说,确认其艺术作品身份的依据乃是其从前提而言的是否出于人造,而不是其从效果而言的是否令人愉快。唯是之故,物,如杜威所说,从前到后一直是那个并未发生任何改变的外在的物,但由于被证明不是人造物而被剥夺了艺术作品的身份。杜威这番话所道出的意思似乎是人们已经接受甚至熟知的,但其实是耐人寻味的。之所以这么说,是因为它迫使我们重新审视一个问题,即,当我们从艺术作品入手讨论的时候,我们真的是在从某种人造物入手吗？至少对于那些热衷于直接讨论艺术作品的社会功能之类问题的人来说不是。原因很简单:人造或者说制造、生产这个根本的依据被极其不恰当地忽视和遗忘了。

选择从艺术作品入手来讨论当然是合乎情理的,而且从其所取得的成果来看甚至是值得鼓励的,但必须以艺术的方式,亦即遵从艺术的本义。亚里士多德在比较制造与实践的不同时曾经表达过这样一个想法,即,艺术(*technē*)的品质乃是制造,他说:"……如果没有与制造联系在一起且合乎理性的品质,那么就没有艺术(如果没有艺术,也不会有这种品质),艺术和那种与制造联系在一起的合乎真正理性的品质乃是同一桩事情。每门艺术都关涉于产生的过程……其起源在于从事制造的人而不是被制造的物。"[1]事实上,把艺术的根本性质归结到制造或者说生产,不仅是亚里士多德的想法,而且也是古代希腊哲学的一种普遍想法。以至于后来的美学家,如塔塔尔凯维奇,在把艺术的概念追溯到了古代希腊的艺术(*technē*)时可以非常明确地指出它本来的含义乃是"有技艺的生产"[2],并进而指出,艺术"不是关涉于艺术的产

---

① Aristotle, Nicomachean Ethics, Translated by Robert C. Bartlett and Susan D. Collins, Chicago and London:The University of Chicago Press, 2011, p.119.顺便提一下,英译者在注释中做了一个说明,即,这里的"poiēsis"除了可以被译作制造(making)外,也可以像许多其他译者做的那样,被译作生产(production)。

② Władysław Tatarkiewicz, *A History of Six Ideas:An Essay in Aesthetics*, Translated by Christopher Kasparek, Warszawa:Polish Scientific Publishers, 1980, p.80.

品,而是关涉于生产产品的活动……"①如果是这样的话,那么,就艺术的本义而言,制造或生产构成了对于艺术的一个基本理解,而不管诸如亚里士多德所考虑的制造或者人造在资本主义时代变成了怎样一种庞大而复杂的社会生产,也不管艺术这个概念从古代希腊到现在随着人们的生产和生活方式的改变而发生了怎样重大的演变。相应地,从制造或生产入手,也就成为我们由以考察艺术作品这种人造物的一条线索。

阿多诺正是以他在艺术思考中对生产的强调接续了这一线索。不过,他显然并不是要仅仅接续这个线索,而是要从这个线索中发展出他对艺术的社会解读。他这样说道:"对艺术的社会解读兴趣必须定位于生产而不是满足于对效果的研究和分类,因为这些效果常常会出于社会的原因而完全背离艺术作品以及它们的客观社会内容。自古以来,人对于艺术作品的反应都被极度地中介了……事实上,它们现在被社会所中介②……对于社会效果的研究没有达到对艺术中的社会的东西的理解……"③这番阐述提醒我们,当人们根据艺术在社会中的功能而把艺术考虑为社会的时,艺术恰恰不再是社会的了,因为功能是从效果来讲的,而效果,如阿多诺所说,背离了艺术作品及其客观社会内容。造成这种背离的原因是社会,亦即,社会完全遗忘或否认了艺术的本义即生产,而仅仅把艺术中介为一种能产生特定效果的产品。换句话说,艺术就其效果而言的社会功能更多的不是关联于艺

---

① Władysław Tatarkiewicz, *A History of Six Ideas:An Essay in Aesthetics*, Translated by Christopher Kasparek, Warszawa:Polish Scientific Publishers, 1980, p.50.

② 阿多诺多次提及或者说强调过社会的这种无时无处不在的中介作用,比如,"天空和大地之间——更确切地说大地之上——绝对没有什么东西不是被社会所中介的。"以及"太阳底下没有什么东西,我的意思是绝对没有什么东西,由人类智能和人类思维所中介,却不同时也在社会上得到中介。"(Theodor Adorno, *Introduction to Sociology*, Edited by Christoph Gödde, Translated by Edmund Jephcott, Cambridge:Polity Press, 2000, pp.64-65, 15-16.)

③ Theodor W. Adorno, *Aesthetic Theory*, Translated by Robert Hullot-Kentor, London and New York:Continuum, 2002, p.228.

术作品,而是关联于对艺术进行中介的社会。这种区别也在阿多诺所做的一个辨析中得到透露,他说:"有一样东西变得明显了,这就是完全是功能性地形成的艺术作品与它实际上的无功能性之间的不同。"①在这里,与艺术作品实际的无功能性形成对照的是遗忘其生产从而有着这样或那样社会功能的产品——后者即产品被阿多诺考虑为社会事实。

阿多诺说:"如果,从一个方面来看,作为社会的精神劳动的产品,艺术总暗中是一种社会事实,那么在成为资产阶级艺术时,它的社会方面就变得明显了。"②这里所说的社会事实正是那个来自涂尔干的概念。那么,什么是社会事实? 正如我们所熟知的,涂尔干对于这个社会学研究对象的概念有着明确的定义。③ 这个定义中的核心意思是外部给予个人的普遍约束。如果是这样的话,我们很容易把阿多诺这里的意思解读为:艺术就其是劳动产品而言,成为某种外部的东西,并由此在资产阶级社会中履行它的社会功能即普遍约束,从而将自身的社会方面明显地呈现出来。这种从与社会异化问题联系在一起的社会事实④做出的解读,就阿多诺的整个思想旨趣来说并不错,但是,事情在这里有必要得到更为具体的分析。我们注意到,对于社会事实,阿多诺选择了它的一个特点即不可入性或者说不透明性来加以考察:"……而涂尔干持这样的

---

① Theodor W. Adorno, *Aesthetic Theory*, Translated by Robert Hullot-Kentor, London and New York: Continuum, 2002, p.61.

② Theodor W. Adorno, *Aesthetic Theory*, Translated by Robert Hullot-Kentor, London and New York: Continuum, 2002, p.225.

③ 这个定义是:"一切行为方式,不论它是固定的还是不固定的,凡是能从外部给予个人以约束的,或者换一句话说,普遍存在于该社会各处并具有其固有存在的,不管其在个人身上的表现如何,都叫做社会事实。"([法]E.迪尔凯姆:《社会学方法的准则》,狄玉明译,商务印书馆1995年版,第34页。)

④ 比如,在本泽尔看来,涂尔干的社会事实在阿多诺那里的意义就是对于异化的揭示,他说:"根据阿多诺,社会事实的概念有益地提出了社会异化的问题。……通过说明社会异化如何作为一种不变的东西降临到人类头上,涂尔干的社会事实概念强烈地突出了当代社会中的社会异化。"(Matthias Benzer, *The Sociology of Theodor Adorno*, Cambridge: Cambridge University Press, 2011, p.19.)

观点,即,社会学本质上不同于心理学……因为真正的社会事实不能被理解,它们是不可入的和不透明的,并且应该就像他指出的那样——尽管他本人并未完全了解他所说的东西的含义——被当作'物';因此,涂尔干的社会学也可以被称作是物化主义。"①我们知道,涂尔干在他的《社会学方法的准则》中反复强调要把社会事实当作物来考察,并称之为比如"我的方法的基础""第一条也是最基本的规则"②等。

二、作为产品的物

当然,比涂尔干对社会事实是物的强调更为重要的事情是,究竟什么是物?或者说,当涂尔干对他所说的物给出说明的时候,阿多诺认为他并未完全了解的究竟是什么?我们先来看涂尔干的想法:"实际上,我不是说社会事实是物质之物,而是说社会事实是与物质之物具有同等地位但表现形式不同的物。那么,物究竟是什么呢?如同从外部认识的东西与从内部认识的东西是对立的一样,物与观念也是对立的。……凡是精神只有在摆脱自我,通过观察和实验,逐渐由最表面的、最容易看到的标志转向不易感知的、最深层的标志的条件下才能最终理解的东西,都是物。"③在这里,涂尔干,正如阿多诺前面所评论的,是从社会学与心理学的区分来定义物的,即,物是一种外在的因而无法通过心理学,确切地说,个体心理学意义上的内省来认识的东西。或者更为简单地说,凡是不以观念的方式存在并且无法以内省的方式认识的东西都是物,至于它是不是物质之物则是无

---

① Theodor Adorno, *Introduction to Sociology*, Edited by Christoph Gödde, Translated by Edmund Jephcott, Cambridge: Polity Press, 2000, p.77.
② [法]E.迪尔凯姆:《社会学方法的准则》,狄玉明译,商务印书馆1995年版,第7、35页。
③ [法]E.迪尔凯姆:《社会学方法的准则》,狄玉明译,商务印书馆1995年版,第7页。

关紧要的,因为物之为物的地位由此而确立了。而当阿多诺继续从前面所说的社会事实的不可入性来对此加以分析时,他发现,涂尔干的这个竭力要与心理学区分开来甚至对立起来的东西乃是非理性的。对此,他这样阐述道:"你遇到种种既没有理性原因也不是——或许这太对了——来自个体心理学的行为模式。它们是长期建立的仪式——有点像上巴伐利亚给恶棍穿上山羊皮并驱赶到玉米地里的做法,以及诸如此类的现象。这些现象例证了涂尔干在他说恰是某种'不可入性'契机构成社会本质时所指的东西。"①如果说作为物的社会事实的这种不可入性实际上乃是对其非理性或者说不合理方面的刻画,那么涂尔干所设想的"观察和实验"就没有意义了——至少在阿多诺看来,上巴伐利亚地区的这种没有理性原因的做法无论怎样观察和实验,也无法找到"不易感知的、最深层的标志的条件"之类的东西。

不过,涂尔干的重点也许不是后面的这个措辞,而是前面的那个即"摆脱自我",所以他并不担心是否能找到理性的原因。这在他对社会制度的解释中得到了集中说明:"但首先要知道,社会制度的绝大部分是由前人定好而遗留给我们的,我们丝毫也没有参与它的建立,所以反躬自问时,不可能找到产生这些制度的原因。"②恐怕正是这一点吸引了阿多诺,因为这表明,社会制度乃是一种产品。如果说物,如涂尔干所说,不限于物质之物,那么产品也是如此。也就是说,不要把产品狭隘地理解为出自某种生产力和生产关系的物质产品,因为这种生产力和生产关系本身,就像涂尔干说的"前人定好而遗留给我们的"那样,也是产品。

由此,前面关于艺术的两种理解——即从生产和产品出发的理

① Theodor Adorno, *Introduction to Sociology*, Edited by Christoph Gödde, Translated by Edmund Jephcott, Cambridge: Polity Press, 2000, p.36.
② [法]E.迪尔凯姆:《社会学方法的准则》,狄玉明译,商务印书馆 1995 年版,第 9 页。

解——的讨论就得到了推进,因为阿多诺所说的作为"社会的精神劳动的产品"的艺术,现在并不仅仅指向通常所理解的物质之物意义上的某件艺术作品,而且指向艺术作品中被"定好"的一切,因而是一种更为整体的东西,所以阿多诺在谈及社会对艺术作品的中介时所说的那句完整的话是:"它们现在被社会中介为整体"①。事实上,涂尔干正是在物或者说社会事实的层面上把社会制度与艺术作品看作了两样可以相提并论的东西——这个层面在阿多诺看来大概就是产品的层面。涂尔干的表述是这样的:"物中除了存在于社会之中的有形物体外,还应该包括以前的社会创造的东西,如已经建立的法律,已经形成的习俗,不朽的文学、艺术作品等等。但是,显而易见,无论哪一种物都不能产生决定社会变革的力量,因为它们没有任何驱动力。"②涂尔干这里的结论即"没有驱动力",即便在阿多诺看来也是对的,这是因为,这里的艺术作品乃是仅仅从物或者产品来说的,用阿多诺的话来讲,乃是仅仅从被社会所中介的物或产品来说的。对于这样的没有驱动力因而"不能产生决定社会变革的力量"的艺术作品,阿多诺自己也做出了分析。比如,他说:"贝多芬的交响乐语言,就其最秘密的化学而言,不仅是资本主义的常年不断的灾难的表现,而且也是资产阶级的生产过程。它与此同时由于其悲剧性的肯定而变成了社会事实:事物就像它们必须和应该所是的那样,所以是好的。"③在贝多芬的交响乐中,那些"定好"的事物作为必须和应该所是的东西得到了肯定,它们因此是好的,当然也是无须加以变革的——这是贝多芬交响乐变成社会事实的表

① Theodor W. Adorno, *Aesthetic Theory*, Translated by Robert Hullot-Kentor, London and New York:Continuum,2002,p.228.

② [法]E.迪尔凯姆:《社会学方法的准则》,狄玉明译,商务印书馆 1995 年版,第127 页。

③ Theodor W. Adorno, *Aesthetic Theory*, Translated by Robert Hullot-Kentor, London and New York:Continuum,2002,p.241.

现,也是它的效果。① 如果是这样的话,那么,尽管贝多芬的交响乐语言表现了资本主义的灾难,但是它无论如何没有因此而成为变革社会的力量。在这方面,我们甚至还可以考虑阿多诺就音乐所做的一个隐喻性描述,即,"党卫军喜欢用音乐伴奏的本性来淹没它的牺牲者的尖叫"②。

但问题是,在阿多诺看来,正如前面所援引的,"对艺术的社会解读兴趣必须定位于生产"。所以,涂尔干所考虑的"没有驱动力"的艺术作品可以或者说必须得到另外层面上的分析。这个层面就是我们一直所讨论的生产。不过,阿多诺明白,生产总是在一定的生产方式中获得其现实性的,所以当他在生产而不是产品层面上——正如他实际上常常做的那样——讨论艺术以及作品时,他会频繁地涉及生产方式,尽管这种生产方式就像涂尔干说的社会制度那样仍然是一种产品。这意味着,更为艰巨的任务不是对照着物质之物,而是对照着生产方式来讨论艺术以及作品的社会性。接过这项任务的阿多诺这样说道:"然而,艺术之所以是社会的,不仅是因为它的生产方式,即生产力和生产关系的辩证法聚集于其中的生产方式,也不仅是因为它的主题材料的社会来源。更为重要的是,艺术成为社会的乃是通过它对社会的反对,它只有作为自律的艺术才能占据这个位置。通过在自身中凝结成某种对自身来说是唯一的东西,而不是遵从现存的社会规范而取得'对社会有

---

① 有必要指出的是,阿多诺这里所说的变成社会事实的贝多芬交响乐很大程度上恐怕是指青年贝多芬的作品,就像他在《否定的辩证法》里陈述的,"青年贝多芬音乐中无可抵挡的东西乃是一种可能性的表现,这种可能性就是,所有一切也许都是好的。"(Theodor W. Adorno, *Negative Dialectics*, Translated by E. B. Ashton, London and New York: Routledge, 2004, p.306)而阿多诺对晚期贝多芬的观点特别是他结合勋伯格对晚期贝多芬所做研究中透露的观点则与之有很大不同,这方面的材料可参看他的《美学理论》以及《贝多芬:音乐哲学》(Beethoven, *The Philosophy of Music*, Edited by Rolf Tiedemann, Translated by Edmund Jephcott, Stanford: Stanford University Press, 1998)等。

② Theodor W. Adorno, *Negative Dialectics*, Translated by E. B. Ashton, London and New York: Routledge, 2004, p.365.

用'的资格,它仅凭存在来批判社会,所有的清教徒都为此而谴责它。"①在这里,定位于生产的对艺术的社会解读,没有指向物质之物之于艺术的意义,而是更深刻地指向生产方式和主题材料这些"与物质之物具有同等地位但表现形式不同的物"之于艺术的意义及其限度——艺术以它在这个限度之外的存在而成为社会的。或者,结合阿多诺前面的话来说,艺术以它对把艺术作品中介为整体的社会的反对而成为社会的。

这样一来,阿多诺使我们在艺术上看到了涂尔干没有看到的驱动力。事实上,如果仅仅把像艺术这样的社会事实当作"以前的社会创造的东西"——用阿多诺的话来说大概就是,现在的社会中介的东西——来加以接受和遵从,那么,我们是永远不会看到其中的驱动力的,因为我们所考虑的永远都是艺术如何"对社会有用"。驱动力仅仅存在于艺术对社会的反对之中,或者说,驱动力仅仅表现为艺术的反对社会的运动——正是这样的运动将艺术刻画为社会的东西。阿多诺说:"艺术中的社会的东西乃是它内在的反对社会的运动,而不是它的那些显而易见的主张。它的历史姿态击退了艺术作品因为它们是物而不过是其一部分的经验现实。如果非要用社会功能来表述艺术作品,那么这只能是它们的无功能性。……它们的社会本质需要对它们的自为存在和它们与社会的关系进行双重反思。它们的双重特性在每一处都是显而易见的;它们改变并反驳自身。"②也就是说,艺术作品就其为物而言乃是经验现实的一部分,但艺术改变了这一状况,亦即揭示了艺术作品被经验事实中的社会功能所掩盖的无功能性。改变这一状况的原因正是艺术的双重特性。

---

① Theodor W. Adorno, Aesthetic Theory, Translated by Robert Hullot-Kentor, London and New York:Continuum,2002,pp.225-226.

② Theodor W. Adorno, Aesthetic Theory, Translated by Robert Hullot-Kentor, London and New York:Continuum,2002,p.227.

三、艺术的双重特性的辩证法

不难发现,前面的讨论逐渐把一项必须立即处理的工作摆在了我们面前,这就是将作为社会事实的艺术置于艺术的双重特性之下来考虑,亦即联系自律性来考虑——既然是双重特性,那么这样的联系是不言而喻的。尽管如此,我们还是有必要循着阿多诺的阐释来展开分析和考察,这是因为,如果以社会事实为线索,那么艺术双重特性的辩证法就当代艺术理论而言可能包含着甚至阿多诺本人也没有预料到的重要意义。当然,这些意义就其实质而言无非是阿多诺在艺术的名义下对当代资产阶级社会所做的批判的延续和深入,只不过,这种批判现在更为明显地表现为——就像我们在前面的讨论中或明确或不明确地提示的那样——一种社会学意义上的批判。

在阿多诺看来,艺术的自律性和社会事实之间是一种既相依又冲突的关系。他说:"艺术的双重特性——它的自律性和社会事实——不时地在两个领域之间明显的相依和冲突中表现出来。艺术的生产中经常有直接的社会经济介入,当前的一个例子就是画家和比较喜欢被称为'个性风格'的,或者更坦率地说,有噱头的作品的艺术商人之间的长期合同。"①如果觉得阿多诺这里的例子不够具体的话,那么我们可以去了解一下比如毕加索和卡恩韦勒、罗森伯格兄弟、维尔登斯坦等人的关系,特别是他与保罗·罗森伯格之间持续了二十一年的合作。在他们的故事里,我们可以看到,李昂斯·罗森伯格向毕加索宣布:"联合,我们将坚不可摧。你将成为创造者,而我将会是行动!"②也可以看到:"……毕加索将艺术家和经销商间的关系视为'阶级斗

---

① Theodor W. Adorno, Aesthetic Theory, Translated by Robert Hullot-Kentor, London and New York: Continuum, 2002, p.229.

② [美]菲茨杰拉德:《制造现代主义:毕加索与二十世纪艺术市场的创建》,冉凡译,广西师范大学出版社2010年版,第71页。

争'——'经销商是艺术家的对头'。"①更可以看到:"毕加索坦率地承认他的商业目标,这可能会使一些人感到震惊。这些人所受的教育使他们相信,至少在前卫艺术中,艺术创作是不考虑财政获利的,但这种理想主义显然并不符合毕加索的动机……如果说毕加索挣钱的热情有所收敛的话,那仅仅是因为他希望抵制资产阶级在富足的基础上的生活习惯,他的目的是用金钱来创造一个生活和艺术上的自主空间。"②无论如何,在那里,艺术和市场以及艺术家和经销商成为了就像阿多诺说的那样,彼此有着"明显的相依和冲突"的两个领域。与此同时,与经济领域同样重要的——如果不是说更为重要的——另一个领域即政治领域,也在阿多诺那里得到了分析。

事实上,他紧接着就说:"德国表现主义如此迅速地突然消失,也许有它的艺术原因……同样重要的是,这种类型在政治上被废弃了,因为它的革命动力没有得到实现,而且苏联开始指控激进的艺术。"③就阿多诺这里的分析而言,即就艺术与政治之间关系的分析而言,既然政治可以在一定程度上成为艺术遭到废弃的原因,那么,根据阿多诺的提示即"相依和冲突",我们完全可以设想,政治同样可以在一定程度上成为艺术得到支持的原因——阿多诺也可以这样设想。他也许会也许不会想到,如果某种艺术由于激进或任何其他原因而不符合苏联的口味,那么它的政治对手恐怕就有可能支持这种艺术以便来攻击它。不管阿多诺有没有想到,有一件事是微妙而耐人寻味的,这就是冷战期间美国与显然不符合苏联口味的抽象表现主义的关系。比如,我们看到:"一名中情局人员在冷静地说明中央情报

---

① [美]菲茨杰拉德:《制造现代主义:毕加索与二十世纪艺术市场的创建》,冉凡译,广西师范大学出版社 2010 年版,第 83 页。

② [美]菲茨杰拉德:《制造现代主义:毕加索与二十世纪艺术市场的创建》,冉凡译,广西师范大学出版社 2010 年版,第 30 页。

③ Theodor W. Adorno, *Aesthetic Theory*, Translated by Robert Hullot-Kentor, London and New York:Continuum,2002,p.229.

局为何介入艺术之前就开玩笑地说：'说到抽象表现主义，我倒是希望我能这样说：它是中央情报局的发明创造……我们认识到这种艺术与社会主义现实主义毫不相干，而它的存在却使社会主义现实主义显得更加程式化、更加刻板、更加封闭。这种对比关系就曾在某些展品中加以利用。当时，莫斯科对于任何不符合他们那种刻板形式的东西，都不遗余力地进行谴责。所以我们可以有足够的依据准确无误地推断，凡是他们着力大肆批判的东西，我们都值得以某种方式加以支持。……'①"②作为结果，我们看到，这一类型的艺术得到了比如现代艺术博物馆的重视，而相关的艺术家也获得了更大的组织活动的自由以及更多的产生影响的机会。不过，事情总是复杂的，或者说，总是表现为两个方面的相依和冲突。所以，当施沃博斯基试图在瓦尔纳多的《无物之画：从波洛克以来的抽象艺术》③一书中寻找抽象表现主义与中央情报局之间关系的真相时，诸如以下一些观点被否认了："像波洛克这样的抽象表现主义之所以获得成功，乃是由于中央情报局的阴谋"④，以及抽象表现主义乃是"冷战的武器"⑤——原因很简单，即"……真实的情况是，抽象表现主义从未被有效地用作宣传，因为它的意义太不确定了"⑥。这个原因恐怕正是说，从自律性的角度来讲，艺术总是无法被归结到某种确定的因而能被有效操纵和利用的效果或者说功能。

---

① Donald Jameson，1994 年 6 月在华盛顿的采访记录。——原注。

② ［英］弗朗西丝·斯托纳·桑德斯：《文化冷战与中央情报局》，曹大鹏译，国际文化出版公司 2002 年版，第 293 页。

③ cf.Kirk Varnedoe，*Pictures of Nothing：Abstract Art Since Pollock*，Princeton and London：Princeton University Press，2006.

④ Barry Schwabsky，"Absolute Zero"，in New Left Review，44，Oxford：Alden Press，2007，p.145.

⑤ Barry Schwabsky，"Absolute Zero"，in New Left Review，44，Oxford：Alden Press，2007，p.145.

⑥ Barry Schwabsky，"Absolute Zero"，in New Left Review，44，Oxford：Alden Press，2007，p.145.

不过,无论"两个领域之间明显的相依和冲突"达到怎样的程度,在阿多诺看来,自律性是艺术的双重特性由以不断再生的东西,他说:"艺术的双重特性即既是自律的又是社会事实,不断地在它的自律性的水平上再生出来。"①不过,我们千万不要据此认为,自律性成为了传统形而上学意义上的某种超越性实存物——这样的超越之物也是与阿多诺的星丛思想相背离的。事情毋宁是,艺术的自律性意味着艺术具有某种像施沃博斯基评论抽象表现主义时所说的不确定性,或者说,艺术正是由于它所具有的这种摆脱任何可被指认的特定功能的不确定性而成为自律的——这种不确定性使得不断再生成为可能。事实上,阿多诺在阐释艺术的自律性时,也明确地把它和不确定性和我们前面已经讨论过的无功能性联系起来加以考虑。他说:"……艺术的地位变得不确定。它在摆脱崇拜功能和它的形象之后取得自律性……所有通过给予艺术以社会功能——艺术不仅对于社会功能来说是不确定的而且通过社会功能来表现它自己的不确定性——的方式来修复艺术的努力都注定是失败的。"②到这里,似乎一切看起来都很顺利。

然而,反讽的是,就在艺术以其不确定的地位而摆脱社会功能乃至摆脱在其中一切都有确定功能的社会而独立的同时,它又被给予了另外一种与它已经摆脱的诸如崇拜功能之类非常不同甚至可以说截然对立的社会功能,后者的情况就是阿多诺说的,"艺术的自律性,它的逐渐摆脱社会的独立性,乃是与社会结构联系在一起的资产阶级自由意识的功能。"③如果是这样的话,那么可以说,艺术的双重特性的辩证法发展出了一种无功能的功能,正如它同时也发展出了一种确定的不确

---

① Theodor W. Adorno, *Aesthetic Theory*, Translated by Robert Hullot-Kentor, London and New York:Continuum,2002,p.5.

② Theodor W. Adorno, *Aesthetic Theory*, Translated by Robert Hullot-Kentor, London and New York:Continuum,2002,p.1.

③ Theodor W. Adorno, *Aesthetic Theory*, Translated by Robert Hullot-Kentor, London and New York:Continuum,2002,p.225.

定。也就是说，一种转化发生了。对此，阿多诺这样陈述道："艺术的双重特性——某种使自己与经验现实因而与社会的功能语境分割开来的东西，同时又是经验现实和社会的功能语境的一部分——直接显现在审美现象中，后者既是审美的又是社会事实。……当人们有意或无意地从一种外在的有利位置来看或听艺术时，以及，当然地，当艺术总是为着从其自律性的拜物化中得到保护而迫切需要这种外在视角时，这种双重特性变得在面相学意义上可解释。"①本来，艺术是由于摆脱崇拜功能而获得它的自律性的，但是现在，它本身又成为了拜物迷恋的对象。

这无疑是悖谬的。这种悖谬只能从前面所说的那种转化来解释，亦即，尽管艺术就其自律性而言意味着不确定与无功能，但是在它的拜物化的保护下，它的不确定性和无功能性获得了一个被指定的领域，确切地说，一个在社会的整合中的被指定的领域。而它之所以需要保护，是因为它处于两难之中，即，"……艺术在社会中的处境现在是两难的。如果艺术放弃它的自律性，它就会把自己交付给现状的诡计；如果艺术严格地保持自为，它就会受到整合从而成为其他诸领域中的一个无害领域"②。如果艺术放弃它的自律性，那么它就只剩下因而也就只等于社会事实。但是，如果艺术坚持它的自律性，那么它就成为社会中的一个无害领域，也就是说，无害性就是它的社会功能，只不过这种功能与其他领域的社会功能看似有很大不同。不难发现，后一种情况同样意味着艺术成为了一种社会事实。如果结合前面提到的面相学，那么这一点可能会更加清楚。我们知道，在黑格尔看来，面相学解释意味着一种内在与外在的对立："面相学考察特定的个体，是就其内在与外

① Theodor W. Adorno, *Aesthetic Theory*, Translated by Robert Hullot-Kentor, London and New York：Continuum，2002，pp.252-253.
② Theodor W. Adorno, *Aesthetic Theory*, Translated by Robert Hullot-Kentor, London and New York：Continuum，2002，p.237.

在亦即有意识的本质与具体存在着的形象之间必然的对立关系中来考察的……"①就这里的讨论而言,只要有自律性的拜物化的保护,那么我们可以不顾艺术已经成为社会事实这个外在方面,而坚持认为它的内在本质是由与之对立的自律性来刻画的。然而,这样的面相学的解释恐怕既不能令黑格尔也不能令阿多诺满意。

四、走向反艺术

如果不走出艺术的双重特性的辩证法,那么以下这种状况就无法得到改变,即,一方面,艺术很大程度上只剩下社会事实这一特性,另一方面,艺术仍然被解释为一种具有自律性的东西。事实上,这种悖谬的状况到处存在:艺术作品和艺术家置身于自律性艺术的领域之中,并在这个领域中保持其不确定性和无功能性,然而,这个领域本身恰恰是由社会的整合所指定的。比如,阿多诺告诉我们,没有谁不像资产者那样在听音乐的时候还要制定一份资产负债表,上面写有比如"今晚听了第九交响乐,我过得非常愉快"之类——在他看来,这种应该被批判的现象已经成为了常识。② 而且,这样做的听众正是那种良好听众。我们知道,阿多诺在《音乐社会学导论》中对音乐态度的类型进行了分析,他在分析"良好听众"的类型时说道:"从社会学上看,这一类型还有第三种继承者。他们本来更接近资产阶级,在歌剧和音乐会的观众中具有权威性或者说占有控制地位。我们可以把这类人称为有教养的

---

① [德]黑格尔:《精神现象学》上卷,贺麟、王玖兴译,商务印书馆1979年版,第207页。对于面相学解释的这种内在与外在的对立,我们不妨来看一个黑格尔自己给出的例子:"李希屯伯格……还说了这样的话:'如果有人说,你的行动诚然像是一个忠厚老实人,但我从你的面貌上看出来,你是在做作,你在内心里是一个流氓坏蛋;毫无疑问,像这样的一种讲话,直到世界的末日,任何一个规矩人,都会报之以耳光'。"

② Theodor Adorno, *Aesthetic Theory*, Translated by Robert Hullot-Kentor, London and New York:Continuum,2002,p.13.

听众或有教养的消费者。……他们对音乐的关系完全是某种拜物教式的。他们按已消费过的人的公开态度为标准去消费。消费的愉快，音乐所'给予'他们的——用他们的语气来说——愉快，要胜过作为一部艺术作品的音乐本身所要求于他们的愉快。……在一位小提琴家的音乐会上，他们的兴趣将会集中在他们所称呼的演奏音色上，即所谓'声音产品'上……这样的人是估价者。"①在这里，可以说，对这样的听众来讲，他们对音乐的欣赏和消费以及对资产的估价和计算在他们的教养中得到了整合。而整合的前提是，就像阿多诺这里的一个措辞所暗示的那样，音乐这种艺术现在只剩下或者只等于"声音产品"。

同样地，艺术家似乎获得了一种特权：他们所做的一切不管多么标新立异都可以得到理解——因为这是艺术，只要无害就行。然而，真的是无害就行吗？恐怕不是，当他们成为艺术家的时候，就已经被限定在一个指定的领域之中了，这就是艺术家这份职业。就此而言，即就这里所说的商标名称而言，他们所从事的更多的是一种被称为绘画的职业，而不是一种被称为绘画的艺术。如果我们考虑一下马克思的那句话，那么这一点会变得更加清楚，马克思说："在共产主义社会里，没有单纯的画家，只有把绘画作为自己多种活动中的一项活动的人们。"②这样一来，无论是丹托说的艺术世界还是迪基说的艺术制度，就其实质而言，无非是要把艺术明确地界定为社会诸领域中的一个领域，以便使艺术家对他们的商标名称的坚持于其中得到合法地承认，而这种承认又反过来强化了这个领域的确定性或者说指定性。

可是，这样的领域是什么？我们不妨来看一下迪基关于他从丹托的艺术世界发展出来的艺术制度的一个比较早期的说法："但是，艺术世界里终究还是有一种实践，而这一实践便决定了一种社会制度。社会制度并不一定非正式制定章程不可，不一定要有官长、规章等才能存

---

① ［德］特奥多尔·W.阿多诺：《音乐社会学导论》，梁艳萍、马卫星、曹俊峰译，中央编译出版社 2018 年版，第 7—8 页。
② 《马克思恩格斯全集》第 3 卷，人民出版社 1960 年版，第 460 页。

在,才能授予地位——社会制度有些是成文的,有的却没有成文。……艺术世界的中坚力量是一批组织松散却又互相联系的人,这批人包括艺术家(亦即画家、作家、作曲家之类)、报纸记者、各种刊物上的批评家、艺术史学家、文艺理论家、美学家等等。就是这些人,使艺术世界的机器不停地运转,并得以继续生存。"①不难发现,迪基笔下的这种作为不成文社会制度的艺术世界,正是涂尔干意义上的社会事实:无论是它的构成和组织,还是它的实践和运作,等等之类,都是以社会事实的方式存在着的。事实上,当迪基用"社会制度"这个词来描述艺术世界时,或许就已经在暗示我们:艺术之为社会学的研究对象与社会事实并无不同。如果说迪基的艺术制度的理论——无论是早期在《何为艺术》还是后期在《艺术圈》中的那些想法——就其对艺术系统中惯例性实践的强调而言,还属于分析美学的范围,那么其他更多学者的相关讨论则逐渐更加明显地引入了社会学的原则和方法,比如像贝克在《艺术界》中所做的那些分析就完全是从社会学出发的了。这不仅进一步证实了一件事情,即艺术乃是社会事实,而且进一步把艺术家和艺术作品无可逃脱地纳入社会制度之中。

由于这样的社会事实或者说社会制度,不仅艺术作品所"给予"人们的愉快,而且艺术家要坚持的商标名称,都得到了保证。但是,这恐怕不是阿多诺希望看到的艺术的样子,因为这意味着,艺术非但不像阿多诺所认为的那样是对社会的反对,反而倒被社会同化或者说吞没了。这个时候,用阿多诺的另外一个措辞来说,艺术的权力被社会剥夺了,他说:"正是由于被社会剥夺权力,艺术被贬低为社会事实的角色,但是它拒绝扮演这个角色。"②而拒绝的方式就是走向反艺术,亦即反对这个被贬低为社会事实的艺术——艺术藉此而保持对自身的忠诚。阿多诺说道:"……确实,如果没有这种反艺术的元素,艺术就不再是可

---

① [美]M.李普曼编:《当代美学》,邓鹏译,光明日报出版社1986年版,第111页。
② Theodor Adorno, *Aesthetic Theory*, Translated by Robert Hullot-Kentor, London and New York:Continuum,2002,p.252.

想象的了。这完全是说,艺术必须超出它自己的概念以便对这个概念保持忠诚。"①这里的反艺术当然与阿多诺的否定的辩证法的思想有关,但是,如果结合社会事实特别是涂尔干说的社会事实的强制属性,那么我们会注意到它的社会学方面的意思。涂尔干说:"当然,当我心甘情愿服从这种强制力时,我就感觉不到或者说很少感觉到它是强制的了,而它也就不成其为强制的了。尽管如此,强制并不因此而不再是这些事实的属性,其证明是:我一去反抗它,它就立即表现出来。"②当人们消费艺术作品"给予"他们的诸般快乐时,当艺术家在制度的保证下坚持他们的商标名称时,他们恐怕正是心甘情愿的,因此他们感觉不到强制,感觉不到艺术已经成为了一种有着强制属性的社会事实。只有去反抗艺术,才能证明它的作为社会事实的强制性,证明这种强制性带来的约束以及痛苦,并进而证明这样的艺术是必须加以反对的。或者,我们也可以结合阿多诺的阐释来理解涂尔干的这番话。阿多诺说:"与涂尔干的评论相一致,人们或许可以稍微有些夸张地说,社会在它带来痛苦的地方变成直接可知觉的。例如,人们也许会在某些社会情境中,像是在找工作而'碰壁'的情境中,有一种所有的门都在他面前自动关闭的感觉……所有这些,我要说,都是社会现象的直接指标。"③这意味着,人们一去反抗社会事实,社会事实就立即以给人们带来痛苦的方式表现出来。而这样的表现,或者阿多诺这里说的直接指标,正在成为或者说已经成为了艺术的表现和指标。

如果是这样的话,那么艺术的反面就是社会的反面,或者说,走向反艺术就是走向对社会的反对,而后者,如前所述,在阿多诺看来正是艺术由以成为社会的东西的方式。在这个意义上,这项工作——即走

① Theodor Adorno, *Aesthetic Theory*, Translated by Robert Hullot-Kentor, London and New York: Continuum, 2002, p.29.

② [法]E.迪尔凯姆:《社会学方法的准则》,狄玉明译,商务印书馆1995年版,第24页。

③ Theodor Adorno, *Introduction to Sociology*, Edited by Christoph Gödde, Translated by Edmund Jephcott, Cambridge: Polity Press, 2000, p.36.

向反艺术或者说走向对社会的反对的工作——也在阿多诺"艺术乃是社会的社会性反题"①这个命题中得到了刻画。最后,我们大致可以说,社会事实乃是在这样的程度上成为艺术的一种特性的,即,社会事实使艺术获得了一个由以反对自身并由以在这种反对中成为社会的艺术的契机。

(作者　复旦大学哲学系、上海大学哲学系)

---

① Theodor W. Adorno, *Aesthetic Theory*, Translated by Robert Hullot-Kentor, London and New York: Continuum, 2002, p.8.

反对表征主义:德勒兹的自在
差异与阿多诺的非同一性概念辨析

吴　静

摘　要:德勒兹和阿多诺都致力于在同一性的世界中寻找到恢复差异的基始性的办法。他们认为绝对的同一性逻辑是导致法西斯主义的根本原因。然而,在对同一性的批判,他们的角度和力度各不相同。差异和非同一性是他们各自哲学构架的中心概念,集中体现了二者学说的相似问题式和迥异的批判思路。但从反对同一性的观点来看,差异和非同一性都可以被看作是对表征主义的挑战。它所体现出的"内在差异"逻辑谱写出了德勒兹和阿多诺之间的一种共鸣。

关键词:自在差异　非同一性　表征主义

德勒兹和阿多诺,是 20 世纪尤其是战后时代最有影响力的两位哲学家。他们的著作同时涉及了哲学、文学、艺术等众多领域。不过,由于他们的根本立场和方法论的不同,二人的哲学思想不但呈现出迥异的态势,更在很多方面背道而驰。但在另一些方面,他们的主张不谋而合,甚至连他们的抗争模式都有相类似的地方。有趣的是,这种极度的"异"和"同"之间不但不是断裂的,反而存在着内在联系。差异和非同一性是德勒兹和阿多诺哲学构架的中心概念,也集中体现了二者学说的相似问题式和迥异的批判思路。

在德勒兹那里,差异概念是与重复概念成对地放在一起讨论的。在《差异与重复》中,作者试图挑战"大多数哲学家",因为他们将差异从属于"同一性、相似性、对立性或可比性"①。德勒兹想实现的是思考自在的差异。这也就意味着他要颠倒差异与上面提到的四类范畴之间的关系,在本体论意义上来定义差异。差异与重复这一对概念,被德勒兹用来表达他对存在的理解。对于德勒兹来说,自在的差异就是存在的本质,而重复就是存在的方式。而德勒兹则认为,如果一种关系预设了同一性作为基始性,那么它实际上就肯定了概念的表征功能所造成的压迫和强制,并以"表征主义的方式来定义世界"②。表征系统是通过建立一套固定的规范作为模型来运转的。而差异与同一性的统一也就是这些基本模型中的一个。它起到了表征的媒介的作用。表征主义正是以将差异从属于同一性的方式扭曲了差异的实质。德勒兹所要做的就是反对这种抑制了创造性力量的模式。在他看来,表征主义将我们的注意力从自在的存在上引开了。结果,人们所关注的通常是它所解释的东西。差异正属于这种情况。在表征模式中,差异被表达为从属于同一性的具体的差异。这种静止的等级式结构不可能想象出与差异相关的变化。因此,德勒兹认为,不能"在一种有机的中介的内在媒介中"③来表现差异。这也是德勒兹的差异概念的第一个特点。其次,德勒兹的差异中没有把他性作为否定性的异己因素:它是纯粹的差异,肯定的差异。德勒兹认为,差异在传统的表征式思维方式中通常被认为是否定的替代品;是对相同因素的否定。但德勒兹的差异却是一种不能被归结为其他概念的纯粹的肯定。

① Deleuze,G.,*Difference and Repetition*,P.Patton,Trans.,New York:Columbia University Press,1994,p.xv.

② Deleuze,G.,*Difference and Repetition*,P.Patton,Trans.,New York:Columbia University Press,1994,p.ix.

③ Deleuze,G.,*Difference and Repetition*,P.Patton,Trans.,New York:Columbia University Press,1994,p.29.

与德勒兹在本体论层面上对差异的讨论不同,阿多诺是在一个伦理学语境中考虑非同一性概念的。它是作为阿多诺对同一性概念——他相信这个概念是整个理性哲学的核心概念——的批判产物而出现的。在《启蒙辩证法》中,阿多诺详细阐述了"同一性"这个语词的三个维度:第一,作为统一的人类意识的同一性;第二,表达了思维与其客体之间相等关系的同一性;第三,作为主体与客体之间一致的同一性。① 这三个维度为传统的理性主义哲学提供了认识论基础。没有它们,就不可能设想出经验客体以及知识形成的过程。"非同一性"这个词所描述的恰恰是这三个维度的反面。不过,阿多诺对这个术语的使用并不是意味着一种非理性哲学或不可知论;相反,它为哲学家本人对资本主义的批判提供了基础。阿多诺将现实的世界看作一个被管理和统治的世界,在这个世界中,人们不能够自由地思考,因为他们的思维被同一性原则所局限,而后者正是"意识形态的最初形式"。② 非同一性主要表达了主体和客体之间不匹配、不一致的关系。阿多诺将这个原则当作是对不自由的思想的拯救,因为它所着力探索和勾勒的是两个原本被认为一样的事物之间的鸿沟。这个鸿沟恰恰是可以为思维带来乌托邦因素的源泉。不过,非同一性原则并不是阿多诺对知识形成的认识论问题的解决方案,因为这个原则在政治上是理想化的。

从反对同一性的观点来看,差异和非同一性可以被看作是对表征主义的挑战。它所体现出的"内在差异"逻辑谱写出了德勒兹和阿多诺之间的一种共鸣。这也提供了一个基础让我们可以思考这两者之间的区别:肯定性对否定性。

---

① Adorno,T.W. & Horkheimer,M.,*Dialectic of Enlightenment*,London:Allen Lane,p. 142.

② Adorno,T.W. & Horkheimer,M.,*Dialectic of Enlightenment*,London:Allen Lane,p. 148.

一、德勒兹的自在差异

德勒兹从对表征理论的批判入手,质疑了哲学史中思维映像的不真实性和不完整性。在《差异与重复》的第一章的一开始,德勒兹提出了一个关于中介的问题:"差异是不是必需经过'中介'才是可以触及和可以思考的?"①根据他的理解,在哲学史传统中,对差异的一般观点是与异己性紧紧联系在一起的,它显示了概念之间的一种等级秩序。在这个观点的指导下,人们习惯于按照具体的现象来思考差异。这个意义层次上的差异实际上是被看作特定的差异:它是某种被表现和表征的东西。这一关于差异的观点不能够接受产生出变化的条件,因为它是用来对两个不同的物体进行比照的。这种对比假设了"判断必须在抽象的表现中对众多的特征作出选择"。② 说得再准确一点,这种特定的差异并不能够标注出物体的本质,因为它是从物体的众多特征中被摘取出来的。事实上,当我们根据具体事物的特征来考虑这个事物时,特定的差异就只能是外在的。并且,当我们比较两个不同的客体时,我们总是假设了某种同一性的因素作为基础。按照这种观点,(具体的)差异总是次要的;它总是从属于某种作为基础的同一的东西。在德勒兹看来,这种具体的、特定的差异并不是最大的、最本质的差异,因为它被限制在一种固定的差异与同一的统一模式中,这种模式从一开始就否定了差异的本体论地位。在这里,所谓的"最大的差异"指的就是自在的差异,它是一种不依赖于任何具体特征和比较的本质性存在,与变化的条件相关。因此,这种差异是基础性的,它是真正的第一原则,不需要被第三者中介。统一性(unity)或同一性(identity)必须被

① Adorno, T.W. & Horxheimer, M., *Dialectic of Enlightenment*, London: Allen Lane, p.30.

② Adorno, T.W. & Horkheimer, M., *Dialectic of Enlightenment*, London: Allen Lane, p.34.

理解为第二层次的运作,在这一层的运作中,自在的差异被具体化为不同的形式。

德勒兹将自在的差异定义为一种单义的存在,它既不是某种固定的存在,也不是一个抽象的概念。在此他接受了尼采"存在是一种生成"的观点:在自在的差异中,有一种内在的自我区别的冲动,使自在的存在在它的每一种具体实现形式中都得以区别开来。所有存在的一切其实都始终处在一个生成的过程中,它永远也不会完成。但这一内在差异却可以体现为不同的形式:它是多样化的。用德勒兹自己的话说,这个单义的存在"在单一和相同的意义上,存在于它所有的个别差异或内在形态中"①。从这个观点来看,差异的概念可以被解读为德勒兹对尼采的"权力意志"概念的重新解释:它是区别性因素或变化条件的生产。在德勒兹看来,意志想要做的是肯定它自身的差异性,因为差异正是它自己的存在,是它区别于其他存在的特性。或者,我们可以把德勒兹的这种肯定称之为"差异意志"(will to difference)。"差异意志"与"权力意志"一样,其所体现的是一种生存的欲望和创造的本能,因为差异本身是以存在为前提的。在尼采那里,权力意志是一切事物的本质,一切事物无不是权力意志的表现。而德勒兹则认为,在一个事物与"他者"的本质性关系中,意志使其自己的独特差异成为肯定的客体。这意味着差异并不来自某种类比;相反,它正是存在本身。

在《差异与重复》中,德勒兹指出,黑格尔实际上已经意识到了差异的问题。他说,"黑格尔对他的前辈哲学家所作的批评正是,他们在差异的纯粹的、相对最大高度上止步不前,而没有达到绝对的最大高度"②。为什么这样说呢?我们首先来看黑格尔自己对差异的定义:"这种差异(绝对差异)是自在自为的,即绝对的差异,本质的差异。这

---

① Adorno,T.W. & Horkheimer, M., *Dialectic of Enlightenment*, London:Allen Lane, p.36.

② Deleuze, G., *Difference and Repetition*, P.Patton, Trans., New York:Columbia University Press,1994,p.44.

就是自在自为的差异而非外因引起的结果,但它是只与自身相关的差异因此也是单纯的差异。……自在的差异是只与自身发生关系的差异;它也是它自身的否定性,这种差异不相对于某个他者,而是相对于其自身。"①从这里可以看出,黑格尔在对差异地位的判定上与德勒兹是一致的,分歧的地方在于他将差异定义为对自我的否定。这当然与遵从二元逻辑的辩证法息息相关。而在德勒兹看来,这样一种对差异的规定是对差异的简单化、缩小化的处理,它仅仅显示了作为多样性的差异的一个非常狭隘的方面。这也正是德勒兹反对以否定的形式来定义差异的原因之一。也就是说,黑格尔把这个最大的差异误理解为矛盾了。这种运动形成了一个死胡同:"每一个反面必然更进一步地排斥它的他者,因此也排斥它自身,从而变成了它所排斥的他者。"②这实际上正是同一性的逻辑,因为在这个循环中,同一性或统一性变成了确定差异的充分条件。③ 并且,矛盾错误地把差异简化为对立。④ 换句话说,对立通过在其自身内预设差异的做法歪曲了差异的本质。德勒兹提出,差异不能被简化或上溯为矛盾,因为前者的模式远远要多过后者。正因为如此,多样性是内在于差异本身的。当传统哲学将差异误读为从属性的特质的时候,差异的被压抑不是某个或某些差异的被抵制,而是以同一性为主导的生产机制在目的和路径选择上都最大限度地扼杀了差异产生的可能性。

如果说自在的差异概念使得德勒兹可以脱离传统的理解和思维方

---

① Hegel, G.W.F., *The Logic of Hegel*, London: Oxford University Press, 1959, p.38.

② Deleuze, G., *Difference and Repetition*, New York: Columbia University Press, 1994, p.45.

③ Eugene Holland 在他的文章《马克思和后结构主义的差异哲学》中指出,"质上的相似状态和量上的相等状态",被德勒兹描述为压抑了差异的同一性,实际上是一些符码和公理。因此,Holland 认为德勒兹的差异哲学的目的在于拯救差异和阻止它臣服于同一性。

④ 在黑格尔的矛盾问题上,James Williams (2003)声称哲学的引导任务对于黑格尔而言是"将矛盾提高到由真正的矛盾和综合所组成的更大的循环中"(p.71)。

式,那么重复概念就使得他可以发展出自己的(单义的)存在运动理论。① 重复,用尼采的术语来说,就是永恒的回归。尽管尼采是用这个概念来反对传统的价值哲学,德勒兹却是在形而上学的意义上来使用重复的。他将重复本身定义为时间的纯粹形式(自为的重复),并将差异概念和重复概念紧密地联系在了一起。德勒兹用自为的重复解释了事物是如何被决定的,以及差异在这个决定过程中起到了什么样的作用。

"永恒的回归并不是引起相同的或相似的东西的回归,它本身是来自于一个纯粹差异的世界 ……在这个意义上,永恒的回归实际上是一种差异的结果,这个差异是起源性的、纯粹的、综合的和自在的(尼采将其称之为权力意志)。如果差异是自在的,那么在永恒的回归中的重复就是差异的自在性。"②

因此,重复不是相同的东西的表征,而是差异的永恒回归。③ 在时间中被重复的正是差异。但在这里,差异不是某种特定的细节或具体的、不同的现象或经验,而是自在的差异。

Descombes 将德勒兹的差异的永恒回归解释为对否定性的一种自毁。④ 在每一次回归中,强势因素(对差异的肯定)抑制了弱势因素(对同一的否定)。在这种情况中,自在的差异变成了一个独立的、高贵的灵魂(主人)与一个与之相对立的、卑微的意识(奴隶)的竞赛之间

---

① 正如 James Williams (2003)所说,重复概念允许德勒兹发展出了差异概念的机械论和唯物主义方面:它解释了差异是什么以及它是如何产生的(p.84)。

② Deleuze,G.,*Difference and Repetition*,New York:Columbia University Press,1994, p.125.

③ 本雅明也曾借用过尼采的永恒回归的观念,不过是在与德勒兹极为不同的意义上。在《德国悲剧的起源》中,他提出,悲剧的空洞的、石化的对象,它的意义已经流失,能指和所指的分裂,如同商品一样,仅仅在空虚的、同质性的时间中永恒地重复着。这种永恒回归的观点其实是对尼采的一种误读,与德勒兹更是截然对立,它是一种同质性的不断重复。

④ Descombes,V.,*Modern French Philosophy*,Cambridge:Cambridge University Press, 1981,p.163.

的胜者。Descombes 认为这一标准显然是可以适用的,因为德勒兹把原本意味着不确定的否定当作了一种确定作用。这一意见在经验现实中是有其真实意义的。然而,德勒兹对差异的理解除了在伦理学层面上之外,还上升到了本体论层面。对他而言,自在的差异,是一种本体预设,它刻画出了一种主动的、独立性的存在。这一点不能与经验层面的肯定的差异相混淆。因此,差异的重复与 Descombes 的问题——即弱势因素是如何被强势因素所抑制的——无关,而是涉及到了可以恢复并凸显差异的条件的生产。而且,Descombes 所认为的作为不确定性的否定误解了德勒兹对差异的规定性。在前面,我曾经谈到过,德勒兹的差异本身不是作为同一性的对立面而出现的东西;相反,它恢复了同一性所压制的众多的可能性。在这里,“同一”与“差异”并不是表现为数量上的不对称性的具体的“一”与具体的“多”。这也就是为什么德勒兹在《差异与重复》论及差异时首先谈到了自在的差异与具体的差异之间的区别。Descombes 根据经验现实原则,认为对“一”的否定仍然是一种不确定,实际上正是将自在的差异误认为是具体的差异。德勒兹所肯定的是作为虚拟力量存在的“多”,而不是“多”中的某一个。因为作为多样性存在的自在差异,和黑格尔的矛盾一样,是一种“多余”(excess),它本身是对非同一性的自觉,而非对某种定在的肯定。否则,永恒回归的就不可能是差异,而只能是同一了。

差异的重复构成了“一”的多样性。然而,这个“一”并不是某个特定的同一性范畴,而是单义的存在:差异。它是通过重复的方式回归并实现为新的形式。重复并不是允许某种已经存在的东西回归回来。相反,自在的差异每一次被重复,它都获得了一种新的形式。这就是德勒兹所说的“面具”。① 差异在每一次表现中都被不同的面具所遮盖。因

---

① Deleuze, G., *Difference and Repetition*, New York: Columbia University Press, 1994, p.18.

此，面具不仅仅是差异的形式，也是它存在和发展的方式。也正是在这个意义上，德勒兹说"面具才是重复的真实主体"。① 然而，面具并不是一种表征。自在的差异是不能被表征的，它总是被掩盖着。在每一个新的面具之下，差异被表明出来。在这里，我们需要放弃表征主义的传统方式来考虑这个示意的过程，因为我们不可能通过表征主义的理解来达及本体性的自在的差异。

在差异与重复的关系问题上，重复是选择性的：它不关注任何的否定性，它所极力肯定和使之重复的只是差异。在《尼采和哲学》中，德勒兹用掷骰子的比喻来描述一与多、必然性与偶然性、生成与存在的关系：

"骰子每被扔出去一次，都是对偶然性的肯定，而它们落下来所形成的总和又是对必然性的肯定。也正是在存在被肯定为生成、统一被肯定为多样性的意义上，必然性被肯定在偶然性中。"②

重复就像掷骰子：当骰子每一次被掷出去的时候，它可以肯定所有的偶然性。差异被以重复的方式生产出来。当我们掷骰子的时候，差异不是在别处被确定的，它是在内部出现的。然而，差异在这里是以虚拟性的形式存在的。但在每一次骰子被掷之前，差异都是真实而不现实的：它的在场表现为一种虚拟的势能。尼采把这称之为"生成的存在"：它是纯粹的多样性。在德勒兹看来，真正的生成没有外在于它自己的终点或目的，生成是存在的唯一方式。

德勒兹的差异的骰子游戏是在内在性平面上玩出来的。这个先验性的场域为德勒兹哲学提供了一个生产意义的场所。在这个平面上，思维发生了，差异出现了。但是，这个平面不是空间中的某处几何平面，它是前哲学的先验性场域。在这个语境中，界外（outside）或界内不再是表示抽象的（仍然是在几何学之内）或具体的空间中某个相同形

① Deleuze, G., *Difference and Repetition*, New York: Columbia University Press, 1994, p.18.

② Deleuze, G., *Nietzsche and Philosophy*, London: Athlone, 1981, p.26.

式的不同地点,它们在某个共同的参照系统中相互投射和产生共鸣。界外是一个绝对的外在,它既不是任何内在的对立面(在这个意义上它可以粉碎一切的参照框架),也不符合任何的现存形式。换句话说,这种界外是一个彻底的外在,一个没有内在的外在:它是一切体系、一切参照系或位置规则的界外,甚至是一切外在的界外,是"我"和"我"的思维的界外。对此,康斯坦丁·庞达斯在论及德勒兹作为一个"界外的思想家"的时候,曾经这样说:"哲学封闭自身,拼命限制自己的学科,常常把空虚和无效误认为智慧和严格,把内部的臭气误认为知识和道德操守的标志。打破限制,一股新鲜空气就会从外部扑来,而不是把时间浪费在破译哲学面临的终结的征兆上。尽管哲学的问题就是界外的问题,界外并不是保护不同于哲学学科的场所,它是哲学自身发生变化的场所。"①

界外,在这里意味着打破场域的限制,将封闭体系内部所不具有的外在性因素引入进来,改变原有场域的张力,使超越成为可能。而这种超越正是不断地"生成界外"。逃逸线在这个意义上不仅是由原有体系的极限所勾画出的虚拟势能,也是不同场域相互交流的通道。它使这些场域之间的分歧明显化,从而最大限度地凸显和保存差异。

"没有内在的外在"到底意味着什么?事实上,它是对一切为评估、定义或定位而生的体系和结构的超越,它将经验世界的逻辑归于混沌。这样一种界外是极限——思维和表征的极限——的替代。实际上,德勒兹将自在的差异诠释为某种本体性的东西正是试图超越表征的极限。界外不是一片未开垦的处女地;相反,它存在于一切极限之外:它是某种不可界定的、不可表征的,甚至不可想象的东西,是思维的尽处。然而,正是这种不可触及性,为思维提供了没有被表征主义同化的新鲜元素。

---

① 转引自吉尔·德勒兹著,陈永国、尹晶主编:《哲学的客体——德勒兹读本》,北京大学出版社2010年版,代序"谁是德勒兹",康斯坦丁·V.庞达斯,第3页。

　　"界外"理论是德勒兹哲学中最矛盾的部分。事实上，他想揭示的是这种不可想象的"界外"是怎样作为思维的核心和动力发挥作用的，以及它是如何帮助思维挣脱表征主义的束缚、不断地实现创新的。在德勒兹看来，能够发动思维的不是逻辑、不是观念、不是知觉、不是感觉，而是这种在一切执行能力之外的不可想象的因素——界外。思维在各种"相遇"——力与力的相遇、力与无器官身体的相遇——中发生。德勒兹相信感觉是哲学的肇始，因为只有在由与他者、与界外的相遇所激发的感觉（特别是震惊）中，人们才能够挣脱现实、经验和理性的枷锁，不断地趋近思维的极限。思维不是对具体事件的思考，它就是事件本身。因此它有三个特点。

　　首先，思维不是主体的行动或选择，它在最开始是被驱使发生的。思维作为一个事件的发生源于一种相遇。其次，相遇的发生是偶然的。它就像一个掷骰子的游戏。在骰子落到桌子上之前，没有人可以预先知道结果。最后一点，思维从本质上意味着差异，因为它是由来自界外的不可想象的因素激发的。这就是为什么德勒兹在与 Claire Parnet 的一个谈话中用"发现、相遇、窃取"这样的词来形容思维的发生。[①] 在他看来，"相遇就是发现，是捕获，是窃取……它所创造的不是某种相互的东西，而是一种不对称的阻塞，是一种不平行的进化，杂交，它总是'界外的'和'在中间的'"[②]。界外并不作为他者存在；相反，它是被隐性的他者所压抑的东西。更准确地说，在德勒兹那里，界外是借以反对对思维产生了影响的他者的力量。引入界外是为了凸显差异，以独特的差异的名义说话。

　　界外本身就意味着差异；它总是在所有的极限之外。德勒兹哲学可以被看作是一种反对一切基于本体论第一性的差异的本体论，不管

[①] Deleuze, G., & Parnet, C., *Dialogues II / Gills Deleuze and Clair Parnet*, New York：Columbia University Press, 2002, p.2.

[②] Deleuze, G., & Parnet, C., *Dialogues II / Gills Deleuze and Clair Parnet*, New York：Columbia University Press, 2002, p.7.

这种理论是法西斯主义,还是斯大林式的共产主义,或是强势文学,再或者弗洛伊德的精神分析学。德勒兹用"界外"这个术语强调的是一种绝对的差异。然而,这种界外并不是可以作为具体的差异之源头的实体性(不管它表现为什么形式),正如上帝被认为是真善之源那样。相反,界外同时是抽象和具体的,它既超出一切平面之外,又内在于每一个单独的事件之中。在每一个事件之中,界外通过其他力的干涉被引入,从而生产出新的质素来。在两个物体相遇的那一瞬间,某种不属于两个物体中任何一个的特质被生产出来:它不会改变两者的本质,它只是停留在特定时刻的相遇的表面。这个过程就是新质素被生产出来的过程。

二、阿多诺的非同一性

和马克思一样,阿多诺非常关注两个在他看来被同一性法则所支配的现象:商品交换和劳动者的工资。这两种交换形式的问题都在于它们是在平等表面所掩盖下的实质的不平等。但这不是对马克思的《资本论》所揭示的问题的重复。阿多诺声称,这种平等与不平等之间的不平衡状态是由同一性原则所造成的。并且,这种被假设的普遍存在的同一性同时也产生出来拜物教现象。除了坚持在经济学领域内的批判之外,他对文化工业的分析同样深刻地揭示了资本逻辑在制造意识形态幻象方面的肆虐。而彰扬非同一性,正是解决这个问题的唯一办法。

非同一性所反对的是主客体、思维与现实之间的直接的对等性。阿多诺通过分析知识获取过程中的同一性作用揭露了这个原则是在何种意义上成为第一性原则以及为什么这种第一性带有虚假性。阿多诺用"同一性思维"这个语词来意指被作为第一性的同一性接受的思维的形式。① 他希望通过揭示同一性观念形成过程中的强制性机制来展

---

① 在阿多诺看来,这种思维与其客体之间的同一性预设了某种形式的费希特式的或黑格尔式的唯心主义。正如 Espen Hammer(2006)所说的,非同一性"只能从救赎的角度来期待,而不是从历史内部的角度出发"。

示现代社会中的权力和统治的关系。在此基础之上,通过强调和凸显非同一性概念来反对这种强制。阿多诺相信非同一性概念可以通过引入主体与客体、思维与存在之间的差异性因素来实现思想的彻底自由。然而,阿多诺本人也承认没有直接的路径可以达到非同一性。在资本主义条件下,思想只能通过对错误的同一化进行概念性批判来努力趋向非同一性。

在阿多诺看来,从哲学和认识论的角度来说,同一性原则已经变成了人之行为中的一种无意识。人们在思考过程中尚未来得及对它进行有意识的思考的时候就已经将它付诸应用了。不过,在社会生活领域中,同一性的真实体系不仅仅是一个观念性的存在,而且是对真实机制的一种有意识或无意识的反映。在资本主义现实中,这个机制就是由市场中的交换价值所产生出来的同一性总体性。但是,与封建社会中的外在的同一性不同,资本主义系统中的同一性不再是一种外在的强制,而是一种由主体和客体所组成的无意识结构。它是一种自发的、非强迫性的惯例(也正是在这个意义上,德勒兹将之称为"公理")。在市场中起作用的同一性是同质的、量化的货币,而在现实中"公然藐视同一性的包容性的"则是使用价值。① 换言之,市场经济是现代同一性逻辑的真实基础,因为在这个机制中,所有不具有可比性的、独特主体都在市场中被物物交换原则同一化了。主体在这一过程中被变成了可交换的某种"东西"。在劳动力交易中,主体的价值是由他的劳动的价值,即工资来衡量的。而在商品的交换中,不同的使用价值被抽象成量化的价格;同样地,主体的具体的劳动也被抽象的劳动所代替。结果,主体在市场中丧失了其作为独立的人的尊严:对他的评价不再取决于他的才能或创造力或其他的品质,而是取决于一种外在于他的标准:货币—金钱。因此,同一性原则是在金钱(或资本)的形式中被实现的。

① Adorno,T.W.,*Negative Dialectics.E.B.Ashton*,Trans.New York:The Seabury Press,1973,p.11.

这就是为什么阿多诺会说,"一个从客观角度为总体性而准备的世界是不可能解放人类意识的"①。

阿多诺对拜物教的批判同样也从形成机制的角度显示了同一性原则所造成的奴役。在这里,阿多诺明确地引入了黑格尔的逻辑:市场经济中的交换假设了"一种总体的概念,同时也假设了这个(虚假的)总体中的一般(文化交换或资本主义体系)与特殊(产品及其消费)之间存在着错误的调和或总体性"②。马克思所批判的商品拜物教中所运行的正是这一逻辑。

所有的这些拜物教形式都暗含了一种对物质(如商品、货币或资本)的误读,即认为这类物质有一种增殖的魔力。阿多诺指出,这实际上是把物质的社会属性与自然属性相混淆的一种错误做法。人们总是习惯于将它们当作一种中立性的客体,认为它们有自己的生活,与其他商品发生直接联系,但又独立于人类的相互作用之外。但事实上,人类的行为正是支撑一切商品的基础。因此,商品的拜物教实质上是物对人的统治——在马克思看来,它是一种在更高级的社会形态中应当被扬弃的异化。

为了刻画概念的同一性,阿多诺仿照马克思的商品拜物教概念,发明了另一个术语,概念的拜物教。他指出,前面他所提到的作为哲学真正旨趣的非概念性正是这种概念拜物教的对立面,但不是概念的对立面。"拜物教"这个语词在这里的使用意指一种已经发生的错误的置换作用。概念本身,作为人类理性的成果,并不是阿多诺所反对的东西。相反,没有概念,哲学思考就无以进行。并且,阿多诺认为,所有的概念(包括哲学概念)都指向一种非概念性,这种非概念性所体现的是一种经验主义意义。换句话说,概念本身不是自足性的,因为它们来自现实。没有概念是自在自为的。在这个意义上,我们甚至可以直接宣

①　Adorno, T. W., *Negative Dialectics*, E. B. Ashton, Trans., New York: The Seabury Press, 1973, p.17.

②　Hammer, E., *Adorno and the Political*, London & New York: Routledge, p.76.

称,非同一性正是内在于概念本身的。这就是为什么要把概念绝对化成具有第一性的元素是非常不合理的事情。概念的拜物教之所以被认为是一种同一性的暴力,其原因在于它通过把世界归结为它认为具有(假想的)无限性的逻辑命题或抽象概念,从而吞噬了整个鲜活的客观世界。

阿多诺对拜物教的这一批判与他对工具理性的反对是一致的。事实上,他的"概念拜物教"的提出就已经将马克思在政治经济学领域的批判延伸到了认识论上。阿尔布莱希特·维尔默指出,阿多诺在与霍克海默合著的《启蒙辩证法》一书中对同一性逻辑的批判不但需要从心理学角度溯源,还要从语言哲学上探究和追问。因为"在工具理性的骨子里显示出某种交往实践,因为这对于语言意义的存在是具有决定意义的。这种交往实践既不能约减为某种自持的主体性,也无法约减为某种构成意义的主体性"①。除此之外,维尔默还从自然科学发展趋势的角度肯定了阿多诺的这一认识论批判。因为,当科学越来越依赖于公理化的方法、高精度的仪器的时候,"工具理性接受了社会秩序的形式,在这一秩序中,人的主体性变成了纯粹的干扰因素"。② 而这,正是卢卡奇所描述的作为现实社会进程的物化的意识。

阿多诺对卢卡奇关于物化和异化观点的赞同是有保留的。他不赞成异化终将为具有革命性的工人阶级所克服的结论。对阿多诺而言,最大的问题在于,为什么在现代社会条件似乎有能力消除不公平、奴役和苦难的情况下,这些令人痛苦的现象还在继续存在。他认为,这其中最根本的原因在于资本主义的生产关系已经控制了整个社会,并趋向极致,使得财富和权力出现了最大限度的集中。③ 社会围绕着交换价

---

① [德]阿尔布莱希特·维尔默:《论现代和后现代的辩证法——遵循阿多诺的理性批判》,钦文译,商务印书馆 2013 年版,第 84 页。

② [德]阿尔布莱希特·维尔默:《论现代和后现代的辩证法——遵循阿多诺的理性批判》,钦文译,商务印书馆 2013 年版,第 162 页。

③ Adorno,T. W.,*Negative Dialectics*,E. B. Ashton,Trans.,New York:The Seabury Press,1973,pp.189-192.

值的生产被组织起来。没有人可以从市场中逃脱。

"物物交换原则,将人类劳动还原为平均劳动时间这样一个抽象的普遍性概念,从根本上说类似于同一化原则……通过物物交换,非同一的个体和特性,变成了通约的和同一的。这个原则的传播迫使整个世界变成同一的和整体的。"①

可以看出,阿多诺对拜物教的批判不是着眼于资本主义生产方式对工人的经济剥削,而是对整个人类思维的内在统治。因此,他对资本主义意识形态的批判不是一种对不公平的经济现象的愤恨,而是一种"内在批判"。非同一性正是抵御资本主义普遍性的武器。

非同一性命题所标注出的是阿多诺的唯物主义和黑格尔的唯心主义之间的区别,它旨在重建一种消灭了资本主义社会的支配法则的、主客体之间的新型的辩证关系。阿多诺并没有否认黑格尔所提出的思维与存在、主体与客体、理性与现实之间的思辨的同一性,但他怀疑这种同一性是否能以肯定的方式实现。事实上,德里达对于这个问题也有自己的思考。他认为,"作为自我中心主义的某种认同和具体生产工作,这种同一游戏具有某种否定性。这是一种有限的否定性,它是某种内部的、相对的变动,通过这种变动,我在其自身的认同运动中打动自己"②。这其实也是对具有不完全的否定性的黑格尔辩证法的一个注脚。换言之,只有完全的否定、彻底的否定,才能通往非同一性。而这种极端的否定,从某种角度而言是无限定的、永不停息的,它从内部发力,撕开了严丝合缝的理性。也正因为如此,这种否定性的非同一性也是无法被叙述的,甚至连阿多诺寄希望的艺术本身,也"正变成为一种无明确界限的事件:在最坏的情况下,艺术是某种社会妄想;在最好的

① Adorno, T. W., *Negative Dialectics*, E. B. Ashton, Trans., New York: The Seabury Press, 1973, p.146.
② [法]雅克·德里达:《书写与差异》上册,张宁译,生活·读书·新知三联书店2001年版,第158页。

情况下，它则是一种仪式或典礼"①。因此，对于阿多诺而言，才是天上地下，无处遁身。

三、内在差异：反对表征主义和同一性

德勒兹和阿多诺都致力于在同一性的世界中寻找到恢复差异的基始性的办法。他们认为绝对的同一性逻辑是导致法西斯主义的根本原因。然而，在对同一性的批判，他们的角度和力度各不相同。

与阿多诺对历史进行的"元批判"相比，德勒兹所走的是完全不同的一条道路。他没有将自己局限在一般性的经验概念和主客体之间的传统关系上。他通过使用一系列新型概念——力、奇异点、内在性平面等——建构起了一个先验性的框架。德勒兹（和加塔利）借用了康德的用法，把他们对精神分析的形而上学批判称之为"先验的"批判：它把无意识中的内在活动与形而上学活动区分开来。在《反俄狄浦斯》中，德勒兹（和加塔利）对不同的社会形态进行了历史分析。然而，这并不是一种马克思意义上的历史批判，而是为了证明，传统哲学的存在（Being）概念实际上是一种错觉，它压制了生产的欲望并使它陷入了表征主义的陷阱。作者的目的是将欲望从存在的限制中释放出来，使它能够自由地进入生成，而这种生成是创新的来源。因此，对德勒兹（和加塔利）来说，欲望的联系事实上就是对差异的肯定：它只能在创造或生产中展示和证明自身。他们用分裂分析来代替精神分析，描绘出了一种可以创造出差异的关于利比多和社会的新型的经济学。这一理论目标与德勒兹早期对差异概念的强调是一致的。而通过赋予差异以本体性的意义，德勒兹要颠覆的是以表征主义方式产生出来的思想的映像。

---

① ［德］阿尔布莱希特·维尔默：《论现代和后现代的辩证法——遵从阿多诺的批判理性》，钦文译，商务印书馆 2013 年版，第 54 页。

德勒兹的差异概念与阿多诺的非同一性概念之间有几点重要的相似之处。首先,它们都体现了一种自由因素。但这种对自由的理解必须在不同的意义上被解读。德勒兹描述了差异是如何内在于存在的每一个奇异点,以及每个奇异点是如何将多样化的、区分性的因素包含在自身之内。阿多诺则截然不同:他的非同一性概念与存在的本质无关,揭示的是认知行为中主客体之间不一致的关系。但他们的重点不同。德勒兹坚持差异对同一忢的优先性,而阿多诺则抨击了同一性思维的实证主义功能。并且,在反对同一性以及表征主义的同时,这两位思想家都不否认同一性的媒介作用。

德勒兹指出,现代社会使人们异化,将能力从他们身上剥夺。而真实的现实本身作为一个充满偶然性(哪怕是"必然性中的偶然性")的领域,应当是变化和差异的流动。要肯定这种流变的、而非服从于因果律的必然的现实,我们就必须颠覆已经建立起来的同一性,开启不受限制的可能性空间,变成我们所能变成的一切——尽管我们根本无法提前知道那是什么。通往自由的实践道路就是创造。不过,这里的自由并不等同于行动的自主性或在特定的社会形式内追求自己利益的权利,而是与社会结构自身的变化条件相关。德勒兹在《差异与重复》中直接将差异与创新的条件相联系起来。因此,强调差异实际上就是将思想从固定的东西以及辖域中解放出来,这种自由是从理性所笃定的命运中的越狱和逃离。

借助差异和非同一性概念,德勒兹和阿多诺表达了他们对"表征"的世界的不赞同。换言之,在对"表征主义"进行质疑的过程中,他们两人之间出现了有趣的关联。而这正是在他们难以调和的特征之下的一种潜在的共鸣和默契,即他们对待客体的方式。

德勒兹把表征主义的世界当作同一性的第一性的结果。从这个角度来说,表征主义的方式也是对差异的歪曲和抑制。表征模式没有办法触及和表达自在的差异,因为它的任何的表征形式所能够表达的只是特殊的、具体的差异而已,它们只是自在的差异的 N 多"面具"之一。

正因为此，表征模式也无法触及思维与生活的真实根基，因为它是根据一系列由某种同一性形式所派生出来的范式和标准来组织思维的。所以，自在的差异实际上是对哲学、政治学、美学和伦理学以及社会中的等级制的、有机思想的完全颠覆。德勒兹自己就曾说，对自在的差异的强调是"产生出一个能够影响外在于所有表征主义思维的运动问题。它也是一个如何让这个运动成为一个没有中间环节的构筑的问题，是用直接的符号代替间接的表征的问题，是如何创造出可以直接触及意识的震动、旋转、涡流、引力、舞蹈或跳跃的问题"①。表征主义的世界不能理解自在的差异，因为它是通过被表征的东西来衡量差异的。同样的，思想的映像也是被这样制造出来的。表征主义认为思想对世界的映照应当是真实的、全方位的。但其实这不过是一种"概念假象"。它是通过一系列前哲学的假设构成了对思想的理解以及概念生产的特征。这其实与萨义德对表征主义危机的批判是一致的。后者认为，关于他者的知识本身不是自发和自在的，而是被建构出来的。它不仅是被"他者的他者"所建构，而且"他者"本身就是一种虚构，真正的他者存在于他们自身之中，我们永远无法企及——这与德勒兹对界外的描述是何等相似！因此，表征主义认为可以表征世界的不是真正的思想，而是他们所假想出来的思想的映像。

阿多诺对同一性的先在性的批判可以在他对实证主义和工具理性的批评中见到。在《启蒙辩证法》中，他和霍克海默指出，工具理性和实证主义正是客体被具体化和被表征的方式。它建立起了一种虚假的等式，使得平等关系只与客体的特殊功能（工具化特质）相关，而与客体的内在属性无关。这种不合理的表征式的等式实际上是对互动式的中介作用的妨碍：它阻止了主体进入客体。其结果就是，世界被设想成

---

① Deleuze, G., *Difference and Repetition*, P. Patton, Trans., New York: Columbia University Press, 1994, p.8.

与工具理性对它的表征一致的样子。这种由同一性的第一性制造出来的表征主义是极端保守性的,它除了为现状背书之外,别无他能。而这种保守立场,是不可能对任何陈旧的东西发出挑战的,从而抑制和扼杀了新质素出现的可能。

阿多诺的非同一性概念探索了我们在何种程度上可以拒绝表征主义。"在主客体之间架设的同一性越少,对认知主体以及他不被束缚的能力和公正的自我映照的要求就越矛盾。"①非同一性概念同时强调了客体的优先性和主体的能动性,拒绝用一种工具化的方式来表征客体。正是在这个基点上,非同一性成了反对表征主义和创新的关键。"新的东西渴望非同一性。"②

另一方面,阿多诺对大众文化的批判其实也是对表征模式的一种拒绝。因为大众文化,作为一种意识形态过滤,制造出了不具有批判能力的一种镜像。而这种镜像本身的塑形取决于媒介控制者的意愿。这也正是法西斯主义在德国得以被广为接受的心理成因。由于这种表征本身的目的论色彩,它必然以剔除和掩盖差异作为手段。这不单单是纳粹意识形态的散布方式,也是整个资本主义社会的文化逻辑:它以强大的文化工业和媒体控制成为了表征理论最好的实例。也正是这个原因,导致阿多诺对一切形式的集体主义投了不信任票。因为集体作为一个利益总体,始终是以根除差异作为目标的。就这个角度而言,我们不单可以明了阿多诺对于极权主义的抗争,也可以一窥他对于阶级斗争表示出极度怀疑的部分原因。

正是从反对表征主义的这个问题上,我们可以把德勒兹和阿多诺的理论认为是对同一个问题的路径争论。而差异与非同一性这对概念之间的差异也在很大程度上暴露了两人哲学立场的对立。于是,一个

---

① Adorno, T. W., *Negative Dialectics*, E. B. Ashton, Trans., New York: The Seabury Press, 1973, p.31.

② Adorno, T. W., *Negative Dialectics*, E. B. Ashton, Trans., New York: The Seabury Press, 1973, p.33.

问题就出现了:如何实现差异或非同一性呢? 回答是另外一对概念:块茎和星丛,两种不同的关系性生产模式。

(作者 南京师范大学哲学系)

阿多诺与现象学

马 迎 辉

　　摘　要:阿多诺对现象学持激烈的批判态度。从胡塞尔到海德格尔,从意识问题到存在问题,他步步为营、层层深入,尝试揭示现象学内在的理论困境。尽管阿多诺对现象学的"绝对"和存在问题的理解往往显得外在,但他还是从马克思哲学和辩证法角度对现象学,尤其对海德格尔存在论的基础,提出了重要的质疑和批评。他的批判启示我们:存在一般是社会化大生产的产物,存在的综合无时无刻不在面临着剩余性和否定性的冲击。

　　关键词:意识　存在　大生产　辩证法　否定

　　与卢卡奇对胡塞尔,马尔库塞对海德格尔的亲近不同,阿多诺对现象学的态度一开始就是激烈批判。《认识论的元批判》聚焦胡塞尔,①《否定的辩证法》批评海德格尔。从思到存在,阿多诺的批判一旦成

---

　　①　关于阿多诺对胡塞尔现象学的批判,拙著《先验性的界限——对阿多诺〈认识论元批判〉的现象学审思》中已经做了专门的研究,这里不再重复。笔者的基本看法是,尽管阿多诺对胡塞尔多有误解,有些误解甚至是非常基本的,但他基于辩证法和马克思哲学还是提出了很多值得重视的问题,比如发生现象学与辩证法的关系问题,作为一种思想形式,现象学的社会存在的基础问题等等,本文也可以看作对这些问题的进一步回应,尽管从研究的深度看仍然是初步的。

立,不仅现象学运动会轰然倒塌,现代西方在思想上的自我革新自然也是不可能的了。① 如果看到现象学志在重塑巴门尼德、柏拉图和亚里士多德就已经提出的最基本的哲学问题,那么他对现象学的批判显然又不能简单地归为如何理解眼前这个特殊的时代,更合适的说法似乎是,应该如何从这个时代的独特视角理解现象学所探讨的那些基本问题,它们应该以何种形态呈现,或者甚至根本就不应该出现。

根据阿多诺的批判逻辑,本文将尝试探讨如下问题:首先,他对现象学从思到存在的理解是否恰当,这关系到阿多诺的海德格尔批判的基础牢靠与否;其次,阿多诺对海德格尔的批判本身是否合理,他与存在论之间有哪些原则性的差异;最后,我们将尽力深化阿多诺的海德格尔批判,揭示其中马克思哲学与海德格尔的生存论批判的根本对立何在。

一、论胡海关系

学界对胡塞尔、海德格尔的思想关联已有大量的探讨,主流的看法无非是影响、超越,阿多诺与现象学运动中的大部分人的看法不同,在强调海德格尔对胡塞尔的继承性的同时,他甚至倾向于将这种"继承"的实质确认为"倒退"和"暴力化",这种看法比较特别,因为即便如梅洛-庞蒂那样坚定的胡塞尔派,也只是认为海德格尔"重复"了胡塞尔的相关探索。②

在《否定的辩证法》的第一部分,我们就可以看到阿多诺的相关说

---

① 大致从 20 世纪初开始,现代西方掀起了一场影响深远的思想革命,在哲学上这体现为现象学、心理分析、结构主义等思潮的兴起和相互影响,它们不仅从各自角度回应了尼采和马克思等人对西方社会和文化的批判,而且也为西方马克思主义思潮的产生提供了基本的思想资源。

② 譬如梅洛-庞蒂认为海德格尔的存在意向性直接发端于胡塞尔在对象意向性之下发现的操作层次。(Maurice Merleau-Ponty, Phénoménologie de la perception, Gallimard, 1945, p.141.)

法,譬如他认定胡塞尔以直接意向取代了间接意向,不加限定地把握了实事总体,海德格尔的"突破"在于将艾多斯生存论化,以适应他对最高存在的探求。① 阿多诺对海德格尔如何继承胡塞尔的理解堪称精确,因为无论海德格尔本人,还是众多海德格尔研究者,他们都更愿意强调生存论建构对《逻辑研究》中的范畴直观的突破,强调它们之间的差异甚至断裂,对生存论建构与艾多斯的超越论建构之间的继承和镜像关系往往关注不够。

阿多诺对海德格尔的所谓"突破"进行了如下评述:一方面,海德格尔看穿了胡塞尔的幻想,即是说,将直接意向建立在主观的意识积淀之中,并在反思中使这种意识可以成为现实存在,而海德格尔则借助存在概念避免了在主客之间、概念与实在之间做出选择;②但另一方面,他的做法却牺牲了和推论性概念的联系,将认识论批判仅仅视为前存在论因素,从而消除了胡塞尔的合理要素。③

在阿多诺看来,胡塞尔仍然受制于主客之间、概念与实在之间的对立。但这不是事实。能思(noesis)与所思(noema)的关系被称为先天平行关系,这是理解超越论建构的关键。所谓客体是以被意识的状态及其存在的方式显现的,而主体相应地也就是对这种状态和存在的意识建构,简单地说,存在,无论以何种样式显现,它总是被意识到的,而意识,也只是因为相关于被它意识到存在才能存在,这一说法类似马克思本人所说的"意识在任何时候都只能是被意识到了的存在"④。胡塞尔无须在主客之间做出选择,因为它们是直接相关的。概念与实在同样如此。概念在超越论现象学中一般与艾多斯,即形式化的本质相关,根据平行关系,艾多斯与实在之间在本质类型上是相应的,即是说,什

---

① [德]阿多尔诺:《否定的辩证法》,张峰译,重庆出版社 1993 年版,第 57—58 页。部分引文对照原文做了修改,下同。

② [德]阿多尔诺:《否定的辩证法》,张峰译,重庆出版社 1993 年版,第 65 页。

③ [德]阿多尔诺:《否定的辩证法》,张峰译,重庆出版社 1993 年版,第 66 页。

④ 《马克思恩格斯文集》第 1 卷,人民出版社 2009 年版,第 525 页。

么样的本质关系反映的就是什么样的实在存在,实际上这也是"被意识到的存在"与"意识"之间的相关性的另一种表现。胡塞尔同样无须,其实也根本无法在两者之间做出选择,它们之间存在的只能是描述视角的差异。

当阿多诺认为海德格尔借助存在概念避免了胡塞尔所谓的两难时,这里渗透的主要是马克思另一个相关的重要论断:"人们的存在就是他们的现实生活过程"[①],他显然倾向于认为,只有超出意识与被意识到的存在的人的实际生活才是真实的存在,在这一点上,海德格尔被众多研究者认为在胡塞尔的基础上跨出了可贵的一步。但笔者认为,至少有两点需要说明。

首先,超越论现象学从不排斥实际生活,"超越论"不是内在的或纯粹的,而是建构的。纯粹意识的对立面是物化意识,它当然包含了生活世界的存在,胡塞尔晚年的生活世界现象学的说法其实也只是他早年规划的集中展示而已。阿多诺的合理性在于,他实际上点出了实际生活的存在是否拥有独立于思的存在的法则问题,超越论的意识可以揭示被思的存在的法则,但如果实际生活本身的存在法则是刚性的、独立的,那么在什么意义上可以说,现象学能够如其所是地揭示这一法则?换言之,胡塞尔通过超越论还原所揭示的意识与被意识到的存在之间的相关性何以能包含社会存在的全部内容,这里是否会存在增添或缩减?人们当然可以说,存在只要被言谈,它就已经被思了,社会存在同样如此,但这里涉及的恰恰是它何以能为思和言谈,被批判的恰恰是以何种方式"进入"相关性,而非相关性内部的本质构型。因而,尽管这一构想更多地来自社会批判视角,但的确对以数学理性为底本的胡塞尔构成了相当大的挑战。

其次,海德格尔的功绩在于把现象学拉出了意识的范围,使它能直面超出了被意识到的存在的存在,但这种"超出"是以丧失批判性为前

① 《马克思恩格斯文集》第 1 卷,人民出版社 2009 年版,第 525 页。

提的,这是阿多诺的基本看法。这与我们上文提到的他对胡海关系的看法其实并不矛盾,将艾多斯生存论化,使其适应最高的存在,恰恰是以取消艾多斯本身承载的对概念的反思、还原、建构等批判性操作为前提的。阿多诺的新康德主义底色似乎并未完全褪去。从社会存在角度说,阿多诺试图确立的批判当然意味着对社会存在的批判,海德格尔跨出胡塞尔的步子似乎太大了,从被意识到的存在到存在一般,从形式化到形式显示,社会存在的范畴同时也就被超越了,胡塞尔"不足",海德格尔"过度",他们都错失了对社会存在本身的现实的、当下批判。如果说胡塞尔缺失了对社会存在何以能在现象学还原中"如实地"成为被思的存在的说明的话,那么海德格尔的缺失就在于他无批判地跳过了社会存在这一现实环节,忘记了他本人及其思想都是现实存在的产物,他从胡塞尔那里挪用来的艾多斯化的表达方法就建基于发端于19世纪的数学革命。

笔者可以补上另一个重要的批判环节,海德格尔的存在一般的理论原型是基督教的上帝的存在。"无中生有"是基督教对古希腊存在问题的基本立场,而这个"无"在基督教那里体现为上帝的超越的存在。与胡塞尔在《观念》第一卷悬隔上帝的存在相似,在对宗教生活的考察中,海德格尔也悬隔了上帝,但上帝的超越的存在却被保留下来了,阿多诺指出的海德格尔以生存取代胡塞尔的艾多斯的基础即在于此,因为存在一般本身是超越的,它才能拒斥胡塞尔改造自柏拉图主义的艾多斯,这在西方哲学从古希腊向中世纪过渡时就早已存在过了,与超越的存在相关的是生存着的此在,此在的原型就是向着上帝(的存在)而在的"信众",他处身于与上帝存在的相关性之中,因领受上帝之在而于此存在。

在此意义上,阿多诺与现象学,尤其与海德格尔之争又意味着什么?阿多诺能否在现象学的"不足"与"过度"之间找到切实的存在?它不仅与人的现实存在相关,而且能生成意识与超越的存在。实际上,马克思早就揭示了这种可能,社会意识只能是社会生产的产物,意识范畴和意识形态的批判必须建立在社会生产与再生产的基础之上。阿多诺似乎只需以马克思的这一立场为基础,在胡塞尔和海德格尔之间确立起社会存在的根据地位即可。

但问题其实没有这么简单。阿多诺仍需内在地说明在"批判"问题上,社会存在的批判何以能在超出胡塞尔的思的批判的同时保留其范畴建构的可能,同时,在摒弃海德格尔的存在的一般性的同时又能保留其相对思的超越性。从海德格尔的角度看,他似乎也提供了一种存在批判,这种批判因存在的一般性而包含了阿多诺希望确立的社会批判,阿多诺看似令人遗憾地误解了海德格尔。

二、对存在的批判

基础存在论要么否认范畴,要么使之升华,存在由于超出了功能性关联,从而获得了独立的法权,①这种存在拒绝了概念和直观,拒绝了任何中介化,因而只能靠自己来理解,②这是阿多诺对海德格尔存在问题的一般看法。有趣的是,即便从海德格尔本人的角度看,阿多诺的这些看法也更像是恰当的总结,而非批评,因为众所周知,海德格尔明确地将自己的现象学方法标明为形式显示,以此区别于仍然建立在艾多斯直观之上的形式化和意向的功能性关联。艾多斯直观、形式化和功能性关联是胡塞尔对 20 世纪西方哲学的独特贡献。在阿多诺眼里,这些现象学操作多少还是保留了批判哲学的底色,一旦试图在它们之间建构存在,其结果只能是将存在封闭在独立的王国中,对存在的理解也就只能封闭在存在自身之内了,这种理解存在的方案被海德格尔称为解释学循环。存在因对实在和异在的排斥而获得了治外法权,在阿多诺看来,以存在之名为人的奴役也就是自然而然的事情了。

---

① [德]阿多尔诺:《否定的辩证法》,张峰译,重庆出版社 1993 年版,第 61 页。
② [德]阿多尔诺:《否定的辩证法》,张峰译,重庆出版社 1993 年版,第 67 页。

存在不应该成为抽象的自在,它一开始就已经是中介化的产物了,这是阿多诺对存在予以范畴批判的出发点。阿多诺指出,存在最早在巴门尼德那里就已经被思想中介化了①,因而存在必然与主体相关,或者用他更加习惯的黑格尔的术语,存在必然也是自为的。巴门尼德的"被思的就是存在"这一命题很容易让人想起胡塞尔的贡献,因为正是后者将此命题改造为了能思—所思的先天平行关系,或者可以提出一种被阿多诺遮蔽的真正的范畴批判的可能性,我们后文将再次回到这一问题上。现在需要强调的是,阿多诺的武器除了马克思的社会生产与再生产的理论之外,还有黑格尔的辩证法,当然,两者并不分离,马克思对资本主义大生产的考察本身就蕴含了历史辩证法的因素。

"是"(存在)作为系动词不能脱离主词和谓词,它所标明的事实状态与意向性有关,与存在无关,海德格尔将"是"理解为超越的存在本质上是一种物化。② 这是一个非常重要的观点。将"是"理解为判断上的综合符合一般的见解,事实状态与意向性相关显然暗指胡塞尔在《逻辑研究》中对存在的著名讨论,对此问题,学界已有讨论,一般的看法是海德格尔将胡塞尔那里作为相合或充实状态的"存在"改造为了敞开性。③ 但与一般的理解不同,阿多诺将海德格尔在存在问题上的超出理解为物化,这一看法体现了马克思哲学和辩证法的特点,"是"作为系动词,它中介了主客体,将之视为纯粹的超越性的存在就使其脱离了辩证的过程,成为了现成存在的物,这种超出实际存在的剩余物只能是幻象、神秘化以及不可表达性。

笔者已经指出,海德格尔这种改造的原型在中世纪超越柏拉图主义时早已提出了,其中最具奠基意义的应该是阿奎纳对"是"的著名的发生学考察。因此,就阿多诺对海德格尔的存在的批判而言,笔者更加倾向于认为他们之间是立场的差异,一个隐秘地建基于神学,一个更加

---

① [德]阿多尔诺:《否定的辩证法》,张峰译,重庆出版社 1993 年版,第 81 页。

② [德]阿多尔诺:《否定的辩证法》,张峰译,重庆出版社 1993 年版,第 98 页。

③ 参见倪梁康:《胡塞尔与海德格尔的存在问题》,《哲学研究》1999 年第 6 期。

关心现实存在,但这并不意味着他们之间毫无关联,当海德格尔尝试建立一门实际性的现象学时,它必然会遭遇来自马克思哲学的批判,因为实际性本身也应该包含社会生产的现实存在,而后者一旦拥有了独立的奠基性的规律,那么在实际性中展现的存在自然也就成为了现实生产的物化以及异化形态了,在此意义上,海德格尔的此在的存在及其生存论建构一开始就进入了马克思的批判逻辑,在此意义上,我们不难理解阿多诺何以会将海德格尔的存在斥为神话了:"但他的神话仍然是一种20世纪的神话,仍然是被历史揭示的幻想。这种幻想之所以引人注目,乃是因为根本不可能使神话与现实的合理性形式调和起来(每一可能的意识都和现实纠缠在一起)。海德格尔的意识惦记着神话的地位,仿佛这种意识可以具有这种地位,同时又和神话同类。"①

阿多诺认为存在论差异是一种同语反复和捏造,②因为没有存在者,存在是不可思议的,没有存在,存在者同样如此,它们互为中介。中介化与相关性是辩证法与现象学在方法论上的最大的差异,辩证法将中介化理解为存在的基本形态,而现象学致力于在相关性中考察存在与其显现形态之间的关系。这一对立集中体现在对存在者的看法上,阿多诺认为,个别的存在者可以还原到它的概念,因为存在者一般包含了所有存在者的概念,所以它本身就成为了一种概念,一种完整地转入存在的结构中的存在论结构,最终的结果就是将非概念的东西概念化为非概念性。③ 阿多诺的这一批判是值得商榷的,关键在于何谓"概念化"。海德格尔曾借助胡塞尔的总体化和形式化的区分表明了其存在论建构的超越性,总体化是个别与种属的关系问题,而形式化与总体化有根本的差异,因为形式超出了特别的事质领域,我们不能认为它本身

---

① [德]阿多尔诺:《否定的辩证法》,张峰译,重庆出版社1993年版,第117页。
② [德]阿多尔诺:《否定的辩证法》,张峰译,重庆出版社1993年版,第114、115页。
③ [德]阿多尔诺:《否定的辩证法》,张峰译,重庆出版社1993年版,第115页。关于这一问题的讨论,也请参见谢永康的《形而上学的批判与拯救》(江苏人民出版社2008年版)的"辩证法与现象学"一节。

也是一种与总体具有相同内涵的概念,阿多诺的概念与非概念之辩在此是含混的。

转机出现在《存在与时间》的研究对象上,正如海德格尔本人所说的,他前期建构的是此在的存在,而非存在一般,其实更确切地说,他的研究对象首先应该是此在的在世结构,此在之"此"的在世展开,他必然和人、物以及世界打交道,而这些对象本身是可以被概念化的,尽管海德格尔坚决反对对它们予以概念化的考察,但它们毕竟为概念化留下了空间。对阿多诺来说,这些问题本身就是马克思哲学的经典问题,它们首先应该在社会化生产所构建的概念化的空间中得到批判性的考察。阿多诺与海德格尔在此彻底分道扬镳了。

三、辩证法与现象学

这里涉及辩证法的三个因素:绝对、中介化和否定,尽管阿多诺特别关注其中的"否定"向度,但相比辩证法在黑格尔那里的原始形态,他在方法论上其实并无多大的推进,笔者认为,他对"否定"的强调更多地还是为了顺应他的社会批判所选取的特别角度,因此在具体讨论中,我们也会将这里的讨论提升到现象学与辩证法的方法论对话的高度。

绝对问题。学界对现象学有一个批评,至少是疑虑,人们会认为现象学,尤其是胡塞尔那里只谈内在性,反思是内在的,意识也是内在的,因而归根到底是主观的,客观性都是问题,更遑论黑格尔意义上的绝对了。在描述心理学阶段,反思体现为内感知或内在感知,它意味着对已然发生的意识行为的回返性地明察,但其中被揭示的是意识与世界的直接的关联,世界已经作为意识对象存在了,因而,这里"内"或"内在"是指对关联于世界的行为的本质性研究,而不是实在意义上的。超越论现象学中更是如此,现象学还原之后,胡塞尔明确认为纯粹意识具有一种可规定的无限性。"绝对"在现象学中是作为纯粹意识的特性出场的,而对此具有建基意义的内时间意识研究的"内"则特别地指建基,笔者认为,在胡塞尔那里,它源自非欧几何意义上的"内蕴"(intrinsic)关系的"内",当有人问与它对立的"外"何以可能时,这恰恰是一种自然态度,超越论现象学的"内"就是绝对的意思。

相比而言,黑格尔意义上的"绝对"反倒显得更为形而上学了,因为超越论现象学的"绝对"观念是与这个时代的整体知识同构的。胡塞尔揭示了主体与绝对的一种新的关系,即主体在其行动中直接规定绝对存在,绝对的"可规定性"的要义即在于此,黑格尔似乎与此相反,"主体"的行动展现了绝对的某种形态,"主体"无非是理性的狡计的载体而已。因而,他们之间的差异大致可归结为:从自足的活的主体规定绝对,还是从"形而上"的绝对规定"主体"。在此意义上,现象学当然意味着主体哲学的现代重建。上文提到的海德格尔对胡塞尔的思的哲学的存在论改造即与这里的主体与绝对的新关系的建立有关。此在在其去—存在中对存在的领会之所以可能,正是在于胡塞尔已然揭示的主体在其行动中规定其绝对存在。当阿多诺对海德格尔强调"存在论差异"耿耿于怀时,[①]他似乎没有看到,这种"差异"本身就是批判性的,它要引向的是对此在之存在建构,也即对绝对存在之建构。

中介化问题。阿多诺对这个问题尤其敏感,譬如他会专门提到:在存在与存在者的辩证法中,存在者与存在互为中介,但海德格尔压制这种辩证法。[②] 与现象学对新的绝对观念的揭示相关,在海德格尔那里,此在与存在不是中介关系,而是存在在发生上与它的在此(Da)存在的关系,此在(Dasein)的本义就是存在(Sein)于此(Da)。在黑格尔那里,中介化只有在绝对中才有意义。当阿多诺说没有中介化,要素就不成其为要素时,笔者认为,这里恰恰遗漏了这些要素首先必须是绝对本身的要素:要素是绝对本身的于此存在的形态! 黑格尔那里的意识为

①　[德]阿多尔诺:《否定的辩证法》,张峰译,重庆出版社1993年版,第113页。
②　[德]阿多尔诺:《否定的辩证法》,张峰译,重庆出版社1993年版,第113页。

自身以及为对象的互为中介所试图揭示的正是作为它们共同存在基础的绝对,在此意义上,现象学运动从胡塞尔开始对新的绝对与主体的关系的揭示恰好彰显了黑格尔揭示绝对与其因素间的关系的隐秘的欲望,可惜,"绝对"在生成上的直接"于此"被黑格尔戏剧化为了理性的狡计,因为他没有真正澄清绝对本身如何内在要素化,而是致力于从作为生成结果的内在要素出发建构要素何以能绝对化。阿多诺没有在海德格尔那里看到辩证法潜在的理论要求。

中介化何以可能?从绝对出发,某物与另一物互为中介,它们首先必须处于同一性的关联中。在黑格尔那里,同一性的关联表现为绝对精神,而在现象学这里则至少表现为胡塞尔的意向关联域和海德格尔的此在在世的因缘意蕴的整体。同一性的关联是基础性的,否则就不可能有中介项之间的"互为"。但现象学的确像阿多诺批评的那样,将内含否定的中介化耖平为了关联性,在海德格尔那里更明显,此在并未在上手和在手之物上看到自己的变异形态,而是直接建构了它的在世,此举无疑将此在在物上的变异形态——在马克思哲学中特别地体现为物化——泛化为了非本真状态,此在对非本真状态的否定也就成了对常人整体的否定,单个此在似乎就此无须承担伦理责任。

这里最关键的是否定:对谁的否定,如何否定?在辩证法中很清楚,是某个因素对其变异形态的否定。只有通过否定,意识才可能洞悉其存在的根据,进而才能达到更高的阶段。这是辩证法最令人震撼的理论成就,笔者在此问题上愿意部分地接受阿多诺对现象学的同一化哲学的批评。绝对精神的辩证运动是一种本质化的运动,这尤其体现在中介化对自身的本质性的要求中,①即是说,某物只有在其自身的变异形式中找到它的本质,只有这样,绝对精神对自身的否定以及自身的绝对化才是可能和必要的。阿多诺看到了同一性作为总体性具有存在

---

① 譬如对"感性确定性"的探讨中,黑格尔就已经指出:"这个纯粹存在已经不再是一个直接的事物,而是一个以否定和中介活动为本质的东西……"([德]黑格尔:《精神现象学》,先刚译,人民出版社 2013 年版,第 64 页。)

论上的优先性,但他更为强调其中的非同一性对同一性的抗争。但阿多诺所强调的非同一性,即否定因素有着强烈的脱本质化的倾向,他甚至就此指责黑格尔未能贯彻他已经提出的非同一性原则。问题是,一旦脱离了本质化,那么,这种作为自身中介化之核心环节的否定就有可能呈现为单纯的否定,譬如在他指责黑格尔未能公正地对待非同一物作为与所有同一物相对立的他者时,①笔者认为,这种理解实际上已经偏离了经典辩证法的问题语境,笔者甚至很难再将阿多诺式的否定纳入其中。

现象学在阿多诺对经典辩证法的偏离中甚至更为坚定地支持后者。超越论现象学建立在新的形式关系之上,海德格尔曾特别地从中发展出形式显示的学说,此在的在世存在是合乎本质在形式上的自身显现。因而,现象学与辩证法都坚持合乎"本质",但在"本质化"中的差别在于,此在作为存在于此已然是本质性的了,而辩证法则会认为,在自身中介化之后扬弃自身,即在合题中,本质才特别地显现出来。在此意义上,现象学似乎又澄清了辩证法的一个隐含的预设,自身中介化和异化之所以能走向本质,最终成为本质,是因为它们从来就在本质关系之中,从来就已经在投射出本质。

相比否定,现象学更多的还是谈同一性建构,阿多诺的这一判断大致是正确的,但这并不意味着同一性建构内部没有否定。在胡塞尔那里,明见性是可错的,经验关联同样可以自身否定,甚至中断,②海德格尔除了阿多诺不断提及的对存在论"差异"的强调之外,此在在其向死而在中对本己本身的回返甚至体现出了对实存的最彻底的否定。但现象学谈论的否定和黑格尔一样都是在绝对和本质之中的,阿多诺则不然,他的否定由于对立于一切同一性,因而只能在绝对之外。尽管笔者对阿多诺仍然以辩证法之名心怀疑虑,但这种溢出绝对和同一性的否

① [德]阿多尔诺:《否定的辩证法》,张峰译,重庆出版社1993年版,第119页。
② 参见[德]胡塞尔:《纯粹现象学通论》,李幼蒸译,商务印书馆1992年版,第245—255页。

定的确使他走出了现象学。

据此,阿多诺所掀起的现象学与辩证法之争应该分为两个角度:其一,现象学与黑格尔的辩证法的关系,这里的讨论完全可以不受阿多诺的看法的左右,我们大致可以看到,两种方法不能简单地归结为对立关系,现象学实际上不时体现出了为辩证法奠基的意图;其二,阿多诺本人的否定观念与现象学的关系,这一问题在理论建构上甚至可以独立于前者,但笔者对这种外在于绝对和本质的否定本身如何存在,如何起作用,仍然有待进一步的说明。

四、深 化

阿多诺认为社会生产与再生产破坏了海德格尔的存在论建构,①但在笔者看来,这种所谓的破坏首先意味着建构,也就是说,社会化大生产建构了海德格尔生存论的基础。阿多诺对海德格尔的批判实际上可以归结为何谓存在于"比"(Da),更具体地说,当海德格尔试图以具有向来我属性和去—存在这两种特性的此在为起点建构存在的意义时,我们可以从马克思哲学视角提出如下关键问题:此在的"此"及其对存在的向来我属、去—存在这些特性源自何方? 因领会其存在而在此? 因这一领会而拥有存在并绽出生存?

从马克思哲学看,此生的本质恰恰在于社会化大生产,生产与再生产创造了此在的去—存在的可能。在资本主义大生产中,此在的生存的空间性,即定向、去远并非此在本身的特性,它扎根于生产的空间性中,生产资料的不断集中、重组,生产中的跨地域的协作、分工,商品在全球市场流动,无时无刻不在重建此在的空间性。协作,在马克思那里首先是指:"人数较多的工人在同一时间、同一空间(或者说同一劳动

---

① [德]阿多尔诺:《否定的辩证法》,张峰译,重庆出版社1993年版,第61页。

场所),为了生产同种商品,在同一资本家的指挥下工作"。① 分工则更为激烈地打破和重建了生产空间的统一性、个人存在以及与他人共在的时空的单一性。这一点不难理解,同一个时空中的协作在分工的发展中,可以在生产上划分出新的时空阶段和顺序,而生产者在此划分中也成为了在时空被压缩和扭曲的创造者。在此生产过程中,空间最终成为了由资本的生产和价值增殖过程所决定之物,空间当然不是客观的,也不是基于此在本身的生存能力所开创的,而是资本生产过程赋予此在的特征。当然不是说此在意识不到自己的空间,而是说所谓的空间的"本己性"本质上是失根的,甚至是虚幻的,它充其量只能是社会化大生产铭刻在此在身上的标记。

此在的时间性同样如此。在剩余价值的生产中,时间是最根本的要素,因为空间上的并列倍增的是单位生产时间,马克思说:"距离也归结为时间,例如,重要的不是市场在空间上的远近,而是商品到达市场的速度,即时间量"②,而资本的价值增殖过程甚至体现在"用时间去消灭空间"。③ 此在生存的根基即在于资本生成的时间化,资本主义大生产最恰当地体现了此在消散于世这一基本的生存状态,人的存在被分割为生产资料和商品等存在形态,在此背景中,此在的时间性的到时不是此在带着其过去从将来而来,而是剩余价值在市场上的兑现时刻。在此在的在世建构中,个体的向死存在恰恰是对生产资料的可替代性的验证而已,之所以如此,是因为资本主义大生产一开始就创造了此在拥有其"当下"的可能,其当下一开始就被限制在生产的时刻表中,马克思的劳动力的生产的意义即在于此。此在无力凭其自身的生存获得其当下,他充其量只能揭示社会大生产已经为其规定的当下。

这里仍需辨明,海德格尔的生存论建构同样也是一种批判,我们可

① 《马克思恩格斯全集》第44卷,人民出版社2001年版,第374页。
② 《马克思恩格斯全集》第30卷,人民出版社1995年版,第536页。
③ 《马克思恩格斯全集》第30卷,人民出版社1995年版,第538页。

以大致地称其为生存论批判。常人的无差异性和此在的无家可归正是商品生产消除一切质的差异的体现,"遗忘存在"同样源自社会生产的总体化建制,因为超越的存在本身就是幻象,因而,海德格尔的生存论批判与马克思哲学之间并无绝对的矛盾。但它们之间存在如下差异:首先是建基序列的差异:以此在的本真存在为旨归的生存论批判为社会批判提供基础,还是说它本身应该建立在最直接的、同时也是最基本的生存形式,即社会化大生产之上? 其次,他们的理论目标并不相同,海德格尔的生存论建构中体现了对资本主义社会的重塑,这一点尤其明显地体现在他前期试图在此在聆听自己的良知的呼唤中建构其本己存在上,但从马克思的剩余价值理论来看,当下只能以剩余的方式呈现,本真性根本不可能存在,因为剩余价值不可能属于劳动者自己,非本真性建基于对剩余性,马克思从资本生产的角度一早就取消了海德格尔回归本真性的可能性。

何谓存在,何谓存在的基础? 海德格尔将领会着存在的此在与存在的相关性视为基础存在论的支柱,尝试在此在的一种特殊的现身形态,即向死的当下中建构其本己存在,阿多诺的马克思哲学视角则要求在社会生产与再生产中建构现实存在以及存在者的基本处境,当下化建基于资本主义大生产,社会化生产才是存在的基础,哲学家不应将基础理解为超种属的存在一般,而应该致力于对现实生产予以批判性的范畴建构。何谓绝对和本质之外的否定? 黑格尔的自身否定是绝对精神内在的事情,严格地说,在阿多诺的批判中,黑格尔式的辩证法无疑也应该归入同一性哲学的范围。从思想原型上看,在笔者看来,阿多诺的否定观念源于马克思的不可被消解的剩余价值的剩余性,它在社会化大生产的绝对存在之外构造着资本主义的社会存在,这也是他整个社会批判的最终理论根据。

阿多诺试图建立何种范畴批判? 按《否定的辩证法》的主旨,这种范畴批判是一种以否定为内核的黑格尔式的反思批判,但现象学提出了另一种可能,即在相关性先天中确定对社会存在的超越论建构,他们都不再将存在视为超出思的超越者,都积极尝试在思的发生中考察存在的本质变更,卢卡奇就曾经敏锐地看到现象学在探寻历史生成的动力时相比辩证法的优越之处,而与现象学几乎同时产生的心理分析运动则更加专注于对精神存在的压抑、替代和变形的考察。在此意义上,阿多诺的现象学批判的一个重要的效应在于,我们确实有必要着眼现实,整合各种理论资源,重建存在批判的理论平台。

（作者　南京大学哲学系副教授、
浙江大学哲学系"百人计划"研究员）

私人存在与现代伦理生活的可能性

——对《最低限度的道德》的重新考察

宋 一 帆

摘 要:阿多诺将《最低限度的道德》奠基于知识分子私人领域的经验之上。为了把握这一独特立场的方法论意义,首先必须结合《作为形式的论说文》讲述文本中对于断片、经验的陌生化以及反讽的多重运用,进而说明阿多诺"私人存在"区别于卢卡奇的主观讲述与黑格尔的客观讲述,是对于内在批判方法的贯彻。"私人存在"具备双重性,一方面是社会理性化与经济进程对于伦理生命的侵害,另一方面是保存着最后及最小伦理可能性的反思空间,何以协调两者就成为必须解答的理论难题。最后,通过将阿多诺的道德哲学把握为"内在包含着错误的批判性道德理想"与"积蓄着他人相关性与历史织体的苦难经验",形成一种独特的意在守护文明底线的抵抗的伦理学。

关键词:最低限度的道德 私人存在 正确生活 苦难经验

晚期资本主义社会的一种结构性变化被指认为公共与私人两个领域间界限的渐趋消融。经济生活领域与私人利益对于政治领域的全面入侵,使得公共性的空间被破坏(即阿伦特所谓"劳动动物的胜利")。另一方面,一种私人生命的自律性,也被资本主义社会内部的权力关系证实为仅仅是幻象,曾经属于家庭领域的东西(无论是爱、婚姻或住房)都绝无法在其中自我维系。双重意义上的生命之被损害,构成了今日批判理论所必须面对的难题。

阿多诺却在《最低限度的道德》的致辞中出人意料地宣称:"社会分析可以从个体的经验中学到的远比黑格尔所承认的多得多……以严格意义上的、流亡知识分子的私人领域为出发点。"①同时他又清醒地自知这种对于"私人存在"的强调又一定是不合时宜(Anachronistisch)的,因为在盖世太保"不详的敲门声"面前,全部的私人生命将只是一纸空言。把握"私人存在"对于阿多诺重塑否定的道德哲学之重要性,将有助于理解批判理论的核心内涵及其晚近以来的转型。

一、论作为方法的"私人存在"

在一个破碎的时代,阿多诺诉诸论说文(Essay)以延续理论的可能性,《最低限度的道德》是这种碎片化书写的完美呈现。"论说文的亚历山大主义(alexandrinism)回应下述事实,即丁香花和夜莺的存在。无论在哪儿,普遍之网允许它们存活,它们都意在使我们相信生命仍然鲜活。"②如果说文化工业的产品呈现为单一形式对杂多内容的规定,无力担当起内容对形式的抵抗,那么,论说文作为一种形式,将保留丁香花和夜莺,使得客体得以讲述自身。

论说文的先驱——从蒙田到尼采——提供了一种典范,即以断片的面貌书写,让被每一个被讲述的对象与中心之间皆为等距,遂构成一种松散的、不是基于理念而是由于物与物之间内在关系的联结体。论说文放弃了斯宾诺莎主义——在后者那里事物的秩序(*ordo rerum*)总是保持着与观念秩序(*ordo idearum*)之间的一致,而这种本

---

① T.W.Adorno, *Minima Moralia*, Frankfurt am Main: Suhrkamp Verlag, 2003, S.13; 参考英文版 Adorno T.W., Minima Moralia, Trans. Edmund Jephcott. *Verso*, 2006, p.18。

② T.W.Adorno, Bob Hullot-Kentor, "The Essay as Form", *New German Critique*, 1984 (32): 159.

体论的承诺只能源于主体的暴力,将那些直接性的东西认作是真理。与其诉诸理念对总体的把握,论说文凝视着现象在自然历史之中的流变,因此它关注的仅仅是个人所能触及的经验。"一个客居他乡的人被迫说当地语言,与在学校把各种元素组合起来不同,他不借助词典。在不断变化的文本中,他看了一个词三十多次,他就捕捉到了这个词,而且远比在词典中寻求其全部含义更为清晰。"①在这个广泛引用的段落中,阿多诺以客居他乡之人的语言类比论说文,从而甚至表现出了某种后期维特根斯坦式的睿智。我们深知这种语言学习带有深深的试验性(Versuch)与易逝性,它总是会出错,但每一个自然历史中的现象又莫不如是? 论说文将毫无关系的片段并置、重新组合,从而提供了一种全然陌生的关系,在经验的陌生化中激起对业已凝固之物的反思。

阿多诺的《最低限度的道德》是论说文形式与内容之间的和解,唯有通过论说文才能把握其独特方法。蒙田也是"最小限度"的运用大师,"他反讽地将自己适用于这种渺小(smallness)——却是直面生活最深刻的智性作品的那永恒的渺小——甚至通过反讽的谦恭强调了这一点"②。论说文作者不耽于书写法典,也无意于建构道德法则,相反他们满足于私人领域,从这种个体经验"渺小性"中唤起醒悟与自觉。正如同"最低限度的道德"(Minima Moralia)对于亚里士多德以"至善"为目的的大伦理学(Magma Moralia)的反讽,这种"最小限度"所具有的"反讽的谦恭",是"内在批判"得以施展的场域——通过戏仿"大"的另一极(那里有宏大的总体与封闭的体系),在这种极端中敞开其错误性,呈现出每一个微小的道德经验是如何被既定的生活形式所损害。"意识形态的假象所包含的非真理性,揭示了文化仍然受制于自然。

---

① T. W. Adorno, Bob Hullot-Kentor,"The Essay as Form", *New German Critique*, 1984(32):161.

② T. W. Adorno, Bob Hullot-Kentor,"The Essay as Form", *New German Critique*, 1984(32):157.

在论说文的凝视下,第二自然开始意识到自身是第一自然。"①凝视意味着从总体中分离、截断和重新把握。通过个体经验的反思,使得僵化的社会关系得以重新理解为一种"活生生的"、镶嵌在自然史中流动的自然,这是今天一切伦理生活得以展开的前提,也因而论说文指向了道德的反思。

围绕着现代伦理生活的争论,阿多诺的理论重担正是如何将个体经验(主体)与社会批判(实体)两个维度糅合起来。但是在奥斯维辛之后面对这个问题,两者之间无比巨大的张力远远大于黑格尔时代关于"实体即主体"的简单宣称。

主体经验出发,其实是在面对世界之祛魅时某种危险的哲学诱惑,因为这种当下的生命仿佛是物化社会中唯一的依凭。作为韦伯后学,又经历了以狄尔泰为代表的新康德主义的洗礼,卢卡奇在《小说理论》中给出了一种关于现代社会的主观讲述——随着以史诗为代表的伦理总体性的破碎,抛出来的是无家可归的现代个人。他们面对着的是一个如同第一自然般僵死了的第二自然②,小说家为这样的个体披上主体的外衣,让他们与生活再一次展开搏斗。"小说在形式上所要求的内在意义,将由人的体验来给予,而对意义的这种单纯一瞥就是生活所能提供的最高级的东西,就是值得整个生活投入的唯一事物。"③卢卡奇的现代个人努力寻找着失落的总体性,试图借由艺术敞开的生命意义,但这只不过是在面对吞噬一切的体系时,毫无基础地逆转进程的乌托邦。

黑格尔是对纯粹主体哲学的批判者。阿多诺开篇坦言正是"黑格

---

① T.W.Adorno,Bob Hullot-Kentor,"The Essay as Form",*New German Critique*,1984 (32):168.

② 可见阿多诺《自然历史的理念》一文。T. W. Adorno, "The idea of natural history",*Telos*,1984,1984(60)。

③ [匈]卢卡奇:《小说理论》,燕宏远、李怀涛译,商务印书馆 2012 年版,第72 页。

尔的方法引导着最低限度的道德"①,但是黑格尔的形象在实践和理论哲学中却产生了分裂,以致表里不一。在《精神现象学》的"序言"中,黑格尔明确反对以数学为模本的体系,一种斯宾诺莎式的界说却是游离于内容之外的认识活动,里面存在着仅仅是僵死的、无关本质的东西。相反,黑格尔之所以将"哲学"自称为"革命性的",正是立足于方法与哲学对象之间的一致,不能借助知性"高高在上地谈论个别实存"而"要深入到事情的内在内容"②。辩证运动要引向自在自为的对象,只有服从于客体自身的本质,才可能抵达真理。"概念的意义既是确定的,因为这样它们才能成其为概念,又是流动的。它们会因为客体的指示而改变自身,而不是反过来扭曲对方。"③因此否定性的力量并非来自主体自身的抽象概念,而是事物存在本身所给予的。这一转向客体的"唯物主义"版本的辩证法,使得主体能够不复为空洞的主体,不仅仅为外在的实体所规定,又能自觉地受到实体内容的引导,并自由地为行动给出根据。

但是,黑格尔一旦将实体性哲学在实践领域展开又背叛了这一原则。"在前史中知识以客观进程的面貌坚称自己凌驾于人类之上,它凭借对个体质性的消除,——不诉诸在思想中建构普遍与特殊的和解——成为在历史中从未完成的一个环节。"表面上的否定性,却是现实的肯定性。在精神的自我运动之中,当主观道德导致绝对的恶时,必定引向下一个环节的伦理生活,前一种生活形式的自我否定必须以后一个环节为前提。因此,他所希望的能够包含道德自律原则的伦理生活,在肯定性中就退化为包裹在国民精神之中、被吞没了的个体。

阿多诺以高度反讽的笔调来处理该问题——真理不是总体,相反,

---

① T.W.Adorno, *Minima Moralia*, Frankfurt am Main: Suhrkamp Verlag, 2003, S.10.
② [德]黑格尔:《精神现象学》,先刚译,人民出版社2013年版,第34页。
③ T.W.Adorno, Hegel, Shierry Weber Nicholsen, *Hegel: Three Studies*, Cambridge, MA: MIT Press, 1993.

"总体是错误"(Das Ganze ist das Unwahre)①。他在黑格尔的实体哲学基础上完成了一次原则性的回撤,《最低限度的道德》并非抵达概念的必然性与逻辑学,而是停留于序言中所论的"言谈"(Konversation)②,与数学不同,它代表了日常生活当中一切转瞬即逝的东西,它显得更加自由与任意,不理解事物在既定整体之间的联系。"主要是为了满足好奇心而不是为了提供认识的历史训导之中。"③每一个当下的经验不以知性认识为目的,而要求将自身理解为是以往历史的结晶与积淀,以往全部的实体性内容所中介。如果将哲学坐落于此,坐落于主体苦难的经验之中,那么辩证法就会指向否定性,从受苦者的全部回忆中形成对当下环节持之以恒地抵抗。此时便指向了阿多诺最负盛名的"否定的辩证法"。

因此,阿多诺的"私人存在"并非如卢卡奇般在总体中敞开生活的意义,相反它要求在碎片中的驻留。它拥有双重属性,一方面,它是整个社会理性化与生产关系最直接的伤害者,在发达工业社会中甚至生命本身的实体性都无法守住;但另一方面,由于其自身的否定性就使得"私人存在"超越了纯粹的自然存在④,这是一个不可被还原的最小的反思空间。它不直接面对"善"或"好"等薄的、抽象的教义,而是通过一些厚重的、具体的伦理学德性(如谦卑、抵抗)展开对私人经验的反思。"私人存在(private Existenz),竭尽全力去模仿一个足以被称为人的东西,却背叛了后者……唯一负责的道路是否认自身对自身存在的

① T.W.Adorno,*Minima Moralia*,Frankfurt am Main:Suhrkamp Verlag,2003,S.80.

② T.W.Adorno,*Minima Moralia*,Frankfurt am Main:Suhrkamp Verlag,2003,S.10.

③ [德]黑格尔:《精神现象学》,先刚译,人民出版社2013年版,第30页。

④ 此处呈现出阿多诺与阿伦特的重要分野。后者将"私人性"等同于彻底的自然必然性。社会吞噬了私人领域和公共领域,物质关切、生命延续等一系列自然必然性充斥其中,人只能在族群的意义上被保存,由此向极权主义敞开。"当现代人丧失了彼岸世界的时候,他无论如何也没有赢得这个世界,严格来说,没有赢得生命,他被抛回到生命,被抛入内省的内在封闭领域。"[美]阿伦特:《人的境况》,王寅丽译,上海人民出版社2009年版,第253页。

意识形态式的误用,剩下的则是在私人领域中谦卑地、不引人注目地、质朴地做事,就如同所要求的那样,不再是基于好的教养而行动,而是羞耻——在地狱之中却仍然呼吸着空气。"①

二、私人存在与正确生活的损毁

《最低限度的道德》始于苏格拉底之问:"什么才是好生活?"但是它讲述的却只是忧郁的科学(Die traurige Wissenschaft)——只能以否定的方式来思考今日的伦理生活。无论写于二战期间的《最低限度的道德》还是60年代所做的"道德哲学的讲座",阿多诺皆提纲挈领地将其核心理念概述为"在错误之中无法有正确的生活"②。(MM,39)阿多诺以"正确生活"(das richtige Leben/the right life)改写"好生活",实是对于资本主义社会内部两大重要转型的指认。其一,公共生活被私人性的东西所取代。以"自我保存"为特征的纯然特殊性与自然必然性无法支撑起任何意义上的共同生活。其二,"正确"暗含着一种对直言命题的逻辑判断(ture/false),亦即无论良善生活,甚至连个体生命本身也很难被称作真正存活。这是阿多诺所作的政治经济学批判——这一转型打破了私人自律的迷梦,自主性的空间如今作为物质生产过程的附属品而出现。生活本是生产的根据和目的,但如今两相颠倒,生活成为单纯的表象(Schein)。

1. 现代伦理生活的困境

现代世界面临着"伦理上的好"与"道德上的正当"之间的巨大沟壑,仿佛对于道德规范的遵循并不必然地涉及"我是谁?我又何以是道德"这一追问。但是,阿多诺却以一种高度的时代严峻感应答——

---

① „im übrigen privat so bescheiden, unscheinbar und unprätentiös", Adorno T W, *Minima Moralia*, Frankfurt am Main: Suhrkamp Verlag, 2003, S.33.

② T.W.Adorno, *Minima Moralia*, Frankfurt am Main: Suhrkamp Verlag, 2003, S.59.

"是"与"应该"的分立（从康德起被划分为理论哲学与实践哲学的两个部分）根本无力面对今日的理论问题，甚至当我们注目于道德领域时暗含着理论理性对其责任的放弃。关于正确生活的教诲（die Lehre vom richtigen Leben），在苏格拉底那里被表述为"知善者必能行善"，这一古典的哲学关联恰恰以否定的形式切中了现实——如果经历了奥斯维辛之后，还固执地以为以第二自然形式残留下来种种规范性概念仍然有效，那么就是无力直面现实发生着的苦难。因此，我们必然地陷入"善之不可知"的认识论困境。"传统的资产阶级美德独立、坚韧、远见、审慎被完全地腐化……资产阶级的存在形式被粗暴的保存，他们的经济前提已经不复存在。"①最低限度的道德，其言外之意是一切更高的道德，无论是关于善好的规范性理想抑或其定义都彻底地受到了侵蚀。因此，阿多诺以一个提名为"思之道德"（Zur Moral der Denkens）的小节，"他们作为主体与意识的关系——反思——在每个环节被保留，最直接地表现了这种道德，且在矛盾中呈现其全部深度。"②通过思之道德，"是"和"应该"两个维度被关联起来，"概念的准确性替代了事物的自身性，而事物并未完全呈现在当前"③。传统形而上学的"真"是使对象服膺于主体而建立的确定性，这仅仅是形式真理。但是在我们的道德之思中，这种概念非但不是"真的"，而且是"坏的"，因为它们阻碍了我们关于对象之所应是的思考。作为论说文的《最低限度的道德》正是意图让我们在日常经验中重新学习各种厚的道德概念，并通

---

① T.W.Adorno.*Minima Moralia*, Frankfurt am Main：Suhrkamp Verlag, 2003, S.47.

② 皮克福德认为阿多诺在此实际上恢复了古希腊的实践（Praxis）传统，即知识并不与实践相分离。德性本身也是一种知识，它不是一般意义上的见闻之知，而是明智之知，知道善并且能够践行善。参见 Pickford H W. Critical Models, "Adorno's Theory and Practice of Cultural Criticism", *Yale Journal of Criticism*, 1997, 10(2): 247-270。"思之道德"见 T.W.Adorno, *Minima Moralia*, Frankfurt am Main：Suhrkamp Verlag, 2003, S.127。

③ T.W.Adorno, *Negative Dialektik*, Frankfurt am Main：Suhrkamp Verlag, 1982, S.57. 本文《否定的辩证法》英译本参考 T.W.Adorno, *Negative Dialectics*, Trans.EB Ashton.New York：Continuum, p.52。

过否定的方法与既定社会的道德律令展开持续的周旋,简言之,就是以一种规范性的真实(事物成为其所应是)来取代纯粹描述性的真实。这种"应该"与"道德的要求"并非诉诸外在的原则,而是每一个具体的事物都镶嵌在历史本身的规定性当中,它可以通过对既定概念的反思之中获得。因此,正确生活(而非简单的好生活)意味着仅仅是对于既定生活形式的自觉反思就已经构成了道德的一部分①。

继而,阿多诺强调伦理学必须与社会批判联系起来。他拒绝亚里士多德主义的德性伦理学,"政治学的目标善究竟是什么,在实践中所能实现的至善又是什么? 在名称上,大多数人在这里诚然是一致的,一般大众和有教养的人都把它称之为幸福,他们把好生活(good life)和好品行(virtue)与幸福等量齐观。"②当我们在卓越的意义上把握美德,其应然性就落实于功能和目的的现实化中,人的至善正是使灵魂遵从美德的要求,而在公共生活中积极地践行生命。阿多诺评述道:"关于正确生活、正确行为的观念实际上被还原到了这个程度:人们的行动要与人们的真实情况相符合。人们应当按照自己的本性、自己的本质去生活,这就是单纯的如此存在(So-Sein)。"③阿多诺已经敏锐地看到,古典的美德是在第一自然的意义上锻造人的本性,使得人生长为能够与共同体相合的"政治动物"。但恐怕如此这般屈从于自然伦理"Ethos就是魔力,或许还可以说,Ethos 是人的命运"④绝对开创不出现代伦理生活,因为通过第一自然所联系起来的共同体,失去了对于权力的理性守护,总暗含着对极权主义的放纵(《启蒙辩证法》文化工业部分所揭

---

① Jaeggi, Rahel. "No Individual Can Resist": Minima Moralia as Critique of Forms of Life, *Constellations*, 2010, 12(1): 65-82.

② [古希腊]亚里士多德:《尼各马可伦理学》,廖申白译,商务印书馆 2003 年版, I, 1095a13-19.

③ [德]阿多诺:《道德哲学的问题》,谢地坤、王彤译,人民出版社 2007 年版,第 15 页。

④ [德]阿多诺:《道德哲学的问题》,谢地坤、王彤译,人民出版社 2007 年版,第 12 页。

示的正是通过"自然"名义的统治）。

黑格尔则以现代的眼光提供了一种带有伦理性质的市民社会。市民社会的双重性在于,一方面是作为私人将特殊性发展到极致,但另一方面通过作为目的外部国家,确保伦理的现实机制。因此,黑格尔意义上的私人呈现出普遍性之间的紧密关联,"教化就是要把特殊性加以琢磨,使它的行径合乎事物的本性。"①市民可以通过教化的环节上升到第二自然的高度,即摆脱情欲的直接性又将自由的原则包含在实体内部。但是,黑格尔简单地将"私人"导向"普遍性",意味着他并不理解市民社会内部真实发生的权力关系,也不理解这种普遍性反过来将私人吞没。"因为在第二自然中,即在我们所处的广泛依赖性之中,是不存在自由的。"②

故而,我们再一次看到阿多诺与马克思之间的紧密关联,他们共同面对的是一个失去了伦理性质的社会,一个第二自然只能以神秘化和第一自然化面貌出现的社会。对于马克思来说,这意味着市民(bourgeois)和公民(citoyen)两种身份的分裂,国家必须否定市民社会,"它试图压制自己的前提——市民社会及其要素,使自己成为人的现实的、没有矛盾的类生活"③。但是,企图用没有质料性基础的第二自然来支撑起共同生活,就会遭遇到社会内部的负隅顽抗。曾经的教化活动——通过出走自身并在普遍性中返还的教化活动——在劳动的异化状态中仅仅意味着对象的丧失,因此从市民社会中抛出的就是承担着普遍苦难的无产阶级。

马克思正确地将错误社会(社会批判)与伦理生活的不可能联系起来。但他试图超越市民社会的私人性,并且诉诸新唯物主义所展开

---

① ［德］黑格尔:《法哲学原理》,邓安庆译,上海人民出版社 2017 年版,第 335 页。
② ［德］阿多诺:《道德哲学的问题》,谢地坤、王彤译,人民出版社 2007 年版,第 199 页。
③ 《马克思恩格斯全集》第 3 卷,人民出版社 2002 年版,第 175 页。

"社会化的人"——对于阿多诺的时代来说仍然是外在的、不合时宜的。阿多诺笔下的资本主义社会呈现出两大根本性变化,其一,私有财产不断垄断,真正掌握私有财产的只是外部理性交换体系。传统马克思主义话语中一方对另一方的支配关系,如今呈现为高度理性化的社会对全体成员的权力支配。其二,家庭的环节彻底为市民社会所吞噬,这意味着最小的私人生命的空间亦难以自我维系。但同时这种吞噬不表现为剥削,而是过剩(一幅消费社会前期的景象),在对于欲望的消费之中个体不断确证着自身的主体性,但又不知道这种虚假的主体性服膺于文化工业总体的生产进程。为此,阿多诺必须诉诸更为深刻的内在批判立场——我们只有这一个极端错误的社会,真正负责的做法只有在"私人性"向"普遍性"过渡的进程中进行截流,在一个个片段化的、被损害的私己性经验之中,重新置入产生着不公正的历史结构,在两者冲突的极端痛苦中带出真正的正确生活。

2. 忧郁的科学:生命实体性的丧失

"忧郁的科学"是对尼采《快乐的科学》(the gay science)的重要仿写,《快乐的科学》几乎暗示了《最低限度的道德》从形式到内容上的许多原则——这部著作中,尼采选择警句的方式以打破知识体系化、僵硬化的现状。他要求读者依连贯性的科学所包含的全部规范,忘记那些"严肃"且抽象的方法,去体会丰富的经历和体验,收集和总结这些探索经历的辛劳,记忆起每一个小心求证的紧张。简言之,快乐的科学意在将美的享受重新置入知识之中,让饱满的、健康的生命原则再次站立。"在我们,生命就是一切,我们总是把生命、把遭际的一切化为光与火,舍此便无所作为。"[1]快乐的知识教导人们如何过伦理的生活,存在之目的并未不惜一切代价实现对类群的保存,这无非是奴隶道德对

---

① [德]尼采:《快乐的科学》,黄明嘉译,华东师范大学出版社 2007 年版,第 38 页。

自身的否定,伦理必须以健康的生命进行自我肯定。

尼采将自然性原则释放在 20 世纪的生命哲学之中——在《启蒙辩证法》的第二附录中,尼采运用自己的道德谱系学,清算了真正的美德(virtue)与性格(character)之间的张力。以奥德修斯为代表的现代资产阶级个体需要用狡诈的性格来蒙蔽本性,使得每个殊异的个体能够适应社会,但强者从来不需要性格的托词,他"仅仅将从自然中收获的东西体现在行动之中"①——强大、美丽、残暴、统治,而这正是美德的强者渊源。强者所肯定的生命原则,在法西斯主义与当代的文化工业产品彼此呼应,前者是被尼采命名为"金发野兽"的高贵而充满强力的身体(这本身就是社会权力具身化的场所),莱妮·里芬斯塔尔(Leni Riefenstahl)为 1936 年柏林奥运会所作《奥林匹亚》正是其完美的代表;后者则是试图在消费所创造的幻境中抵达欲望的繁盛,但是就两者皆作为某种被复魅(re-enchant)了的第一自然而言,它们都代表着神话般的强制力。"文化工业没有得到升华;相反,它所带来的是压抑。它通过不断揭示欲望的肉体、躺着汗的胸脯或运动健将们露裸着的躯干,刺激了那些从未得到升华的早期性快感。"②这种未被升华的性快感在抹去一切个体殊异的暴力中得到满足。

因此,阿多诺的"忧郁的科学"正是关于"生命之无法存在"(*Das Leben lebt nicht*③)的科学。但这里的"无法存在"不是指由于死亡将其抹去,相反,是经由尼采、狄尔泰、克拉格斯的生命哲学所抵达的工业产品,在直接性层面上谈论生命将同等地败坏生命。"哲学曾一度称为

① M.Horkheimer, T.W.Adorno, *Dialektik der Aufklärung*, Frankfurt am Main: Fischer Verlag, 2000, S.112;参考英文版 M.Horkheimer, T.W.Adorno, *Dialectic of Enlightenment: Philosophical Fragments*, Trans. Edmund Jephcott, Stanford: Stanford University Press, 2002, p.84。

② M.Horkheimer, T.W.Adorno, *Dialektik der Aufklärung*, Frankfurt am Main: Fischer Verlag, 2000, S.171.

③ T.W.Adorno, *Minima Moralia*, Frankfurt am Main: Suhrkamp Verlag, 2003, S.127. p.17.

生活(Leben)的东西变成了私人领域的存在,现如今则是纯粹的消费品"①,生命成为依附于生产过程的一个表象(Schein/Appearance),这是关于个体仍然拥有自主性的表象,其所遮蔽的是启蒙复归神话力量的事实。从文化的角度看,主体失去了能够真正获得教化的外部对象,并在工业所提供的总体性生产的幻景中寻找认同,这一现象被阿多诺命名为"半教化"(Halbbildung)——"将有限的知识实体化为真理,无法忍耐内部与外部之间、个体命运与社会法则之间、表象与本质之间的鸿沟。"②半教化将表象生活下的自主性认作是全部,将自身毫无保留地向普遍性敞开。当如此这般的文化成为客观精神,就宣告着黑格尔所希冀的教化事业之彻底覆灭,伦理生活的场所就必须从普遍性的共在返还到更小的、能够为反思意识所具体面对的经验中。

工业对于私人生命的入侵,使得阿多诺在某种意义上成为生命权力话语的先驱。阿多诺在《启蒙辩证法》中套用了康德的"图式法"(schema)来重解文化工业。康德所创造的人与第一自然的完美和谐,是由于知性按照普遍性的先验原则建构了现象世界,而图式正是联结感性经验与普遍必然范畴的中介。从工业的角度来看,文化工业则实现了人与"第二自然"间的同质。在该过程中,个体的生命经验已经率先地被文化工业的既定模式所规定,而通过对产品内容的认同维系起来的正是"我们的"意识形态。文化工业巧妙地将自然性重新在社会层面上复魅③,使得文明的创伤在娱乐中获得压抑性的升华,欲望被极大地刺激、满足并且再生产。娱乐是劳动的延伸——被掌控的大众从强制劳动中逃离,却仍然只是为了进一步投入劳动,至此权力与无力者

---

① T.W.Adorno, *Minima Moralia*, Frankfurt am Main: Suhrkamp Verlag, 2003, S.127. p.7.

② M.Horkheimer, T.W.Adorno, *Dialektik der Aufklärung*, Frankfurt am Main: Fischer Verlag, 2000, S.238.

③ A. Stone, "Adorno and the Disenchantment of Nature", *Philosophy & Social Criticism*, 2006, 32(2): 231–253.

之间的矛盾被遮盖。在消费过程中,整全的生命经验成了自身的表象——被打散为碎片化的震惊感。"关于行为样式的制度化模式规范入侵到了曾经消逝的经验领域。"①

对于阿多诺来说,经验(Erfahrung)与体验(Erlebnis)的区分至关重要。经验意味着时间性,人的生命正是在经验的连续性中才被确认为一个整体。我们所遭遇的一切能够在他人之间传递,可以由私人抵达公共话语,这构成了私人存在得以言说的首要规定。正像本雅明曾经在《讲故事的人》中所讲的,经验与记忆内在相关。讲故事的人,必须将经验在时间上连续下去,不断地向生者传话,因而"故事总是连着故事"②。其次,经验必须包含着自然史的内容。"死亡赋予讲故事的人以无所不可以谈的特权。讲故事的人从死亡那里获得权威。换句话说,他的故事讲述的是自然历史。"③经验的内容传达的是真正的苦难,拒绝对生命的美化,使以否定方式将过去一切受苦者的记忆在当下聚集。相反,物化总是意味着遗忘。正如 1940 年 2 月 29 日阿多诺致本雅明的一封书信中提到"真正的任务是将感性体验(*Erlebnis*)与恰当的经验(*Erfahrung*)的彻底对立带入与一种遗忘的辩证理论的关系中吗? 或者也可以同样地说,带入与物化理论的关系中吗? 因为所有的物化都是遗忘:客体成为物的时刻,正是他们中的某些东西被遗忘的时刻"④。

震惊体验的极致就是战争。在第 33 条箴言中"战争缺乏连续性、历史和'史诗'的要素,但看上去可以从任何一个阶段全新的开始,因

---

① T. W. Adorno, *Minima Moralia*, Frankfurt am Main:Suhrkamp Verlag, 2003, S.127, p.93.

② [德]本雅明:《讲故事的人》,载《写作与救赎:本雅明文选》,李茂增、苏仲乐译,东方出版中心 2017 年版,第 135 页。

③ [德]本雅明:《讲故事的人》,载《写作与救赎:本雅明文选》,李茂增、苏仲乐译,东方出版中心 2017 年版,第 131 页。

④ Adorno to Benjamin, February 29, 1940, in The Complete Correspondence, p.321. quoted from Jay M, *Songs of Experience*, University of California Press, 2004, p.340.

此它不会在记忆中留下永久的、无意识保存的图景。"①战争无法作为故事被讲述,因为或无人归来,或归来者沉默寡言,不会将战争的经验向生者传达。战后的重建无法从战争的震惊中继承经验。如果试图在战后重塑一种规范性的良善生活,而不回应极权主义常存的可能性,那么只是证实了,我们从震惊体验中一无所获。在关于战争的宣传中又要全力抹去战争所敞开的苦难,反而在相片中、在评论中,赞美与肯定英雄的生命,遗忘无名者的牺牲,仿佛战争如此崇高。"这只不过是经验萎缩(verdorrte Erfahrung)的另一种表达,个人与他所处命运之间的空场,其中本该存在着他真实的命运。"②因此,面对生命被贬谪为表象,碎片化的震惊体验主宰一切,如何重塑足以支撑起伦理生活的私人经验便成为理论的任务。

三、通向抵抗的伦理学

1. 理性的自然主义基础

正确生活的损毁之后就面临着重建的问题。而这一点首先是从阿多诺与尼采的暧昧关联中给出的,这种多元性恰恰指向了《最低限度的道德》自身的复杂性。负面版本的尼采在生命的直接性中败坏了生命。但尼采仍然具备更深远的意义,他直面欧洲所浮现出的消极虚无主义,从而要求创造一种以自我塑造为中心,以强力为内容的新道德。阿多诺直言尼采对于他的启迪,更甚于黑格尔,也因此他才甘愿将自己与尼采同归于"私人伦理学"门下——"从来不曾像尼采的理论那样对欺骗、对意识形态本身的机制作过如此深入的研究。在此背后的困难自然是私人伦理学的困难,也就是说,个人行为早就赶不上客观上的恶

---

① T.W. Adorno, *Minima Moralia*, Frankfurt am Main: Suhrkamp Verlag, 2003, S.127, p.89.
② T.W. Adorno, *Minima Moralia*, Frankfurt am Main: Suhrkamp Verlag, 2003, S.127, p.90.

或坏的东西了。"①

在此意义上,正是尼采的道德谱系学采取了一种"最小的"心理学的视角,从怨恨到坏良心再到禁欲主义,深刻地揭露其背后以"自我保存"为唯一内容的奴隶道德,而这一自然史的追溯也同样回响在《启蒙辩证法》之中。萨德和尼采所代表的自然差异原则是对于奥德修斯借以控制自然的自我保存理性的一次复仇。他们痛恨同情,因为同情排斥了任何自然的冲动,仅仅要求特殊个体能够站在普遍的类高度关怀同类(这是"叔本华的形而上学")。而且,它们消极地接受苦难的存在,却试图用邻人之爱加以解决,这种人类共同体的幻象企图教导人们去忍受普遍的异化。②

阿多诺与尼采的道德哲学相似,表面上的非道德主义实质上蕴含着更深层的道德关怀。"非道德主义,这一尼采用以批判陈旧的非真理的学说……作为对无法被削弱的抵抗(Widerstand/Resistance)之保障,在此他仍然是孤独的,正如以往他将恶的面具朝向日常世界,教导规范去害怕自身的邪恶。"③因此,尼采的道德谱系对旧道德展开全面批判,通过转向自我完成了抵抗性的建构,这一点为阿多诺所共享。阿多诺要求对日常经验进行截流,从普遍性的暴力中试图拾起某些更人性的生活的片段。追问在奥斯维辛之后"何以成人"实是为了重塑现代道德哲学传统中一个被遗忘的环节——关于主体的自我理解与塑造——并且将这种可能性与既定生活形式紧密关联。

同时,当道德主体在对特定行动进行自我归因时,尼采为阿多诺提供了自然主义的视角。在前者那里是一种身体性的强力意志,后者则

① [德]阿多尔诺:《道德哲学的问题》,谢地坤、王彤译,人民出版社2007年版,第194页。

② M. Horkheimer, T. W. Adorno, *Dialektik der Aufklärung*, Frankfurt am Main: Fischer Verlag, 2000, S.126.

③ T. W. Adorno, *Minima Moralia*, Frankfurt am Main: Suhrkamp Verlag, 2003, S.127. S. 170-171.

是从受折磨的身体、从苦难中涌出的一种冲动(Trieb/Impulse)。但是阿多诺绝不停留于自然,故而命定性地超越了尼采,这种冲动将指向理性的自我反省与限定。或者说,理性从来都不是外在于这种冲动的另一个领域。"从中剧烈地喷涌而出的是自发性,康德将之移植到纯粹意识当中(in reines Bewußtsein),否则建构性的自我就岌岌可危。"①在康德那里,经验的自发性(Spontaneität)仅仅是在知性上,作为范畴的综合功能,而非在自由(自主性/Autonomie)上加以理解。作为自然领域的东西,它无法将自己设定为一系列自由行动的起点。而在道德领域,康德又排除了一切质料性因素,"在允许自我被情感和偏好所掌控上强加了禁令(无动于衷的职责)"②。真正的道德法则是属于纯形式的一个断言命题,个人可以彻底摆脱非理性情感的左右,从而使得绝对的主体得到确定,由于个人的能动性退缩回了私人领域,因而普遍性的交往原则得以完全渗透进每一个人之间——涉及自我之外的道德事物是无关紧要的,它会以合理的方式被安置、被给出,遂而对理性义务的服从何以构成与社会权力的共谋。

对于阿多诺来说,理性自我,必须是某种冲力(而非暴力③)的表达。暴力意味着从普遍性的高度抹去差异,是同一化机制的运用;相反"恰恰是一种坚定的自我反思——它是这样一种实践——被尼采称为心理学;能够坚守住关于自身的真理;并一而再地展现出来,甚至存在于孩童时期首次有意识的经验之中;对此展开反省的冲动也并非是'真实

---

① T. W. Adorno, *Negative Dialektik*, Frankfurt am Main: Suhrkamp Verlag, 1982, S.227.

② M. Horkheimer, T. W. Adorno, *Dialektik der Aufklärung*, Frankfurt am Main: Fischer Verlag, 2000, S.106.

③ 阿多诺对"暴力"(Gewalt)概念的使用与阿伦特不同,几乎所有由普遍性加诸个体性,并且抹去差异性的活动都被阿多诺归为暴力,在这个意义上伦理也可以是一种暴力。"这种强制的东西就会被包含在伦理习俗中,正是伦理习俗中的暴力和恶使得伦理习俗本身与德行相矛盾,而不是像颓废派理论家们所抱怨的那样,这是简单的道德沦丧。"[德]阿多诺:《道德哲学的问题》,谢地坤、王彤译,人民出版社2007年版,第20页。

的',它们常常包含着模仿、游戏、渴望成为不同(Andersseinwollen)的要素。"①冲动,包括模仿,实是一种保存着主体与客体之间亲和且无法被彼此还原的关系,因此它总是指向着他者。理性无法就自身来界定自身,它总是需要一个他者性的要素——冲动遭遇到的是一个非同一的物,而且在模仿的对象与社会压制下所呈现的对象两者的巨大差异中,引向对正确道德的反思。

正如同阿多诺对于"爱"的界说,它只能在冲动与理性的中介关系中加以理解。"爱,本属于资产阶级的观念,但能够超越资产阶级社会。"②(1)直接性/冲动:爱,作为私人经验,与近代哲学所努力守护住的自由意志不同,它是非自愿的感觉的直接呈现③。真正的爱不是基于主动性的个人欲望、需要,恰恰在于对象的绝对无可替代性,我们对于他者的感觉只能由他者唤醒,正是在爱之中保留了两个特殊的个体。这种他者的优先性,阿多诺在别的地方又给了拓展——"爱,只有在你示弱而非展示强力时存在"④,因而能够躲避权力关系,成为一个私人的庇护所。这是爱所蕴含的真理本质。(2)忠诚(Treue/Fidelity):所谓忠诚,就是"对于非自愿关系的有意识的意志"⑤。正如阿多诺在献辞中所说,理论绝对不能停留于直接性。如果爱流于被动的直接性,就无法从本质上将自身区别于动物,而社会统治恰恰就是借着自然的名义加以实施的。因此,在直接性之中必须要求忠诚。忠诚意味着在由冲动所建基的自然之爱上,重新进行道德原理化的可能。阿多诺希望讲述的不是自然之爱,而是伦理之爱,在对他者的坚守中发现自己,忠诚环节的实现注定与社会所给出一切"爱"的意识形态(既抵抗奥德修斯与帕涅罗帕,又抵抗萨德的性组织)构成持久的反抗。然而,"由社

① T.W.Adorno,*Minima Moralia*, Frankfurt am Main:Suhrkamp Verlag,2003,S.289.
② T.W.Adorno,*Minima Moralia*, Frankfurt am Main:Suhrkamp Verlag,2003,S.322.
③ T.W.Adorno,*Minima Moralia*, Frankfurt am Main:Suhrkamp Verlag,2003,S.322.
④ T.W.Adorno,*Minima Moralia*, Frankfurt am Main:Suhrkamp Verlag,2003,S.365.
⑤ T.W.Adorno,*Minima Moralia*, Frankfurt am Main:Suhrkamp Verlag,2003,S.323.

会所索取的忠诚是通向非自由的工具"①。忠诚本身如果失去了爱的被动性,体现的无非是社会所强加的控制,一种抽调了自然的纯粹形式。阿多诺透过这个概念呈现了批判性的道德哲学——道德不是缘起于纯粹的理性,而就其自身内部包含着错误②,无论是直接的冲动抑或忠诚,但凡持一种同质的、纯洁的幻想都会同等地引向灾难。奥斯维辛的教导,正是没有一种生活还能是无辜的。但正如同论说文的形式,它允许在一次次的错误中尝试,允许在不断兴起的灾难中反省。阿多诺拒绝人之为道德英雄,反倒是其易碎性、脆弱性,才让道德成为可能。这些否定性的环节(直接的自然或忠诚)是被吸纳在任何一个道德理想自身的异质性当中的,然后我们又会发现在一切错误之上,鲜明地存在着一种道德的规范性(伦理的爱)。

就此,阿多诺和尼采也就拉开了原则性差距。门克(Christoph Menke)的评价一针见血"如果人们——如尼采及其自由批判者——将道德误解为是同质的(homogeneous),那么任何对道德法则的批判就都是道德的消解"③。尼采草率地颠倒了对生命的戕害,谴责教士道德,诉诸肯定性的生命强力。他以为从私人出发,讲述伟大自我的另一种道德要求就一劳永逸地解决了道德的问题。

但是,阿多诺的道德哲学始终强调,道德只有追溯到自己的身体和整个生活史才有效,必须朝向个体与他者性要素的持续互动(生命与精神、自然与历史等等):一方面是冲动,一方面是形成道德原理的理性,"没有被冲动(Trieben)滋养的思考是不可能的……冲动,作为知识

---

① T.W.Adorno, *Minima Moralia*, Frankfurt am Main: Suhrkamp Verlag, 2003, S.324.
② 巴特勒在获得2002年阿多诺奖后举行了一系列讲座,其后出版的《给予自身一个解释》(*Giving an Account of Oneself*)著作中对于阿多诺道德哲学的重要解读,即认为阿多诺意在塑造一种如同晚期福柯"自我关注的技术"般能够过一种更加人性生活的主体。这样的道德主体并非道德英雄的形象,而是总是处于"可错性"(fallibility/Fehlbarkeit)之中。
③ [德]门克:《谱系学与批判——道德的伦理学审问的两种形式》,选自《剑桥阿多诺研究指南》,谢永康译,北京师范大学出版社2018年版,第367页。

必须逃离的东西——若要成为完整的知识,反而必须在思想中被'保留和超越'"①。两者任何一端以直接性面目出现都是赤裸裸的错误,但是在两者有差异的结盟却是真正形成道德认识的必要前提。

2. 私人伦理学的规范性:论苦难的绝对律令

阿多诺关于传统道德哲学的批判,有效地瓦解了永恒的道德范畴与资产阶级的社会强制之间的秘密共谋关系。他通过将爱、婚姻、居住等亲密关系的重新语境化,将伦理经验与特定的社会条件结合起来。但是,语境化的危机是某种历史主义问题,在历史的河流中我们如何甄别使得正确生活出场的语境,怎样在一次次失败的尝试和道德的挫折中走向理想,又怎样证明某一个历史阶段就注定比另一个更接近真理?因此,阿多诺最低限度的道德哲学还必须树立一个规范性的坐标——即作为绝对律令的苦难。

首先,阿多诺意义上的痛苦并非彻底个体的、身体性、私人的感受,毋宁说本身就是个体性与普遍性剧烈矛盾的产物。雷蒙德·高斯(Raymond Geuss)曾给出极为精彩的评述:"阿多诺的哲学可以被视作一种苦难精神(suffering spirit)的哲学;一种阐明痛苦精神经验(the pain spirit experience)的方法,该经验直面着一个阻碍了其渴求的世界,同时,也是对那个世界的批判。"②正如同黑格尔所讨论的苦恼意识,它指向心灵内部的冲突,心灵分裂为两极却不仅不能和解,反倒矛盾更加激化——心灵不再确信自身,乃至怀疑、否定自我。苦恼意识最初体现在中世纪的基督教意识和十字军东征,它的纯粹痛苦在于上帝——普遍的东西被认作是遥远的彼岸,个别的感性生活则显得琐碎、无意义与非实体性。意识总是意识到自身的反面才是本质,因此每当意识的内部斗争获得短暂的胜利时,会立刻从统一体中驱逐出来。

---

① T.W.Adorno,*Minima Moralia*, Frankfurt am Main:Suhrkamp Verlag,2003,S.225.

② R.Geuss,"Suffering and Knowledge in Adorno",*in Outside Ethics*,Princeton University Press,2005.

"意识以生命,以它的实存和行动为对象,它为实存和行动感到痛苦,因为它在这里不得不认识它的对立面才是本质,而它自己却是一种虚妄的东西。"①因此,苦恼意识的痛苦来源于个体性与普遍性的矛盾,在阿多诺那里可以被落实为主体与社会之间的张力(比如"离婚"揭示的"真正的普遍性不再可能"正是一种痛苦的经验)。但同时,苦恼意识教导我们,矛盾无法被和解和同一,永远的无法满足意味着始终的自我批判,拒绝向一切既定性妥协,这与《最低限度的道德》中关于"否定"的方法内在相通。

可惜的是,黑格尔那里"苦恼"本身是需要被扬弃的东西。"精神的创伤已经愈合,没有留下任何伤疤。"②此处对创伤的扬弃,意味着恶是某种精神自我运动中必然环节,他其实在暗自地证成了恶的存在。但是,阿多诺不和解的态度,却是强调奥斯维辛所带来的断裂是根本性的,痛苦无法被超越和扬弃,它必须开创出崭新的道德哲学。无怪乎,阿多诺在《否定的辩证法》导言中指出,必须存在一种经验,逃过概念的罗网,辨识出客体表面最微小的东西。阿多诺看到在"苦恼意识"中这种经验得到了保存,苦恼意识是"内在于精神,是唯一真实的尊严(从与身体的分裂中获得的)。这种分裂以否定的方式提醒着它的身体性方面"③。苦恼意识暗含着社会批判的力量,因为它发现个体精神与身体所受痛苦之间的不协调,背后占着的是启蒙的理想与启蒙设立的压制自然的社会规范之间的巨大沟壑,事物之所是不断转换为其所不是——《启蒙辩证法》在附录一的结尾是奥德修斯之子施展惩罚时的暴行,荷马以冷静而克制的笔法将死者的每一份痛苦精确记录。在附录二中萨德细数对身体的虐待与残忍。在此意义上,荷马史诗和萨德的朱莉埃特才都是小说,打破快乐幻象所遮蔽的现实,使人们回忆起

---

① 新版中译本译作"哀怨意识",在此仍沿袭学界传统,写作"苦恼意识"。[德]黑格尔:《精神现象学》,先刚译,人民出版社2013年版,第134页。

② [德]黑格尔:《精神现象学》,先刚译,人民出版社2013年版,第412页。

③ T.W.Adorno, *Negative Dialektik*, Frankfurt am Main: Suhrkamp Verlag, 1982, S.201.

一路走来所遭受的永无止境的苦难。被折磨的身体在警醒着精神,之所以痛苦不是一个人的痛苦,而是诸多个体被硬生生地嵌入社会所带来的痛苦。苦恼意味着这种嵌入不再是前反思的,相反是从总体中分裂出个体意识的一个短暂的瞬间。换言之,苦难真正敞开了个体与社会之间的不协调,并且撕下了意识形态的伪装,然后才会在一种规范性的秩序下提出个体自主的要求。

"希特勒强加给不自由的思想以一条新的绝对律令——安置思想与行动,使得奥斯维辛不会重复自身,任何的类似事件不再发生。"①新的绝对律令其实是对于理性与自然的双重安放。现代道德学说必须守住一条底线,亦即每一个人都有一具能够感觉苦难并感知他人苦难的身体。这种自然主义的基础是我们得以再次展开道德反思的原点。

"在粗糙的要求中只有这唯一的温柔——没有人应当继续忍受饥饿。"②

"无产阶级的语言是由饥饿讲述的"③。

私人领域内的道德冲动将撑起整个公共领域内的责任。因为苦难的消除绝对不是属于一个人的事情,它一定带来的是与受难者同在的团结意识,因此它才能"无产阶级的语言"。对于奥斯维辛的追问,要求一个私人承担起责任是没有意义的,它只能要求共同责任,以及对于这些苦难的自觉抵抗。遂而,这些苦难就构成了转瞬即逝的伦理事件(fugitive ethical events)④,街角忍饥挨饿的孩子应当成为一种能够引领其他理性的理性,告诉我们何以继续过一种人性的生活。阿多诺的道德理论要求我们对于苦难感受性的提升与敏锐化,这是在当下获得良善生活的前提。

---

① T.W.Adorno, *Negative Dialektik*, Frankfurt am Main: Suhrkamp Verlag, 1982, S.356.

② T.W.Adorno, *Minima Moralia*, Frankfurt am Main: Suhrkamp Verlag, 2003, S.295.

③ T.W.Adorno, *Minima Moralia*, Frankfurt am Main: Suhrkamp Verlag, 2003, S.182.

④ J. M. Bernstein, *Adorno: Disenchantment and ethics*, Cambridge University Press, 2001, p.437.

阿多诺基于苦难的伦理学说会带来诸多质疑——痛苦在维特根斯坦处作为"私人语言"怎么可能通达彼此？由之而来的一个问题就是，如何区分自己的苦难与他人的苦难，常见的伦理诘难就是我们习惯于加深自己的苦难而贬低他人①。阿多诺作为中介性的倡导者，可能无中介地提倡苦难之绝对律令吗？作为私人语言的痛苦是镶嵌在主体内部的，无法言说、无法交流的晦暗状态。但阿多诺所论述的苦难经验，它坚守着客体的在先性，它捕捉到的是我的身体以及其他许许多多身体所遭受到的不公与折磨。苦难经验是一座博物馆，它积蓄着历史中受苦者的记忆，每个当下的经验都是历史总体的经验，囊括着自己与他人的全部生活的相关性。

因此，阿多诺的绝对律令又在严格意义上区别于康德，不是抽象的、永恒有效的道德法则，它指向特定的道德的情境——奥斯维辛。换言之，道德理论只能在具体的、身体与其周遭的感受中获得。作为道德学说的苦难经验在奥斯维辛之后仍然具备意义——比如如何守住爱与忠诚的中介性，如何回忆起"真正的给予就是想象接受者的快乐"②——这一切必须拥有一个以苦难为核心的规范性坐标，而最低限度的底线的扩展，只能建立在对痛苦感受性与伦理自觉地提高之上。

（作者　复旦大学哲学学院博士研究生）

---

① R.Geuss,"Suffering and Knowledge in Adorno",*in Outside Ethics*,Princeton University Press,2005.

② T.W.Adorno,*Minima Moralia*, Frankfurt am Main：Suhrkamp Verlag,2003,S.64.

欲力操纵与情感救赎

——论《启蒙辩证法》的情感批判理论

金　翱

摘　要:《启蒙辩证法》结合马克思主义与经典精神分析,对资本主义社会中的个体情感进行了研究。霍克海默和阿多诺围绕弗洛伊德的"欲力"概念,将情感的社会建构主义与生物主义这两条研究进路进行整合,既强调了社会权力对情感的重塑,并揭示出社会对个体情感操控的现代模式,与此同时,又通过对笑与悲伤等情感的辩证分析,揭示情感的否定性和解放意义,以此来扩展"启蒙的积极概念"内涵。

关键词:《启蒙辩证法》　情感社会学　精神分析　欲力

尼格尔·多德认为,法兰克福学派的理论主线可概括为"两个结合",即在资本主义社会批判上,它把马克思对资本主义的辩证批判和韦伯的理性化分析相结合,在文化和意识形态领域中,把马克思主义思想与精神分析传统相结合。① 然而,学界对法兰克福学派的研究往往重视前一个方面,马克思主义韦伯化的方面,聚焦于社会合理化中异化与物化现象的诊断和批判,对后一个方面,即对弗洛伊德对马克思主义的

---

① 　[英]尼格尔·多德:《社会理论与现代性》,陶传进译,社会科学文献出版社2002年版,第67页。

影响,或情感意志主体的内部异化相对地被冷落了。这一不对称性特别明显地反映在《启蒙辩证法》的研究之中。其实,对现代社会中个体情感现象的精细描述和理论反思是《启蒙辩证法》诸多主题之一,这些有关情感的探讨虽散布于这本著名的"哲学断片"中,却绝非是不成体系的只言片语或灵光一现的随想。实际上,它们打开了社会批判理论的全新维度——现代社会以全然不同于传统的方式塑造、操纵和利用了被抛于其中的个体的自然情感,批判理论要努力澄清这种操控的最新机制和可怕后果。同时,霍克海默和阿多诺对情感力量本身具有的去物化冲动的揭示,丰富了《启蒙辩证法》提交的"启蒙的积极概念"的内涵和层次。

本文试图说明,《启蒙辩证法》关于情感的思考即使放到现在依然新颖而深刻,它不仅可以视为情感社会学的思想前驱,还同样是其前沿所在,这特别体现在对情感社会建构主义与情感生物主义两种取向的有机结合之上。在情感社会学的框架下,《启蒙辩证法》尤其关注以下问题:情感是如何被社会所建构的?在这样的建构中,情感的生物性成分扮演了什么样的角色?情感又如何与支配、权力等社会学传统范畴发生关联?本文力图探索性地阐发《启蒙辩证法》中的情感理论。本文首先梳理了这种情感理论与弗洛伊德主义的思想关联,然后再以"笑"与"悲伤"这两个被霍克海默和阿多诺充分探讨的情感现象为例,勾勒两者批判的情感社会学的基本内涵,最后,在上述反思基础上,讨论《启蒙辩证法》中情感维度的凸现对重新理解批判理论究竟有什么意义。

一、马克思主义化了的弗洛伊德主义

要领会霍克海默和阿多诺的"情感社会学"批判,我们必须意识到《启蒙辩证法》对经典精神分析的吸收和超越。如果说,德国观念论强调人作为意识存在者的反思性,马克思将人置于社会关系,尤其是以资本主义生产方式作为经济基底的社会生活中去考察,那么,弗洛伊德的工作则开显了人的身体维度——个体的人受制于生物性的种种规定,他的生存形态是处理来自皮肤内外的刺激的调节性产物。诚如维尔默所言,对弗洛伊德的接受使《启蒙辩证法》不再将人视为康德式的"目无世界"的先验主体,而是有血有肉的现实个体。① 批判理论因为戴上了弗洛伊德的眼镜而变得更加现实和冷峻。一方面,经典精神分析理论以其对个体内心世界的深刻洞察,提供了两位作者把握个体情感的理论背景,另一方面,弗洛伊德富有创见的心理拓扑学以及略带悲观的社会人类学思考,勾画出一幅人类本性受到文明压抑的图景,这激发出了法兰克福学派意识形态批判的新视角。

从情感社会学的角度看,法兰克福学派将马克思主义与精神分析结合起来,是其具有理论深度的关键所在。大量有关情感的社会学研究都过分强调情感的社会建构论,即所有情感都被文化和实践定义,是社会建构的产物。他们忽视了情感活动、体验和表达与人的生物学身体息息相关。② 社会研究所的情感研究因为对精神分析的吸收而得以免受这一指责——弗洛伊德的本我(das Es)和欲力(Trieb)③概念提供了一个具身化的人类形象:人有着多种多样的生物性需要,他们不断追求着性、爱、享受、身体的触摸。而对马克思主义的坚持也使社会研究所成员在重视情感的生物特征的同时,将情感的社会建构性剖析得淋漓尽致。自马克思起,马克思主义者就已经看到了情感与社会之间的

---

① [德]阿尔布莱希特·维尔默:《论现代和后现代的辩证法——遵循阿多诺的理性批判》,钦文译,商务印书馆 2014 年版,第 165 页。
② [美]乔纳森·特纳、简·斯戴兹:《情感社会学》,孙俊才、文军译,上海人民出版社 2007 年版,第 2—3、7 页。
③ Trieb 一词是精神分析的核心概念,国内一般将 Trieb 翻译成"本能",但这与弗洛伊德同样使用的 Instinct 一词无法区分,后者专指动物学意义上的某种遗传性的固定行为。而 Trieb 与 Instinct 正相反,它不具有遗传的固定性,因此不宜翻译成本能。Trieb 指一股驱使生命体朝向一个目的的天然推力,它源于身体的刺激,同时追求解除主宰欲力来源的紧张状态。它没有明确的方向,也无法消除,是心灵与身体之间的临界概念。本文采取《精神分析词汇》中的译法,将Trieb 译作"欲力","欲"既关乎身体也关乎精神,表达 Trieb 的临界性;"力"则强调 Trieb 自身作为一种推力存在。"欲力"一词没有"心"作偏旁,表明 Trieb 与无意识的关联。对 Trieb 词义的进一步澄清以及"欲力"这一译法的优点。

紧密联系。虽然马克思的异化概念没有明确的情感解释,但他颠覆了亚当·斯密对道德情操的理解,并解释了资本主义生产模式如何创造出具有特定情感的主体;法兰克福学派成员同样将情感研究置于资本主义社会的经济基架之上,并进一步将情感与权力、意识形态等传统马克思主义范畴联结起来,最终发现这几者之间的最新隐秘关联。

我们可以通过霍克海默和阿多诺对"欲力"这一精神分析核心概念的接受和改造来理解上述情感社会学特征。弗洛姆(Erich Fromm)在 20 世纪 30 年代的理论研究做出的一个重要贡献是,欲力并非如弗洛伊德所言,仅仅是固定的生物局限,它会在不同的历史条件下实现出完全不同的形态。在对精神分析的态度上,社会研究所成员深受弗洛姆的早期论文的影响。①《启蒙辩证法》沿着这一思路继续作马克思主义式的推进,它强调,欲力不但会受社会历史塑造而显示超出生物学特征的一面,而且在现代社会最新的操控机制下,会被整合进资本主义经济—政治的整体进程中,并最终成为权力的仆从。这种现象反映在诸多社会化了的个体情感中,在屠杀犹太人的法西斯政治和抹杀主体性的文化工业中俯拾皆是。

20 世纪 40 年代左右,弗洛姆开始否定经典精神分析中欲力理论的意义。相比之下,霍克海默和阿多诺一直坚持着"欲力"这一术语的重要性。对他们来说,欲力是心理学研究个体不可或缺的概念,且表现了人的自然本性与整体社会要求的冲突,以欲力来理解个体可以防止将个体完全社会化,是批判理论追求的非同一性的体现。②每个人都有一个不断涌动着欲力的肉身,欲力形成着自然冲动,这种自然冲动作为给定的生物事实无法被取消,时时刻刻都被社会历史中介而丧失其自

---

① [美]理查德·沃林:《文化批评的观念》,张国清译,商务印书馆 2007 年版,第 100 页。

② [美]马丁·杰伊:《法兰克福学派史》,单世联译,广东人民出版社 1996 年版,第 122 页。同样地,阿多诺反对弗洛伊德后期著作中的自我心理学倾向,因为它倾向于对欲力的放弃。见[美]马丁·杰:《阿道尔诺》,胡湘译,湖南人民出版社 1988 年版,第 107 页。

然样态。在《启蒙辩证法》中,对欲力的重新诠释开显了全新的视野。传统哲学所忽视的存在者的非理性部分,人身上的带有自发性的机能,或社会生活中的看似不由自主的情感反应,在启蒙进程中都已经受到了工具理性和文化层面的合理化模式的钳制,沦为病态现象。因此之故,怀特布克说:"法兰克福学派转向欧洲的'地下历史'——亦即转向'被文明化所取代和扭曲的人类欲力和激情的命运'——该转向标志着社会理论的一个彻底革新。"①

然而,在当代社会理论中,由《启蒙辩证法》打开的情感研究和它所蕴含的身体社会学一样,它们的独特进路都被遮蔽了。虽然法兰克福学派激发起的对身体的兴趣在社会理论中全面流行开,但人们关注身体的视角却发生了逆转——弗洛伊德传统的唯物主义过快地被福柯式的建构主义取代了。符号对身体的塑造能力被唯心论式地无限制强调,理论家们却忽视了身体本身的自然特征。② 相应的,情感研究领域从一开始便有泛建构主义的倾向,否定情感的生物基础。这样来看,重视人的自然肉身的《启蒙辩证法》还有未被发掘的理论资源。后现代主义虽然质疑和挑战了启蒙理性主义的主—客二元论,但它简单地将自然化约为社会的符号建构,这并没有完全摆脱它自己所反对的人类中心主义。相较而言,《启蒙辩证法》对自然的思考更为辩证和复杂——自然既成为宰制的对象,也可以是抵抗宰制的力量。它作为某种诡谲的文明之剩余,与人类启蒙的吊诡命运相互纠涉。"文明是社会对自然的胜利,而这胜利将一切都转化为纯粹的自然。"③《启蒙

---

① [美]约尔·怀特布克:《沉重的客体:论阿多诺的康德—弗洛伊德阐释》,载[美]汤姆·休恩编:《剑桥阿多诺研究指南》,张亮等译,北京师范大学出版社2018年版,第67页。

② 怀特布克称这种学术范式为"能指的帝国主义",[美]约尔·怀特布克:《沉重的客体:论阿多诺的康德—弗洛伊德阐释》,载[美]汤姆·休恩编:《剑桥阿多诺研究指南》,张亮等译,北京师范大学出版社2018年版,第67页。

③ Max Horkheimer, Theodor W. Adorno, *Dialektik der Aufklärung*, Fischer Taschenbuch Verlag, 2002, S.195.

辩证法》中隐喻式的"自然"概念,突出了"启蒙向自然的回返"这一现象——人类启蒙是要去对抗人的自然本性的,无论是欲望抑或是情感,但最后,文明发展到顶峰的种种形式,这些自然本性不过换了表现的形式,它从未真正被克服。这一洞见,与精神分析的术语"被压抑物的回返"遥相呼应,提请我们思考,在启蒙历程中,对人无法摆脱的自然特征的呈现是如何映射了整个社会结构的。

霍克海默和阿多诺对情感社会学的另一重要贡献在于,他们揭示了社会情感被意识形态化、并与权力纠缠不清的复杂关系。"人的冲动和情感、特性及其反应类型,都打上了社会生活进程在任何时候借以展示自身的权力关系。"①《启蒙辩证法》对经典精神分析理论的超越,除了将欲力置于垄断资本主义时代这一特定的社会环境中进行考察、暴露出被操控的欲力与社会权力的关联之外,还揭发了现代社会欲力控制的新方式,其结构完全不同于经典精神分析所讨论的自文明伊始便不断重复着的传统控制模式。新的结构进一步加深了权力对欲力的支配。这一点围绕弗洛伊德有关本我—自我—超我的第二拓扑学结构展开。在经典精神分析理论中,本我作为力比多的储存库,分化出了自我(das Ich)和超我(das Über-Ich)。自我在如何协调本我和超我之间扮演一个居间的调和者,它负责将欲力以一种超我容许的方式实现出来,同时尽可能地满足本我的要求。在这个过程中,对超我的妥协已经使欲力被社会规则所过滤,但即使这样,作为个体调节自身欲力的施动方(Instanz,agency)②,自我依然具有能动性。弗洛伊德认为,超我源于个体对外部权威的畏惧,外界权威渐渐内化并形成了个体心理结构中

① [德]霍克海默:《权威与家庭》,载《批判理论》,李小兵等译,重庆出版社1989年版,第66页。

② Instanz一词在德文中被直译为"机构""审级",在弗洛伊德的语境中指精神装置的次结构,本我、自我、超我均是Instanz。将Instanz有些不恰当地翻译成英文agency,使得这一词带上了些许行动者的主动意味。然而,在批判理论的视角下,agency这一翻译在理解作为Instanz之一的"自我"时反倒很贴切,它表明"自我"所蕴含的自主性,因此,本文在使用Instanz时按照语境将其译为"施动方"。

的超我。它最初形成于俄狄浦斯情结之中——儿童一方面认同作为权威的父亲,将他视为"理想自我",以父亲自居,"应该以父亲的方式行事",自发形成对自身的要求;另一方面因为选择母亲作为性对象而视父亲为阻碍,产生对父亲的仇恨,但在"阉割恐惧"的幻想下,为了不受恐惧所折磨,此类仇恨必须被自己压抑下去,于是,这种压抑内化为了一种道德禁令和良心谴责。这两个过程形成了超我的两面。① 随后,超我在家庭之外又被教育、宗教、道德等社会机制进一步加强。我们可以发现,在弗洛伊德的分析模式中,社会对个体欲力的控制是经由一个内化了的超我来完成的,自我在超我的监控之下组织着欲力,筹划着自我的理想与禁忌,在社会中表达自己的情感。这样的社会控制模式最突出的特征是,自我和超我之间的紧张带来了个体强烈的负罪感②,它迫使个体在与群体规范性的互动中主动裁剪自己的冲动和欲望,不断使自己"正常地"社会化,以此实现自我保存。

霍克海默和阿多诺借第二拓扑学分析了现代家庭、文化工业、反犹主义等现象,然而他们发现,虽然弗洛伊德所揭露的前现代社会控制模式如今依然大规模地存在着,但许多领域出现的新型操控模式,已经超出了他目光所及的范围。这种现代社会控制的特点是,欲力不再受到追求自我保存的自我的自发性调节,而是直接被社会特定机制支配。"欲力经济的主体在心理层面上被剥夺掉了,被社会更合理地经营。"③自我作为社会要求和个体欲望之间的中介环节被取消了,个体也随着自我的萎缩而丧失了仅存的自主性,成为纯粹的客体。弗洛伊德曾强调的个体负罪感失去了生成空间,这也表明"欲力经营"变得更加隐蔽、不被人所意识到。社会对欲力的直接控制表面上更合理了,这种片

---

① 车文博主编:《自我与本我》,九州出版社 2014 年版,第 172—177 页。

② 车文博主编:《文明及其缺憾》,九州出版社 2014 年版,第 129 页。情感控制从传统到现代的转变的标志之一便是负罪感的消失。

③ Max Horkheimer, Theodor W. Adorno, *Dialektik der Aufklärung*, Fischer Taschenbuch Verlag, 2002, S.213.

面的合理性体现在：一方面，它更高效地处理人的自然冲动，取消自我的自主性意味着将人自然欲力的不可控性降到最低；另一方面，它将这些欲力整合入一个合理化的系统中，将人的自然推力纳入社会的轨道，借助它们去实现特定的政治—经济利益，为权力服务。"如果以前的公民把强制作为良心义务内摄到自身或劳工身上，那么现在，整个人类都是压抑的主客二体。"①人既是压抑的主体又是被压抑的客体，它表达的正是这样一种境况：前现代由自我来掌控欲力与情感的社会支配模式（人作为主体自发进行）和现代由社会直接控制个体欲力与情感的模式（人作为客体被动受统治）在现实中交汇，共同发挥着宰制的作用。

　　欲力—情感操控机制为何实现了从传统到现代的过渡？两位作者站在马克思主义的立场上分析了原因——"去自我"的欲力—情感操控机制坐落于 20 世纪最新出现的经济基架之上。垄断资本主义的经济过程不再像自由资本主义时代突出个体的重要性，个体反而成为体系性生产的阻碍。不同阶层的个体都为了适应经济合理性去个体化了：工人在自由资本主义时代被市场物化，如今又被技术物化，在让自身适应复杂的技术的过程中进一步丢掉了个体的独特性；而小型独立业主也被整合进大型企业中，这些大型企业做出相似的经济决策、形成相似的文化制度来努力适应越来越强大的资本。大量独立业主的消失、日益增长的失业现象同时导致了资产阶级家庭的解体，父亲的软弱形象很难再支撑起儿童的认同，家庭在市场或国家面前起到的保护性作用更加有限，个体发展自我的最始源的生活空间被完全挤压了。②对于霍克海默和阿多诺来说，本我—自我—超我所体现出的个体在欲

---

① Max Horkheimer, Theodor W. Adorno, *Dialektik der Aufklärung*, Fischer Taschenbuch Verlag, 2002, S.213.

② Max Horkheimer, Theodor W. Adorno, Dialektik der Aufklärung, Fischer Taschenbuch Verlag, 2002, S.212.法兰克福学派在 20 世纪 30 年代关于国家资本主义与家庭的研究中已经得出了这些结论。

力冲动、良知和自我保存之间的"痛苦的内在辩证法"①,虽然也会造成内心的压抑,仍不失为一种主体性成就,个体即使深深受制于外在的社会规定,却因为依然保留有自我的理性选择和反思能力,才不至于被完全同化成社会的一部分。但随着自由资本主义时代落幕,那个自康德以来便在启蒙中树立起来的具有自主性的先验自我,在这样的社会历史背景下便根本无法落实为真正的现实个体性。

我们已经大致勾勒了《启蒙辩证法》所突出的新型意识形态以及它的形成条件。然而,对欲力的现代控制究竟经由什么机制发挥作用,还处于一片晦暗不清之中。事实上,霍克海默和阿多诺描绘的这类机制十分具体,很难作一般性的概括。但他们关注了塑造特定的人类情感的社会建制,并指认,这类建制将自然情感的原生意义覆盖,导向某些经济统治或政治图谋的可怕图景。下文将选取"笑"(Lachen)和"悲伤"(Trauer)来进一步推进主题,原因在于:二者被视为欲力操控的典型情感表现,同时,两位作者在它们身上赋予了绝望后的希望,并将它们与"启蒙的积极概念"关联起来,从情感角度为超越现代性提供了某种出路。

二、笑与悲伤:情感的物化与权力的利用

社会对欲力的直接控制导致了情感的物化,并被服务于权力,这是《启蒙辩证法》现代性批判的核心论点之一。按照哈贝马斯的总结,从卢卡奇到霍克海默的物化概念的内涵是,"资本主义社会中占统治地位的对象性形式预先决定了与世界之间的关系,以及具有言语和行为能力的主体与客观世界、社会世界和各自主观世界发生关联所能具有的方式和方法"②。情绪的物化也包含在这一表述之中:原子化的个体

---

① Max Horkheimer,Theodor W.Adorno,*Dialektik der Aufklärung*,Fischer Taschenbuch Verlag,2002,S.213.

② [德]尤尔根·哈贝马斯:《交往行为理论》(第一卷),曹卫东译,上海人民出版社 2018 年版,第 444 页。

表达自己情感的方式已经事先被社会总体的政治经济条件所规定,在这一规定之外,人们无法自由地作为情感动物而存在,这就意味着现实情绪的板结化和对自然情绪的遗忘。

在现代社会中,自然情绪的流露令人感受到"怪陌"(Unheimliche),因为它已经受到了文明长期的压抑。① 弗洛伊德曾分析过 Unheimliche 一词同时具有的"在家的"、"熟悉的"与"陌生的"、"怪异的"两组相反的含义。他认为,Unheimliche 体现了精神分析所揭露的心理现象:人的怪陌感来自一些熟悉的、在精神中早已出现过的事物,只是由于经历了压抑机制的作用后,它们的不经意出现才显得陌生和怪怖。前缀"Un"是压抑的标志。② 霍克海默和阿多诺借这个词来形容现代人对自然情绪的感受。情绪的自然流露作为"在家之物",在合理化的环境之中会显得非常尴尬和不合时宜。人天然的情绪动势(Regung)具有一股无法消除的推力,但它经由社会中介,上升为了冲动(Aufregung),在这一情感整合过程中,本身具有多种潜力、未定型的冲动逐渐固定为服务于社会特定目标的物化之物。③ 原先属于自然的动势所生成的自然情感不被合理化的系统所承认,受到压抑而被排除在社会之外,一旦

---

① Max Horkheimer, Theodor W. Adorno, Dialektik der Aufklärung. Fischer Taschenbuch Verlag, 2002, S. 191.

② „Das Unheimliche", Sigm. Freud-Gesammelte Werke (12. Band). S. Fischer Verlag, 1961, S. 227–256. Unheimliche 一词也很难找到合适的中文翻译,本文姑且将其译为"怪陌""怪陌感"。它表示一种既熟悉(一种说不上来的、奇怪的熟悉)又令人陌生和不适的感受。

③ 霍克海默和阿多诺使用了 Regung 和 Aufregung 这一对词做语言游戏(可见于 Dialektik der Aufklärung, S. 191.)。Auf 这一德文前缀有"上升"的意思,表明了 Regung 被整合和社会化的过程。Regung 是精神分析的术语之一,指"一运动的轻启"、"未分化欲力的无意识扰动",或是"模糊的身体运动之扩散激发",强调的是情感的原初性、未分化状态,常常和欲力连用(Triebregung)。(见《精神分析词汇》,第 278、280 页)这两词十分难译,本文将其分别译作"动势"和"冲动",但这样的译法并不完善。"冲动"一词给人一种强烈的情感印象,然而,Aufregung 虽常常像反犹主义情绪那样表现得强烈,但并非所有 Aufregung 都有激动的特征。

不小心以原生姿态出现就会引起周围人的怪陌感和厌恶感,这正是启蒙进程中人对内在自然的统治导致人丧失自然本性的表现。

《启蒙辩证法》聚焦于"笑"这一情感流露。① 笑一直都是美学热烈讨论的主题,而精神分析对笑以及与笑有关的诙谐、滑稽、幽默都做了深入的分析,它的独特视角导向了对笑的意识形态维度的开显。弗洛伊德在研究笑时极有社会学深度,他认为,笑直接关联着社会对个体的压抑和个体对此种压抑的反抗,作为个体被社会塑造的经典表征,它暗示了个体努力适应社会同时又追求欲力满足的艰辛过程。诙谐引发的笑是快乐的象征,因为用于抑制某些不被社会所允许的心理能量,借由诙谐达成了意识与无意识的妥协,由此释放出来。② 而诙谐的笑缓解了文明的性压抑,同时也是个体对社会权威的反叛并逃避其压力的手段。③ 从批判理论的视角看,这样的笑恰恰意味着一种非同一性,一种在社会物化体系下个人的自发反制。但另一方面,笑同样也是对怪怪和陌生感的遮掩——只有当人以开玩笑的姿态对待自身的生物欲望时,方能逃脱文明规则而沉迷其中。自然的生物欲望唯有在笑声中才不会令人感到怪陌。不过,这仅仅是对满足的模仿而绝非满足本身。④

《启蒙辩证法》继承了弗洛伊德对笑的社会心理学分析,但它更强调笑作为社会对个人自由的掩盖的方面。在《文化工业》一章,笑作为对大众的欺骗而登场。"滑稽是一种药浴。娱乐工业不断开出这类药方。在其中,笑变成诈骗幸福的工具。"⑤在文化工业中,笑的物化有两

---

① 遗憾的是,主流情感社会学并没有把笑作为一种特定的情感类型来研究,我认为这是一个缺陷。《启蒙辩证法》对笑的论述也许可以作为一个背景或起点,激发新的研究方向。

② 车文博主编:《诙谐及其与潜意识的关系》,九州出版社 2014 年版,第 147 页。

③ 车文博主编:《诙谐及其与潜意识的关系》,九州出版社 2014 年版,第 99—106 页,见裸露诙谐与敌意诙谐。

④ Max Horkheimer,Theodor W.Adorno,*Dialektik der Aufklärung*,Fischer Taschenbuch Verlag,2002,S.193.

⑤ Max Horkheimer,Theodor W.Adorno,*Dialektik der Aufklärung*,Fischer Taschenbuch Verlag,2002,S.149.

层含义：首先，文化工业所营造的笑，完全失去了精神分析揭示的个体主动性的层次，成为被动的、被设计好了的发笑，一种行为主义式的反应。康德曾将图式（Schema）理解为能够处理感性杂多的主体性，但在文化工业中，图式的运用完全相反，图式作为一种外在规定被强加给个体。文化工业产品分门别类，每一个类别都有规定好的材料的细节，由专家理性地计算和高度技术化地加工，然而，这些细节实际上是无内容的，仅仅是缺失意义的符号，只有同一性。笑即是这种同一性的产物。在广播、电影（尤其是现今的综艺节目）中，滑稽或幽默等情感表现都是事先被计算过了，每一个笑料或段子，往往在节目开始录制之前，已经根据观众的预计反映设计得细致入微，幽默风趣的人也并非自身便是如此，而是受整体节目的指派而扮演的角色。这些笑料和整体的作品内容之间没有实质上的联系，它们仅仅被设计出来逗人发笑。文化工业的受众，遇到笑点便不自觉地大笑，看似欢乐，但这样的情感是被强加给人的，是符号性的反应，没有任何反思性，同时也意味着自身没有内容可言。由此可见，文化工业事先筹划了人的最自然的、最内在的情感反应，并把这一反应合理化。

在自发的符号反应背后，物化的笑的第二层含义便不难理解了：笑承认了肯定现存秩序的权力，"是对那无法挣脱的权力的回音"①。两位作者点出了笑与权力媾和的两个方面：第一，笑与劳动的关系。娱乐意味着对强制劳动的逃离，然而他们却强调，这种逃离是虚假的，"娱乐是工作的延长"②，是为了使人更有效地再次工作。作为娱乐的核心要素的笑，被文化工业植入精细计算的模式，正如高度合理化的生产流水线的劳动作业一样，都强迫个体进入一种去个体化的自动反应的状态，笑帮助实现了娱乐与工作的无缝转换。娱乐工厂（Amüsierbetrieb）

---

① Max Horkheimer, Theodor W. Adorno, *Dialektik der Aufklärung*, Fischer Taschenbuch Verlag, 2002, S.149.

② Max Horkheimer, Theodor W. Adorno, *Dialektik der Aufklärung*, Fischer Taschenbuch Verlag, 2002, S.191.

的笑同时也释放了劳动的疲惫与紧张,劳动力进入再生产的循环,更好地被纳入整个资本主义体系之中。第二,物化的笑把个体的反抗娱乐化了。文化产品是一种过滤器,它决定人在社会中的所见所思。文化工业对日常生活细节不断地简单复制,经由图式的同一性整合并灌输给受众,使受众在不自觉中逐渐与现实认同。人们不是直接面对生活的杂多,去综合、去反思,而是以文化工业所呈现的图像来理解现实。此类认同遮蔽了生活的其他可能性,使人持守在现实权力规定的生活筹划之中。两位作者举卡通作品中的笑为例,卡通片不再看重开显美好世界以否定当下的作用,反而一味重复那些滑稽的卡通形象或搞笑的素材,激发受众的符号性发笑。在笑声中,唐老鸭不断地受挫,暗示着现实就是如此。而唐老鸭的抗争被娱乐化、无意义化,更消解了生活中的反抗力量。①

由此,《启蒙辩证法》总结:文化工业的"糟糕的笑"(das schlechte Lachen)是一种虚假的和解,人们在电影院中放声大笑,表面上是个体与社会之间的一种和谐关系,而实际上,笑将"幸福卷入社会的无耻总体性之中"②,意味着对权力的承认。这里的关键是,符号性的发笑与自我无关。文化工业强行渗入了人的生活场域,在其中,它没有留下能够生成笑的原生意义的空间。笑不再是自我对欲力的投注—撤回的活动,不再是自然欲力和社会压抑两端之间夹缝中的游戏。文化工业通过操纵笑这一情感动势,越过个体直接操纵了欲力,将个体视作客体直接合并入社会之中。

而与笑遥遥对立的悲伤,也在现代社会遭遇了类似的情境。《启蒙辩证法》中一则名为"鬼神理论"(Zur Theorie der Gespenster)的札记指认,破碎的悲伤体验是现代人残缺经验(Erfahrung)的重要症候。

---

① Max Horkheimer, Theodor W. Adorno, *Dialektik der Aufklärung*, Fischer Taschenbuch Verlag, 2002, S.147.

② Max Horkheimer, Theodor W. Adorno, *Dialektik der Aufklärung*, Fischer Taschenbuch Verlag, 2002, S.149.

"悲伤相较于其他感受更多地被丑化,被刻意当作社会性的形式行为。"①作者从丧葬仪式的角度切入对悲伤的考察。所爱之人的死带来了巨大情感冲击,个体有秩序的生活被不可控的力量截断,如弗洛伊德所言,此时"世界变得贫乏和空洞",而自我需要消耗大量时间和能量把所有的力比多从它依附的对象中收回。② 作为社会形式的丧葬仪式在其间扮演了重要作用,它提供给我们重新组织生活的方式,并作为一个合理化的遗忘程序,使人能够尽快摆脱悲伤,正常生活。虽然这些仪式具有其必要性,但是霍克海默依然敏锐地觉察到潜在的缺陷——限制悲伤情感本身会让人丧失正视死亡、反思生命真义的机会,而资本主义又将这种缺陷进一步现实化了。在严密的资本主义体系中,任何不具有市场价值的感受都会被革除出社会。悲伤无法在心理层面恢复劳动力,是文明的伤痕、"反社会"的情感,很难被效益化,无法被纳入工具理性所规定的现实轨道。霍克海默不仅揭露资本主义生产秩序与个人自发情感之间否定关系,而且进一步提出,资本主义还通过集体性仪式将人自发的情感加以改造,以使情感服务于现实的社会秩序。现代社会的丧葬仪式被高度技术化、合理化了,较短的持续时间保证了劳动力不会长时间中断,而在葬礼上,悲伤中所含有的天然的情绪失控被否定了——成年男性在丧礼上掉几滴眼泪被认为是不合时宜的。③ 现代丧葬习俗极力压抑自然悲伤、隐藏它引起的怪陌感。

也许对比中国传统儒家的丧葬观,我们更能看清现代的情感控制。儒家的丧葬理念认为,仪式具有多重含义:它提供了情绪的出口,让人既能与逝者情感相连,又能将悲伤保持在"中道",以保证日后的正常

---

① Max Horkheimer, Theodor W. Adorno, *Dialektik der Aufklärung*, Fischer Taschenbuch Verlag, 2002, S.226.

② „Trauer und Melancholie", Sigm. Freud-Gesammelte Werke(10. Band), S. Fischer Verlag, 1961, S.429.

③ Max Horkheimer, Theodor W. Adorno, *Dialektik der Aufklärung*, Fischer Taschenbuch Verlag, 2002, S.226.

生活。"守孝三年"之规一方面表达了人与人之间最自然的相依共生情感（"子生三年，然后免于父母之怀。"《论语·阳货篇》），另一方面，以时间的社会形式保证生者从巨大的悲痛中自然过渡至新的生活，在这里，时间显然并没有完全被合理化。资本主义体系则不然，它要求人们尽快忘掉死亡，摆脱悲痛，重新投入到劳动中去。它的丧葬体系事实上逼迫着哀伤情绪的刻意消失。这种情感控制可谓与传统儒家有云泥之别。

相比于物化的笑，对悲伤的操控虽然似乎更接近个体的意识层次，但依然越过了自我这一主体极。仪式作为一种社会建制，构筑了情感在其中生成和生长的空间。然而，《启蒙辩证法》的情感仪式理论进路达到的结论，却揭露出现代丧葬仪式背后的工具理性：其设计的目的恰恰是为了压制人之自然天性，扭曲自发的情感倾向，它服务的依然是经济权力——剔除悲伤，满足垄断资本主义经济维系运转的需求。自我并没有在面向他人之死时自由地组织自己的欲力形式。当个体不自觉地沉浸在这类现代的仪式习俗之中，自我已经因狭隘的活动空间而几近窒息了。

除了丧葬仪式中的悲伤，霍克海默和阿多诺还提醒我们，文化工业以及法西斯政治中也有物化了的悲伤。文化工业不只是娱乐，它也可以对生活的阴暗面进行精确复制，以悲剧的形式来展现现实的苦难。但是文化产品归根到底是对悲剧原则——对命运进行反抗——的瓦解。在文化工业的图式中，悲剧仅仅变成这样一个环节：它表现悲剧性，为的是表现反抗命运的不可能。人们沉浸在悲伤中，接受到的不是对既有权力秩序进行反思的必要性，而是权力的告诫——看看那些越界者的残酷下场，学会循规蹈矩。"以前，个体与社会的对立是悲剧的实体……而今，悲剧被溶解到那个社会和个体的错误的同一性的虚无里去……"①真正的悲剧带来的悲伤浸透着在社会强权中个体性的展

---

① Max Horkheimer, Theodor W. Adorno, *Dialektik der Aufklärung*, Fischer Taschenbuch Verlag, 2002, S.161.

开。然而,在文化工业操控下的悲伤亦与笑一样,表现了受众与受虐者命运的认同,丧失其本真意蕴。

悲伤情绪的自然宣泄带来的是对现实的千疮百孔的感受,这是人接受不了的;因此,悲伤极易被规训成无害的娱乐或狂热的民族主义。法西斯主义者"褫夺了自然的悲鸣,并且把它变成技术的元素",在现代媒体的帮助下,他们将人苦难中的悲伤动势改造为对极权主义的认同,精心制作成战争机器的润滑剂。①在这一过程中,人们同样不自觉地将欲力交由国家权力进行管理。现代情感控制的模式作为一种新型意识形态,没有任何命题内容,却更加高效、稳固,渗透到个体生命的方方面面。在情感社会学中,符号互动理论的一个洞见是,当情感没有得到承认时,情感的强度可能会增强,并且越来越倾向于干扰社会关系的平稳运行,甚至使人从事暴力活动或参与社会层面的攻击运动。《启蒙辩证法》证实了这一点:社会对欲力的压抑本身并不会取消欲力,在特殊的历史背景之下,这些无从发泄的心理能量甚至会被法西斯主义者有心整合,导向对犹太人的仇恨,堕落为非理性政治的工具。"法西斯主义之所以是极权主义,也在于它使得被压抑的本性对于统治的反抗直接为统治所利用。"②情感与权力之间被人为架起一座危险的桥梁。

三、情感的反思与启蒙的拯救

我们已经初步探索了《启蒙辩证法》在情感社会学诸主题上的阐发。但《启蒙辩证法》还因自身带有现代性批判的哲学成分而不同于传统社会学。霍克海默和阿多诺对情感的反思并没有止步于临摹现代

---

① Max Horkheimer, Theodor W. Adorno, *Dialektik der Aufklärung*, Fischer Taschenbuch Verlag, 2002, S.192.

② Max Horkheimer, Theodor W. Adorno, *Dialektik der Aufklärung*, Fischer Taschenbuch Verlag, 2002, S.194.

社会的个体情感境况,他们还思考了人类情感在拯救启蒙的过程中意味着什么,或者说,是否存在一种"情感救赎"的可能性。

《启蒙辩证法》暗含这样一条线索:某些特定的自然情感蕴含着解放的可能。被社会过滤后,能使人与人直接照面的非物化情感动势,如抚摸、依偎、安慰、劝告,不同程度地让人感到怪陌。但在怪陌的同时,自然动势释放着一种原初感动、一种不可抗拒的感染力,我们在其中感受到了熟悉的在家感(heimlich),直接体会到人与人温情脉脉的和解关系。通过对比那些压抑已久的情愫,现实中人际关系的物化被识破了,人们发觉在市场交易或政治运作中人与人的物化关系实际上不过是权力关系。① 原初情感动势具有冲击权力关系的潜能。

虽然自然情感因其具有的解放力量而弥足珍贵,但两位作者并没有从对情感物化的批判直接转向情感反抗的自然主义立场。在他们看来,情感动势凭自身无法实现拯救,它需要被充分反思后,才能真正形成改变现实的力量。②《启蒙辩证法》的情感之思敦促我们重新理解"启蒙的积极概念"中理性与情感关系的复杂性。两位作者不断重唤理性的自我反思的重要性,但这个理性却长期遭受了片面化的、"唯理论"的理解,仿佛人仅仅依凭完全理性的头脑,用概念痛斥工具理性的泛滥,批判性地把握住社会的问题,启蒙的救赎之路就可以打开。霍克海默在"历史哲学"这一则札记中隐含了对这种理解的反对:真正的历史动力不来自于预先规定人类行动的人文理念(如黑格尔的历史哲学),而来自人之自然欲力,它引导个体不断走向许诺着幸福和满足的

① Max Horkheimer, Theodor W. Adorno, *Dialektik der Aufklärung*, Fischer Taschenbuch Verlag, 2002, S. 191.

② 任由情感动势发展却不加反思性限制,也有可能走向反面。如,在反犹主义情绪中,力比多动力(Iibidinösen Dynamik)天然地排斥省思,很容易堕落地导向民族主义妄想症。见 Max Horkheimer, Theodor W. Adorno, *Dialektik der Aufklärung*, Fischer Taschenbuch Verlag, 2002, S. 204。

未来。① 人在社会中被压抑的欲望,或引发的自然情感往往透露出对现实的不满,强烈的欲力—情感动势是理性反思的动机所在。没有人的自然身体,启蒙的拯救仅仅是一句口号。因此,"启蒙的积极概念"一方面具有高度的理性原则,另一方面是情感化、肉身化了的。自然情感与理性的反思的糅合才能敞开新的希望。

一种蕴含了反思性的自然情感何以可能? 霍克海默和阿多诺依然以笑和悲伤为例摹状其形态。弗洛伊德认为,幽默是反叛。它表现了自我的胜利,对现实原则的否认。幽默往往源于人对无法满足自身需要的外部秩序的轻视和不屑:它太糟糕、太荒谬,以至于任何对它的适应都失去了意义,与其卑躬屈膝,不如幽他一默。此刻,向来秉持着现实原则的超我实际上与现实断绝了关系,转而服务于幻想——现实世界仅仅是一个游戏,仅仅值得开个玩笑罢了!② 这与《启蒙辩证法》中真实的笑的形象不谋而合。在附录一中,先知让奥德修斯借助笑话来平息海神波塞冬的愤怒,以逃离报复。作者给出的解释是:因荒谬而笑是控制不住的情感反应,属于自然的强制性力量;围困奥德修斯的海神亦象征着自然强力,即使这种自然强力无比强大,它同样也受制于笑的自发性。奥德修斯一旦使海神发笑,就意味着奥德修斯反思并识破了自然的强制性,同时还能以笑来掌控它。"即使笑声至今始终是暴力的标志,是自然的盲目而固执的情绪发作,但在它自身中亦蕴含了对立的元素——在笑声中,盲目的自然认识了自己,并且放弃毁灭性的暴力……笑和主体性的罪有所共谋,但是当它所宣布的法律被悬置时,其意义就超出了共谋。它应许了回家的路。"③人们因生活的荒谬而自然

---

① Max Horkheimer, Theodor W. Adorno, *Dialektik der Aufklärung*, Fischer Taschenbuch Verlag, 2002, S.84.

② „Der Humor", Sigm. Freud-Gesammelte Werke (14.Band), S. Fischer Verlag, 1961, S.389.

③ Max Horkheimer, Theodor W. Adorno, *Dialektik der Aufklärung*, Fischer Taschenbuch Verlag, 2002, S.85.

而然地发笑,在笑声中,人们意识到现实的种种弊病并开始反思:既定秩序的必然性会不会仅仅是一种假象?我们是否能筹划一个更自由的社会,在这样的社会中,人不会再因这些荒唐而无奈发笑?物化意识在这一瞬间被撕开了一道小缝。笑作为自发的情感反应,自身包含对现实的否定,它保留了拯救启蒙的可能性。

在真实的笑中,反思不仅指向了被笑的对象或引发笑的环境,还指向了笑本身,我们认识到了笑作为情感的自然本性,才知道它表征了荒谬。《启蒙辩证法》的情感之思不仅告诉我们情感是思的动机,还要求我们将它作为思的对象本身,正如理性要反省理性自身一样。只有知道了动势自身的特点,以及它如何被社会操控,我们才能珍视与保护自然情感流露的积极面向,不再将其视作怪陌之物。而对人自身情感负面性的了解可以帮助我们避免情绪化的社会对异己者的迫害,并防止情感被权力利用。两位作者认为,投射作为人天然的防御机制被法西斯主义合理化并培养成了民族主义妄想症,犹太人问题的解决依赖于我们对自身情感机制的洞察。"犹太人问题是历史的转折点"[①],只有洞察人的情感本性,启蒙才能摆脱社会运作的盲目力量的支配,人才能从统治的史前史中获得解放。

真实的悲伤更接近批判理论的精神所在。悲伤的物化是整个社会中个体情感世界浮浅化最突出的侧显。它作为最基本的情感,构型了人与世界的关系,牵连着个体的回忆与遗忘,并更直接地通向具身化了的理性反思的能力。突然遭遇死亡而产生自然的情感悲伤是高度个体化的情境,它将外部现实暂时推开,提供给人在流泪中反省自身生命价值的机会。《启蒙辩证法》关注现代社会中悲伤消失的后果。资本主义生产方式给个体带来许多苦难和疼痛,同时却削没了个体的悲伤感受,人终日迷失在高度运转的流水线上,孜孜不倦地、情感冷漠地劳动

---

① Max Horkheimer, Theodor W. Adorno, *Dialektik der Aufklärung*, Fischer Taschenbuch Verlag, 2002, S.209.

着。失去悲伤能力使得真正的回忆消失了——人们不愿回想过去,厌恶留下痕迹。合理化的时间敉平了意义生发之源,个体被化约为每个点状的当下的前后相继,人再也无法通过回忆构建自身的同一性/主体性。悲伤与回忆之死带来的是遗忘死亡,而对死亡的遗忘就是对人自身的遗忘。[1]

与此形成强烈对比的是,在《启蒙辩证法》附录一的末尾处,真实的悲伤情感推动整篇附录进入高潮。在回家后,奥德修斯吊死了所有背叛他的宫女,法西斯式的残暴行为放大了人类文明进程中的苦难。然而荷马在记述这个情节时别出心裁,他精细地,甚至过于冷酷和直接地描写了身体受刑的残忍细节,并在其后让"叙事的内在流动静止下来"。这样的"切肤之痛"活生生地刺激着读者,使读者无法掩抑心头悲哀。直面肉身的痛苦,不逃避死亡的带给人的原生震颤与悲伤,在阿多诺看来,这表达了荷马对暴行的反思,也成就了《奥德赛》作为真正的艺术品的伟大。此种态度乃"文明之光亮"。[2] 自然悲伤蕴含着的浓厚的身体肉感性,从奥德修斯的王宫到奥斯维辛集中营,让每个人都感同身受。这样的悲伤更使得人们在奥斯维辛之后灵魂震颤而无法成诗。肉体之痛的记载保存了悲伤的回忆,真正的悲伤/回忆体验使我们正视死亡,否定错误的当下:"唯有我们完全意识到死亡的恐惧,才能

---

[1] Max Horkheimer,Theodor W.Adorno,*Dialektik der Aufklärung*,Fischer Taschenbuch Verlag,2002,S.226 在这里,我们也许能体会到在情感维度上《启蒙辩证法》与海德格尔的思想共鸣。尽管回忆等概念带有本雅明的影子,但札记的思想表述,像极了《存在与时间》中个体遭遇死亡时感受到世界脱落后开显出的本真性,那孑然独立的个体不再仅仅是社会的一个成分。现象学的时间观也被霍克海默拿来批判资本主义的流俗的、合理化的时间。此处的海德格尔式的本真性思想被拿来作资本主义批判的运用。或许可以说,海德格尔的"向死而在"与批判理论追求的否定性和非同一性内在相通。不过,霍克海默更强调人先行到死之时对社会错误的反思,而非海德格尔那种宗教式的自我经验。两者对情感的本真性的理解也有重要的差异。

[2] Max Horkheimer,Theodor W.Adorno,*Dialektik der Aufklärung*,Fischer Taschenbuch Verlag,2002,S.86.

够和死者建立正确的关系：和他们合而为一，因为我们和他们一样，都是同样的境遇和绝望的受害者。"①

哈贝马斯批评《启蒙辩证法》仅仅提交出非物化的个体审美经验，这种审美救赎"对交往理性的足迹和现存形式视而不见"。② 但霍克海默和阿多诺想表达的洞见恰恰是：直接性的身体触摸或情感安抚变得怪陌，正表明社会对情感的操控消解了个体情感经验中的社会交往维度，或将社会情感互动异化、引向对特殊群体的仇恨。在此意义上，对情感的异化的批判也是对情感控制的交往理性批判。不仅如此，"对自然的回忆"这个启蒙的积极概念还因情感之思而更有层次感了。它不只是如我们通常所理解的那样，是反思性地体认到理性作为一种自然力量本身的局限性，它还指向了我们对情感之身的回忆，那身体已经因为在海妖歌声中追求自我保存而双耳封蜡。也许对比马尔库塞的观点，霍克海默和阿多诺的情感之思的特点能更好地体现出来。两方都突出欲力/情感在批判中的重要性。不过，马尔库塞对"自然的回忆"的精神分析重构强调的是人记忆中天然的享乐状态。它可以作为批判现实的标准——对往日的幸福追忆让人明白现代社会的控制和压抑。③ 而《启蒙辩证法》的"自然的回忆"恰好相反——它回忆的是启蒙堕落后带来的肉身痛苦、情感悲伤，由此激发对造成悲痛的工具理性与社会权力的"有规定的否定"，为重建启蒙事业扫清障碍。弗洛伊德发现，当癔症患者在身体痛楚、情感折磨中，用充满情绪的回忆努力反思病因所在——现实生活的真实压抑和苦难时，并逐渐领会了癔症自身的机制后，癔症便开始消退。《启蒙辩证法》的回忆与精神分析具有同构性——概念式反思帮助我们回忆起理性如何虚假地追求人的主体

① Max Horkheimer,Theodor W.Adorno,*Dialektik der Aufklärung*,Fischer Taschenbuch Verlag,2002,S.226.
② ［德］尤尔根·哈贝马斯：《现代性的哲学话语》，曹卫东译，译林出版社2011年版，第149页。
③ ［美］赫伯特·马尔库塞：《爱欲与文明》，黄勇、薛民译，上海译文出版社2012年版，第10页。

性并同时与权力相互纠缠,启蒙如何一步步控制了我们的欲望、情感、身体,由此,启蒙的癔症在回忆中开始得到医治,个体的自我重新建立起来,而身体的切肤之痛、灵魂的切己之悲一直都作为最核心的要素,伴随着回忆的整个展开过程。

（作者　复旦大学哲学学院硕士研究生）

二、资本批判与经济学哲学研究 <<<<

本雅明对历史主义线性时间观的批判与重构*

郭　广

　　摘　要:在本雅明看来,历史主义的线性时间观在本质上是同质的、空洞的、理性的,从根本上消解了时间与人类世界之间一体共存的内在关联,有意摒弃了过去的历史苦难和未来可能的灾难性维度,全面迎合了资本主义的生产方式。本雅明在有限的时间性存在与无限的永恒性存在辩证统一的整体思维方式中重新理解时间,认为真正的历史时间是表征在当下的每一个瞬间有限的时间性存在与无限的永恒性存在连为一体的弥赛亚时间,本真的历史是坐落在当下瞬间的弥赛亚时间观基础上的辩证统一的整体结构。本雅明对历史主义线性时间观的批判和弥赛亚时间观的重构,旨在用辩证统一的弥赛亚时间取代同质空洞的历史时间,捕捉历史时间中存在的作为无限的永恒性存在的弥赛亚力量,在当下的弥赛亚时刻点燃革命的导火索,以打断资本主义虚假的历史连续统一体,重建人类世界完整统一的本原状态。

　　关键词:本雅明　历史主义线性时间观　整体性思维方式　弥赛亚时间

---

　　*　本文系国家社会科学基金青年项目"本雅明的马克思主义思想研究"(项目编号:16CKS030)的阶段性研究成果。

历史是在时间维度中延续和展开的,时间是把握历史存在和变迁的密码。基于不同的时间观念,建构出的历史观念亦不同。从 19 世纪到 20 世纪上半叶,以利奥波德·冯·兰克为代表的德国实证的历史主义思想传统,一直掌握着欧洲思想界的主流话语权,在欧洲史学研究中占据着主导地位。在历史主义者看来,人类历史是由建立在过去、现在和未来线性时间结构上的一连串因果相继的客观历史事件构成的一个朝着理想方向连续进步的序列过程,伴随着理性的进步和时间的推移,人类可以逐渐避免或克服历史进步道路上存在的诸多障碍和人类社会中存在的各种苦难,人类社会的未来必然会超越过去和现在,最终走向美好、文明和幸福的理想之乡。对于亲历两次世界大战和法西斯主义恐怖统治的本雅明来说,历史主义以进步概念建构的历史连续进步观念,既是资本主义现代性历史观念的集中表达,更是"20 世纪最猛烈的麻醉剂"①,致使人们把人类社会遭遇的"紧急状态"视为"惯常状态"。本雅明深知若要彻底批判和打破历史主义的历史连续进步神话,必须揭开和击穿它赖以存在的时间秘密。"人类历史的进步概念无法与一种在雷同的、空泛的时间中的进步概念分开。对后一种进步概念的批判必须成为对进步本身的批判的基础。"②历史主义的历史连续进步史观的基石是"雷同的、空泛的"线性时间观,而对线性时间观的批判则是历史连续进步观念批判的前提和基础。在犹太教弥赛亚主义思想传统的影响和启迪下,本雅明从有限的时间性存在与无限的永恒性存在辩证统一的整体思维方式出发,重新审视了过去、现在和未来三个历史时间点及其连续存在的关联,对历史主义的线性时间观进行了深刻批判,重新建构了一种全新的弥赛亚时间观。

---

① Walter Benjamin, *The Arcades Project*, Translated by Howard Eiland and Kevin McLaughlin, Cambridge, Massachusetts, and London, England: The Belknap Press of Harvard University Press, 1999, p.463.

② [德]汉娜·阿伦特编:《启迪:本雅明文选》,张旭东、王斑译,三联书店 2008 年版,第 273 页。

一

埃利奥特·贾克斯曾说:"时间之谜就是生活之谜:自文明思想的开端,它就一直折磨着诗人和哲学家。因为生活就生活在时间之中。没有时间,也就没有生活。"①时间观念是与人类对现实存在的认知和社会生活的体验相伴而生的,用以表征现实存在运动变化的节律、周期和方向等特征。在西方历史上,从古希腊到中世纪,再到近现代社会,伴随着人类对于现实存在的认知和社会生活的体验的不断变革,先后形成了循环时间观念和线性时间观念。

在古希腊时期,由于生物体自身内部存在时钟,而天体又具有固定的周期循环运动,无论是自然现象的更替还是人类自身的生死,希腊人都认为它们的运动变化具有无限循环的本性。通过对日月星辰在空间中的位置和运动规律的观察,希腊人运用空间化的思维方式,在一条圆形的曲线上按照天体前后顺序连续运动的点来直观化地量度时间和形象化地表达时间的运动趋势,形成了一种循环时间观。循环时间观是把时间理解成一个圆形图像,周而复始,周而复返,永不疲倦地循环往复。希腊哲学始祖泰勒斯提出的"本原"概念就带有鲜明的循环时间观念:万物出自本原,但最终又回到本原。从文化人类学的视角来看,古希腊时期生成的循环时间观念是与古代人类社会生活的节奏受制于季节性的周期变化这一事实密切相关的,反映着人类以自然变化作为参照来认知和解释现实存在的。正如古列维奇所说:"在原始社会,时间不是以从过去到将来的线性方式流逝的;它要么是静止的,要么是循环的。因此,每隔固定时间,那早已存在的又会重新出现。这种时间知觉的循环观……在很大程度上与人类并未使自己摆脱自然,其意识仍

---

① [英]约翰·哈萨德编:《时间社会学》,朱红文、李捷译,北京师范大学出版社2009年版,第3页。

然服从于季节性的周期变化的事实有关。社会生活的节奏受到季节变换和相应的生产周期的控制。"①但是,希腊人的循环时间观意味着在变动不居的现象界之中持存同一和永恒的可能性,它的深层动机是追求永恒和不朽的理念世界。"希腊思想崇尚圆,因为它圆满(completeness)、完全,崇尚圆周运动,因为它循环不止、无始无终、永无穷尽。循环之所以被推崇,因为它通向永恒"②。

在中世纪,基督教文化始终是欧洲封建社会中占统治地位的思想意识形态。在基督教文化中,由于上帝是"昔在、今在、以后永在的全能者"(《新约全书·启示录》1:8;4:8),无论是历史还是时间,它们"完全流自于上帝,并依赖于上帝——也须成为上帝'绵延'的一部分"③。通过反对希罗多德等异教徒的循环时间观念,以奥古斯丁为代表的早期基督教思想家从《圣经·旧约全书》中汲取了将时间体验为一种末世论过程的观念,强调人类历史的直线发展趋势,期待在人类历史与时间的绵延中展开上帝的永恒意志和实现尘世的终极救赎,从而初步提出了一种线性时间观。基督教的线性时间观是以上帝的创世行为为起点,以基督的降临(诞生)为原点,以基督的再降临(末日审判)为终点的过去、现在和未来三重时间结构的直线前进运动图式。在这种线性时间观的图式中,"基督是一切时间之主,他在自己身上把所有的时间统一了起来,由此,过去依他而得以完成,未来依他而得以预期。这进一步证实了基督既是历史的'目的',又是历史的'终点'这一断言。"④基督的降临与再降临使时间的运行不再处于循环往复的永恒轮回之中,具有了明确的目标和不可逆转的方向性。"基督降临提供了

---

① [苏联]A.J.古列维奇:《时间:文化史的一个课题》,载[法]路易·加迪等:《文化与时间》,郑乐平、胡建平译,浙江人民出版社1988年版,第316页。
② 吴国盛:《时间的观念》,北京大学出版社2006年版,第67页。
③ [法]热尔马诺·帕塔罗:《基督教的时间观》,载[法]路易·加迪等:《文化与时间》,郑乐平、胡建平译,浙江人民出版社1988年版,第235页。
④ [法]热尔马诺·帕塔罗:《基督教的时间观》,载[法]路易·加迪等:《文化与时间》,郑乐平、胡建平译,浙江人民出版社1988年版,第250页。

这样的一个时间原点,过去和未来借此获得方向:全部的过去的事件都奔向它,作为它的准备阶段,全部的未来由之涌出,成为它的展开和漫延。"①与古希腊时期的循环时间观相比,在基督教的线性时间观中,现实存在和人类历史从自然节律的控制中摆脱了无限循环的宿命,而被赋予了永恒的意义和指向;过去、现在和未来三重时间维度之间结束了缺乏绝对区别的状态,而被厘定出相对清晰的界限;人类对永恒世界的追求和实现,不再寄托在空间中的理念世界,而是指向在时间中的未来彼岸世界。然而,在基督教的线性时间观中,虽然时间是矢量的、线性的和不可逆的,但是它并没有从根本上摆脱循环观念的影响,只是对循环观念的解释发生了根本变化。"作为整体的世界历史本身在创世和世界末日的框架中却构成了一个完整的圆:人和世界回到造物主的身边,时间则回到永恒。"②即便如此,基督教的这种指向未来救赎的线性时间观却催生了人类对未来时间的向往和憧憬,对过去时间的遗忘和厌弃,加快了西方世界走出黑暗的中世纪而迈向现代社会的步伐,开辟了整个西方文明的新路向,并把线性时间观念的种子深深地种植在西方思想文化中,对现代社会的线性时间观的形成产生了至关重要的影响。正如彼得·柯文尼和罗杰·海菲尔德所指出,基督教初步提出的线性时间观"为达尔文的进化论开辟了道路,从而把我们和原始生物在时间上连接起来。总之,线性时间概念的出现,和因之而起的思想改变,为现代科学以及其改善地球上生命的保证,打下了基础"③。

自近代以来,伴随着科学技术的发展、机械钟表的发明和机器的广泛应用,时间开始从现实存在中分离出来成为一种客观存在的独立实体,现代社会的线性时间观逐渐取代循环时间观成为占支配地位的社

---

① 吴国盛:《时间的观念》,北京大学出版社2006年版,第74页。
② [苏联]A.J.古列维奇:《时间:文化史的一个课题》,载[法]路易·加迪等:《文化与时间》,郑乐平、胡建平译,浙江人民出版社1988年版,第324页。
③ [英]彼得·柯文尼、罗杰·海菲尔德:《时间之箭——揭开时间最大奥秘之科学旅程》,江涛、向守平译,湖南科学技术出版社1995年版,第5页。

会时间观念。尽管基督教会坚决主张线性时间观,但整个中世纪的生活步伐实质上是由封建社会的土地性质控制的,人们依然直接依赖于自然的周期性节律来从事生产和劳作,既不需要精确性的时间,又不了解时间测度的最微小的分隔,以达到赢得时间和节省时间的目的。与此相应的是,在人们的知觉体验中,时间是现实存在和人类生活不可分割的一个组成部分,"并不是一个可以独立地体验其真实的与客体有关的内涵的一种自主范畴,它不是一种世界存在的'形式':时间和存在本身不可分割,因此唯有凭藉自然的、拟人的概念才能察觉它"①。伴随着近代自然科学的突飞猛进和工业技术成就的日益辉煌,人类通过工业技术生产的各种工具设备和机械装置,成功地构造了一个独立于自然的人工世界。在这个人工世界的时间环境中,人类使自己与自然界分离开来,日常生活完全脱离了自然周期性节律的制约,更多的是受到自己建立的人工系统的操控。在此情况下,基督教会的牧师根据宗教节日、世代交替、君主统治和教皇任期等宗教或政治事件所作的时间测量和设置的时间,与人们现实的生活实践已变得毫无关联、毫无意义,人们开始迫切意识到需要对时间作更精确、更标准化的测量。于是,时钟便应运而生了。1350年,意大利人丹蒂制造出第一台结构简单的机械打点塔钟,日差为15—30分钟,指示机构只有时针没有分针。到17世纪中叶,钟表的最小日差已从每天15分钟减少到10秒钟②,精确的机械钟表出现了,欧洲各地区的时间概念协调统一了,人类也拥有了精准至分和秒的时间感。至此,精确钟表的发明和应用带来了一种新的现代社会的线性时间观念。这种时间观念把精准化的测度时间与单向线性时间密切结合在一起,致使时间从现实存在中完全分离出来成为一种外在的、独立的、客观的、自律的存在形式,被表现为一条从过去到现在再到未来方向均质的、不可逆转的、无限延展的直线

---

① [苏联]A.J.古列维奇:《时间:文化史的一个课题》,载[法]路易·加迪等:《文化与时间》,郑乐平、胡建平译,浙江人民出版社1988年版,第334页。
② 参见吴国盛:《时间的观念》,北京大学出版社2006年版,第90页。

轴,它的刻度精准,单位相等。对每个人来说,过去是已然消逝的、未来是尚未到来的,而此时此刻的现在却是瞬息流逝的、拒绝回溯的和短暂过渡的,过去、现在与未来三重时间维度之间的界限清晰而又明确地展现在自己面前。正如古列维奇所说:"时间有史以来第一次开始被'分离'为一种处于生活之外的纯形式……时间第一次并永久地以一条直线从过去,经过一个称作现在的点,向未来'延伸'。在较早的时代,过去、现在和未来之间的差异一直是相对的,而且它们之间的分界线一直是不固定……但随着线性时间的胜利,这些差别变得异常明确,现在时间被不断'压缩',直至其仅仅成为一个沿着从过去通向未来的直线不断滑行,使未来变为过去的点。现在时间变得急若流星,不可逆转和难以捉摸。人类第一次发现——过去他只是在与事件有关时才注意到时间的流逝——甚至在没有事件的情况下时间也不会停止其流动。"①从此,时间彻底地从自然的"周期时间"和上帝的"绵延时间"转变成自在的"世俗时间",不再受任何现实存在的运动来规定,亦不再是自然、上帝和人类的奴仆,恰恰相反,它却成为任何现实存在运动的尺度、人类生活世界的控制者和衡量一切存在的价值标准。到 19 世纪 50 年代末,达尔文进化论的问世及其广泛传播,从生物进化的高度科学而详实地重新诠释和证实了线性时间观念,使现代社会的线性时间观彻底取代了循环时间观,并成为社会中占支配地位的时间观念。不过,线性时间观念在现代社会的支配地位得以确立和巩固,最为关键的还是机器所发挥的重要作用。在工业资本主义社会的运行机制中,遵循物理学运动过程的机器,不仅扮演着自然时间载体的角色,而且"也成为人类必须遵守的社会时间秩序的调节器。通过机器,线性的、均质化的、可以被任意划分的连续体时间结构被从自然领域传送到社会领域。科学家在他的创造物即机械中设置了自然时间,这样一来,机器就具备了某

① [苏联]A.J.古列维奇:《时间:文化史的一个课题》,载[法]路易·加迪等:《文化与时间》,郑乐平、胡建平译,浙江人民出版社 1988 年版,第 334—335 页。

种时间方面的秩序权力;相对这个时间秩序来说,所有其他的社会时间观念都是次要的"①。正是由于机器把自然时间与社会时间成功地联系起来,线性时间观念在现代资本主义社会得以长期处于难以动摇的霸权地位。

从纵向上看,人类历史是时间运动的外在表征,一个以人类诞生之日为起点的人类不断发展进化的社会时间进程。正如西尔维娅·阿加辛斯基所说:"一切历史都是时间的外形,而不是事实在时间中的简单记录。"②而人类所坚持的历史解释模式,无论是循环式的还是直线式的,要选择哪一种模式来解释历史和确定哪一种模式在人类思想中占主导地位,其标准是由历史学家"对整个历史的态度来决定的,以及由——与之相联系的——他对时间的态度来决定的"③。以兰克为代表的德国实证的历史主义者所秉持的历史连续进步解释模式,选择的正是现代社会的线性时间观念。在均质流逝的线性时间数轴上,历史主义者把人类历史分割为过去、现在和未来三个直线前进的时间阶段,即过去是业已完成、永恒不变的客观事实,现在是变动不居、短暂过渡的真实存在,未来是超越以往的、尚未来临的美好阶段,并且借助于线性的时间数轴,三个历史阶段表现出一种前后相继、客观连续、无限趋于进步的序列关系,每个阶段的历史事件都可以找到相应的历史时间坐标点,各个历史事件之间亦能确立起前因后果的必然法则。于是,历史主义者便把人类历史编撰为由一连串受因果必然性支配的过往客观历史事件构成的,建立在过去、现在和未来线性时间数轴上的一条前后相继、不可逆转、持续进步的直线运动过程。对此,伊格尔斯曾指出,兰克"执行一种一维的、线性的时间观念,认为在一个连贯的序列中后来

---

① [奥]赫尔嘉·诺沃特尼:《时间:现代与后现代经验》,金梦兰、张网成译,北京师范大学出版社2011年版,第62页。

② [法]西尔维娅·阿加辛斯基:《时间的摆渡者——现代与怀旧》,吴云凤译,中信出版社2003年版,第46页。

③ [英]格内鲁尔:《历史哲学——批判的论文》,隗仁莲译,广西师范大学出版社2003年版,第18页。

发生的事件紧随早前发生的事件"①。历史主义基于线性时间观念建构的连续进步的历史解释模式,被现代人想当然地视为人类历史发展的真实面貌,且成为人们认识和理解历史的根本原则和主导模式,他们乐观地坚信人类社会必然会越来越美满,呼啸前进的时间列车最终会将其带到自由、文明、幸福的理想社会,从而使现代人对永恒世界的追求和人类最终解放的实现寄托于线性时间观中的未来乌托邦。正因如此,兰克欣喜自豪地说道:"我把过去与现在连接起来的做法,现在为全世界所接纳了。"②

二

在本雅明看来,历史主义通过如实直书建构的前后相继、客观连续、不断超越、无限趋于进步的历史图景,是一种虚假的、非历史的历史形象。究其缘由,则在于历史主义者撰述和建构历史的"方法七拼八凑,只能纠合起一堆材料去填塞同质而空洞的时间"③,即他们选择和遵循的线性时间观在本质上是同质的、空洞的、理性的。

第一,线性时间观把时间理解为一种同质性的存在,历史主义据此将历史描述为一个朝向理想目标的同质发展过程,彻底遮蔽了历史的真正本质,全面迎合了资本主义的生产方式。

在线性时间观念中,时间被人们理解为一种同质性的存在,无论客观世界如何变幻,它如同流水一般均匀地流逝着,始终能够无声无息地保持自身整体的同一性。历史主义者利用同质性的历史时间来界定历

---

① Georg G.Iggers, *Historiography in the Twentieth Century: From Scientific Objectivity to the Postmodern*, Challenge, Wesleyan University Press, 1997, p.3.

② [德]利奥波德·冯·兰克,[美]罗格·文斯编:《世界历史的秘密:关于历史艺术与历史科学的著作选》,易兰译,复旦大学出版社 2012 年版,第 57 页。

③ [德]汉娜·阿伦特编:《启迪:本雅明文选》,张旭东、王斑译,三联书店 2008 年版,第 275 页。

史的生成和变化,把历史描述为一个朝向理想目标的同质发展过程。在朝向理想目标前进的历史过程中,历史进程的各个阶段虽然在不同时空中有所变化,但始终保持着自己相对完整的同一性,具有同样的性质。与此相应的是,在同质性的历史时间链条上,历史进程中发生的所有历史事件虽然在不同时间段上迥然相异,但始终起着前因后果、承上启下的相同作用,具有同样的性质。否则,历史主义者将无法判定历史发展的此一阶段相比彼一阶段是持续进步的。正如格内鲁尔所说:"在讨论历史的发展或过程时,如果不能指出某些事物在发展或经历这一过程时仍保持其同一性,则这种讨论就没有丝毫意义。它现在怎样,过去就必定一直怎样,过去同现在必定一样;它不能根据历史来定义:归根到底,传统概念所指的,与尊重传统有关的,正是这种不变性(sameness)、持续性(continuance)和绵延性(endurance)。"①也就是说,同质性的历史时间是历史主义历史线性进步观念的忠实辩护师。

在本雅明看来,历史主义"按照它本来的样子"来认识和撰述历史,把人类的现实生存和历史存在置于同质性的历史时间之中,"给予过去一个'永恒'的意象"②。所谓"永恒",即在同质的历史时间天平上,所有异质的过往历史事实和人类苦难的现实生存状况都被称量出同一的重量,一切历史的真理与谬误、正义与罪恶都被测度出齐一的性质,历史呈现出永远同一的同质运动过程。在这种"永恒"的历史形象中,均质流逝的时间成为历史的核心因素,历史的意义、真理和价值却遭到了遮蔽,人们只能看到永不停歇的历史同质运动,而无法摆脱同质连续的时间信仰,认识到历史的真正本质。本雅明认为,正是为了迎合资本主义生产方式的利益,时间被理解为同质的、可测量的和无限可分的理性化之网,历史主义利用理性化的时间之网将历史的欢喜与苦难、

---

① [英]格内鲁尔:《历史哲学——批判的论文》,隗仁莲译,广西师范大学出版社2003年版,第21页。

② [德]汉娜·阿伦特编:《启迪:本雅明文选》,张旭东、王斑译,三联书店2008年版,第274页。

真理与谬误、正义与罪恶过滤得同质齐一后,又为同质运动的历史过程赋予目的论,并冠以"进步"之名,从而使作为标志性的同质性时间完全占领了人类历史。① 而"根据上层建筑是对经济基础的反映这一事实,既不存在同质的经济历史,也不存在同质的文学或司法历史"②。所以,这种"同质"的历史时间和"永恒"的历史形象在本质上皆是一种虚无主义的观念。

第二,线性时间观是一种无关乎人的现实存在和鲜活的现实世界的空洞时间观念,历史主义据此把历史抽象为一串前后相继的孤立的客观历史事件的念珠,醉心于在线性的时间链条中揭示历史事件之间前因后果的必然性规律,从根本上消解了时间与人类世界之间一体共存的内在关联。

时间观念产生于人类对现实存在的认知和社会生活的体验,时间与人类世界的现实存在是紧密相连、融为一体的。当线性时间观把时间理解为客观存在的独立实体,突出强调时间的客观性和实在性时,时间便被当作高悬于现实存在之上的外在认识"对象",不再与人类现实生活世界和人的感性活动本身有任何内在的关联了,人类自身也成为任由时间操控和摆布的机器。历史主义者不假思索地接受了把时间理解为客观存在的独立实体的线性时间观念,把外在的、独立的、测度化的、自律的物理时间看作是世界历史进程中发生的所有事件最权威的参照点,确定单个历史事件的空间位置和运动过程,揭示各个历史事件之间前因后果的必然性规律,以便把独特的个别历史事件嵌入总体的世界历史进程当中,客观地再现过去发生的所有历史事实,重建过去历史的本来面目。马克思曾批评地指出,这种只见历史事件而不见人的

---

① [美]欧文·沃尔法思:《打碎万花筒:本雅明的文化史批判》,载郭军、曹雷雨编:《论瓦尔特·本雅明——现代性、寓言和语言的种子》,吉林人民出版社2003年版,第284页。

② Walter Benjamin, *The Arcades Project*, Translated by Howard Eiland and Kevin McLaughlin, Cambridge, Massachusetts, and London, England: The Belknap Press of Harvard University Press, 1999, p.470.

历史主义,"是一些僵死的事实的汇集……充其量不过是从对人类历史发展的考察中抽象出来的最一般的结果的概括。这些抽象本身离开了现实的历史就没有任何价值。它们只能对整理历史资料提供某些方便,指出历史资料的各个层次的顺序。但是这些抽象与哲学不同,它们绝不提供可以适用于各个历史时代的药方或公式"①。

在本雅明看来,线性时间观念在本质上是一种无关乎人的现实存在和鲜活的现实世界的空洞时间观念。"历史学家是传令官,邀请死者在餐桌旁就座"②,他们忠实地按照过往历史事件发生的前后时间顺序来编织总体的世界历史进程,好像历史不过是一条源远流长的时间长河,一串前后相继的孤立的客观历史事件的念珠。历史主义者的目光聚焦于过去的客观历史事实,醉心于在线性的时间链条中揭示历史事件之间前因后果的必然性规律,恰恰忘记了鲜活的现实生活世界、现实的人和人的感性活动这些真正的历史前提,其结果必然是在繁荣昌盛、和谐进步的历史表象下,蕴藏着一个现实历史内容缺场的极端空洞文明。究其深层缘由,本雅明认为遵循线性时间观念的历史主义者依然囿于主客二分的现代知性思维方式,从自身和客观世界相分离的主观视界来看待世界,机械化地理解和把握时间与存在的关系,把原本完整统一的人类世界分裂为时间性的存在和永恒性的存在,从根本上消解了时间与人类世界之间一体共存的内在关联。

第三,线性时间观是一种人为地强加于永恒运动和不断变化的整体性世界的理性观念,历史主义据此把历史归结为一个从过去到现在再到未来方向无限延展的虚假连续统一体,完全歪曲了真实的历史进程,有意摒弃了过去的历史苦难和未来可能的灾难性维度。

在本雅明看来,世界在本质上是一个永恒运动和不断变化的整体

---

① 《马克思恩格斯文集》第 1 卷,人民出版社 2009 年版,第 526 页。

② Walter Benjamin, *The Arcades Project*, Translated by Howard Eiland and Kevin McLaughlin, Cambridge, Massachusetts, and London, England: The Belknap Press of Harvard University Press, 1999, p.481.

性存在,人与自然、人与人、人与历史处于一种相互交融、完整统一的本原状态。为了认知和把握永恒运动和不断变化的整体性世界,人类把自身从整体性世界中脱离出来,强加于世界一套时间观念和空间界限,用一条均质流逝的线性时间数轴来表征永恒运动和不断变化的世界,从而把永恒运动和不断变化的整体性世界人为地设定为过去、现在和未来三个固定的时间点,直观地表现为一条沿着过去、现在和未来方向不可逆转的直线连续运动过程。实际上,本真的整体性世界并不存在过去、现在和未来三个不同的时间点及其连续存在关联,线性时间观念不过是一种人为地强加于永恒运动和不断变化的世界的理性观念。正是在理性的线性时间观念的观照下,历史主义者凭借现代科技的进步和人类知识的增长,把历史归结为一个从过去到现在再到未来方向无限延展的连续统一体,描绘出一幅令人欣慰、幸福美好的未来社会远景。在这一历史连续统一体中,人类历史被历史主义者分割为过去的历史、现在的历史和未来的历史三个连续运动的时间阶段。过去的历史是业已完成、永恒不变的客观事实,现在的历史是变动不居、短暂过渡的真实存在,而未来的历史既是超越以往的、尚未来临的美好阶段,又是真实的过去和现在的最终目的及其存在的合法性根据。正如阿格尼丝·赫勒所说:"过去通常被视为'必然的'(因为它不可改变),它被认为是现在的前导——现在本身作为一种限制,作为一种'此时此刻'(just now),作为一个总是向无限未来超越的重要阶段,被想像成自由的领域。以现代主义的观点看来,现在就像是一个火车站,我们这些现代世界的居民需要坐上一列快车经过这个车站,或是在此停留片刻。那些火车会把我们带向未来。"①由此,历史主义者依循理性的线性时间观念,不仅建构出过去、现在和未来连续运动的历史连续统一体,而且把人类自由解放的最终实现寄托于在技术和理性不断进步基础上必

① [匈]阿格尼丝·赫勒:《现代性理论》,李瑞华译,商务印书馆2005年版,第17页。

然到来的未来乌托邦社会。

　　然而,本雅明认为历史主义建构的历史连续统一体是一种用移情手法勾勒的虚假的整体幻象。正如本雅明所说:"俗语云,历史学家是一名面向过去的先知,这句俗语可以从两个方面来理解。从传统上看,它意味着历史学家把自身移送到了一个遥远的过去,他在那过去时间预言的事情被视为未来,而与此同时,未来呈现出他过去预言的样子。这种观点确切地符合了移情的历史理论……但是,这句俗语也可以理解为意味着其他完全不同的东西:历史学家在他自己的时间里转过身,然后他先知者的眺望被前人的峰值所点燃,因而他们越来越深地潜入过去。事实上,历史学家自己的时间与现在的梦想眺望是明显不同的,而且与'与时俱进'的当代人的时间也是远远不同的。"[1]而历史连续统一体之所以是虚假的整体幻象,乃是因为历史主义依循理性的线性时间观念,以尚未来临且永远无法实现的未来乌托邦社会幻影作为真实的过去和现在的最终目的及其存在的合法性根据,为人们勾画出一幅前后相继、不可逆转、持续进步的历史假象,完全歪曲了真实的历史进程,有意摒弃了过去的历史苦难和未来可能的灾难性维度,彻底掩盖了历史进步表象下的现实社会"紧急状态"。正基于此,居伊·珀蒂德芒热指出,在本雅明看来,"这种乌托邦主义被禁闭在一种极其空洞和荒谬的存在观中,对于它所造成的暴力行为熟视无睹"[2]。事实上,人类自由解放的最终实现永远不会在线性时间观念中实现,依循理性的线性时间观念的"进步"号历史列车,飞速驶向的最终目的地不是"人间天堂"般的未来世俗乌托邦社会,而是"人间地狱"般的奥斯维辛集中营。因此,理性的线性时间观念只会使人们催生历史无限进步的幻

---

[1]　Walter Benjamin,"Paralipomena to'On the Concept of History'",*in Selected Writings*,(Vol.4,1938-1940),Edited by Howard Eiland and Michael W.Jennings.Cambridge,Massachusetts,and London,England:The Belknap Press of Harvard University Press,2003,p.405.

[2]　[法]居伊·珀蒂德芒热:《20世纪的哲学与哲学家》,刘成富等译,江苏教育出版社2007年版,第50页。

觉效应,而不会为人类过去和现在的生存提供意义归宿。这正是"19世纪的历史观所特有的一种眩晕感。它对应的是一种观念,即世界的进程乃是一个由物化事实组成的无限序列"①。

三

在西方历史上,二元对立的传统思维方式一直操控着西方历史文化的发展方向和变迁历程,主导着人们对时间的认知格式和理解模式。现代社会线性时间观念的认识论根基,就在于主客二分的现代知性思维方式。这种思维方式把理性当作至高无上的唯一真理性力量,不仅依照实证的经验把蕴含于整体性人类存在中的一切超越性的绝对经验视为神秘的东西抛弃了,切断了人类有限性的生存体验与绝对性经验之间辩证统一的血脉关联,而且把时间从整体性人类存在中完全分离了出来,用以表征有限性存在的存在样式,割断了时间与无限的永恒性存在之间内在统一的本质关联。这就造成现实世界内在整体性的破碎,人类总体性生存经验的断裂。为了克服和弥补破碎不堪的现实世界存在状态,历史主义者利用神秘的理性力量主观地建构出一个虚幻的总体性世界,编织出一个连续进步的现代性历史神话。如此一来,在主客二分的现代知性思维方式下,人类世界具有了过去、现在和未来三个连续性的时间存在状态,现实存在获得了虚假的合法性和确定性,人类历史变成了在过去、现在和未来三个同质空洞的时间结构上的无限趋于进步的虚假连续体,而人类自身却难以辨识本真世界完整统一的真实图景,更难以撰述人类历史发展演变的本真面貌。然而,"随着本雅明作品的问世,新的历史思想和对时间的新思考诞生了"②。

---

① [德]瓦尔特·本雅明:《巴黎,19世纪的首都》,刘北成译,上海人民出版社2006年版,第33页。
② [法]西尔维娅·阿加辛斯基:《时间的摆渡者——现代与怀旧》,吴云凤译,中信出版社2003年版,第49页。

本雅明出生于一个被基督教同化的犹太商人家庭,虽然在他家中,犹太教只剩下外在的形式,其本人也一生都没有完全认同自己犹太教的民族文化身份,但他血液中流淌的犹太文化,尤其是犹太教神秘主义喀巴拉阐释学,在本雅明的思想中占有至关重要的地位,对他独特的弥赛亚时间观的生成起着不可估量的作用。格雄·肖勒姆曾明确指出,在本雅明的著述中"有两个范畴——特别是它的希伯来语形式——占据了中心位置:一个是启示,《妥拉》和一般意义上的圣书的理念;另一个是弥赛亚观念和救赎。作为统辖其思想的规范性观念,它们的重要性怎么估价都不过分"①。根据犹太教神秘主义喀巴拉阐释学,从犹太教神秘主义的生成历程来看,犹太人会历经神话时代、历史时代和弥赛亚时代三个阶段的存在状态。在第一阶段,原初世界是一个幸福和谐、完整统一的伊甸园世界,人与自然、上帝、真理处于内在同一、直接沟通的本原状态;在第二阶段,随着人的自我意识开始觉醒,人类进入一个创造的历史时代,作为有限性存在的人类与作为无限的超越性和永恒性存在的上帝之间丧失了内在同一、直接沟通的本原状态,划出了一条不可逾越的鸿沟,处于一种二元分裂的生存状态;在第三阶段,历史上出现了一种神秘主义的现象,它旨在探求缩短和跨越有限性存在的人类与无限的超越性和永恒性存在的上帝之间鸿沟的隐秘通道,努力拼接破裂的真理碎片,在新的层面上恢复原初世界完整统一的本原状态。② 可见,在犹太教神秘主义喀巴拉阐释学中,最高最深刻真理的神秘主义形式就是"回归"观念,即复归至原初世界伊甸园般完整统一的本原状态。③ 正是在犹太教神秘主义喀巴拉阐释学"回归"观念的影响和启迪下,本雅明认识到世界在本质上是一个辩证统一的整体性存在,

---

① [美]理查德·沃林:《瓦尔特·本雅明:救赎美学》,吴勇立、张亮译,江苏人民出版社 2008 年版,第 48 页。

② [德]G.G.索伦:《犹太教神秘主义主流》,涂笑非译,四川人民出版社 2000 年版,第 7—8 页。

③ [德]G.G.索伦:《犹太教神秘主义主流》,涂笑非译,四川人民出版社 2000 年版,第 22—23 页。

发现了人类苦心孤诣找寻的无限的永恒性存在就蕴藏在现实经验世界和世俗历史中,揭示了现实经验世界中无限的永恒性存在和有限的时间性存在之间的秘密关联。即在有限的现实经验世界中可以实现人与上帝的直接沟通,无限的永恒性存在与有限的时间性存在是辩证地融为一体构成存在的整体,在有限的时间性存在中蕴藏着无限的永恒性存在,无限的永恒性存在通过有限的时间性存在得以显现自身。而在现实经验世界中的有限性存在,正是因为与无限的永恒性存在辩证地结合在一起,方才真正作为一种合法性和确定性存在。正如肖勒姆所指出,犹太教神秘主义喀巴拉阐释学的思想实质在于,"它的全部注意力集中于'活的上帝'这一观念,这个上帝显现于创造、启示和救赎中。推到极致,对这一观念的神秘观照就产生了'神域',即自足的神性领域的概念。'神域'处于我们感官经验的世界之中,在所有存在物中活跃着"①。

然而,本雅明扬弃了犹太教神秘主义视弥赛亚为一个确定的救世主之宗教化认识,否定了唯有在未来时刻降临的弥赛亚才能弥合人类世俗的历史世界存在状态与弥赛亚王国存在状态的神秘主义观念,而是把作为无限的永恒性存在的"活的上帝"这一弥赛亚力量,视为内在于人类现实存在和世俗历史中的不可解构的绝对性力量和正义精神。因此,它不再是宗教神学意义上未来时刻必然来临的弥赛亚事件,而是始终与有限的时间性存在不可分离地连接在一起而处于"在场"状态,并非与有限的时间性存在相互分离而处于"缺场"状态,人们在现实生活世界和世俗历史中能够真实地体验和客观地发觉到它在场的痕迹,在当下的每一个瞬间随时可能开显出存在辩证统一的整体性本质,重现人类世界完整统一的本原状态。正是基于对存在辩证统一的整体性本质理解基础上,本雅明在有限的时间性存在与无限的永恒性存在辩

---

① [德]G.G.索伦:《犹太教神秘主义主流》,涂笑非译,四川人民出版社2000年版,第11页。

证统一的整体思维方式中理解时间,把时间中承载的作为无限的永恒性存在的弥赛亚力量与当下的现实存在重新连为一体,将时间划分为两种截然对立的时间:一种是奠基在主客二分的现代知性思维方式上的历史时间,即客观存在的物理时间,也就是与历史主义连续性的、进步的历史观念密不可分的线性时间;另一种是奠基在有限的时间性存在与无限的永恒性存在辩证统一的整体思维方式上的弥赛亚时间,即引发革命契机的当下时间,也就是与历史唯物主义断裂性的、反进步主义的历史观念相联系的救赎时间。

本雅明从有限的时间性存在与无限的永恒性存在辩证统一的整体思维方式出发,重新审视了过去、现在和未来三个历史时间点及其连续存在关联,建构了一种新的弥赛亚时间观。在他看来,过去、现在和未来三个历史时间点及其连续存在关联,并非像历史主义者所描述的那般是作为相互独立的历史时段按照从过去到现在再到未来的前后相继序列依次到来的时间结构,宛如一条均质向前的、不可逆转的、无限延续的直线,而是与作为无限的永恒性存在的弥赛亚力量不可分割地连接在一起,能够跳跃出同质空洞的线性时间链条,在当下的每一个瞬间随时可能结合起来的辩证统一的历史整体。"过去"并非是已然消逝、永恒不变的客观事实或一个线性历史时间的无关紧要环节,而是镌刻着世代被压迫者未完成的革命诉求和救赎期许的场所,孕育着弥赛亚时间种子的母体,一个历史整体不可或缺的组成部分。正如本雅明所说:"我们关于幸福的观念牢不可破地同救赎的观念联系在一起。这也适用于我们对过去的看法,而这正切关历史。过去随身带着一份时间的清单,它通过这份时间的清单而被托付给救赎。过去的人与活着的人之间有一个秘密协议。我们的到来在尘世的期待之中。同前辈一样,我们也被赋予一点微弱的救赎主的力量,这种力量的认领权属于过去。"①"现

---

① [德]汉娜·阿伦特编:《启迪:本雅明文选》,张旭东、王斑译,三联书店 2008 年版,第 266 页。

在"也并非是变动不居、瞬息流逝的历史时刻,一个过去和未来之间的短暂过渡阶段,而是标志着同质空洞的线性历史时间断裂和停顿的时刻,意味着过去未完成的革命诉求与存在于未来的救赎希望连接起来的革命救赎时刻,一个感悟历史整体在场的"当下"(Jetztzeit)①瞬间。正如本雅明所说:"历史唯物主义者不能没有这个'当下'的概念。这个当下不是一个过渡阶段。在这个当下里,时间是静止而停顿的。这个当下界定了他书写历史的现实环境……他把历史事件的悬置视为一种拯救的标记。换句话说,它是为了被压迫的过去而战斗的一次革命机会……现代作为救世主时代的典范,以一种高度的省略包容了整个人类历史,它同人类宇宙中的身量恰好一致。"②换言之,本雅明的"当下"概念与传统历史学性质上的纯粹"现在"概念是截然不同的,它既是把过去、现在、未来和瞬间辩证统一起来的整体时间,又是一个人类从同质空洞的线性历史时间观中警醒的启示瞬间,还是一个神学意义上的真理时间。"在这个当下中,真理被时间装满到要爆炸的程度。(这个爆炸点不是别的,正是主体意图之死,因而它与真正的历史的诞生相吻合,即真理时间。)"③正是在此意义上,彼得·奥斯本指出,本雅明的"当下"概念"执行了双重结合的功能:把历史(现在)和自然(瞬间)结合在一起,以及把历史整体(永恒)和历史性现在(现代性)结合在一起。本雅明的此时此刻既非瞬间又非现在,而是'作为此时此刻的现在'。它总是历史上特定的现在"④。"未来"亦并非是尚未到来

---

① Jetztzeit(当下)由 Jetzt(现在)和 Zeit(时间,时代)构成,意思是"现代"、"当今"。因而又被翻译为"现时"、"现代"、"此时此刻"。本文统一采用"当下"的译法,但在引文中,为尊重译者,按其原来的译法引注。
② [德]汉娜·阿伦特编:《启迪:本雅明文选》,张旭东、王斑译,三联书店2008年版,第274—276页。
③ Walter Benjamin, *The Arcades Project*, Translated by Howard Eiland and Kevin McLaughlin, Cambridge, Massachusetts, and London, England:The Belknap Press of Harvard University Press,1999,p.463.
④ [英]彼得·奥斯本:《时间的政治——现代性与先锋》,王志宏译,商务印书馆2004年版,第205页。

的、遥不可及的乌托邦理想,一个过去和现在因果联系的结果状态,而是表征着无限的永恒性存在和有限的时间性存在辩证统一的世俗弥赛亚王国,一个存在于过去与现在之中的弥赛亚力量和正义精神在当下的每一个瞬间随时可能现实化的时刻。"这驱除了未来的神秘感……这并不是说未来对于犹太人已变成雷同、空泛的时间,而是说时间的分分秒秒都可能是弥赛亚(Messiah)侧身步入的门洞。"①故此,弗莱切指出,"本雅明要揭示一个不为人知的、非目的性领域,从这个意义上来讲,弥赛亚的未来要求现实把历史、文化领域中那些被掩埋的'历史多样性'时刻展现在世人面前。那些以'被压迫者的历史'为特征的时刻,会重新出现在现实之中……在本雅明看来,幸福并不是希望在未来的圆满实现,而是历史经验在现实中的圆满再现。现实中重新抓住曾经错失的机遇,并不完满的历史片断在现实中重获圆满,这才是幸福的真谛"②。

至此,通过对历史时间的重新阐释,本雅明在犹太教神秘主义喀巴拉阐释学的视域下改写了过去、现在和未来三个历史时间点及其连续存在的关联,建构了一种全新的弥赛亚时间观,试图完成一场时间哲学中的"哥白尼式"翻转革命。正如阿甘本所指出:"肖勒姆想在本雅明1918 年 20 岁生日那天给他的题献之一(总共是 83 个)是'弥赛亚时间就是反转性 waw 的时间'……弥赛亚时间既不是完成式也不是未完成式,也不是过去式或将来式,而是所有这些的倒转……这里,过去(完成式)重新发现了现实性并成为有待实现的东西,而现在(未完成时)获得了一种实现。"③正是基于这种全新的弥赛亚时间观,本雅明认为,真正的历史时间不是表征有限的时间性存在与无限的永恒性存在相分

---

① [德美]汉娜·阿伦特编:《启迪:本雅明文选》,张旭东、王斑译,三联书店 2008年版,第 276 页。
② [加]弗莱切:《记忆的承诺:马克思、本雅明、德里达的历史与政治》,田明译,华东师范大学出版社 2009 年版,第 55—56 页。
③ [意]乔治·阿甘本:《剩余的时间——解读〈罗马书〉》,钱立卿译,吉林出版集团有限责任公司 2011 年版,第 93—94 页。

离的线性历史时间,而是表征在当下的每一个瞬间有限的时间性存在与无限的永恒性存在连为一体的弥赛亚时间。本真的历史并非如历史主义者所认为的那样是建立在过去、现在和未来三个同质空洞的线性时间观基础上的不可逆转的历史连续体,而是坐落在当下瞬间的弥赛亚时间观基础上的辩证统一的整体结构。"历史是一个结构的主体,但这个结构并不存在于雷同、空泛的时间中,而是坐落在被此时此刻的存在所充满的时间里。"①历史唯有建立在真实的弥赛亚时间观基础上,才能把内在于人类现实存在和世俗历史中的作为无限的永恒性存在的弥赛亚力量凝缩入当下时刻,打断线性历史时间无限延续的脚步,在当下的人类生存中实现世俗历史整体的救赎。正因如此,本雅明说:"我们的生活可以说是一块强健的肌肉,足以将整个的历史时间加以压缩。或换句话说,真正的历史时间概念完全是建立在救赎的意象上的。"②相应地,他明确地把人类历史最终解放的希望不再寄托于线性历史时间不断进步的"未来"终点,而是线性历史时间突然停顿的"当下"时刻。正如迈克尔·马克所指出:"在本雅明那里,历史显然不是一个完结的计划。它不是一个沿着线性时间预设的'进步'想象上达到顶点和以现代性的实现为终点的分层次结构。"③

总之,本雅明对历史主义线性时间观的批判和弥赛亚时间观的重构,旨在用辩证统一的弥赛亚时间取代同质空洞的历史时间,捕捉历史时间中存在的作为无限的永恒性存在的弥赛亚力量,孕育出"当下"的革命救赎契机,以唤醒人们破除同质空洞的线性时间观念的信仰,打断

① [德]汉娜·阿伦特编:《启迪:本雅明文选》,张旭东、王斑译,三联书店2008年版,第273页。
② Walter Benjamin, The Arcades Project, Translated by Howard Eiland and Kevin McLaughlin, Cambridge, Massachusetts, and London, England: The Belknap Press of Harvard University Press, 1999, p.479.
③ Michael Mack, *Modernity as an Unfinished Project: Benjamin and Political Romanticism*, in Walter Benjamin and the Architecture of Modernity, edited by Andrew Benjamin and Charles Rice, Melbourne: Re.Press, 2009, p.60.

历史主义建构在线性时间观基础上的虚假的历史连续统一体,重建原初世界过去、现在和未来辩证统一的历史整体,开启人类历史的新纪元。正是在这种意义上,哈贝马斯认为,本雅明历史主义线性时间观批判的"目的——这个目的与意识形态批判不同——是为了挽救那个充满了永存不朽的现时(Jetztzeit)的过去。它锁定了这样一些时刻,此刻间,艺术的感悟截止了装扮成进步的命运,并把乌托邦的体验译成一种想象化的辩证法(辩证法形象)——永远同一中的新颖"①。

(作者　河南大学马克思主义学院副教授)

---

① [德]尤金·哈贝马斯:《瓦尔特·本雅明:提高觉悟抑或拯救性批判》,载郭军、曹雷雨编:《论瓦尔特·本雅明:现代性、寓言和语言的种子》,吉林人民出版社2003年版,第412页。

价值形式与社会形式

——阿瑟"新辩证法"中的历史唯物主义思想

于　沫

摘　要：克里斯多夫·阿瑟（C.J.Arthur）的"新辩证法"延续了价值形式学派以"价值形式"为核心对《资本论》的解读模式，但是，与一般的价值形式学派局限于价值形式理论的逻辑分析不同，面对苏联解体所带来的马克思主义社会转型理论与实践的危机，阿瑟对价值形式理论的体系辩证法的分析，其最终的落脚点是价值形式作为一种特殊的社会形式所体现的历史唯物主义思想，即社会主义社会形式替代资本主义社会形式的历史必然性。由此，阿瑟将马克思的价值形式理论拓展到资本形式，力图在资本主义的社会形式与物质生产的矛盾统一中寻找社会转型与实践的真正途径。

关键词：社会形式　价值形式　辩证法　物质生产　历史唯物主义

近年来，国外马克思学关于《资本论》的价值形式研究思潮日益成为我国马克思主义研究领域中的一个新的潮流，并且其影响在日益扩大，而以克里斯多夫·阿瑟为代表的"新辩证法"是其中一种重要的解读模式。但是，阿瑟的解读一经发表也遭到了许多质疑，其中最主要的质疑在于认为阿瑟对《资本论》的"新辩证法"式解读拒绝了黑格尔的历史辩证法,而将《资本论》中的价值形式理论与黑格尔的体系辩证法相联系,由此导致阿瑟几乎放弃了马克思历史唯物主义的方法论原则,"新黑格尔派马克思主义的失误是线性解释或历史叙事……他们强调逻辑的连贯性,而不是社会的发展,因此,关注社会的发展方向对他们而言是次重要的陈述"①。但是,如果我们仔细阅读那些对阿瑟的非历史性进行批判的文章,就会发现其之所以会产生这种批判,是因为他们把精力集中于对阿瑟所提出的马克思的价值形式理论是如何与黑格尔的逻辑学相对应的解读之上,这种理解实际上是将阿瑟对价值形式理论的分析仅仅看作是对马克思《资本论》中逻辑方法论的重释,却忽视了"价值形式"概念本身所体现的历史性维度,而这一点却恰恰是阿瑟将价值形式作为对《资本论》的重释的中心位置的原因。对价值形式的历史性维度的理解必须将其放在"社会形式"的范畴之中,阿瑟正确地认识到了社会形式问题在马克思政治经济学批判中的重要意义,"仅仅由于社会形式的不同,马克思才会坚持认为,不存在像一般'经济学'那样的东西,但每一种生产方式都有其特殊性和特殊的运动规律"②。所以,只有当我们在社会形式的范畴中理解阿瑟对价值形式理论的分析时,马克思经济学研究中所体现的历史唯物主义的一般原则才会显现出来,才会发现阿瑟的"新辩证法"不仅没有排除历史,反而为我们理解马克思《资本论》中的历史唯物主义思想提供了一种新的思路。

① [美]诺曼·莱文:《不同的路径:马克思主义与恩格斯主义中的黑格尔》,臧峰宇译,北京师范大学出版社 2009 年版,第 5 页。
② [英]克里斯多夫·约翰·阿瑟:《新辩证法与马克思的〈资本论〉》,高飞等译,北京师范大学出版社 2018 年版,第 96 页。

一、何为社会形式,何为价值形式: 阿瑟对鲁宾思想的继承与发展

阿瑟的"新辩证法"采用价值形式理论对马克思的《资本论》进行重释,而在所有的价值形式理论家中,伊萨克·鲁宾(Isaak Rubin)对阿瑟的影响是最大的。鲁宾作为价值形式理论的开山鼻祖,在其著作中已经详细地说明了价值形式理论在马克思经济学研究中的重要性,以及价值形式作为一种特殊的社会形式所体现的历史唯物主义思想,这些观念对阿瑟产生了深刻的影响。再加上阿瑟在《新辩证法与马克思的〈资本论〉》一书中所谈到的对价值形式、社会形式的概念性理解,以及对价值形式论的各种质疑的回应,基本上是直接借用鲁宾的说法。所以,在进入对阿瑟的理论分析之前,有必要弄清楚鲁宾对作为社会形式的价值形式的理解。

鲁宾开启了研究马克思价值形式理论的先河,主要针对的是当时正统的马克思主义以价值内容和实质为核心对马克思劳动价值论的解释。在鲁宾看来,马克思劳动价值论的特殊之处不仅在于它揭示了隐藏在价值后面的抽象劳动,而且更重要的是它进一步追问,为什么劳动要采取这种抽象的形式,为什么"劳动需要用其产品的价值来表示,而劳动时间需要用其价值的大小来表示"?① 由于劳动只有在特定的社会,即商品生产社会中,才会变得抽象,所以,鲁宾认为马克思劳动价值论的核心并不是李嘉图式的劳动创造价值,而是要对价值所表达的特定社会历史特征进行追溯,从社会形式的角度研究价值,以作为形式的价值,即价值形式作为研究主题。

在鲁宾看来,马克思之所以能够将"价值形式"作为劳动价值论的研究主题,是因为马克思的经济学理论与其历史唯物主义理论之间有

---

① 《马克思恩格斯文集》第 5 卷,人民出版社 2009 年版,第 98 页。

着密切的概念联系。按照历史唯物主义的观点,物质生产活动是人类社会的基本要素,它的发展决定了整个社会的发展,但是物质生产活动是处在不断变化中的,在不同的历史时期有着不同的特点,而这种变化和特点主要体现在与一定的物质生产过程相适应的生产关系整体性质之上。历史上的各种经济形式或经济类型就是根据生产关系的总体性质相区别的,例如古代奴隶经济、封建经济或资本主义经济。鲁宾认为,这种生产关系的总体性质就是生产的"社会形式"方面,生产的不同社会形式就代表着物质生产发展的不同历史阶段,也就是历史上不同的社会经济类型,鲁宾也称之为不同的"社会经济形态"。所以,马克思的历史唯物主义思想就通过以社会形式作为研究的基本主题而体现出来。与这种历史唯物主义的一般观念相对应,鲁宾认为马克思的政治经济学必须以资本主义生产过程的社会形式作为分析的主体。因为只有对资本主义的社会形式方面进行分析,才能够揭示资本主义经济的特征及其相对于其他社会经济形态的历史特殊性,"讨论商品资本主义社会中人与人之间的生产关系的政治经济学,预设了一种具体的社会经济形式,一种具体的经济社会形态为前提。如果我们忽视一个事实,即我们正在处理发生在特定社会中的事件,我们就无法正确理解马克思《资本论》中的任何一句话……从一个具体的社会学假定出发,即从一个经济的具体社会结构出发,政治经济首先必须给我们这种社会经济形式的特征及其特有的生产关系"①。所谓的"价值形式",就是资本主义经济中"生产的社会形式"的典型表现,是资本主义商品关系所特有的社会形式。这种社会形式的特殊性就体现在,一方面,人与人之间的生产关系不是直接在物质生产过程中实现的,而是通过在交换领域中的诸事物的转移而组织起来的。既定的生产关系只能通过诸事物可交换性的社会特征被表现出来,生产关系被物化为事物所具

---

① Isaak Illich Rubin, *Essays on Marx's Theory of Value*, New York: Black Rose Books, 1990, p.3.

有的特定的社会形式。包括"价值形式"在内的各种政治经济学的物质范畴就是资本主义经济内部的劳动产品所获得的不同类型的社会特征的表达。另一方面,由于事物以一种确定的且固定的社会形式出现,所以社会形式对物质生产的规范作用,表现为事物本身对人们的影响和塑造,拜物教也由之产生。所以,鲁宾认为马克思的政治经济学正是通过对包括"价值形式"在内的一系列政治经济学范畴的考察,揭示出存在于这些物质范畴背后的社会生产关系,并通过进一步追溯这些生产关系之所以必然采取物化形式的原因,实现对资本主义社会经济结构的历史特殊性的揭示。

阿瑟直接继承了鲁宾对社会形式以及价值形式的概念性理解,肯定了鲁宾通过充分地讨论资本主义经济的社会形式来阐明资本主义经济的历史特殊性的做法。但是阿瑟认为在鲁宾那里,其关注的焦点过多地放在了纯粹交换诸形式之上。也就是说,虽然鲁宾的观点乍一看与其他价值形式理论家的观点不同,表现在其形式分析并不那么激进,反而非常强调物质生产过程与社会形式之间的必然关系,鲁宾认为按照历史唯物主义的科学观点,我们在研究一种社会经济形态的时候,应该把其看作是一种包括生产力和生产关系相互作用的整体。但是当进一步细致审查鲁宾的论证时,会发现鲁宾并没有将物质生产过程纳入对马克思的政治经济学批判的研究之中,反而认为马克思的经济学所处理的仅仅是纯粹交换诸形式及其中的逻辑关系。其最初所设定的物质生产与社会形式的内在联系成为一种未实现的承诺。而阿瑟则认为,虽然由于资本主义社会形式在塑造社会物质生产的特征和方向上的重要性,以至于马克思的叙述要从交换诸形式开始,但是这种形式分析并不能与对物质生产过程的分析截然分离。所以阿瑟进一步深化"社会形式"范畴,将价值形式拓展到资本形式,并通过资本形式现实化自身的需求,从纯粹的形式分析转向物质生产,坚持资本形式与物质生产之间相互区分却又相互渗透的辩证统一性。之所以会产生这种差异,是因为在鲁宾那里是将马克思政治经济学研究理解为对特定的社会经济形态进行科学分析,将资本主义社会中所表现出来的社会形式与物质生产之间的分离当作了既定的前提。所以,虽然鲁宾强调马克思的经济学理论与历史唯物主义之间的密切关系,但是他根本无法理解马克思力图通过对资本主义社会形式的分析,寻找到对资本主义的真正的和彻底的取代的途径。而阿瑟则正确认识到马克思的政治经济学研究的理论目的是为了瓦解资本主义,所以在阿瑟看来,马克思对资本主义诸形式的分析从一开始就不仅仅是为了说明交换诸形式作为一个既定的"先验结构"对社会的塑造作用,其最终目的是为了瓦解这种"先验结构",实现对资本主义的批判和取代。

二、从价值形式到资本形式:社会形式与 物质生产的矛盾统一

如上所述,阿瑟将价值形式追溯到资本形式,在资本形式的被现实化需求中实现资本主义社会中社会形式与物质生产的统一。所以,不同于价值形式学派对资本逻辑的同一性的单向度强调,阿瑟认为,在资本主义社会中,资本形式与物质生产是共同起作用的,二者之间的统一是一种对立面的统一,而非一方面被简化为或归属为另一方面。

毋庸置疑,阿瑟花了大力气来说明马克思对黑格尔的继承关系,不仅认为《资本论》与《逻辑学》之间存在着方法论上的同构性,而且提出资本形式作为"黑格尔逻辑理念的真实化身",强调二者在本体论意义上的一致性。由此,一些读者就会轻率地认为阿瑟将马克思的资本形式与物质生产的统一性等同于黑格尔的"绝对精神"及其内容的同一性。的确,在阿瑟看来,马克思与黑格尔体系辩证法的叙述方法都是为了追溯一个理想的总体,即现实世界在其统治之下的抽象总体。所谓的体系性逻辑就是一种向总体进行"回溯"的后退逻辑,即对总体已经展开的自我运动形式的"重建"。按照黑格尔的体系辩证法,范畴之间从抽象到具体的体系性序列意味着从最基本的和最抽象的范畴向最丰

富和最具体的范畴的追溯,每一范畴相较于下一范畴而言都是不充分的,而范畴之间的转换动力就来自于对自身的不充分性的克服以及对自身存在的必然性证明的追溯,最终追溯到"无条件"的总体,叙述才会结束。所追溯到的"无条件"的总体为所有体系内的范畴提供合法性证明,所以必然是完满的和自足的。在黑格尔那里,这个"总体"体系是由"绝对理念"建构起来的,而马克思形式分析最终追溯到的最后一个环节是资本形式,即"自我增殖的价值"(M—C—M')。但是,阿瑟并不认为资本形式就其本身而言能够成为"绝对理念"式的总体化的规定性,因为资本形式并不是完满的和内在自足的。资本形式实现自身所必需的物质生产领域并不是内在于形式之中的,相反,只是外在地、偶然地提供给资本形式的。并且,在物质生产领域中永远存在无法被资本形式纳入自身发展中的部分,最终发展成为破坏资本的对立面。所以,在阿瑟看来,马克思对资本形式的追溯从一开始就不是为了论证资本统治一切的理想性,而是要揭示资本形式试图成为"绝对理念"式的"理想总体"的虚假性,并由此实现对资本形式的否定。"对资本、资本的权力、资本的规律、资本的真理,'我们别无选择'……当马克思在《资本论》中诉说这些'真相'时,他的论述因而典型地采取了辛辣讽刺的形式。"①

所以,在阿瑟看来,马克思政治经济学批判的研究对象既不是单纯的社会形式,也不是物质生产过程本身,而是社会形式与物质生产之间的统一。不同于二者在其他社会经济形态中的内在统一性,即物质生产作为社会形式的"自然承载者"。在资本主义社会中二者是相互区分的,资本形式与物质生产之间的统一性不能按照"形式与内容"的同一性辩证法来进行理解。资本形式并不是在物质生产自身的发展中产生的,而是产生于其他地方并外在地施加于物质生产过程之上,将其强

---

① [英]克里斯多夫·约翰·阿瑟:《新辩证法与马克思的〈资本论〉》,高飞等译,北京师范大学出版社 2018 年版,第 272 页。

制性地形塑为它自身的内容。在资本主义经济中,不是"内容通过其形式的中介而发展自身,而是形式通过包含物质并将之转变为自我增殖的承担者而稳定自身"①。所以,阿瑟区分了"物质与形式"和"内容与形式",也就是说,不同于资本形式与物质内容的同一性,就物质生产本身来说,其与资本形式二者之间的关系是外在的,阿瑟用了一个非常生动的比喻来说明这种外在性,"如果我从生面团中切出一个姜饼人,那么生面团就是制造出形式的物质,它不是内容。相同形式能从任何可加工物质中制造出,且物质与被外在施于其上的形式无关"②。所以,在阿瑟看来,物质生产本身与资本形式是处在一种对立面的辩证统一关系中,并且,在物质生产方面永远存在着资本形式的"外在他者"。也正是如此,资本形式才具有被瓦解的可能性。

三、社会形式与生产方式:阿瑟"新辩证法"中的历史唯物主义思想

阿瑟所处的时代,恰好是苏东剧变的时期,苏联的解体给马克思主义历史唯物主义思想造成了巨大的冲击。"每一个对这个问题感兴趣的人都必须汲取这一失败尝试的教训,并且任何一个马克思主义者必须为'究竟出了什么问题'提供一个与马克思主义理论本身相一致的解释。"③阿瑟则力图通过对资本主义社会中资本形式与物质生产之间的矛盾统一性的探讨,为分析苏联模式的失败以及马克思主义社会转型理论与实践提供一种新的解读模式。

在传统马克思主义那里,生产力被看作是社会进步、转型的唯一决

① [英]克里斯多夫·约翰·阿瑟:《新辩证法与马克思的〈资本论〉》,高飞等译,北京师范大学出版社2018年版,第118页。
② [英]克里斯多夫·约翰·阿瑟:《新辩证法与马克思的〈资本论〉》,高飞等译,北京师范大学出版社2018年版,第226页。
③ [英]克里斯多夫·约翰·阿瑟:《新辩证法与马克思的〈资本论〉》,高飞等译,北京师范大学出版社2018年版,第225页。

186

定性因素,这导致马克思主义历史唯物主义思想被曲解为历史主义的永恒自动进化思想。在阿瑟之前这种理解就已经受到了批判。阿瑟本人虽然没有否定将历史唯物主义理解为人类社会发展的客观规律的观念,但是阿瑟认为在《资本论》中,马克思的兴趣点显然早已不在于此,即不在于"恢复黑格尔的历史哲学的宏大叙事并将之与历史唯物主义相联系"①。在《资本论》中,马克思的研究对象不再是一般的历史事实及其规律,而是对既定的社会历史境遇——资本主义社会经济形态——进行批判性分析。并且,这种分析并不仅仅停留在对人类历史上最复杂的社会经济结构的揭示,澄清其本质、划清其界限,而是要在这种分析中发现向社会主义转变的必然性和根本途径。阿瑟认为,虽然苏联的社会主义模式失败,但是这并不意味着马克思社会主义替代选择的必然性断言失效,而是由于其解放路径和目标的错误。按照阿瑟的理解,苏联模式的悲剧就在于它在还没有能力彻底地克服资本主义的物质内容的时候,就首先片面地废除了资本主义的社会形式。阿瑟认为虽然马克思通过形式分析发现了资本形式力图作为统治一切的理想总体的虚假性,以及这种理想性与物质生产在本质上是矛盾的,但是,对资本主义的否定并不能通过对资本形式的废除就能够实现,即社会形式的单向度转化并不意味着社会有机整体的历史性转变。

为了说明社会有机整体的真正转型,阿瑟引入了马克思的"生产方式"概念。阿瑟将生产方式定义为"社会形式与物质内容的稳定的和相对和谐的结合",是"几乎能自动地再生产自身的有机整体"②,并认为历史上的任何社会经济形态都应该在这些因素的辩证地内在相关性中被理解。一种社会经济形态向下一社会经济形态的历史性转化,实际上是一种生产方式对另一生产方式的取代,如果生产方式不发生

---

① [英]克里斯多夫·约翰·阿瑟:《新辩证法与马克思的〈资本论〉》,高飞等译,北京师范大学出版社 2018 年版,第 3 页。

② [英]克里斯多夫·约翰·阿瑟:《新辩证法与马克思的〈资本论〉》,高飞等译,北京师范大学出版社 2018 年版,第 237、240 页。

转变,这种历史性转换也只能是失败的。就资本主义社会而言,其特殊性就在于作为社会形式的资本与物质生产并不是从一开始就内在相关的,二者最初是相互分离的,并且资本形式是强制性地实现对物质生产的统治,但是资本主义生产方式同样也只有在资本形式控制生产并将之形塑为它的充分内容,即工厂体系之后,才真正被建立起来。而只有当物质内容在其不断发展之后,不再能够为资本形式的增值规定性提供充分内容反而力图冲破资本形式的控制之时,才意味着资本主义生产方式的衰退以及被取代的客观必要性。所以,虽然社会主义取代资本主义成为一种新的社会有机体在马克思那里具有历史必然性,但是,阿瑟并不认为苏联的后资本主义模式是社会主义生产方式。资本形式在苏联被摧毁,资本的物质化内容却被保留了下来,如工厂体系,事实上,苏联也没有能力克服这种物质内容,"除了大量的政治劝诱,孤立的苏联没有人力和技术资源去避免复制资本主义技术"①。苏联的政治性强制指令无法为遗留下来的资本的物质化提供有效规范,二者的结合最终所导致的结果只能是效率低下和生产力的停滞不前,即"政治性强制指令不能以控制工厂的方式推动生产力在稳定和持久中发展"②。如此一来,苏联模式的"自我流产"也就在意料之中了。

由此可见,在阿瑟看来社会主义革命不能仅仅被看作是类似于苏联模式的对资本形式的单向度批判,而应该被理解为对由资本所建立的社会有机整体的变革,也就是在否定资本的同时克服资本制度的物质内容。所以,阿瑟提出,马克思的政治经济学批判最终所表达的根本立场,是"推翻资本主义生产方式和最后消灭阶级",以实现对资本主义的持久的和真正的取代。而在阿瑟看来,这种立场的现实性至今仍然是历史性地开放的,马克思在 19 世纪所提出的无产阶级革命的历史

---

① 〔英〕克里斯多夫·约翰·阿瑟:《新辩证法与马克思的〈资本论〉》,高飞等译,北京师范大学出版社 2018 年版,第 237 页。
② 〔英〕克里斯多夫·约翰·阿瑟:《新辩证法与马克思的〈资本论〉》,高飞等译,北京师范大学出版社 2018 年版,第 235 页。

使命至今仍是有效的。

四、"新辩证法"对马克思"社会形式"解读的问题所在

总的来说,阿瑟"新辩证法"借用价值形式学派将"社会形式"置于研究的中心位置的观念,对比价值形式学派纯粹的社会形式研究,阿瑟的理论贡献在于将马克思的社会形式分析从价值形式扩展到资本形式,将政治经济学批判从纯粹的社会形式研究扩展到社会形式与物质生产的矛盾统一性研究,并由此给出了社会主义替代资本主义的历史必然性以及解放路径。但是,由于阿瑟过度强调价值形式理论与黑格尔辩证法之间的一致性,强调交换的社会形式作为一种"理想主体"对物质生产的形塑作用,所以阿瑟并没有理解物质生产在马克思政治经济学批判中的基础性地位,最终导致了对生产与交换的真实关系的倒置。

阿瑟虽然强调在社会形式与物质生产的整体性中理解资本主义经济,但是他认为直接的物质生产过程是纯粹的,不带有任何历史的特殊规定性,资本主义社会历史规定性是由交换的社会形式所规定的,物质生产过程只是被消极地假定为交换形式的"承担者"。阿瑟凭此则将马克思对交换诸形式的追溯当作了《资本论》的核心问题,并认为这种形式是如此重要,以至于马克思"应当"在《资本论》的开始就完全排除生产方式和物质对象等问题,直到将资本完全概念化为形式规定性之后才可引入这些问题,甚至认为对这些问题的关注也是由于其作为资本形式得以实现其概念可能性的基础。所以,尽管阿瑟认为马克思的叙述方法是对现实运动的观念表达,但是他将现实运动直接理解为"抽象主体"即资本的自我创造过程,将马克思的叙述方法的研究目的仅仅理解为对资本作为社会主体的剖析。也就是说如果没有资本这个独立主体,则现实运动就没有存在的可能性。但这种对交换的社会形

式的黑格尔式解读恰恰是对马克思最大的误读。马克思在《资本论》中使用的辩证法与黑格尔的体系辩证法虽然具有相似之处,即都是在"现实的抽象"中把握现实运动过程,但二者之间的区别恰恰就在于,不同于黑格尔的辩证法以独立主体作为运动过程得以可能的根据,马克思认为在抽象中所反映出的运动过程,不过是"在人的头脑中被改造过的物质的东西"①。所以在"观念的抽象"中显现出来的运动和变化过程不是抽象主体的结果,而是在抽象之外的物质的实际运动过程的观念反映。资本主义的特殊性就在于这种"抽象的东西"才是作为表象的、可以被直接把握的"实质性现实",真正的决定这种表象的"物质的东西"反而是被遮蔽的、不可以被直接把握的。由此,马克思对"抽象的东西"的考察,并不是为了在观念表象之内追溯使表象得以可能的"抽象主体",而是力图揭示在这种直接表象背后的、决定表象(即"物质抽象"成为"实质性现实")之所以以观念形式显现出来的"物质的东西"是什么。马克思在《资本论》中认为这种"物质的东西"是生产方式,即"我们前面所考察的经济范畴,也都带有自己的历史痕迹。产品成为商品,需要有一定的历史条件……如果我们进一步研究,在什么样的状态下,全部产品或至少大部分产品采取商品的形式,我们会发现,这种情况只有在一种十分特殊的生产方式及资本主义生产方式的基础上才会发生。但这种研究不属于商品分析的范围"②。

由此可见,马克思对资本形式的追溯并不是马克思政治经济学批判的目的,相反,这种追溯仅仅是马克思批判理论的入口,政治经济学理论止步的地方恰恰是马克思批判理论的起点。马克思从抽象到具体的叙述方法并不是政治经济学意义上的从最抽象规定性的范畴追溯到包含最丰富规定性的范畴,而是从作为直接现实表象的政治经济学理论出发,通过对其的考察和重述揭示产生资本主义社会形式的物质性

---

① 《马克思恩格斯全集》第23卷,人民出版社1972年版,第24页。
② [英]克里斯多夫·约翰·阿瑟:《新辩证法与马克思的〈资本论〉》,高飞等译,北京师范大学出版社2018年版,第192页。

基础,并且进一步对这种物质基础得以可能的历史性前提条件进行分析,即资本的原始积累等问题。也只有这样,才是马克思的抽象形式分析方法与历史分析方法的有机结合。

事实上,阿瑟已经触碰到了能够发现资本主义中生产与交换的真实关系的边缘,即阿瑟已经意识到了资本形式是被给予的,是从其他地方产生的,以及马克思在《资本论》第一卷的最后一部分关于资本的原始积累的历史性解读不同于之前逻辑的形式分析方式。但是由于阿瑟过度强调马克思对黑格尔的继承关系,导致他并不能对这些问题进行深入考察。

从交换习性看马克思的价值形式理论

——《资本论》的有关分析及其讨论

牛　小　雪

　　摘　要:为强调商品价值是对象化的抽象劳动这一客观规律,已有的《资本论》研究更多地从抽象人类劳动出发来规定价值,一定程度上忽视了商品流通运动中的交换习性。本文将从习性和经济制度的关联出发,透过交换习性这一独特的表征,重新考察马克思的价值理论。为阐明交换习性在《资本论》的给出语境,本文第一部分集中于分析马克思对价值来源问题的讨论,以期进一步研究交换习性的范围和特征;第二部分借鉴制度经济学的隐喻式研究方法,以习性、习惯为分析重点,重新解读价值一般形式的确立过程;第三部分作为总结,既回应制度经济学派对马克思价值理论的"还原论"曲解,同时也正面提出交换习性对马克思分析资本特定社会形式的重要意义。

　　关键词:价值规律　凝结劳动　社会习惯　隐喻　制度经济学

　　在20世纪70年代,西方马克思主义经济学家们关注的一个重要问题是:价值如何转化为依社会必要劳动时间而定的生产价值,又进而成为现实市场的"竞争价格"? 在处理这一所谓的"转型问题"(transformation problem）时，有关价值的争论大量出现。① 这些讨论都或多或少地对马克思劳动价值中心论提出了质疑，也即，将商品价值的来源和标准定位到抽象劳动凝结上的做法是否具有足够的理论解释力？如果马克思在论证商品价值之前已经预先设定了"抽象人类劳动"这一理论准备，那么对价值问题的讨论无疑是在做一种还原论的解释，也即价值的源泉理所应当地被归为无差别的人类劳动生产。这显然违背了马克思要对政治经济学理论做全面批判的理论设想，后者是将劳动范畴视为不证自明的价值决定要素。

虽然马克思在《资本论》第一卷强调了价值规律与自然规律类似，具有铁一般的必然性。但值得注意的是，马克思"价值取决于社会必要劳动时间"的判断并非是去语境化的断言，相反，马克思的这个论断是在不断追问资本主义这一特殊机制是如何产生并发挥作用等系列问题后得到的，也即，无差别的人类劳动之所以成为价值的衡量标准，是由于资本主义生产的特殊历史条件。普遍交换的社会机制许诺任意商品可以用统一单位转化为抽象劳动，这一交换机制内化于商品社会演进过程，虽然看似脱离了交换者的意志和活动，但这一运动过程实质上却离不开行为者的参与。从《资本论》第二章有关"交换过程"的分析中，也可以观察到具有行动力的真实个人是如何参与到社会结构的搭建过程中的。因此，马克思的价值理论并非是对将劳动作为中心的目的论还原，霍奇森（Geoffrey M.Hodgson）和玛莎·坎贝尔（Martha Campbell）等理论家质疑马克思"因缺少习惯和文化积累的分析从而造成了经济结构和行为者的断层"②这一批判是站不住脚的。马克思并未在价值分析中割裂了行为者（actor）和社会结构（structure）的关系，而是

① 参考伊恩·斯蒂德曼的"价值非劳动"理论、斯拉法的"价格理论"、霍奇森的"价值演化理论"等等。参见［英］伊恩·斯蒂德曼、［美］保罗·斯威齐等：《价值问题的论战》，陈东威译，商务印书馆2016年版。

② 参见 Martha Campbell, *The Objectivity of Value versus the Idea of Habitual Action*, from Riccardo Bellofiore, Nicola Taylor, "The Constitution of Capital Essays on Volume 1 of Marx's Capital", 2004, pp.63–67。

将对这二者的分析融合到了对资本主义特殊历史社会机制的论述方法中。

本文将从《资本论》对价值范畴的论述入手,梳理马克思在《资本论》中就习性和经济制度的关联的考察,并对有关研究进行可能的回应。为了弄清交换习性在《资本论》的给出语境,第一部分集中于分析马克思对价值来源问题的讨论,以便进一步研究交换习性的范围和特征,第二部分借鉴了制度经济学的隐喻式研究方法,以习性、习惯为分析重点,重新解读价值一般形式的确立过程,第三部分作为总结,既回应制度经济学派对马克思价值理论的"还原论"曲解,同时也正面提出交换习性对马克思分析资本特殊社会形式的重要意义。

一、交换习性的范围及其特征

《资本论》对商品社会的分析引出了一种关于社会主体性与社会客体性的建构理论,在经济过程中,劳动产品作为商品生产出来,私人劳动作为社会总劳动的一部分得以表现,这是由于交换使得产品之间、劳动者之间发生着关联。商品作为交换价值发生着关联,使得形态不一的劳动产品可以由等同的劳动时间进行化约,使得私人劳动有机会参与到社会总体分工体系之中。交换关系作为连续性的人和人之间的相互作用来自于交换行为的不断重复,随同交换行为,交换者也产生了对交换关系的共同意识。交换的行为和意识不断巩固,社会客体性和主体性在交换习惯或交换风俗的社会复合体中获得了新的规定,交换成为新的社会历史建构形式。从此种意义上来看,交换既是被建构的,同时也具有建构性。作为主体的交换者,首先是"有生命的个人的存在"①,他既是可以独立转让财富的私人所有者,同时又以商品普遍关系作为彼此交换的必要前提。根据历史的特定社会形式,马克思指出

①　《马克思恩格斯全集》第 3 卷,人民出版社 1960 年版,第 23 页。

交换中私人的独立性产生出了对整个市场交易的全面的依赖,独立和依赖在现代社会同时并存。正如马克思和恩格斯在《德意志意识形态》中指出的:"这种生产方式不仅应当从它是个人肉体存在的再生产这方面来加以考察。它在更大程度上是这些个人的一定的活动方式、表现他们生活的一定形式、他们的一定的**生活方式**。个人怎样表现自己的生活,他们自己也就怎样。"①个人的生活方式受到与他人的交往方式的影响,而非单一的由物质财富的生产方式所决定,他们的生活形式取决于其所生活的特定历史社会形式。这是马克思历史唯物主义思想的关键理念。

在明确了资本主义生产模式的特殊社会背景之后,接下来可以简要分析价值研究在马克思理论分析中的重要性。首先,将商品价值和交换价值混为一谈是马克思对古典政治经济学家的反驳核心之一,与前者时而从劳动、时而从价格来解释价值的游移不同,马克思剥离了商品交换价值形式的外壳,进一步澄清只有凝聚在商品中的劳动才是价值的本质。其次,从《资本论》的叙述顺序也可以看到,有关商品"价值实体"和"价值量"的讨论出现在"一般等价物"和货币之前,这说明正确理解价值形式是着手分析商品体系的第一步,因为对价值形式的批判考察不仅揭示了考察对象的历史特殊性,也符合其所表达的诸概念的历史特殊性,正如马克思所言"劳动产品的价值形式是资产阶级生产方式的最抽象的、但也是最一般的形式,这就使资产阶级生产方式成为一种特殊的社会生产类型,因而同时具有历史的特征"②。最后,马克思在 1873 年的第二版《资本论》中,将第一版(1867 年)"价值形式附录"写进了第一卷正文,并且在有关价值和价值形式的部分做了大量修改、调整和补充,较之于发展更完全的货币形式,价值形式虽然更为基础,但《资本论》第一章有关价值存在的推演并非只是为价值概念

---

① 《马克思恩格斯全集》第 3 卷,人民出版社 1960 年版,第 24 页。
② [德]马克思:《资本论》第 1 卷(上),人民出版社 1975 年,第 98 页注 32。

给一个定义,而是要呈现出资本社会特有的思想形式,并通过展现社会深层结构的方式来为之后诸范畴的展开做准备。当然,对社会结构的论述也不应当被看作纯粹的逻辑推演,因为马克思对资本主义经济体系的分析极力避免从某种第一原理出发来推出万物,这种超历史的立场是他极力反对的。价值并非从天而降的理论假想,而是资本主义历史整体性中的一个环节。

马克思的价值形式理论内嵌于他对商品的分析中。商品的二重属性——价值和使用价值——引导马克思进一步讨论为何要从商品世界中分离出能够表现一切商品的"第三物"。商品 A 与商品 B 之间要想实现等价交换,首先需要价值形式从交换价值转变为价值,实现从实际的使用价值到表现为凝结劳动物的"质"的转化。其后,又需要从价值转向交换价值,用以分别衡量商品 A 和商品 B 各自的"价值量"。这一双向运动背后潜在着关于价值形式的规定,也即为何交换会成为社会公开承认的有效法则,由此可见,"价值量"、"价值质"和"价值形式表现"这三者在马克思的价值形式理论中密切相关。《大纲》写道:"价值不仅是商品的一般交换能力,而且是它的特有的可交换性。价值同时是一种商品交换其他商品的比例的指数,是这种商品在生产中已经换到其他商品(物化劳动时间)的比例的指数 价值是量上一定的可交换性。"①商品要想实现和其他商品的交换,就必须被"设定"为和自身自然属性无关的他物,被设定为价值。不是因为同一性,而是因为对自身的否定才能够跻身于商品世界,转化成实际价值。克里斯多夫·阿瑟(Christopher J.Arthur)将商品交换价值的这一实现过程与黑格尔"存有和无"的论调(Being—Non-Bing—Bing)做类比,认为内在于资产阶级社会特有的商品交换关系中的价值,只有通过否定自身的物理属性才能获得更加完满的形式(fuller form),并为之后重新返回交换链条来实现自我生产(self-production)中做准备。通过自我生产,价值形式获得

① [德]马克思:《资本论》第 1 卷(上),人民出版社 1975 年,第 89 页。

了一种特殊的内容。① 可见马克思已经认识到价值决定于劳动时间与它位于商品交换世界中密不可分。简单来说,马克思从《1844年经济学哲学手稿》时期将价值与物质财富挂钩,再到吸收古典政治经济学家价值由劳动时间决定的基本判断,再到将价值与整个商品世界联系在一起,都充分说明马克思对价值问题的思考并非如制度经济学派所讲的,是将劳动先入为主塞进价值概念。这一点会在下文继续探讨。

伴随商品交换的发展,交换成为一种自发的形式。商品交换形式的普遍化带来了一系列新的社会表现——私人劳动被当作等同的社会劳动、劳动产品被当作无差别的价值发生买卖关系。在解释这些社会表现的出现原因时,马克思并未预设一种普遍的带有方向性的历史动力,而是将商品生产者为何会被客体化的社会关系(价值和资本)所塑形的原因追溯到了有关交换过程的历史特殊形式。在1879年针对瓦格纳《政治经济学教科书》发表的评论中,马克思回应道,将价值形式归结为"**共同的社会实体**"(the common social substance)是"很奇怪的",他并没有将价值形式"简化"为类似的社会实体——劳动。② 可见,如果对价值缺乏商品关系的语境规定,就会陷入瓦格纳表达的"价值是由使用价值规定的"错误论调。马克思这样阐述自己对商品世界的表达方式:"出发点是劳动产品在现代社会所表现的最简单的社会形式,这就是'商品'。我分析商品,并且最先是在**它所表现的形式上**加以分析。在这里我发现,一方面,商品按其自然形式是**使用物**,或**使用价值**,另一方面,是**交换价值的承担者**,从这个观点来看,它本身就是'交换价值'。对后者的进一步分析向我表明,交换价值只是包含在商品中的**价值**的'**表现形式**',独立的表达方式,而后我就来分析价值。"③在分析商品的过程中,交换价值与使用价值不是孰先孰后的先

---

① Christopher John Arthur, *The New Dialectic and Marx's Capital-Brill Academic Publishers*, 2004, pp.167—168.
② 《马克思恩格斯全集》第19卷,人民出版社1963年版,第396页。
③ 《马克思恩格斯全集》第19卷,人民出版社1963年版,第412页。

后顺序,x 量商品 A=y 量商品 B 也并非是可以抛开物化劳动或交换过程任一方而横空出世的等价公式。恰如普殊同总结的,"商品的范畴是以资本的范畴为前提的,资本主义分析的严谨与有力证明了它的有效性,而它正是这一分析的起点"①。资本主义的商品结构对价值、交换价值、劳动一般等范畴具有重要的赋义作用,任何剥离开商品与价值互相作用的价值形式分析只会陷入价值由某一要素支配的单一决定论。有关交换习性的讨论必须被规定在资本主义的特殊生产模式中。

二、习惯对商品普遍交换的赋义作用

本文采用的有关隐喻的分析,主要借鉴了演化经济学家杰弗里·霍奇森(Geoffrey M.Hodgson)的生物学隐喻策略。在他看来,虽然科学家经常强调去掉隐喻、展现被它掩藏的本质,但是如果将经济学和其他科学完全理解为精准的、全面的科学实证主义表达,就会面临两种风险:一是只知道承认当下事实,二是陷入还原论危机。因此,霍奇森强调要认识隐喻的重要性:"我们无法简单地根据事实建立理论。事实不会'自我表白',它既不能证实也不能严格地证伪我们的理论。隐喻不是一种饰品:它是构成和整理我们的思想所必不可少的一种手段。"②隐喻意味着对构成复杂事物的多元要素和不确定性的承认、对演化过程而并非只是演化结果的重视,以及对人类的想象、行为和选择的关注。

在分析马克思对古典政治经济学家的超越之处时,存在一种这样的理解,即上述双方存在理解分歧的原因在于二者的理论研究方法有着根本的不同:古典政治经济学家停留于从现象层面对经济生活进行

---

① [加]莫伊舍·普殊同:《时间、劳动与社会统治:马克思的批判理论再阐释》,康凌译,北京大学出版社 2019 年版,第 165 页。
② [英]杰弗里·M.霍奇逊:《演化与制度:论演化经济学和经济学的演化》,任荣华等译,中国人民大学出版社 2017 年版,第 66 页。

考察——诸如对价格和收益体系的重视或是以市场变动为重点的讨论等。而马克思则转向了对资本主义生产体系的深入分析,超越了现象来探寻资本主义社会的实在(reality)。这样一种立场假定:有关经济生活的诸多表象和其内在本质之间有着根本分野,并且从逻辑角度来看,后者要比前者更加高阶。也就是说,超越表象以寻求本质的研究方法是成熟时期马克思的理论贡献。新马克思主义者萨米尔·阿明(Samir Amin)就曾表达过类似见解,在他看来,马克思对古典经济学家的超越正是在于前者将注意力从"市场"、"价格"等具有浮动性的经济表象,转移到了更高逻辑版本的"社会价值"(social value),马克思所分析的抽象社会的无意识的深层结构,要远比直接分析市场更加精妙。①要质疑这一立场,就需要质疑下述假设:马克思是否为了追求某种本质而彻底回绝了表象、回绝了资本主义模式下显露出的诸多隐喻?

事实上,批判理论要想保持其自我反思性,就必须针对问题本身而非通过概念对立的方法来试图化解问题。表象和本质或是现象和概念的二分,只是在用一种逻辑(浮于表面的市场交易属性)来战胜另一种逻辑(普遍永恒的资本同一性),是用"还原"的方法来展现资本主义阶段的"固定内核",而忽略了资产阶级社会的历史特殊性以及事物真正是其所是的原因。接下来,本文将化用霍奇森"生物演化隐喻"的提法,讨论马克思在《资本论》第二章"交换过程"中,表达出来的各类价值隐喻是如何在演化过程中获得了资本形式化表达的。

不同于第一章以商品和商品关系为重点的解读,《资本论》第二章终于出现了交换者(exchangers)在交换过程中的真实行动。这一真实的交换过程把商品应有的属性从想象状态,通过习俗(custom)力量的中介转化,变成了可实现的使用价值和价值。与完全依据习俗和身份认同构建起来的礼物交换社会不同,在商品社会,交换主体——商品交

---

① Samir Amin, *Three Essays on Marx's Value Theory*, Monthly Review Press, 2013, pp. 18-20.

换关系的承担者——作为私人所有者,为了满足自身的交换需求,不能只是对共同社会法则的完全服从,还需要在头脑中构想一套可以普遍交易的等价法则,构想一种可以在两个商品之间充当中介功能的"第三物"、对产品进行头脑中的比较和估价。这里依旧隐藏着关于交换习惯和客观劳动量之间的隐喻之谜。如果人们的等价交换行为只是出于想象和习惯,那么源自一般劳动的价值量又该如何维持自身的客观性?既然市场和交易法则并不能规定现存资本社会的一切关系,那么社会中的非商品关系(non-commercial relations)对于整体的资本主义形式又会产生怎样的作用力呢?

强调社会习俗和文化规范是经典社会学家(如涂尔干、韦伯等)惯用的分析社会的方法。在马克思对商品二重性的分析那里,同样可以看到社会习惯在确定商品价值量、确立交易关系、固定金银为货币形式等市场行为中的作用,只不过马克思对"习惯"的引入,并非是霍奇森所分析的为了弥补行动者(actor)和社会结构(social structure)之间空隙所设立的"中间物",也并非是为了从"历史"流动的角度解释由前资本主义时期转型为资本主义时期的发生动因。而是从社会实践的角度来考察产品被赋予交换属性的过程和机制,解释从具体到抽象的化简机制为什么能够在整个社会中发挥作用(无论是商品的具体使用价值到抽象价值,还是劳动的具体形式到普遍抽象的形式)。而马克思在《资本论》前两章提到的习惯只是机制中有关隐喻表达的一部分。而且,只有在这一机制中,各类隐喻才获得了充分的表达,反过来看,考察价值形式也离不开对这些隐喻的重新审视,也即它们是如何在价值关系中表现自身的。

拿麻布是如何成为普遍等价物形式为例。麻布作为商品不可能自己跑到市场上进行交换,必须要有麻布的监护人——麻布的生产者且是所有者的参与。如果这位监护人正好有 20 码麻布,并且有换出这20 码麻布以换取 1 件上衣的意愿,那么他/她就必须要找到持有 1 件上衣的所有权并且同样有让渡意愿的上衣所有者。也就是马克思说的,"每一方只有通过双方共同一致的意志行为,才能让渡自己的商品,占有别人的商品"①。这就表现为简单的、偶然发生的物物交换。但需要强调的是,麻布的监护人在生产麻布时就已经是有意识地在从事价值生产工作,而后发生的真实的交换的实现,也就并非是偶然的、不经意的事件,而是麻布监护人将麻布作为一般等价物来转让的必然环节。可以说,"简单的、个别的价值形式"已经内涵了"一般价值形式",在麻布监护人那里,麻布在一开始就被当成是可以同整个商品世界发生关系的"等价物"。关于普遍等价物的实现甚至在关于它的想象之前就已经存在了。"起初是行动。因此他们还没有想就已经做起来了。商品本性的规律通过商品所有者的天然本能表现出来。他们只有使他们的商品同任何别一种作为一般等价物的商品相对立,才能使他们的商品作为价值,从而作为商品彼此发生关系。"②商品形式的社会属性在最一开始就将"等价交易"的市场黄金法则传递到了任一商品所有者的意志里,而表现为谜一般的货币商品,最终在"社会习惯"(social custom)的作用力下,同商品金的自然形式结合在了一起。由此来看,价值是在交换过程中被实现的"真实的抽象",隐喻的展开过程也是它自身参与建构的过程,价值的社会形式的充分发展是由各类价值表现的参与才达成的,而非是由事先就准备好了的先决条件规定。

作为商品的社会关系的表达,价值形式在交换中成就商品并且被商品规定的演进过程彰显了资本主义特殊历史社会结构的隐喻式的运作机制。产品的交换者在交换过程中关注的实际问题是用自己的产品可以换取多少别人的产品,因此产品监护人会将自己手中的产品视作衡量其他一切产品的一般等价物,但是,这里便出现了"特殊"和"一般"两种属性不能同时被一种产品拥有的难题,于是,"商品所有者的天然本能"开始发挥自己的想象力和行动力,通过集体社会活动,把

① [德]马克思:《资本论》第1卷(上),人民出版社1975年版,第102页。
② [德]马克思:《资本论》第1卷(上),人民出版社1975年版,第104页。

"一般等价物"的尊贵地位赋予了除自己持有的商品之外的别一种商品,因此,"其他一切商品的社会的行动使一种特定的商品分离出来,通过这种商品来全面表现它们的价值。于是这一商品的自然形式就成为社会公认的等价形式。由于这种社会过程,充当一般等价物就成为被分离出来的商品的特殊社会职能。这种商品就成为货币"①。货币拥有了执行一般等价物功能的社会职能。上述分析表明,货币形式不过是其他一切商品关系的反映,是交换过程以及交换过程中的商品持有者的意志和行为的产物。在这之后,经过习惯的固定,货币与其他商品的等价关系达到了交换"量"上的稳定,以至于货币对其他商品的价值尺度功能看上去像是与生俱来的一样,并进而出现了对货币结晶的一系列魔幻解释。

在马克思看来,商品所有者让渡自己商品的价值以换取对他有用的使用价值的行为,必须在交换成为整个社会的规则框架下才能获得解释力。私人劳动产品可以普遍交换成为实际的商品交换行为的前提,这意味着私人所有的产品在最开始就是为了交换而生产的。然而,如果交换规则是因为普遍的交换行为而固定的,而人们的交换行为又是来自既有的交换规则,这难道不是在循环论证吗?对此,马克思在其《资本论》第二章中给了一个理解线索——关于商品所有者意志的法权隐喻。马克思的阐述是:商品所有者"必须彼此承认对方是私有者。这种具有契约形式的(不管这种契约是不是用法律固定下来的)法的关系,是一种反映着经济关系的意志关系"②。法权系统的运作依赖于其自身的自发演化过程,而非外部权威的强制规定,但是随着法权逐渐稳固成新的社会机制,便开始发挥范导作用,规范着法权主体的行为。法权的动态演化过程对商品所有者交换关系的确定同样适切。以下未比对"产品交换者实际关心的问题,首先是他用自己的产品能换取多

① [德]马克思:《资本论》第1卷(上),人民出版社1975年版,第104—105页。
② [德]马克思:《资本论》第1卷(上),人民出版社1975年版,第102页。

少别人的产品,就是说,产品按什么样的比例交换。当这些比例由于习惯而逐渐达到一定的稳固性时,它们就好像是由劳动产品的本性产生的。"①富有深意的方面在于,马克思这种通过法权隐喻、交换象征所图绘的资本主义历史特殊性原则,不仅赋予了商品普遍交换的运作以客观性,也建立了劳动产品普遍采取商品形式的解释机制。

三、交换习性的特殊意义

关于价值的隐喻机制为理解商品普遍交换和劳动产品普遍采取商品形式提供了理论的脚手架,也明确了只有在资本主义商品生产的语境下才能合理定义价值形式的理论要旨。本文的兴趣也正是在于这种隐喻机制是如何构成或运作的,否则所谓的隐喻不过是在习俗推演过程和劳动决定论之间玩跷跷板,作为干扰性因素的人的目的性和不确定性会悄悄溜进来,妨碍对现实社会形式的理解。

在 1868 年与恩格斯的通信中,马克思这样谈及价值规律的形式变动:"自然规律是根本不能取消的。在不同的历史条件下能够发生变化的,只是这些规律借以实现的**形式**。而在社会劳动的联系体现为个人劳动产品的**私人交换的**社会制度下,这种劳动按比例分配所借以实现的形式,正是这些产品的**交换价值**。"②所谓的自然规律仅仅是指资本主义社会的规律。可以看出,价值不是纯粹思想的建构物(因此不能导出普遍利率)也不是纯粹的物质累积(劳动联系是过程而非物化结果)。在资本主义生产关系中,行为者交换需求的满足,既是以产品的物质属性为基础,同时也参与了实现商品客观世界的过程。在此过程中,规则作为特定行动的一种习性或倾向,重又表现为蕴含着隐喻意涵的习俗,使参与市场经济活动的行为者依其行事。马克思的研究表

① [德]马克思:《资本论》第 1 卷(上),人民出版社 1975 年版,第 91 页。
② 《马克思恩格斯全集》第 32 卷,人民出版社 1974 年版,第 541 页(1868 年 8 月 11 日致信)。

明:"人们扮演的经济角色不过是经济关系的人格化,人们是作为这种关系的承担者而彼此对立着的。"①这里对"客观经济关系"的强调为之后制度经济学(后发展为演进经济学)的攻击埋下了伏笔。霍奇森指出:"马克思主义正确地强调了社会结构的重要性。但在对社会经济现象的解释中,它在把个人归入到社会结构这方面走得太远……马克思既承认个人,也承认他们之间构造的社会关系,但最为根本的只是结构。"②

霍奇森借鉴了托尔斯坦·凡勃仑(Thorstein Veblen)的制度主义经济学传统,把制度作为复制或选择的社会单位进行整体性研究,发展出了自己的演化经济学理论。在1999年出版的《经济学和乌托邦:了解经济为何不是终结历史》这本书中,霍奇森表明自己的理论研究是为了彰显社会结构中的差异要素、反对主流经济学(尤其是新古典主义学派)用概念装置(conceptual apparatus)解释社会条件的做法。在他看来,马克思主义和新古典主义的通病是二者都采用了还原论的研究方法来处理社会经济的复杂事实,区别只不过是用于最终简化的"第一原理"不同——马克思主义的价值本质是劳动,而新古典主义的价值本质是市场供需。但这二者都是立足于普遍性假设,试图用高度抽象化的分析体系理解社会规则和个人选择,而忽略了不同时空下制度的特殊性及文化的差异性。

通过上文分析可以看出,马克思在交换过程中对习惯和规则隐喻的化用,正是为了依据资本主义生产方式的特定条件,建构起能够把握社会关系形式的那些范畴,回避所谓的"无历史的普适性概念"的第一原则和黑格尔的绝对知识的观念。虽说交换本能离不开劳动对产品价值的构建,同时又是从文化习俗的塑造和传递中获得的稳定性,但这两个层面的分析同时被涵摄为资本主义内核的必然表现形式,如果离开

---

① [德]马克思:《资本论》第1卷,人民出版社2004年版,第104页。
② [英]杰弗里·霍奇森:《资本主义的本质:制度、演化和未来》,张林译,上海人民出版社2019年版,第62—63页。

了资本主义特有的社会维度,离开了各类隐喻机制,非资本主义社会的产品和资本主义的商品之间的严格区分就会被消解。举例来看,部落文明中的礼物交易虽然也具有表面上的平等互惠关系(reciprocal relation),被交换者交换的产品甚至也是由劳动产生,但是这里的产品却不能被当成商品理解,双方交换也不是商品社会的价值交换。比之于资本主义时代中劳动具有的独特社会功能,这一语境下的劳动产品更具有被部落习俗文化所规定的直接物质性(比如"礼尚往来"等社会文化),而不会出现将蕴含在商品中的抽象劳动作为财富形式的"准客观"的社会手段。

霍奇森提出的——"劳动力的确是重要的独一无二的中心环节。但是,我们必须去证明这种独一无二的中心性,而不是在一开始就赋予它这种特性"[①]——这一判断是无误的,想说明价值来源,就必须要解释为什么劳动产品会成为商品形式,以及与之相关的为什么劳动力要表现为物的价值。但是霍奇森在之后所说的"劳动作为价值的来源和尺度的作用,和其他任何商品起的这种作用是无法区分的。任何其他的'来源'同样可用于价格的形式确定"[②]则完全偏离了《资本论》的分析,因为《资本论》的理论旨趣并不是要为"价值"找到"本体论"的解释,或是将它回溯到某一实际存在的经济范畴,而是要透过价值形式分析资本主义独特的社会历史形式。"(马克思的意图)并非是建构一种价格理论,而是去展现价值如何引入了一种将自身遮蔽起来的外在表现……马克思指出,社会现实的这一层面无法借由价格和利润这些'表面'经济范畴得以阐明。同时,他展开他的资本主义深层结构范畴的方式也表明,那些看似与这些结构性范畴相矛盾的现象事实正是它们的表现形式。由此,马克思试图证明他对深层结构的分析,同时,他

[①]　[英]伊恩·斯蒂德曼:《价值问题的论战》,陈东威译,商务印书馆2016年版,第80页。

[②]　《反赖特之一——劳动和利润》,载[英]伊恩·斯蒂德曼:《价值问题的论战》,陈东威译,商务印书馆2016年版,第81页。

也表明社会形态的'运动规律'在直接经验现实的层面上被遮蔽起来了。"①

　　总之,当代演进经济学派(是制度主义经济学的发展)歪曲了马克思的动机,把马克思对社会所具有的"自然规律"误解成"不变的自然给定性,因此变成了意识形态"。早在《大纲》时期,马克思就意识到了客观规律和外在必然性与所谓的自然王国之间的区分。以科学的名义压抑自觉个人的相互作用和内在本质,主体就会窒息与本应释放的自然的自发性,实在化的"不变的自然给定性"成为新式拜物教。要克服这种歪曲的理解形式,就不得不再次强调马克思对资本主义社会的研究方法——分析前提被给出的方式。"科学的任务正是在于阐明价值规律是如何实现的,所以,如果想一开头就说明一切表面上和规律矛盾的现象,那就必须在科学之前把科学提供出来。李嘉图的错误恰好是,他在论价值的第一章就把尚待证明的一切范畴都预定为已知的,以便证明它们和价值规律的一致性。"马克思对商品的分析,不是从绝对前提扩展到待解释事物,不是从被规定,而是从无规定性的形式即价值本身展开讨论。相反,是从理解各类隐喻的表现方式中展开的逻辑分析。

　　　　　　　　　　　　(作者　复旦大学哲学学院研究生)

---

①　[加]莫伊舍·普殊同:《时间、劳动与社会统治:马克思的批判理论再阐释》,康凌译,北京大学出版社 2019 年版,第 157 页。

论交换行为抽象基础上的自然科学认识论

——《脑力劳动与体力劳动》对商品交换的阐释

李 灵 婕

摘　要:索恩-雷特尔从历史唯物主义的经典立场出发,将自然科学认识论定位为被社会存在决定的意识形式,并尝试从手脑分工入手,对商品交换行为进行时间—空间的重新阐释,以寻找认识论范畴的现实根源。这一尝试要求视野的拓宽,以商品交换为透视点,关注交换行为自身的抽象性质,在拓宽了其历史范围拓展的基础上,索恩-雷特尔将交换行为解释为导致脑力劳动和体力劳动分工的社会行动,康德哲学的二元论也借此获得了全新的内涵,自然科学认识论的先先天综合本质,不过是由交换所成的社会综合之理论表达。而交换行为内涵四重时间—空间变化,成为先天范畴的纯粹时空和个人的内在经验的"现象学"基础。

关键词:劳动分工　社会综合　先验范畴　交换　自然科学认识论

　　阿尔弗雷德·索恩-雷特尔在其著作《脑力劳动与体力劳动:西方历史的认识论》中作出了一个大胆的尝试,根据历史唯物主义的分工理论并结合《资本论》中的交换概念对西方自然科学认识论进行批判,其初衷在于填补马克思著作中理应出现的自然科学批判这一空白。

熟悉马克思早期思想发展的人不难发现,对自然科学的相关论述是随着政治经济学一同进入马克思视野的。《1844 年经济学哲学手稿》曾对工业和自然科学的关系进行了简略概括:"自然科学展开了大规模的活动并且占有了不断增多的材料。……如果把工业看成人的本质力量的公开的展示,那么自然界的人的本质,或者人的自然的本质,也就可以理解了;因此,自然科学将失去它的抽象物质的方向或者不如说是唯心主义的方向,并且将成为人的科学的基础,正像它现在已经——尽管以异化的形式——成了真正人的生活的基础一样。"①虽然这段话对于现今读者而言依旧充满灵动的活力和无限的启迪力量,但必须承认,既确定了自然科学的"异化"本质后,这一问题继而被搁置了,对于马克思而言首要重要的是扬弃异化的现实运动,而揭示异化本质需要借助的第一工具是政治经济学批判。同样的情形发生在《德意志意识形态》中,马克思将自然科学理解为与人类史相互制约的自然史,并且把二者理解为历史科学的两个方面,但为了去除意识形态对人类史的遮蔽作用,以及从人类史的角度更好地理解自然史,对自然科学的讨论被搁置了。虽然在后续著作中,马克思偶尔提及自然科学问题,但都作为某种附属物依附在其他论题之上。

索恩-雷特尔显然不满足于此。如果说时代的界限划定了马克思理论所能够涉及的范围和西方认识论批判的界限,那么由于社会历史变动所造成的时代差异而形成对事物呈现方式的不同,督促着历史唯物主义必须对日益强大起来的、以自然科学为基础的"技术统治"作出回应。致力于"完成"历史唯物主义对当下资本主义的批判,索恩-雷特尔将目光从一度对资本形成遮蔽的政治经济学转向另一种可能行使着同样职能,但形式更为隐蔽、遮蔽效果更为显著的自然科学。对于索恩-雷特尔而言,那越是表现得客观的意识,越具有社会存在的特殊性,就越是对真实的事物形成更彻底的遮蔽。

---

① 《马克思恩格斯全集》第 3 卷,人民出版社 2002 年版,第 307 页。

沿着《德意志意识形态》对"社会存在"和"意识"结构性关系的描述,自然科学和政治经济学作为意识形态的特殊形式,对"社会存在"组织作用也必须得到正面处理。自然科学认识论具有整理并统一社会复杂整体的功能,它在思维的层面提供了对社会复杂系统可理解性的抽象范畴模式。但它绝不是自然的物质客观性规律。相反,在与人类社会发生着不可抽离的联系这一特点上,正是人们的社会行动生产并维持了其存在,因此索恩-雷特尔定义自然科学认识论实际上是一种认知性的社会网络,其抽象特征和运作方式应当从社会行动出发进行尝试性理解。抽象绝不仅仅是思维的运作方式,它的真正基础是现实抽象,后者在人们的交往中即是"行为抽象",它只有在分工到达一定阶段时才完全抽离为纯粹思维抽象。这个行使着抽象职能的行为即是商品交换。

一、拓宽交换的历史范围

"商品交换"的时空阐释是索恩-雷特尔西方认识论批判的起点,也是《脑力劳动与体力劳动:西方历史的认识论》笔墨相对较重的部分。但作者显然有意延长了"商品交换"的历史跨度,将这一概念的时间线拓展到前资本主义社会中。这一在《资本论》中得到极致发挥的概念理应在资本主义社会的语境下才能正常运作,它如何自行跨越至前资本主义时期呢?换言之,商品交换能否在非资本主义社会中存在呢?索恩-雷特尔的答案是肯定的。但与其说是"商品交换",不如说是交换行为本身才是他批判的真正起点。交换行为不同于交换形式,后者是差异性的集合体,它作为生产的诸多要素之一,受到社会形态及其历史条件的制约。与之相对,同样贯穿于整个人类历史,交换行为具有元行为的特征,无论交换者是个人或共同体,它侧重行为的发生是对时空观念的影响,因此可以不对其具体形式做讨论。但既然锁定了自然科学认识论潜藏于商品交换形式中,并且由于这种交换形式的普遍化和主导化与资本主义的诞生直接相关,索恩-雷特尔聚焦于对这一特定交换行为的"现象学"阐释。但是,他无意识地"错用"了商品交换的历史时间,反而扩大了交换行为的适用范围。据此立场,在具体解释商品交换发生了怎样的时空变化之前,需要对交换行为与交换形式以及二者的关系与差别作出恰当的理论补充。

柄谷行人在其著作《世界史的构造》中表达了对交换概念几乎相同的观点,不同的是,他侧重于交换形式的一方。虽然旨在通过交换样式阐释资本主义的国家和民族以及各种历史上的社会形态,并且由此出发描述共产主义社会交换的可能形式,但他同样延展了交换的时间范围,并且在绪论中首先"破除"了交换概念的资本主义屏障:"说到交换,人们会立刻联想到商品交换。只要我们身处商品交换占统治地位的资本主义社会,这也是理所当然的。但是,还存在着与此类型不同的交换。……这里,看上去仿佛是个人在交换,而实际上乃是作为家庭、部落之代表的个人在交换。马克思强调这一点目的在于批判亚当·斯密的交换起源于个人之间的观点,认为这不过是把现在的市场经济投影到了过去而已。"①

但这并非否定商品交换的私人性和客观性特征,相反,对交换概念的扩充以商品交换的个人属性及建筑于其上的意识形态为视点,各种交换样式由此得到了系统性梳理。将从古至今的交换样式概括为包含互酬、掠夺与再分配和商品交换在内的三种类型,柄谷行人拒绝某种简单的"交换化约论",而是认为这三种交换样式在每种社会构成体中同时存在,只是由于占支配地位的交换样式掩盖了其中的差异。支配地位对形式差异的掩盖可以用一个马克思主义专有名词来概括,即统治。举例而言,在资本主义社会中,以商品交换为主导的交换样式对其他样式进行了统治,其赋形功能不仅使得另外两种交换样式发生变形,而且

---

① [日]柄谷行人:《世界史的构造》,赵京华译,中央编译出版社 2017 年版,第7—8 页。

这些"变形了的"交换样式还能够适应性地在商品交换中继续发展。比如以互酬为交换样式的社会形态即民族和以掠夺与再分配为交换样式的社会形态即国家,在商品交换样式统治的资本主义社会中继续发挥着作用。在柄谷行人的阐释中,黑格尔《法哲学原理》体现着的"三位一体"现代世界体系,便被理解为此三种交换样式所构成的资本—民族—国家的结合体。柄谷行人强调占统治地位的"形式"对其他形式的赋形力量,据此,结构主义的马克思主义与他分享了同一立场。

这一立场弱化了各种社会形态之间的历史和文化差异,用系统或结构中要素间的相互作用和统治关系造成的差异进行解释。阿尔都塞在《论再生产》中讨论了结构主义理解的生产关系、生产方式和生产力之间的复杂关系,不仅为多元决定论提供了更为详细的解说,也提供了扩充交换概念内涵的重要思路。生产力和生产关系作为生产方式的两个方面,就表面形式而言的确构成简单的线性作用与反作用关系。但是一旦深入到三者之间的具体内容,并牵涉阶级之间的复杂交互时,这种简单的直接作用关系就立刻呈现出极其复杂的相互作用。阿尔都塞首先承认了社会形态与生产方式的单一对应关系在理论建构时的必要性,并且提示了阶级关系施加的影响。对于理解一个特定社会统一体的整体运作方式而言,这种直接的解释方案能够对当下的统治阶级与其他阶级的关系有直接的呈现,但同时必须注意,阶级关系也为理解生产提供了必要的视角。比如,虽然"资本主义生产关系就是资本主义剥削关系……关键的就是不要只考虑剥削,而在私下里放过生产"①。他并非为了表达,剥削关系与生产关系之间在整体的层面存在错位的可能性,而是为了强调,在生产领域中,剥削关系绝不是以直接性的简单方式被直观的。相反,它们在空间或时间上的确存在部分性的错位。为了理解这种错位,就要考察以往的社会形态所产生的生产力和生产

---

① [法]路易·阿尔都塞:《论再生产》,吴子枫译,西北大学出版社 2019 年版,第 94—95 页。

方式,以及并非属于以往和当下的生产关系的、可能是未来社会形态的生产关系。结构主义对历史和文化差异的弱化恰恰从结构的层面进行了肯定,如果没有历史上的"拿破仑大帝",就不可能有小波拿巴的闹剧。阿尔都塞看到统治地位的生产方式对各种以往、当下和未来组成的生产力总和与生产关系总和的汇聚和交融作用,在一个具体的社会形态中,后者借助各种历史和文化上的差异内容回应前者,以表明对"统治者"的臣服。但臣服同样是掩盖和累计矛盾的过程。从这个视角出发,多元决定论语境下爆发革命所需要的复杂矛盾体及各种矛盾之间的相互作用得到了更加清晰的解释。

阿尔都塞没有提及交换,但是作为生产的重要环节,它应当服从于前述的复杂系统。换句话说,以往、当下和未来的交换形式结构性地存在于当下社会形态中,不过占统治形式的交换形式有力量让其他的交换形式自行变形以服从其统治。从结构主义立场出发,交换的多样性的确可以同时存在于同一个社会中,它为肯定交换对历史时间轴的充溢提供了合理的论证措施。

承认了交换形式的多样性和历史性,柄谷行人和阿尔都塞试图解释社会运动的复杂性质并为共产主义找寻现实的可行道路,因此他们需要关注进行交换的双方或多方的身份关系。交换者是否具有阶级特征以及由此产生的统治倾向和剥削能力,是理解交换形式呈现的社会关系之关键。承认阶级关系固然重要,但对于索恩-雷特尔来说,这样的视角依然局限于阶级之单纯性中,如果"人们总体上停留在社会阶级统治上,即便这统治采取的是社会主义的官僚统治形式",①那么就算推翻了阶级统治,只要手脑分工仍然存在,阶级关系就很有可能与所有历史力量一同被召唤回来以保证资本平稳运作。历史的经验告诉他,"在当今一些社会主义国家的发展中就能够看出这一真理:人们能

---

① [德]阿尔弗雷德·索恩-雷特尔:《脑力劳动与体力劳动:西方历史的认识论》,谢永康、侯振武译,南京大学出版社2015年版,第11页。

够废除资本主义所有制,但却依然不能摆脱阶级对立。一方面是资本
与劳动的阶级对立,另一方面是脑力劳动与手工劳动的区分,这二者之
间存在着根深蒂固的关联"①,因此阶级视角和分工视角缺一不可。索
恩-雷特尔谨遵马克思的教导,关注到历史科学的人类史和自然史双
方面。资本主义的统治和剥削关系不能仅限于政治经济学这个人类史
方面,也必须涉及自然科学这个自然史方面。不需要在现象学的意义
上理解他所谓的"脑力劳动与手工劳动的分离中的显现方式",只需要
知道,他把"显现"简单地理解为具有纯粹客观性的直观理论,且分工
关系的"显现"不同于阶级斗争的"显现"。既然马克思已经破除了作
为阶级斗争"显现"的政治经济学对社会存在的理论遮蔽,并且把它归
结为历史科学的人类史方面,那么自然科学认识论作为历史科学的自
然史理论遮蔽、作为分工关系的"显现",以及自然科学对资本主义剥
削关系的"臣服"引发的技术统治,且创造了一个承认了手脑分工的虚
假无阶级社会图景,同样需要历史唯物主义的批判。

但是问题依然存在。不论是否出于有意识的行为,索恩-雷特尔
对交换的理解都在结构主义的框架中扩展了使用的历史范围,但是手
脑分工为何必然要经过交换行为才能得到解释?除去了交换者身份的
纯粹交换行为是如何孕育自然科学认识论所需要的时空观念的?对上
述两个问题的解答指向对康德哲学的理解和交换行为的时空解构。

二、康德问题与社会综合:交换行为成就的"一"

历史唯物主义视野中的康德哲学从关于普遍性二元对立的认识论
问题,转化为关于普遍性二元对立的社会存在问题,为这一转化提供可
能性的正是表面上被跳过的黑格尔哲学。黑格尔哲学为索恩-雷特尔

---

① [德]阿尔弗雷德·索恩-雷特尔:《脑力劳动与体力劳动:西方历史的认识
论》,谢永康、侯振武译,南京大学出版社2015年版,第25页。

才联结认识论二元论难题与自然科学敞开了可能性,他继而能够将其扩大为关于自然与历史之间的争论问题,并诉诸马克思主义的人类社会实践以最终解决这一争论。事实上,黑格尔哲学没有也不需要在认识论的意义下解决二元论难题,对他而言,思维与存在之间的二元对立本身就是虚假的。康德哲学采取的思维方式只是绝对精神自我异化的极端表现,所以只需要在自身历史展开过程中再多迈出一步,便能够克服异化回归自身。绝对精神自我展开的历史会消解这种对立形式,其历史过程便获得了解释的优先地位。黑格尔与康德对话的基础是思维与思辨的紧张关系,而通过把康德问题化作绝对精神的一个环节,黑格尔在体系完成处便扬弃了二元对立。但是通过对康德哲学坚持不懈的批判,黑格尔无疑确认了这样一个事实,即思维与存在的二元对立确实是当下的普遍性观念,它在纯粹范畴与感觉材料的自然科学认识论中得到最突出的表现。因此,"不是所谓的康德还是黑格尔,而是在黑格尔框架中的康德"①成为这一联结的真实对象。

马克思与黑格尔对话的基础无疑是辩证法。黑格尔正是在逻辑学的辩证法中将纯粹知性范畴的二律背反化解为各个规定在运动中的必然对立过程,从而肯定了辩证法的思辨性质。而马克思的辩证法在肯定社会实在性的基础上适用于社会存在,这也就意味着黑格尔思辨性解决的康德问题,必将在马克思的语境中转变为对于二元对立的社会存在之探究与相应的实践性解决。被黑格尔和马克思确定为当代普遍性特征的二元论问题之提出就蕴含着其解决之道,历史唯物主义对纯粹数学、自然科学以及先天综合判断如何可能这三个问题的关注点完全不同于唯心主义。历史唯物主义提醒索恩-雷特尔特别注意纯粹或先天的性质与自然科学关联起来的社会过程。这一关联不仅标志着自然科学独立成为一种关于纯粹先验事物的事实,而且意味着资产阶级

---

① 〔德〕阿尔弗雷德·索恩-雷特尔:《脑力劳动与体力劳动:西方历史的认识论》,谢永康、侯振武译,南京大学出版社 2015 年版,第 6 页。

的脑力劳动拜物教已经在哲学中取得相应的意识形态,并以普遍性名义对其他质料性的非脑力劳动施予剥削。

对应康德的先天综合判断,索恩-雷特尔给出了他的"社会综合"概念,这一概念受到《资本论》对商品交换以及涉及的价值和使用价值与商品占有者之间关系描述的启发:"商品所缺乏的这种感知商品体的具体属性的能力,由商品占有者用他自己的五种和五种以上的感官补足了。商品占有者的商品对他没有直接的使用价值……一切商品对它们的占有者是非使用价值,对它们的非占有者是使用价值……每一个商品占有者都只想让渡自己的商品,来换取另一个具有能够满足他本人需要的使用价值的商品。就这一点说,交换对于他只是个人的过程……只有社会的行动才能使一个特定的商品成为一般等价物。"①

交换这一社会行动中存在着产生一般等价物的"社会综合",它是保证具体社会维持运行的"抽象"力量。它概括性地成为作者对社会运行机制的理解。首先,社会整体的可理解性诉诸一种特定的抽象行动,这种行动发生于个人的交互行为中,是个人社会化的必要中介。作为组织性的整理力量,社会综合提供了一个场地,个人能够抽离性地在此场地中保持自身,并通过参与这一行动进入社会。其次,前一过程间接性地独立于个人意识,作为一种社会无意识存在于每一个具体社会形态中,而后者成为个人能够"参与"到集体中去的"个人有意识"。最后,先天综合是社会综合这一抽象行为的理论表达,由纯粹范畴和感觉材料的分离造成的二元论难题据此获得了非理论困境的社会阐释,它在无人参与的纯粹性中取得了"社会有意识"的普遍性和组织整理的特征,并且在功能上成为可以被统治阶级利用的"一"之工具。以商品交换为表现形式的私人交换行为成就了能够施行统治力量的"一",只是在资本主义社会中才突出成为压倒其他形式的交换行为,而自然科学认识论范式也随之享有强大的解释权。私人交换行为的社会综合之

①　[德]马克思:《资本论》第1卷,人民出版社2004年版,第104—105页。

"一"在前资本主义社会中就已经存在了,但从来只是社会的某一元素,其影响范围极小,而且由于它的特殊性本质,在诞生之初总被当作是抽象的"一"。

索恩-雷特尔赞同并认可了黑格尔对古希腊哲学家的评价,并且认为这一评价肯定了私人交换的希腊社会起源。他认为,那些被黑格尔评为创建了真正起点的哲学理论,无疑标识了脑力劳动相对于体力劳动的分离和独立,但在其诞生之初只停留于这种分离和独立的事实性以及单纯性当中,尚未形成力量上的差异或关系上的压迫,但二元论以及统治关系的隐患就深埋在古希腊哲学开端之处。抛开伊奥尼亚学派尚未与具体物质元素分离的思想形式,他选取了毕达哥拉斯、赫拉克利特和巴门尼德作为理论对象。其特殊性在于,数学、抽象时空和"一"的综合作用是自然科学认识论必不可少的三个要素,而在这三位早期思想家中,毕达哥拉斯把各种凡俗事物的特征归结为数字的,赫拉克利特理解了时间的特征,而巴门尼德第一个提出了作为"一"的"存在"。正如把数学和抽象时空归结为自然科学之社会综合的要素,索恩-雷特尔赋予了巴门尼德以突出位置。正是巴门尼德的"存在之一"包含了数学的起点和"万物皆流"的时间性,"一"不仅囊括了事物的独一性特征,而且充溢时间轴的方式将万物归"一"。作为纯粹的哲学家,他们的理论因高度抽象而远离体力劳动人群。所谓"为思想"的思想家,是在不为体力劳动者所理解或不被大众接受的层面上加以定义的,比如众所周知的毕达哥拉斯甚至只是一个秘密教团的总称,作为一小部分人的"信仰",它甚至被当作某种"迷信"。因此,这种抽象化的思想并非从一开始就具有普遍性的特征,它指向社会存在层面同样尚未取得普遍性力量的私人交换行为之特殊性。

作为元素与作为统治力量的私人交换行为不仅在地位和力量上产生差别,且这种由于整体社会条件改变引发的主导交换形式变更,是召唤出隐藏在私人交换中的时空变换以产生超越性事物的必要条件。它与个人经验的内在化一同为自然科学认识论的理论模式提供了行为抽象的社会基础。马克思对商品价值与使用价值的关系以及个人对商品的内在经验想象的描述,成为索恩-雷特尔对私人交换内涵的四重时间—空间变化阐释的重要理论根据。

三、交换行为的"四重时空"

前述引用《资本论》描述商品交换行为时,发生于商品占有者、商品、使用价值和五感之间的交织关系,不仅启发了索恩-雷特尔的社会综合概念,同时为自然科学认识论视域下的社会行为抽象过程提供了"现象学"解释的可能性。

根据他的分析,资本主义召唤出了潜藏在私人交换行为中的四种时空样态,并且通过自然科学认识论的方式将其"科学化"地固定下来。这四种时空样态分别为:纯粹的无时空性、对时空的充溢、有限性时空和内意识时空。基于人的五官感受及其对象性形式的有限性时空,是原始的手工艺劳动中蕴含的时空样态。人手制造的产品在对象化的意义下获得的暂时性存在,既是经由人之五感确证的产品的有限性实存,随后在使用和再生产过程中对它的消耗,又成为从产品角度对人之有限性的再度确认,二者在相互确证中肯定了有限时空的现实性。只与个人产品及使用相关的有限性时空,包含使用价值的创造和消耗。相应地,内意识时空也部分共享了这种有限性,但与其不同之处在于,由于只存在于个人意识内部,因此只是一种不具备实存的想象性有限性时空。索恩-雷特尔从经验的角度出发,将内意识时空的想象性质解释为现实交换行为的缺席,并且以此为基础反推出商品与其所有者之间的关系,即不需要实际性地占有并消耗产品,就能够想象性地使用商品。换言之,使用价值在这种有限性时空中是想象地实现的,根据过去经验形成某种内在惯性想象,个人在意识中对其使用价值进行预估,以推动交换行为的完成或制止。使用价值是否能够真实的实现,取决于交换行为是否完成,虽然内在性时空观只是对使用价值的预估,却可以真实地影响交换行为的进行。作为一种极端私人化的时空观,内意识时空与人的五感间接相关。相对于此两种有限性样态,前两种样态则独立于个人而具有无限性的特质。所谓对时空的充溢,即是那种整体性意义上的有限性集合,"社会综合"概念便以此为基础,它指向社会存在与意识的同构形式。虽然自然科学和政治经济学分立为独立的学科和领域,并且它们之间似乎毫不相关,但同一个社会存在以及在其中的社会综合确保了它们的可理解性前提之同一。因此"社会综合"对时空的充溢是相对于社会整体而言的,它充溢时空的方式通过发生在每一个与生产相联系的领域得以完成,且不单独脱离出来成为独立的抽象形式。纯粹的无时空性意味着超越时空的或非时空的,它脱离社会实在成为整体性或起源性事物,此种时空观只存在于脱离了社会存在的意识形态中,例如基督教中创世的上帝或先天综合判断中的范畴。必须澄清《资本论》中的价值概念也共享着这个时空样态,柄谷行人因此将康德的先天范畴与价值概念共同称为"超越论假象"。它们都是异化形态下的一般性事物。

这四种时空样的辨析和转化就在索恩-雷特尔所重释的交换行为中显现。不同于前述四种时空样态的划分标准,必要的视角转换给予了处于非现实的时空样态在资本主义社会中以优先性。正如柄谷行人在《跨越性批判——康德与马克思》中做出的区分,对时空的充溢和有限性时空着重强调个体性——一般性,而另外两种样态则侧重单独性——普遍性维度①。只有在商品交换行为社会化的前提下,后者才有能力吞噬前者,取得时空观念的优先地位,并将现实发生的时空样态异化为

①　柄谷行人是这样描述一般性和普遍性的:"一般性来自对经验的抽象,而普遍性若没有某种飞跃的话是不可能获得的。如前所述,认识之所以为普遍的,暗示因为以与我们不同的规则体系中受到某个他者审判为前提的,而不是基于什么先验的规则……未来只有在他者性上才成为未来。目前可以预想的未来并非真正的未来。这样观之,普遍性是无法建立在公共协议基础上的。"个体性和单独性也分别来自经验的抽象和某种"飞跃"。参见[日]柄谷行人:《跨越性批判——康德与马克思》,赵京华译,中央编译出版社2017年版,第122页。

超越论式的和纯粹内在意识性的。在商品交换尚未取得统治地位的前资本主义社会中，个人之间的交换行为并不以固定比例为基准，他们生产、交换和使用产品，以肉体需要的有限性感觉为衡量尺度。这种原始交换行为的发生具有偶然性。由于不存在绝对客观的统一标准，没有稳固的外在标准作为意识反映，纯粹自我的稳定状态也无法固定，因此无法产生纯粹自我的内在观念，一切都要借助共同体的整体稳定才能平稳运转。原始共产主义中共同体与个人之间的关系大概也是由于这种"不稳定"才能够保持在紧密的联系中，因为个人的有限性时空必须与共同体的时空充溢有机性地结合为一体，才能够保证双方的共存。但资本的降临将这种简单交换行为的内涵复杂化了，"所有在世界中并可在物上被感知的东西，都被作为私人资料在他们之间以原子论的方式分隔开了……交换的发生只凭借交换者在实践上的唯我论，唯我论使得交换者们不能洞察他们所造成的社会化"①。借助货币和数学原则固定下来的价值衡量尺度不仅产生了稳固的量化标准，而且由于其纯粹的无人性，使得价值一跃成为行使支配力量的超越论假象，进行消费的个人不再是处于原始交换中持有产品，并根据需要才交换的生产者，而是践行着"实践的唯我论"的原子式个体，他的交换行为之发生动机也不再是需要，而是想象。在这里发生了双重的时空变换，一方面价值作为交换者双方的中介，把二者应当发生的实质性交换关系转接至商品原子上，对使用的原始五官感受也经由此中介成为对使用价值的想象性内在经验；另一方面由于内在经验的想象特征，使用价值成为只有通过外在标准衡量才具有现实性的可量化事物，成为仿佛是价值的分殊。但实际上发生的是使用价值与价值的分离，换言之，是纯粹私人的想象中的"实践的唯我论"和纯量的无时空抽象的分离，它把有限性时空的一切经验和实存都内在化为个人的内意识时

---

① ［德］阿尔弗雷德·索恩-雷特尔:《脑力劳动与体力劳动:西方历史的认识论》,谢永康、侯振武译,南京大学出版社 2015 年版,第 33 页。

空经验,完全去除了时空充溢中的社会实在规定性。于是整个商品交换行为就失去了它原初的现实特征,转而被两种无现实性的时空样态统治。

"作为使用价值,商品首先有质的差别;作为交换价值,商品只能有量的差别,因而不包含任何一个使用价值的原子。"[1]在商品交换中发生的分离将商品的质与量撕裂为由完全不同的标准所衡量的两类事物。这种撕裂只发生于资本主义社会的交换行为中,因此索恩-雷特尔用第二自然来表示由此导致的质量分离看法,并且认为第二自然在此意义上压制了第一自然,对商品的质—量解读既是人与人关系的物质表达,更是人对外部自然的理论理解。从原始质量和谐共处到量对质的统治,数学获得了自然科学和经济学中的根本性解释地位。从埃及的测量术发展而来,并在古希腊完成其抽象独立,数学的纯粹脑力劳动特征臻于完美。这一纯粹量化的特征经由伽利略在近代自然科学中得到广泛应用,将起点放置于纯粹抽象时空可量化样态的运动之上,自然科学在实验方法的助推下,对一切原本不可脱离原始有限时空的自然运动进行量化解释。"通过数学化,现代科学与商品经济的价值概念共享了直接与间接服务于它们的兴趣的量化。由于它们与资本及其生产方式的同源性(Stammverwandtschaft)对于经济承载者来说完全是隐匿不现的,所以在其古典时代——这个时代以概念形式的普遍性,以及其与资本之间的实存的和理想的距离为基础,这些经济承载着因其研究动机的虚构的独立性而自鸣得意。"[2]历史唯物主义强调人与自然的关系和人与人的社会关系之间的同构性,那么人对自然的控制和奴役,以及技术统治下人和自然对技术的服从,只能恰当地理解为资本主义制度下人与人之间的统治关系以及资本对劳动的奴役。

---

① [德]马克思:《资本论》第1卷,人民出版社2004年版,第50页。
② [德]阿尔弗雷德·索恩-雷特尔:《脑力劳动与体力劳动:西方历史的认识论》,谢永康、侯振武译,南京大学出版社2015年版,第101页。

四、批判与审视

联结西方认识论于商品交换之社会特征,索恩-雷特尔选择的批判理路难免要面对来自许多方面的批评。但部分批评在一定程度上轻视了作者的初衷,或者抓住资本的其他环节和马克思主义的政治哲学视角反对交换环节的单薄特征。这两类批判虽不能算作失败,却也未能命中要害。

第一种批评方式认为,偏向结构主义的交换行为定位,忽略了资产阶级统治在政治层面的主体性问题。部分政治哲学视角认为,资本主义并不是一个从天而降的纯粹客观性事物,社会中的各个阶级只能在资本的客观性结构中扮演相应的角色。关于抽象统治的观念实际上正是资产阶级所施加的一种意识形态,索恩-雷特尔的方式中性化了意识形态的批判维度,并通过归结其为社会行为实在的思维表现,最终掩盖其阶级斗争实质。第二种批评方式与第一种类似,只是选取的角度有所偏差。从货币章节出发的理解立场认为,货币主体制造的自我意识以及由此产生的个体主体的观念,同样是资产阶级统治的伎俩。不论是内意识性质的时空样态还是抽象时空,都是基于资本主义下货币伪主体创造的假象。

这两种批评方式无疑忽视了作者的批判立场。其实,索恩-雷特尔将手脑劳动分工奠定为自然科学认识论的社会前提,继而把脑力劳动对体力劳动的支配与资产阶级剥削相关联,已经表明了对资产阶级统治的批判态度。他在讨论康德的先验统觉时,曾直接命名其为"资产阶级拜物教"。自然科学认识论的纯粹客观性、无阶级性外观,是他批判掩盖资产阶级统治的本质功能之关键。这种虚假外观对个人意识具有现实说服力的原因在于,认识论所依赖的时空样态存在于每个人能够经验到的社会行为抽象。因此个人自我意识的形成也不是索恩-雷特尔着重想要强调的部分,它只是为了说明抽象范畴产生过程所借助的必然中介。

相对而言,后两种批判立场真正形成了挑战。自然科学认识论与交换行为的一致性承认了社会统一体的关系性前提,即社会内部一切事物能够在社会的"主河道"基础上分化为其支流,不论"支流"事物外表看似多么独立,都能逆流而上找到其从属"主河道"环节或阶段。物质关系的同质性预设必然遭到异质性立场的反击,这一反驳强调社会的多样性、开放性和不协调性、非一致性,在此视角下自然科学独立于资本的可能性被打开了。也就是说,不仅索恩-雷特尔的批判出发点即社会齐一性前提,可能只是自然科学或资本的虚假意识形态,而且将二者勾连的尝试也只能理解为强行结合的意志。与之相应,另一种批判方式提出了"劳动力商品"视角的缺乏。对商品交换的理解如果只停留于物物交换的原始阶段,而忽视了资本主义时期的特殊商品形式即劳动力商品在交换中的重要角色,那么前述的时空样态变化分析就必然显得过分简单了,所以必须引入更为复杂的维度。虽然个人意识只是阐明时空变化的中介,但劳动力商品同货币一起进入流通领域,纯粹时空和内意识时空的简单变化就需要重新考虑。实际上,索恩-雷特尔似乎也意识到了这一困难,因此他强调自然科学诞生之后相对于资本的独立发展,只在逻辑上享有共同的剥削结构。

自然科学与资本是两种异质性事物吗?如果答案是肯定的,那么它们是否进行了某种"合谋"?如果不是,那么它们是否能够在对方的框架中安放好自己的位置从而形成一个统一的解释结构?马克思在青年时期未能遭遇这样的棘手问题,但却是在当下技术统治的前提下,讨论到自然科学问题时必然要面对的困难。正如资本滋生于商业,却能够独立发展为统治性力量一样,滋生于资本的自然科学,是否会成为继资本后或能够吞噬资本的新型统治力量呢?

(作者　复旦大学哲学学院博士研究生)

立足资本逻辑的近代主义批判

——日本宇野弘藏马克思主义理论初探

尤　歆　惟

摘　要：宇野弘藏创立的宇野学派是日本马克思主义的一个重要流派。该理论在框架上分为原理论、阶段论和现状分析三个阶段，其中原理论阐述的是资本主义的纯粹形态，宇野学派理论对资本主义的理解以原理论为核心向资本主义发展历史辐射。在历史唯物主义和资本主义经济规律的关系问题上，宇野弘藏认为，由于在资本主义社会是人类物质生产活动得到自立化并表现为规律性的社会，因此要理解贯穿一切社会形态的物质生产活动本身，有必要先理解资本主义的经济规律。在经济危机问题上他认为，危机的根据在于劳动力商品化，劳动力商品的过量和不足从根本上决定了资本主义的发展呈现为一个经济周期的循环往复过程。这样，宇野弘藏将阐述资本主义纯粹形态的原理论置于理解资本主义发展史的中心，将资本主义置于理解人类历史的中心位置，又将资本主义描绘成一个通过经济周期而永恒循环的封闭过程。这种理论立足于资本逻辑这一近代主义视角，它通过深入发掘资本逻辑的理性而寻找着超越近代主义的道路。

关键词：宇野学派　资本逻辑　历史唯物主义　经济危机　近代主义

由日本学者宇野弘藏创立、他的诸多弟子继承的宇野学派,是日本马克思主义理论流派中最具独创性的学派之一,它不仅在日本哲学社会科学界拥有崇高的地位,而且在世界马克思主义学术界也拥有一席之地。本文的写作目的,是通过"立足资本逻辑的近代主义批判"这个主题,来对宇野弘藏所创立的理论进行一个宏观和全面的把握。

一、宇野弘藏和他所创立的宇野学派的学术地位

宇野弘藏(1897—1977),出生于日本冈山县仓敷市,毕业于东京帝国大学(现东京大学)经济学部。历任东北帝国大学(现日本东北大学)法文学部助教授、东京大学社会科学研究所教授及所长、法政大学社会学部教授,是一位对日本马克思主义理论具有奠基性意义的重要学者。宇野学派作为日本马克思主义的重要流派之一,对整个日本社会科学理论界都有着重要的影响力。该学派创立之后,由宇野弘藏的学生继承下来,其中产生了诸如山口重克、伊藤诚、小幡道昭、关根友彦等享誉世界的学者,他们的理论对英语世界的马克思主义研究也产生了重要影响,孕育出如阿瑟(Christopher J. Arthur)和阿尔布瑞顿(Robert Albritton)等学者。

宇野学派的理论是日本马克思主义的重要一环。关于战后日本马克思主义研究的流派划分,大致可以分为五大学派,即战后讲座派、战后劳农派、宇野学派、市民社会派和数理马克思经济学派。① 不过,这种划分更多地体现了一种罗列的关系。首先,宇野学派在很大程度上承接了劳农派的观点,而战后讲座派又逐渐演变成所谓的"正统派"。因此,战后实际上存在的横向理论关系是正统派、宇野学派和市民社会

---

① 参见谭晓军:《日本马克思主义经济学派史》,中国社会科学出版社 2012 年版,第 72 页。

派之间的关系。其次,从建设"日本马克思主义"范畴①的角度来看,真正有代表性的日本马克思主义学派应该体现出日本的独特性和理论独创性。讲座派和劳农派其形成和发展与现实的政策密切相关,其理论的独特性色彩并不强,因此只能作为我们了解日本马克思研究的一个有意义的背景。另外,虽然日本学者在将数学导入马克思主义经济学的研究中确实作了突出贡献,但这一做法也并非日本独创,因此数理马克思经济学派能否纳入"日本马克思主义"这个范畴中去,也是值得探讨的。在笔者看来,战后日本马克思主义理论的大学派中,最能代表"日本马克思主义"范畴的是宇野学派和市民社会派。这两个学派是日本马克思主义学界的独创,带有很浓厚的日本问题意识,是对世界马克思主义理论研究的杰出贡献。

宇野学派的理论是一种立足于资本主义社会的理论。它首先把对资本主义的经济分析置于理论的核心地位,将资本主义的运行逻辑纯化为"原理论",然后以这个原理论为中心构建出对资本主义乃至于对人类社会发展全历史的理解。要理解原理论的理论核心地位,就要首先理解宇野弘藏提出的"三阶段论"的理论框架。

二、宇野弘藏的理论框架:三阶段论

宇野弘藏把自己的理论分为三个部分,即原理论、阶段论和现状分析。这三部分构成宇野理论的基本框架:三阶段论。

宇野弘藏认为,以《资本论》为代表的理论,论述的是资本主义的纯粹状态。这个理论基于英国19世纪初到19世纪中后期的发展状况,而这段时期英国社会的资本主义发展正处于最接近纯粹状态的典型资本主义状态。但是,这并不意味着所有的国家都必须完全按照英

---

① 关于建设"日本马克思主义"范畴,参见张一兵、韩立新:《是"日本马克思主义"还是"日本新马克思主义"》(上),《中国社会科学报》2010年第6期。

国的资本主义道路来发展资本主义。宇野弘藏指出:"资本主义到了19 世纪 70 年代之后逐渐展开了一个所谓金融资本的时代,这种社会在或多或少保留着过去的小生产者社会阶层的同时而逐渐发展起来,因而已经不能说还处在一个逐渐实现那经济学原理所设想的那种纯粹资本主义社会的方向了。"①在这个时期,以德国为代表,资本主义发展出了不同的形态,这就是金融资本主义的形态。在纯粹资本主义社会下所不具备积极意义的社会阶层,在金融资本主义状态下却具有了积极的意义。"资本主义商品经济让旧的社会阶层继续存留,不仅可以利用它来服务于资本增值,而且不得不利用它来服务于资本增值。"②因此,我们不能用理解纯粹资本主义的理论去理解金融资本主义。基于这个理由,宇野弘藏主张对资本主义的把握要分阶段去把握,而不能用一以贯之的纯粹原理去把握。

资本主义可以分成三个历史发展阶段:重商主义阶段、自由主义阶段和帝国主义阶段。在重商主义阶段,商人资本占据主导;在自由主义阶段,产业资本占据主导;在帝国主义阶段,金融资本占据主导。在资本主义的这三个阶段中,自由主义阶段的资本主义代表了最典型的资本主义,资本主义的逻辑在这个阶段才能得到最纯粹的表现。以自由主义阶段的资本主义为依托,我们就能够构建出描述纯粹资本主义的原理论。探讨资本主义三个历史发展阶段的类型理论,就是**阶段论**。以**阶段论**为中介,我们才能进而理解资本主义在不同时间、地点的现状,这就是现状分析。现状分析构成政治经济学研究的"终极目标"。③

宇野弘藏这种独特的理论框架的构思,来自他对日本的劳农派和讲座派关于日本资本主义性质的论战和德国修正主义论战的思考。劳农派认为,日本在明治维新之后已经是一个资本主义国家,所以必须进行社会主义革命;讲座派则认为,日本在明治维新之后并没有成为一个

---

① [日]宇野弘藏:《经济原论》,岩波全书 1964 年版,第 6 页。
② [日]宇野弘藏:《恐慌论》,岩波文库 1996 年版,第 26 页。
③ [日]宇野弘藏:《经济原论》,岩波全书 1964 年版,第 13 页。

典型的资本主义国家,而是有着浓厚的封建残余,因此当务之急是首先进行资产阶级民主主义革命。宇野弘藏认为,两者的错误在于都试图把《资本论》中描述的典型资本主义社会直接运用于日本的社会现实中,只不过一个认为日本明治维新以来的社会结构属于典型资本主义社会因而肯定其资本主义性质,另一个认为其不属于典型资本主义社会从而倾向于否定其资本主义性质。在这一点上德国修正主义的争论也有相似的结构。在宇野弘藏看来,伯恩施坦和考茨基也都在一定程度上误读了《资本论》,他们都将《资本论》描述的典型资本主义视为唯一的资本主义发展道路,只不过一个倾向于否定它,而另一个试图肯定它。在宇野弘藏看来,19世纪末期开始所展开的资本主义,已经表现为一个不同的样态,但这一点并非是对《资本论》及其所代表的原理论的否定。不如说它是在另一个维度上的问题,即阶段论层面上的问题。原理论只有一个,这是我们把握资本逻辑的唯一可能的基本理论。但我们必须看到,不纯粹状态下的资本主义表现出的新形态,是不能用原理论直接去套的。因此,只有立足于阶段论,我们才能理解不同时期资本主义的不同特征;也只有以阶段论为中介,我们才能真正做到立足于《资本论》和原理论去理解具体的资本主义现状。

由此,宇野弘藏的三阶段论的理论框架,表现为一个以原理论为中心向资本主义发展历史进行辐射的结构。原理论研究的是资本主义的纯粹逻辑,这个纯粹逻辑以19世纪英国资本主义为依托,不过它并不是通过实证研究19世纪英国资本主义而归纳出的理论,不如说,由于资本主义的发展在19世纪之前表现为一个逐渐向纯粹资本主义靠拢的过程,而到了19世纪终于以英国的资本主义这种典型状态而发展起来,所以它才能成为原理论所依托的特定历史状态。而资本主义的不同发展阶段,可以说是资本主义逻辑面对异质于它的现实时表现出来的把握样态。只有通过这些样态,我们才能理解资本主义在不同历史时期的特质,才能最终做到将原理论所表现出的纯粹理论运用于具体的现状分析。

不过,宇野弘藏的理论并非只辐射到资本主义历史。它甚至还辐射到了人类的全部历史,成为彻底践行马克思所说的"人体解剖对于猴体解剖是一把钥匙"这一"从后思索法"的典型理论。要理解这一点,就需要分析宇野弘藏理论中的历史唯物主义和资本主义经济规律之间的关系。

三、历史唯物主义和资本主义经济规律之间的关系

恩格斯在他的著名的《在马克思墓前的讲话》中将马克思的最重要的功劳归结为两点:首先,马克思揭示了"人类历史的发展规律"①,这就是历史唯物主义。其次,马克思揭示了"现代资本主义生产方式和它所产生的资产阶级社会的特殊的运动规律"②,这一点通过剩余价值的发现而变得明朗。恩格斯的这个概括可以说是对马克思一生的理论贡献作出的最经典的概括。

但是,"人类历史的发展规律"作为一般规律,与"现代资本主义生产方式和它所产生的资产阶级社会的特殊的运动规律"作为特殊规律,两者之间处于怎样的关系中? 如果认为两者仅仅构成普遍与特殊的关系,那么问题就被简单化了。很显然,马克思并非简单地"挑选"了历史上五大社会形态之一来加以研究;对资本主义的剖析,具有揭示全部人类历史之秘密的意义。张一兵教授指出,唯物史观中存在着两个不同的理论层面:广义的层面上,它是"对贯穿全部人类社会历史过程的一般基础即物质生产的确定";狭义的层面上,它是"在经济力量为历史主导因素的社会经济形态中,人类社会存在和发展状况的客观描述"。③ 在历史唯物主义的层面上我们可以区分"物质生产"和"经

① 《马克思恩格斯选集》第3卷,人民出版社2012年版,第1002页。
② 《马克思恩格斯选集》第3卷,人民出版社2012年版,第1002页。
③ 张一兵:《马克思历史辩证法的主体向度》,南京大学出版社2002年版,第168页。

济社会形态"这两种不同的维度,历史唯物主义对两个不同纬度问题的研究分成"广义的"和"狭义的",马克思在《资本论》中所采用的即是"狭义的历史唯物主义"。

但是这样一来,我们在理论上又需要确定"经济社会形态"和"物质生产"之间的关系。对此,宇野弘藏提出了他的独创性思想。他认为:马克思"试图从解剖资产阶级社会的经济学中,去寻求所有社会所共通的历史规定"①。马克思主义经济学的目的,是将资本主义商品经济作为体系来予以阐明。但通过资本主义才全面发展出来的经济领域,"在资本主义之前的诸多社会形态中也拥有共通的地盘"②,因此在资本主义商品经济的特殊规定中,"统摄着其他诸多社会形态所共通的东西"③。这个诸多社会形态所共通的东西,就是经济基础。我们通过研究资本主义这样一个将经济基础最鲜明、最全面发展出来的社会形态,才能够以最完全的形态来把握经济基础,从而洞悉人类的所有社会形态。

宇野弘藏将人们的经济行为分为经济原则和经济规律。经济原则指的是"对人类物质资料的生产和再生产过程这样一个一般性经济生活进行规制"④的原理。经济原则构成了历史唯物主义的基础。但是,"这个经济生活一般的规定,其自身却不能构成经济学研究的对象。"⑤构成经济原则的经济生活一般规定,只是消极的规定,其本身并不能自为地生成经济规律。经济规律指的是在资本主义商品经济的条件下人们的经济行为表现出的规律。经济规律是经济原则这个经济生活的一般规定通过资本主义社会这一特殊社会所表现出的积极形态。

那么为什么只有在资本主义社会中"经济原则"才能表现为"经济

① [日]宇野弘藏:《经济学方法论》,东京大学出版会1967年版,第100页。
② [日]宇野弘藏:《经济学方法论》,东京大学出版会1967年版,第100页。
③ [日]宇野弘藏:《经济学方法论》,东京大学出版会1967年版,第100页。
④ [日]宇野弘藏:《经济学方法论》,东京大学出版会1967年版,第8—9页。
⑤ [日]宇野弘藏:《经济学方法论》,东京大学出版会1967年版,第9页。

规律"这个积极形态呢？宇野弘藏认为，人们的物质生产活动这样一个一般性经济生活，作为经济原则，虽然构成任何社会形态延续和发展的基础，但它在资本主义产生之前并没有获得其独立的形态，其或多或少依附于经济之外的因素。"比如在中世纪封建社会中，人们本来的经济生活受到经济之外的政治权力的支配，因而对这些社会的经济生活不需要特别进行经济学的阐明，而且也不能把它们拿来直接地对经济生活进行一般性规定。"①但是在资本主义社会，人类的物质生产活动成为一个独立的领域，它表现出一种规律性，能够不依附于经济生活之外的要素而"无政府性"地维持自身，即表现为一个自立和自律的领域。在资本主义社会以规律性的方式表现出的经济原则，就是经济规律。人类社会一般性的经济原则，要通过资本主义社会这个经济原则获得自立性和自律性的社会形态来得到自我表现。②

很显然，宇野弘藏不同于传统马克思主义首先立足于人类社会普遍规律来理解资本主义特殊规律的做法，而是首先立足于资本主义特殊规律，以一种"从后思索法"反过来透视构成人类历史一般性原则的物质生产活动。宇野学派学者大内秀明引用了列宁的关于唯物史观是"假说"的理论，指出："从19世纪50年代到60年代一直到其晚年，马克思的经济学研究直面资本主义的发展的同时，也重复着尝试对唯物史观进行科学论证的工作。"③按照这种理解，对资本主义社会的研究成为马克思主义理论第一位的工作，历史唯物主义则成为第二位的工作。我们不能在构建一套对资本主义经济规律的科学理解之前，就先科学地建立一套历史唯物主义的规律。在宇野学派的理论中，资本主义的经济规律占据着研究的核心地位，以这个规律为中心，理论向历史上的不同社会形态辐射。虽然宇野学派并不排斥对历史上的物质生产

---

① ［日］宇野弘藏：《经济原论》，岩波全书1964年版，第1页。
② 参见尤歆惟：《论〈资本论〉的劳动主体性问题——基于日本宇野学派的理论》，《天府新论》2018年第5期。
③ ［日］大内秀明：《宇野经济学の基本问题》，现代评论社1971年版，第127页。

活动进行的实证研究,但如果想真正以一种历史唯物主义的立场去理解历史,我们就必须首先理解资本主义这个人们的物质生产生活最全面、最发达的形态,以获得对物质生产生活的经济学意义上的理解。

以宇野弘藏的观点为基础,我们就可以这样理解"经济社会形态"和"物质生产"之间的关系问题:人们的"物质生产"作为任何社会延续和发展的基础,可以说体现了宇野弘藏所说的"经济原则",但这个"经济原则"只有在资本主义这样一个"经济力量为历史主导因素的社会经济形态"的社会中,在资本逻辑对社会生产的统摄状态下,才表现为一个自立和自律的状态,即表现为宇野弘藏所说的"经济规律"。我们要理解贯穿一切社会历史的物质生产,需要首先去理解这个物质生产所采取的自律形态即资本主义社会下的状态,这就为我们研究资本主义经济规律带来了前所未有的重大意义。

四、宇野弘藏的经济危机理论:资本主义永恒循环的幻象

宇野弘藏的理论以资本逻辑为核心,不仅意味着他试图通过对资本主义的理解来透视人类一切社会形态,还意味着他改变了传统的马克思主义经济危机理论的思路。宇野弘藏的危机理论,将资本主义打造成一个永恒循环的场所,这一点可以说让他的"近代主义视角"达到了极致。

传统马克思主义一般认为,资本主义社会存在着不可调和的矛盾,即生产的社会化和生产资料的私有制之间的矛盾。资本主义经济危机就体现了这一对不可调和的矛盾:在资本主义私有制的条件下,会产生生产的相对过剩和消费的相对不足,劳动者萎缩的购买力无法支撑资本主义再生产的平衡,因此以危机的方式爆发出来。而以经济危机为契机,孕育着社会主义革命成功的可能。这样,资本主义就走向了终结。传统马克思主义将资本主义理解为一个敞开的领域,认为它是能

够通过自我的内部矛盾走向灭亡的。

宇野弘藏并不否定以经济危机为契机走向社会主义的可能性,但在他看来,这是一个属于"崩溃论"的问题,而资本主义的崩溃是一个实践的问题。在理论上,经济危机论是不同于崩溃论的。由于崩溃论建立在价格机制失效的前提下,而在原理论中我们不能假设价格机制的失效,因此在原理论中就不能得出资本主义经济崩溃的必然性。但是这不意味着我们不能得出资本主义经济危机的必然性。那么资本主义经济危机的必然性其契机在哪里呢?

在宇野弘藏看来,资本主义社会的基本矛盾其实在于劳动力的商品化之中,正是劳动力商品化才让资本主义生产方式得以可能。但是,劳动力毕竟没有办法彻底地成为一种资本主义商品。真正的资本主义商品,必须能够通过资本主义再生产来实现商品量的调节,从而实现资本主义市场的供需平衡,但是劳动力商品的再生产却无法通过资本主义再生产的方式实现。关于劳动力这种商品,宇野弘藏这样描述道:"劳动力商品是资本主义社会中唯一的所谓单纯商品——非资本主义商品,这个单纯商品不是单纯的产品。它虽然必须通过每年的劳动生产出来的生活资料来实现再生产,但它是对劳动者的劳动力的再生产。这不过是作为绝对的劳动人口通过出生和死亡而进行的自然增殖过程,从这一点来说劳动力对资本主义是通过外部而给予的东西,它和土地一起可以说构成了资本主义的外部条件。"①所谓单纯商品,指的是不能通过资本主义再生产获得价格调节,因此其价格只受到流通领域规制的商品,比如艺术品。宇野弘藏认为,在原理论体系中,劳动力商品是唯一的一种"单纯商品"。当劳动力人口过多或者不足的时候,资本家没法在有限的时间内通过对它的增产或减产来实现价格的调整。劳动力商品的这一特征,构成我们理解资本主义经济危机和经济周期的钥匙。

在繁荣时期,由于在当前水平的资本构成下资本家能够顺利地进

---

① [日]宇野弘藏:《恐慌论》,岩波文库1996年版,第87页。

行资本的积累,因此他们对改善生产方法的积极性不高,资本积累倾向于在资本有机构成不变的条件下进行单纯量的扩张式的积累。在这个过程中,过多的劳动力即产业预备军,逐渐被吸收进资本的量的积累过程中。因此随着经济越来越繁荣,劳动力不足的情况越来越严重。由于劳动力商品无法通过资本主义的生产来调节,因此劳动力价值即工资水平会提高,资本的利润率会逐渐降低,物价也会上涨。而另一方面,随着投资的量的扩张,从产业资本的流通资本中所产生的闲置资金也通过银行信用的方式得到利用,但随着物价上涨和对闲置资金利用的加剧,利息率也逐渐提高。工资水平的提高和利息率的提高从两个方面压迫了资本家的利润,但在这种情况下单个资本家采取的做法并不是减少积累,而是通过进一步扩大投资来弥补利润的损失。结果是随着信用的必然崩盘,资本主义爆发金融危机。资本主义经济危机一定以金融危机的方式发生。

但是经济危机的发生,在理论上并不等于资本主义的崩溃。危机爆发之后,在残酷的竞争中,只有技术水平得到改善的资本才能够存活,而改善了技术水平的资本,其生产方法以及由此决定的资本有机构成就构成新一轮经济周期的基础。危机下的破产重组和资本的技术改善,也导致劳动力大量过剩,他们作为相对过剩人口被纳入产业预备军,为下一轮经济周期的资本的扩张提供了条件。每一轮经济周期,都是资本主义在一个更高的有机构成的条件下进行积累的过程,而资本主义的发展,也就表现为一个通过经济周期而不断实现资本有机构成提高的过程。

宇野弘藏的经济危机理论提出后遭到了一些马克思主义者的批评,其中大多是批评他试图通过改造传统危机理论而为资本主义辩护。但这种批评显然错误地理解了宇野弘藏的意图,也低估了宇野弘藏的理论价值。宇野弘藏不无遗憾地指出,当他说资本主义"仿佛是永恒地运行"时,"批评我的时候人们忘记了'仿佛'这个词了"①。宇野弘

---

① [日]宇野弘藏:《资本论に学ぶ》,ちくま学芸文库 2015 年版,第 123 页。

藏并不是想论证资本主义的永恒性,他想表达的是,资本主义的崩溃是无法依靠资本的内在逻辑就能得到理解的,资本的内在逻辑会让资本主义呈现为一个通过危机无限循环的现象。资本逻辑就像一个自我封闭的场,要打破这个场,就需要一个外在的力量:无论是劳动者通过实践去打碎这个逻辑,还是由于民族、环境等问题导致资本逻辑的瓦解,都是外部力量对资本逻辑的破坏。原理论中给出的资本主义"永恒循环"的现象,正好留下了在实践领域打破这个幻象的空间。

五、宇野理论的意义:立足资本逻辑的近代主义批判

综上所述,宇野弘藏的理论一方面以对纯粹资本主义的研究即原理论为中心,向资本主义的历史乃至于全人类的历史进行辐射,另一方面又通过重新打造经济危机理论,将贯彻资本逻辑的资本主义理解为一个"仿佛是"永恒循环的过程。这让宇野弘藏的理论表现为一个立足于资本逻辑、贯彻了"从后思索法"的近代主义视角的马克思主义理论。历史不再是一种平淡的发展史,而是一个以资本主义这个合理性得到最大发挥的社会为旋涡的立体型社会。这个合理性,就是建立在阐述资本逻辑的原理论的基础上的。基于原理论,我们理解了历史上不同社会形态的规律和目的:只有资本主义社会,才是贯穿所有社会形态的人类物质生产活动取得自立性和自律性的社会,因此是一个典型的理性主义社会形态;而在原理论中,资本主义又会表现为一个通过经济周期而永恒循环的过程,仿佛资本主义作为一个典型的理性主义社会是一个将一切吸收在其中的场,我们只能在里面无限地兜圈子。

然而,正是这种对资本主义的"肯定"中,才包含着对资本主义的真正的"否定"的可能性:既然资本主义基于资本逻辑表现为一种合理性社会,那么我们要反对资本主义,就有必要跳出合理性本身,去思考理性的界限。

首先,在原理论内部,就隐藏着外在于资本逻辑的东西了。青木孝平指出,在宇野弘藏的原理论中,其实到处都存在着外在于理性的"他者":对于商品来说,人类劳动被设定为"外部"的过程;货币其实被设定为商品"外部"进来的东西,资本也在商品流通的外部存在。① 在原理论的生产论和分配论中,其实也都隐藏着外在于体系的"他者"。虽说青木孝平在这里试图为宇野弘藏的原理论的每一步都寻找一个"他者"的做法略显粗糙和任意,但是确实,原理论作为一种基于资本逻辑的一元化理论,里面把很多不兼容的东西都"视为"同一个逻辑下的不同环节而包括在其中,虽然这些东西其实从历史上来看,都是外在于资本的。这已经表明,资本逻辑作为统摄全社会并向人类全历史辐射的"合理性",其实是将异质的东西吞并到自身中并"便秘"化,我们跳出理性主义之外就能看出这种统一性的虚幻性。

更重要的是,资本逻辑将异质于自己的东西吞并进去,自己就在制造着自己的局限性和矛盾。比如在危机理论中,造成危机和经济循环的根本原因即劳动力的商品化,这说明资本将不能变成商品的东西强行变成商品,这才导致资本主义的发展必然要以繁荣—危机—萧条这种"踉跄"的脚步前进。又例如,男性和女性在生理结构上的不同,在资本逻辑的统摄下要表现为资本主义内部的矛盾:虽然男性和女性都变成了同一的劳动力商品,但女性由于有生育需求因而在劳动力市场上竞争力不如男性。这一点表现出资本逻辑统摄一切时面临无法同一化的硬核,这些反过来构成了资本主义内部的矛盾。同理,环境问题和民族问题也都可以转化为资本主义的内部问题。资本逻辑所统摄的"合理性"范畴,不仅在外部,也在内部制造着自己的界限。

因此,宇野弘藏的理论作为一种立足于资本逻辑的近代视角理论,蕴含着超越近代主义的诉求,可以说它是一种立足资本逻辑的近代主

① 参见[日]青木孝平:《"他者"の伦理学——レヴィナス、亲鸾、そして宇野弘藏を读む》,社会评论社 2016 年版,第 269—278 页。

义批判理论。立足于以资本主义为代表的近代社会,我们才能不仅仅将资本主义作为历史上的一个特殊社会形态予以扬弃,还要反思近代性和理性主义本身,寻找真正能够超越近代性的方案。宇野弘藏的这一思路,对于我们反思当今世界资本主义的界限具有重要的启发意义,也对于我们践行新时代中国特色社会主义思想,寻找一种西方道路的可替代方案具有重要的借鉴意义。

(作者　日本北海道大学经济学研究科博士研究生)

卡尔·波兰尼对于复杂社会里的
自由的探索[*]

[德]克劳斯·托马斯贝格尔、米歇尔·布里卡尔著

张润坤译　汪行福校

摘　要:本文从《大转型》的最后一章和相关的理论背景入手,从三个角度讨论了波兰尼关于复杂社会里的自由问题的探索。首先,在批判自由主义自由概念的乌托邦性的同时,波兰尼指出了全局观(overview)对于自由且负责任的决定的必要性。其次,波兰尼明确区分了反向运动的载具和反向运动自身,在此基础上说明了自由的实现与"作为整体的社会"的内在关联。在第三部分,本文分析了当下的自由所面临的威胁,强调了21世纪的自由的实现需要社会转型与全局观的扩展。

关键词:全局观　反向运动　自由　责任伦理

今天,波兰尼的作品主要因其对无节制的资本主义的有力批判而得到赞赏。正如罗伯特·库特纳①所注意到的,波兰尼将"两次世界大

---

* 本文是国家社科重大项目"复杂现代性与中国发展之道"(项目编号:15ZDB013)阶段性成果。

① Kuttner,Robert.*Karl Polanyi Explains It All*.*The American Prospect*,April 15,2014,http://prospect.org/article/karl-polanyi-explains-it-all.

战之间的灾难、大萧条、法西斯主义以及二战视作极端自由放任主义的逻辑顶点"。库特纳的论断毫无疑问是正确的,但它还只是部分地把握了波兰尼的作品。波兰尼贡献的更深意义在于这个事实:他并不停留于经济的自由主义(economic liberalism)的批判。① 事实上,他从未幻想着社会保护能解决技术文明的问题。

本文的论点是,上述这样的解读只是把波兰尼全部思想还原为对自由主义乌托邦的深思熟虑的批评。究其原因是许多学者没有意识到波兰尼本人所看到的现代性的根本挑战。对波兰尼的阐释经常限于《大转型》(TGT)。更进一步说,长时间以来《大转型》的最后一章"复杂社会里的自由"未受多少注意。② 波兰尼最主要的问题,即他毕生的探索过程的主题,可以被总结为一句话:"处于社会事实之中,我们何以能够是自由的?"③然而,这个问题却被广泛忽视了。无论是他在中欧时的早期作品,还是英格兰时期的作品,抑或在皮克林(Pickering)时所写的晚期手稿,复杂社会里的自由的问题都隐含在其中。在本文中,我们试图证明严肃对待波兰尼核心问题的阐释,不仅能让我们抛开一些表面上"在其作品中未能解决的矛盾"④,而且能揭示其至关重要的洞见。

限于篇幅我们在这里无法从其生平传记视角进行研究。因而,我们将集中于对波兰尼的核心观点,即自由的问题进行重构。为了把论题置于上下文中,我们将从《大转型》的最后一章开始扼要地总结我们对于复杂社会里的自由这一问题的了解,在这一章当中,波兰尼提出了

① 在本文中,liberal 与 liberalism 的概念是在其原始含义上被使用的,直到今天其原始含义仍盛行于欧洲的讨论中。我们很清楚这两个概念在美国已经有了截然不同的意义。

② 《大转型》的最后一章是本文作者三年前在纽约组织的研讨会的中心议题。研讨会的论文已被出版,参见 Brie, Michael and Claus Thomasberger, eds.. *Karl Polanyi's Vision of a Socialist Transformation*, Montreal:Black Rose Books,2018。

③ Polanyi, Karl.. *Letter to a Friend*, In: *Karl Polanyi in Vienna*, edited by Karl Polanyi Levitt and Kenneth McRobbie, Montréal:Black Rose Books,2006,p.317.

④ Gareth Dale, Karl Polanyi, *A Life on the Left*, New York:Columbia UP,2016,p.7.

他的自由概念,批判了自由主义的自由概念。

波兰尼首先将自由的问题区分为两个层次:一个是制度性的(institutional),另一个是道德—宗教性的(ethical-religious)。

在第一个层次上,波兰尼强调,文明的任务是在制度上确保那些我们因其自身之故而被珍视的自由——良心自由、言论自由、集会自由、结社自由。在技术社会条件下,这些自由必须得到制度的保障。这个任务意味着要在个人自由的得与失之间发现一种平衡。个人自由的扩展包括两个方面,保障不服从(nonconformity)权利和相对化效率标准:"一个工业社会是能够承受自由的。"①日益增长的官僚化的消极后果是能够通过个人权利和自由的深化来控制的。在制度性层面上,波兰尼认为,(工业社会中——译者加)并不存在什么从未被提出过的根本性的新问题。②

波兰尼的道德批判是更加困难的部分。它并不直接针对自由主义的自由概念本身。波兰尼甚至并不关心诸如自由与平等、自由与团结之类的价值之间的冲突。对它们的不同评估处在《大转型》考察范围之外。相反,波兰尼继承了马克斯·韦伯在《以政治为业》中的伦理观,为"责任伦理"(与"信念伦理"相反)进行了辩护,这意味着"一个人必须顾及自己行动的可能后果"③。加雷斯·戴尔正确地指出,"表面上看,波兰尼的个人责任的伦理学与哈耶克很相似"④。事实上,他们两人都认为自由的人类决定只能是那些让个人为自己决定的后果承担责任的选择。波兰尼可能会接受哈耶克的论断:"自由与责任是不

① Polanyi, Karl., *The Great Transformation*, Boston: Beacon Press, 2001, p.264.
② 关于制度性方面更加细致的讨论,以及其与波兰尼的自由的观点的联系,参见 Cangiani, Michele., *"Knowledge of Society" as the Basis of Karl Polanyi's Demanding Conception of Freedom*. In: *Karl Polanyi's Vision of a Socialist Transformation*, edited by Michael Brie and Claus Thomasberger, Montreal: Black Rose Books, 2018, pp. 154–167。
③ Weber, Max., *Politics as a Vocation* (1919), In: From Max Weber: *Essays in Sociology*, edited by Hans H.Gerth and C.Wright Mills, New York: Oxford UP, 1946, p.120.
④ Dale, Gareth., Karl Polanyi, *A Life on the Left*, New York: Columbia UP, 2016, p.93.

可分割的。"①每个人都要对自己行为的影响负责,但不用对其他人的决定负责。

波兰尼对自由主义的自由概念的批判之所以重要,还有另外一个原因:他并不声称自由主义的自由概念是错误的。他反对的理由是,它是不充分的(insufficient)。免于强制的自由("消极自由")需要被补充,但不仅仅需要由以赛亚·伯林所说的"积极自由"即"个人希望成为自己主人的愿望"②补充。在现代条件下,个体间的直接社会关系已经被"人们之间的物的关系和物之间的社会关系"③所代替,为自己良心负责的可能性还取决于能否克服由劳动分工所造成的透明度的缺乏(lack of transparency)、生产者与消费者的分离以及市场关系表面上的客观性。波兰尼将这些问题称为"全局观问题"④(overview problem)。他认为,每个人的个人自由取决于所有其他人的自由。由此可以得出结论,"社会自由"⑤依赖于社会结构和社会关系的透明性。最后同样重要的是,个人自由要想成为现实就必须是实质自由(substantial freedom)。自由预设个人不仅拥有权利,而且还拥有根据良心来行动的物质上的可能性与手段。⑥ 在《大转型》的最后一页,波兰尼将自由主义

---

① Hayek, Friedrich A., *The Constitution of Liberty*, Chicago: University of Chicago Press, 1960, p.133.

② Berlin, Isaiah., *Four Essays on Liberty*, London, New York: Oxford UP, 1969, p.131.

③ 《马克思恩格斯全集》第 44 卷,人民出版社 2001 年版,第 90 页。

④ Polanyi, Karl., *On Freedom*. In: *Karl Polanyi's Vision of a Socialist Transformation*, edited by Michael Brie and Claus Thomasberger, Montreal: Black Rose Books, 2018, pp.298-319. Polanyi, Karl. *New Reflections Concerning Our Theory and Practice*. In: *Economy and Society: Selected Writings*, edited by Michele Cangiani and Claus Thomasberger, Cambridge: Polity Press, 2018, pp.41-50.

⑤ Polanyi, Karl., *On Freedom*. In: *Karl Polanyi's Vision of a Socialist Transformation*, edited by Michael Brie and Claus Thomasberger, Montreal: Black Rose Books, 2018, pp.304-314.

⑥ 阿玛蒂亚·森(Sen, Amartya., *Development as Freedom*. Oxford: Oxford UP, 1999.)提出了"capability"的概念,尽管他和波兰尼处在不同的语境中,但他也以此强调了经济、社会或政治条件对于实现实质自由的重要性。

的自由概念的缺点追溯到了它的基督教根源上,他指出,这一点最先是由罗伯特·欧文揭露的。

对于理解波兰尼的责任伦理与自由主义的观念之间的区别而言,上述后两个方面非常重要。那么当波兰尼指责自由主义无视"社会的现实"(the reality of society)①时,这意味着什么呢?他写道,在市场经济的条件下,自由主义的自由概念意味着没有人"需要对诸如发生失业和饥馑时自由所受到的粗暴限制承担责任。每一个正派的个体都可以设想自身免于一切责任……他的不负责任到了如此地步,以至于他以他自由的名义否认了所有这些罪恶的实际存在"②。波兰尼认为,由于不可能将社会现象归因于个人行为,自由主义得出结论:没有一个人是有责任的。出于这样的自由观念,自由主义者甚至否认了那些没有一个人可为之负责的社会现象的现实性。今天,在诸如非自愿性失业或人为的温室效应的现实被否认中,我们不难看到这种态度。撒切尔夫人著名的问题:"谁是社会?并没有这样的东西!只有个体的男人、女人以及家庭"③,正是以简洁形式表达了波兰尼的批判所指向的那种观点。

波兰尼的结论是,如果说没有任何个人施加权力或生产价值、制造经济危机或带来气候变化是正确的,那么同样真实的是,这些事情仍然是以人的行动为基础的,而且只以人的行动为基础。在一个复杂社会中,没有任何人类决定不会产生社会结果。一方面,商品、服务和资本在全世界范围内的交换通过看不见的手将每一个个人与他们的同胞相连,另一方面,它却妨碍了全局观(overview)和认知。他的结论干脆利落:如果在市场社会的条件下真正的自由的和负责任的选择是不可能的,这个社会的结构就必须被改变以增加其透明性。这个转型是我们

---

① Polanyi, Karl., *The Great Transformation*, Boston: Beacon Press, 2001, p.266.
② Polanyi, Karl., *The Great Transformation*, Boston: Beacon Press, 2001, p.266.
③ Thatcher, Margaret., *Interview for Woman's Own*, Thatcher Archive: THCR 5/2/262, http://www.margaretthatcher.org/document/106689, 1987.

的**任务**。虽然也许不可能争取到一个完全自由的社会,但也没有什么东西可以阻止我们为自由和责任的扩展而奋斗。在《大转型》中,波兰尼以有些抽象的要求结尾:承认社会现实且"不顾现实如何,仍然坚守自由的权利"①。但他既没有说明他对责任伦理的阐释的根源,也没有解释他的结论。

我们的简要概述已经很长了。为了阐明波兰尼关于复杂社会中自由问题的观点,我们会详细阐述三个问题:(1)波兰尼的自由概念的源头在哪里?(2)他的这些洞见对于解释市场社会、双重运动(the double movement)及其限度来说意味着什么?(3)这一概念对于理解当下情境,即对于理解社会自由主义的危机和右翼政治力量的崛起来说,会有什么样的效果?

一、红色维也纳:全局观问题

波兰尼从最一开始就被自由问题占据着头脑。在布达佩斯期间的作品中,他就已经把自由描述为"最高的社会义务"②,并且强调"再多的知识也不能免除我们做自由和自主决定的责任"③。而维也纳时光则是至关重要的。我们必须在这里探寻波兰尼理解复杂社会里的自由问题的根源。

要想理解波兰尼如何处理这个问题,政治背景和理论背景两者都重要。当他到达维也纳的时候,哈布斯堡王朝和19世纪奥匈帝国已经崩溃了。与此同时,俄国的布尔什维克革命也已打开了全新的意想不到的视野。1922年,即便是路德维希·米塞斯(Ludwig

---

① Polanyi, Karl., *The Great Transformation*, Boston: Beacon Press, 2001, p.268.

② Polanyi, Karl., *Speech on the Meaning of Conviction*, In: Karl Polanyi: *The Hungarian Writings*, edited by Gareth Dale, Manchester: Manchester UP, 2016, p.59.

③ Polanyi, Karl., *A Lesson Learned*, In: Karl Polanyi: *The Hungarian Writings*, edited by Gareth Dale, Manchester: Manchester UP, 2016, p.63

Mises)也承认,"社会主义是我们今天的口号和标语……它已在我们时代打上了烙印"①。

1919年分别由奥图·纽拉特(Otto Neurath)②和奥托·鲍威尔(Otto Bauer)③写作的两本书,开启了后来被称作"社会主义算计之争"(socialist calculation debate)的讨论。这两本书都赞成社会主义转型。路德维希·米塞斯,这位奥地利经济学派的主要代表,提出了激烈的反对观点:在现代技术文明的条件下,理性的经济计划在逻辑上是不可能的。他的论点广为人所知(后来被哈耶克④和李普曼⑤加以完善,直到今天作为"协和谬误"仍然在经济学当中扮演着重要角色):在一个小的、易管理的共同体当中,做出自由和理性决定没有问题。然而,在现代社会中,情况就不同了。正如米塞斯所说:"在封闭家政的简单条件中,从头到尾监督整个生产过程是可能的。"⑥紧接在这几句话之后,他将这一状况与现代状况加以比较:"但是,在我们今天无比复杂的情况下,这就不再可能了……当我们不得不在不同的生产过程或不同的生产中心之间做出决定时,我们可能完全茫然无知。"在一个复杂的技术文明当中,没有单个行动者(也没有任何计划委员会)能够做出自由和负责任的决定,因为没有谁拥有对整个生产和消费过程的全局观。

这个论证并非是全新的。马克斯·韦伯在其对现代合理化过程的

① Mises, Ludwig. *Socialism: An Economic and Sociological Analysis*, Translated by J Kahane, New Haven: Yale University, 1951, p.25.

② Neurath, Otto. Durch Die Kriegswirtschaft Zur Naturalwirtschaft. München: G. D. W. Callwey, 1919.

③ Bauer, Otto. Der Weg Zum Sozialismus. In: Werke, Bd.2, Wien: Europaverlag, 1976, pp.89-131.

④ Hayek, Friedrich A., ed. *Collectivist Economic Planning*. London: Routledge & Kegan Paul Ltd., 1935. Hayek, Friedrich A., *The Road to Serfdom* (1994). London and New York: Routledge, 2006.

⑤ Lippmann, Walter., *The Good Society*. London: G. Allen & Unwin, http://trove.nla.gov.au/version/217500286, 1944.

⑥ Mises, Ludwig., *Socialism: An Economic and Sociological Analysis*. Translated by J Kahane, New Haven: Yale University, 1951, p.118.

分析中已经讨论过这个问题,他写道:"不断进展的社会分化和合理化肯定不会导致知识的普遍化……而是极有可能恰恰相反。'野蛮人'对其自身存在的经济与社会状况的了解比'文明人'多得多。"①韦伯重复了马克思在《资本论》第一卷拜物教章当中的论述,在这里马克思对比了现代资本主义社会的不透明性与农民家庭和自由人联合体当中个人生产者之间"简单明了"②的关系。韦伯和马克思都很清楚这样的事实:在现代技术社会中,逐步增加的非透明性和全局观的丧失阻碍了理性、自由和负责任的决定。但是只有米塞斯将自由的问题用来为自我调节的市场辩护。市场价格取代了全局观。因此,如果个人自由要得到保证,那么除了制定价格的市场之外别无选择! 米塞斯是第一个宣称自己科学地建立了"别无选择原则"③(TINA principle)的人。④

米塞斯承认自由的问题是现代性的首要的道德问题。我们不能用"降低政治的作用的承诺"⑤来说明"自由市场意识形态诱人的持续存在";相反,后者的力量在于,它有能力通过诉诸自由的问题来促进市场竞争合法化。

波兰尼接受了挑战,他拒绝米塞斯的答案,因为它是:(1)伦理上无法接受的;(2)乌托邦式的。在《论自由》当中,为了说明米塞斯的答案在道德上的粗暴性,波兰尼提到了一则寓言,一则关于谋杀中国人的玄思:

> 如果我们有机会通过按动一个按钮就能立即实现每个愿望,

---

① Weber, Max. *On Some Categories of Interpretative Sociology*. In: *Collected Methodological Writings*, edited by Sam Whimster and Hans Henrik Bruun, London, New York: Routledge Chapman & Hall, 2012, pp.200-201.

② 《马克思恩格斯全集》第44卷,人民出版社2001年版,第97页。

③ TINA 为"There is no alternative"的缩写,译为别无选择。——译者注

④ 关于米塞斯的论述在近期通俗化的、有左倾倾向的版本,参见 Corneo, Giacomo. *Is Capitalism Obsolete? A Journey through Alternative Economic Systems.* Cambridge: Harvard UP, 2017。

⑤ Block, Fred, and Margaret R.Somers, *The Power of Market Fundamentalism - Karl Polanyi's Critique*, Cambridge: Harvard UP, 2016, p.10.

条件是每按一次按钮就会使得遥远中国的 4 亿人中的一人死去，那么有多少人会忍着不去按这个魔法的按钮呢？……今天，对于每一个人来说，全人类就是由那些无名的中国人组成的，他已经准备毫不犹豫地为实现自己的愿望而结束掉他们的生命，事实上这就是他所做的事。①

全局观的丧失在道德上是无法承受的，因为在市场社会中任何人只要付出合适的价格就能够买到人类所创造的一切东西。金钱发挥着"魔法按钮"的功能。不论谁按下按钮似乎都可以心安理得，因为他看不到自己的决定"在市场的另一面"所产生的结果。在波兰尼看来，复杂社会里的自由的问题十分重要。如果没有关于我们行动的后果的知识，"真信仰"（true faith）②和"人类信念"（human conviction）③都将是不可能的。

相信市场价格可以作为理性决定的基础的信念，不仅在道德上是成问题的，而且是一种误导和幻觉。自由和责任都是人类的成就。以匿名的、无灵魂的机制取代人的全局观就等同于让结果变得偶然和任意。波兰尼颠倒了米塞斯的批判：扩展民主的期望并不是乌托邦，米塞斯让市场取代全局观的提议才是乌托邦。④

---

① Polanyi, Karl., *On Freedom*, In *Karl Polanyi's Vision of a Socialist Transformation*, edited by Michael Brie and Claus Thomasberger, Montreal: Black Rose Books, 2018, p.308.

② Polanyi, Karl., *Credo and Credulity*, In Karl Polanyi: *The Hungarian Writings*, edited by Gareth Dale, Manchester: Manchester UP, 2016, p.51.

③ Polanyi, Karl., *Speech on the Meaning of Conviction*. In Karl Polanyi: *The Hungarian Writings*, edited by Gareth Dale, Manchester: Manchester UP, 2016, p.59.

④ 关于与波兰尼对自由主义的乌托邦维度的批判相关的不同观点，参见 Somers, Margaret R. *Utopianism and the Reality of Society: Decoding Polanyi's Socialism, Freedom and the Alchemy of Misrecognition*, In: *Karl Polanyi's Vision of a Socialist Transformation*, edited by Michael Brie and Claus Thomasberger, Montreal: Black Rose Books, 2018, pp.91-109。与 Thomasberger, Claus, *Freedom, Responsibility and the Recognition of the Reality of Society*, In: *Karl Polanyi's Vision of a Socialist Transformation*, edited by Michael Brie and Claus Thomasberger, Montreal: Black Rose Books, 2018, pp.52-66。

面对着米塞斯的诘难,如果仍要捍卫人的尊严,社会主义者必须深入到问题的中心。关键问题是:**如何促进人们自由地和负责任地参与经济抉择?** 如何让他们参与决定什么人的什么需求应该得到满足?波兰尼拒绝诉诸行政的方式,因为他相信,没有任何机构能够拥有所需的知识。通过实际地增加全局观,使市场互动转变为人与人之间的直接关系,"是社会主义的任务"①。借助于基尔特社会主义的观念,波兰尼将那些曾经在旧社会环境中存在的全局观要素视为天然的起点。他将目光投向工人阶级运动的组织。他强调,"工会、行业协会、合作社和社会主义基层政权目前已经提供了全局观"②。他避免提交不成熟的答案,因而专注于转型的变化、趋势和途径。虽然他在维也纳提出的观点是试验性的③,但它们都指向了同一个方面:"这种还是那种可能的组织形式能保障更好的内在的全局观的问题"对于"我们作为社会主义者应当支持哪种可能的模型"④来说成为决定性指标。这是一个重要的洞见,直至今日其意义丝毫不减:全局观提供了将社会主义转型与其他转型进程区别开来的一个简单明了的标准和指向。

二、反向运动(countermovement)之谜

20 年之后,政治状况发生了改变。《大转型》的第一句话十分明

---

① Polanyi, Karl., *On Freedom*, In *Karl Polanyi's Vision of a Socialist Transformation*, edited by Michael Brie and Claus Thomasberger, Montreal: Black Rose Books, 2018, p.301.

② Polanyi, Karl., *New Reflections Concerning Our Theory and Practice*, In *Economy and Society: Selected Writings*, edited by Michele Cangiani and Claus Thomasberger, Cambridge: Polity Press, 2018, p.45.

③ Polanyi, Karl., *New Reflections Concerning Our Theory and Practice*, In *Economy and Society: Selected Writings*, edited by Michele Cangiani and Claus Thomasberger, Cambridge: Polity Press, 2018, pp.41−50.

④ Polanyi, Karl., *New Reflections Concerning Our Theory and Practice*, In *Economy and Society: Selected Writings*, edited by Michele Cangiani and Claus Thomasberger, Cambridge: Polity Press, 2018, p.49.

确:"19世纪的文明已经瓦解。"①两场世界大战、大萧条和法西斯主义提出了新的不同的问题。如何解释在一代人中超过六千万欧洲人的惨死？谁要为20世纪欧洲的灾难负责？责任伦理的视角深刻影响着波兰尼这部最著名的作品,而这也说明了为何《大转型》在吸引着公众的注意的同时,实证主义科学对其持保留意见。在阅读了半完成的手稿之后,洛克菲勒基金会的评论家较之后来的批评者特别地批评这本书的"非历史方法":波兰尼"从未看到武力对决定的影响,而是认为现今状态**取决于决定**。……没有历史学家会认为一个人可以忽视产生政策的武力的研究"②(黑体由本文作者所加)。

在《大转型》中,双重运动是关键概念之一。波兰尼从"斯宾塞(Spencer)和萨姆纳(Sumner),米塞斯(Mises)和李普曼(Lippman)等自由派作家"③那里得到了这一概念。根据他们的说法,自我调节的市场——若任其自行发展——本可以避免崩溃。他们指控反向运动应对欧洲经济危机、独裁和法西斯主义负有责任。波兰尼在《大转型》当中的目标就是要证明这种观点是错误的。他强调,反向运动的主要目的是保护社会和自然免遭市场体系带来的破坏性后果。因此波兰尼赋予反向运动以合法性和尊严。

尽管如此,波兰尼在《大转型》中关于19世纪文明瓦解的解析并没有免除反向运动的责任。汉纳斯·拉切尔(Hannes Lacher)正确地提醒我们,波兰尼的结论是"保护主义加剧了市场体系的危机并且促进了它的灾难性的解体"④。反向运动并没有能够阻止欧洲的自我毁灭。一方面,波兰尼强调保护人与自然免遭不负责任的、自我调节的经

---

① Polanyi, Karl., *The Great Transformation*, Boston: Beacon Press, 2001, p.3.

② Bezanson, Anne., *Inter-Office Correspondence*, Confidential Appraisal. Rockefeller Archive: Box 310, Folder 3694, 1942.

③ Polanyi, Karl., *The Great Transformation*, Boston: Beacon Press, 2001, p.148.

④ Lacher, Hannes., *The Politics of the Market: Re-reading Karl Polanyi*, Global Society, 1999, 13(3): 314. doi: 10.1080/13600829908443193.

济体系的破坏性后果的必要性;另一方面,他强调保护性措施削弱了市场机制的整合力量。波兰尼何以在强调保护的必要性的同时,又指责反向运动推动了 19 世纪文明的瓦解呢? 布洛克(Block)和萨姆斯(Somers)在谈到这个悖论时指出:"波兰尼宣称任何约束或限制市场自我调节的努力都注定会带来系统性危机,这是不符合逻辑的。"①

"反向运动"的确是一个令人困惑的范畴。在《大转型》中波兰尼只使用了单数形式的"反向运动"概念。在整本书中,他**从未**使用其复数形式。显然,这一选择与另外一个更为根本的问题相关:波兰尼将**作为整体的社会**(society as a whole)视为反向运动的基本驱动者(essential driver)。他强调"社会现实"②,即便他也充分意识到社会自身并不能作决定。那么当他强调社会是行动者的时候,他的意图是什么呢? 他对于保护的考量是如何与自由问题相关联呢? 我们将尝试说明波兰尼的自由概念是理解我们所谓的"**反向运动之谜**"的关键。

一方面是社会,另一方面是特定的团体、阶层或阶级,这两者之间的关系是《大转型》第十三章的关键问题之一。为了区分开这两个层次,波兰尼指出了(1)反向运动的载具和(2)运动自身这两者之间的区别。他承认"局部利益乃是推动社会与政治变迁的自然的载具"③。然而,他坚持"'挑战'是针对社会整体的",即便"'应战'才是来自团体、部门和阶级的"④。

毫无疑问,工业化、竞争和自由贸易带来了经济进步和"生产工具的近乎神奇的改善"⑤。但这种进步的代价是自我调节机制的产生,后者根据自身的规律运行,并且使社会臣服于规律,即竞争的市场体系。

---

① Block, Fred, and Margaret R. Somers, *The Power of Market Fundamentalism-Karl Polanyi's Critique*, Cambridge: Harvard UP, 2016, p.85.

② Polanyi, Karl., *The Great Transformation*, Boston: Beacon Press, 2001, pp.266-268.

③ Polanyi, Karl., *The Great Transformation*, Boston: Beacon Press, 2001, pp.159-160.

④ Polanyi, Karl., *The Great Transformation*, Boston: Beacon Press, 2001, pp.159-160.

⑤ Polanyi, Karl., *The Great Transformation*, Boston: Beacon Press, 2001, p.35.

伴随着劳动力和土地的市场形成,共同体诸结构(在滕尼斯的意义
上)①被代之以一个掌控人类命运的盲目体系,它破坏着旧的社会组
织,创造着新的经济依附关系并且毁坏着普通人的生活。② 波兰尼强
调,在没有全局观的情况下,原本由能够为社会福祉负责的人类行动
者(各色团体、阶层、阶级等)进行的社会管控被转交给了没有灵魂
的机制。由于无法深入到问题的根基,无家可归者、被压迫者和蒙羞
者以一些相互矛盾的方式做出反应。一些人产生了针对社会精英的
怨恨和深刻的愤怒,他们甚至通过物理上毁坏机器的方式来阻止进
步。另一些人则从不人道的、破坏性的、践踏尊严状况的新社会机制
那里寻求保护。其结果是,19世纪的反向运动采取了各种各样的甚
至是相反的形式。这些运动并没有把社会本身(society as such)纳入
考虑范围。

因此,对于解释"反向运动"范畴时出现的乱象,我们不该感到惊
讶。一些作者例如布洛维③甚至认为法西斯主义和斯大林主义是反向
运动的一部分,他忘了在非自由主义社会中"反向运动"一词会失去意
义。布洛维没有注意到,按照波兰尼的解释,在两次世界大战之间的时

---

① Tönnies, Ferdinand. *Community and Civil Society*. Cambridge: Cambridge UP, 2001.

② 克里斯托弗·福尔摩斯(Holmes, Christopher, *Polanyi in Times of Populism*: *Vision and Contradiction in the History of Economic Ideas*, London, New York: Taylor & Francis Ltd, 2018.)关于波兰尼的"后现代的"阐释混淆了因果。在波兰尼的叙述中,居住与利用的区别并不"优先于或早于市场和国家制度的出现" (Holmes, Christopher., *Polanyi in Times of Populism*: *Vision and Contradiction in the History of Economic Ideas*, London, New York: Taylor & Francis Ltd., 2018, p.29.), 而是恰恰相反:"工业城镇的兴起、贫民窟的出现、童工的长时劳作、特定类型工人的低工资……对于它们的共同基础而言,所有这些仅仅是附带的,这个基础就是市场经济的建立" (Polanyi, Karl., *The Great Transformation*, Boston: Beacon Press, 2001, p.42.)。

③ Burawoy, Michael. *Marxism after Polanyi*, In: *Marxisms in the 21st Century*: *Crisis, Critique and Struggle*, edited by Michelle Willaims and Vishwas Satgar, Johannesburg: WITS UP, 2014, p.38.

期,双重运动**终结**在了僵局当中①。这一僵局的结果就是 19 世纪欧洲文明的瓦解。正如波兰尼在《大转型》最后一章中所论述的,社会主义和法西斯主义超出市场社会的地方在于,它们试图为技术文明的问题寻求不同的答案。还有一些作者试图将"双重运动"的概念应用到二战之后的世界,他们忽视了这样一个事实:波兰尼从未研究过在欧洲文明瓦解之后明显地统治着西方世界的美国的情况。② 鉴于反向运动倡议的多样性,戴尔(Gareth Dale)声称反向运动的概念"除了作为启发工具外没有什么意义……如果这个概念被更多地给予一些内容,只要你想的话,它就会作为一种'坏的抽象'发挥作用"③。然而毫无疑问,波兰尼十分清楚反向运动由多种力量组成。他强调"对自由放任的限制是自发开始的"④。他还强调"行动所针对事项的多样性让人眩目"⑤,并且他指出"提出这些措施的那些人,绝大多数是自由放任主义的忠实信徒"⑥。如果这些是真的,那么他怎么可能说反向运动由一个原则所驱动和由一个行动者即社会所引导呢? 为什么他将"阶级战争不是

---

① Polanyi, Karl., *Economy and Democracy*. In: *Economy and Society*: *Selected Writings*, edited by Michele Cangiani and Claus Thomasberger, Cambridge: Polity Press, 2018, pp.61-65. Polanyi, Karl., *The Great Transformation*, Boston: Beacon Press, 2001, pp. 140, 245.

② 波兰尼对战后世界的错误判断并不是"波兰尼错误的乐观主义"(Burawoy, Michael., *Marxism after Polanyi*. In: *Marxisms in the 21st Century*: *Crisis*, *Critique and Struggle*, edited by Michelle Williams and Vishwas Satgar, Johannesburg: WITS UP, 2014, p.38;也可参见 Block, Fred, and Margaret R. Somers, *The Power of Market Fundamentalism-Karl Polanyi's Critique*, Cambridge: Harvard UP, 2016, p.19, 218.) 的结果,而是由于缺乏对美国社会的研究。正如我们从亚伯拉罕·罗特斯泰因(Rotstein, Abraham., *Weekend Notes*., Karl Polanyi Digital Archive: Con 45 Fol 04 – Con 45 Fol 20. http://www. concordia. ca/research/polanyi/archive. html, 1956.)那里所了解到的,波兰尼从未落实对"美国的大转型"的研究。

③ Dale, Gareth. Karl Polanyi., *The Limits of the Market*, Cambridge, UK: Polity, 2010, p.220.

④ Polanyi, Karl., *The Great Transformation*, Boston: Beacon Press, 2001, p.147.

⑤ Polanyi, Karl., *The Great Transformation*, Boston: Beacon Press, 2001, p.147.

⑥ Polanyi, Karl., *The Great Transformation*, Boston: Beacon Press, 2001, p.153.

终极现实。终极现实是作为整体的社会的利益"①这一洞见归因于马克思？我们能解决反向运动之谜吗？

在《大转型》中，正如在其早期作品中②，波兰尼细致地讨论了局部利益的界限。他写道，阶级利益"只决定了阶级为之奋斗的宗旨与目的，但并不决定他们的努力的成败"③。从这个角度来看，欧洲的问题在于，作为反向运动的载具而行动的阶级并不考虑他们的决定对社会整体所造成的结果。在为《奥地利国民经济》(Österreichische Volkswirt)撰写的诸多文章中，波兰尼检视了两次世界大战之间英国工人阶级的政策，以及他们对于为稳定金本位而降低工资的抵抗。不同的社会阶级致力于保护他们自己的局部利益，不惜降低出口工业的竞争力，损害了英国市场经济的运转。

波兰尼的论述表面上看是逻辑矛盾的东西，其实是由社会斗争的狭隘性所导致的窘境：执行反向运动的社会团体、各方力量和阶级产生了幻想，认为市场体系是用以实现他们目标的单纯工具。他们坐井观天并且否认社会现实，在破坏市场灵活性的同时没有提供一个替代性选择，从而削弱了市场机制。这也回答了布洛克和萨姆斯所指出的表面上的悖论。如果反向的运动(counter-movement)④的参与者不仅是作为特殊利益的相关者而行动，同时在行动中意识着作为整体的社会，也就是说，如果他们为其有关社会的选择的结果承担责任，那么这个难题就能得到克服。即便社会自身不能做决定，社会力量却**能够**以社会的名义和社会的利益来行动。对于复杂社会里的自由问题的意识，使

---

① Polanyi, Karl., *Fascism and Marxism.* In: *Economy and Society*: *Selected Writings*, edited by Michele Cangiani and Claus Thomasberger, Cambridge: Polity Press, 2018, p.133.

② 参见 Polanyi, Karl., *Fascism and Marxism.* In: *Economy and Society*: *Selected Writings*, edited by Michele Cangiani and Claus Thomasberger, Cambridge: Polity Press, 2018, pp.125–134。

③ Polanyi, Karl. *The Great Transformation*, Boston: Beacon Press, 2001, p.160.

④ 这里的"反向的运动"在原文中的用词是带有连词符的"counter-movement"，区别于已经成为一个特定概念的"反向运动"(countermovement)。——译者注

他们能够以对整体社会负责的方式行动。这一洞见在现在如同在波兰尼时代一样重要。在今天超全球化的世界(hyper-globalized world)中,在意识到保护措施的总体后果的基础上展开行动的困难丝毫不减。

格列高利·鲍姆指出,"波兰尼不是一位哲学家"①。他认为波兰尼把自由置于思想的中心并不是因为"爱智慧",而是因为坚信自由(包括其消极意义**和**积极意义)是西方文明存活的不可缺少的条件。在维也纳时,波兰尼说道:"如果没有全局观就没有自由,因为如果没有知识就不可能有选择。"②在波兰尼晚期的作品中,他仍然坚信这一观点。对他而言,自由和民主并不是诸多价值之中的特殊价值,而是追求其他价值的**条件**。自由,是为自己的决定承担社会责任的机会,是追求诸如人道、团结、平等、社会正义或所有人的美好生活等价值的先决条件。民主不仅仅是表达人们的偏好的机制,而且是增加总体照管(oversight)和增进相互理解的方式。这解释了为什么他将"社会主义"定义为"通过有意识地使市场从属于一个民主社会"③来超越市场体系的运动。只有为增进全局观、自由和民主而斗争的反向运动才能避免那种引发 20 世纪欧洲文明崩溃的困局。

三、21 世纪的自由

我们再一次强调,今天自由至少受到三重威胁:(1)全球化、金融化和商品化已经导致了互联性、非透明性和模糊性的巨大增长,其结果是政治控制与民主显得无能为力。(2)新自由主义将自由与市场竞争画上等号,所谓全局观的丧失被认为是不可避免的,将责任限定在个人关系的领域可能同样是不可避免的,而这些将个人自由缩减为免于强制的自

---

① Baum,Gregory., *Karl Polanyi on Ethics and Economics*, Montreal:McGill Queens UP,1996,p.36.

② Polanyi,Karl., *On Freedom*,In:*Karl Polanyi's Vision of a Socialist Transformation*,edited by Michael Brie and Claus Thomasberger,Montreal:Black Rose Books,2018,p.312.

③ Polanyi,Karl., *The Great Transformation*,Boston:Beacon Press,2001,p.242.

由。(3)由于在日益全球化的世界中复杂性也在增加,反向运动非但没有被削弱,反而倾向于着重保护局部利益和好处。右翼政治力量抓住这个机会,以政治控制和保护运动的丧失为由谴责自由主义政党和他们的政策。为保护国民在商品、服务、金融、自然资源和劳动方面免遭来自世界市场的竞争,右翼势力呼吁强化民族国家和国家机构的作用。这既带来了国家之间更加严重的利益冲突,又导致了国际组织的削弱。同时,自由的概念被缩减为消极自由使得以自由为目的本身而进行的斗争被削弱了。虽然历史尚未重演,但问题已经出现:导致19世纪欧洲文明瓦解的冲突现在正在影响着世界上更广泛的区域,影响着更多的人口。

今天尚有进步性的倡议,旨在尽可能地扩大全局观并赋予人们承担起责任的可能性。与全球南部进行贸易的行动者和行动群体,各种贸易伙伴,要求产品认证的消费者,购买集合资金(purchasing pools),共同品运动(the common movement)等,他们都旨在通过积极对话和在生产者与消费者之间创造透明性来共担责任。然而,只要是在一个行动者几乎没有机会知晓他们选择之后果的世界中做决定,这些倡议的作用就是有限的。在今天的社会中,确实没有任何个人能够为失业、羞辱和蔑视、经济危机、气候变化和物种灭绝负责。"责任伦理"赖以生长的根基被动摇了。以一种功利主义的人的动机概念和"信念伦理"为基础的超级个人主义取得了进展。对伦理绝对真理(ethical absolutes)的狂热正威胁着那些尊重差异与宽容的人们。

在这种情境下,"巨大弹力带"的形象①——要么把资本主义拽进深渊②,要么回摆到一个更嵌入的状态(a more embedded position)③——

① Block, Fred., *Introduction*, In: *The Great Transformation*, by Karl Polanyi, Boston, Massachusetts: Beacon Press, 2001, p.XXV.

② Streeck, Wolfgang. *How Will Capitalism End?*: *Essays on a Failing System*, London New York: Verso, 2017, p.61.

③ Burawoy, Michael., *Marxism after Polanyi*, In: *Marxisms in the 21st Century*: *Crisis, Critique and Struggle*, edited by Michelle Willaims and Vishwas Satgar, Johannesburg: WITS UP, 2014, pp.37-41.

没能够把握住挑战的本质。"沿着更加民主的和平等主义的线路重建市场社会并没有任何内在障碍"①的断言也低估了国家机构内的冲突范围和战略偏向。全局观的获得和自由的维持都是挑战,它需要一种同时克服了自我调节的市场体系和双重运动的辩证法的转型。②

为了凸显所需转型的范围,卡尔·波兰尼③用了"我们意识的变革"这样的表述。今天类似的其他说法已司空见惯。我们所谈的是一种根本的社会转型,它包括一种超越了经济主义——无限量的增长和技术进步的信念——的新的大众文化。波兰尼的思考在这里至关重要,我们再次强调,这是因为批判的重点并非指向一些价值,而是指向否认社会现实的乌托邦路线。最为根本的问题是,在现代的复杂社会中,为诸如人类尊严、民主、团结和可持续性等价值而进行的斗争是否**足够有效**? 如果成功实现这些价值的社会前提是缺失的,那么,这些价值如何落实呢? 在今天充斥着几乎无限制的竞争的不透明世界中,理性行动以市场价格为基础,私人偿付能力限制着判断,每个人的责任都被限缩至家庭、办公室、公司或者股票持有人的封闭圈子内。④ 因此,我们需要问:谁还拥有为他或她在全社会和全球性层面上的决定的后果承担责任的自由呢? 今天难道除了接受市场竞争、非透明性和责任的有限性的命运外,就别无选择了吗? 抑或如本文所论证的,难道我们

---

① Block,Fred,and Margaret R.Somers,*The Power of Market Fundamentalism – Karl Polanyi's Critique*,Cambridge:Harvard UP,2016,p.96.

② 关于一个根本性的转型需要什么的问题,在 Brie,Michael.,*Karl Polanyi and the Discussions on a Renewed Socialism*.In:*Karl Polanyi's Vision of a Socialist Transformation*,edited by Michael Brie and Claus Thomasberger,Montreal:Black Rose Books,2018,pp.241-263 当中有更多详细讨论。

③ Polanyi,Karl.,*New Reflections Concerning Our Theory and Practice*,In:*Economy and Society:Selected Writings*,edited by Michele Cangiani and Claus Thomasberger,Cambridge:Polity Press,2018,p.199.

④ 弗里德曼(Friedman)将企业的社会责任视作"彻底的破坏性的教条"(Friedman,Milton.,*Capitalism and Freedom*,Chicago:University of Chicago Press,1982,p.113.),这当然是片面的和极端的。但是,在市场经济当中经理最终还是要对公司负责,也就是说,要避免违约。

最重要的任务不就是为使自由的、负责任的和有价值取向的决定成为可能而去改变社会前提和扩展全局观吗？

（译者　复旦大学哲学学院博士研究生）

三、社会理论与政治哲学研究 <<<<

"政治马克思主义"的历史缘起、代际发展与理论意义[*]

——访乔治·科米奈尔教授

张 福 公

乔治·C.科米奈尔（George C.Comninel）是加拿大著名马克思主义学者，"政治马克思主义（Political Marxism）"的代表人物之一，加拿大约克大学政治学系副教授。1977—1984年，他师从著名马克思主义学者埃伦·伍德（Ellen M.Wood，1942—2016），参与并见证了自20世纪70年代中后期以来由罗伯特·布伦纳（Robert P.Brenner）和埃伦·伍德共同创立的"政治马克思主义"这一理论流派的整个发展历程。2017年，笔者利用在约克大学访学的机会，围绕政治马克思主义的历史发展与理论意义等问题对科米奈尔教授做了专访。通过这篇访谈，我们可以得出以下结论：第一，政治马克思主义是20世纪70年代诸多国外马克思主义思潮（如英国马克思主义历史学派、结构主义马克思主义、后马克思主义等）在特定历史语境下相互碰撞、融合和竞争的产物。第二，政治马克思主义是两位创始人布伦纳和伍德及其学生在特定历史语境下独立探索、相互影响和共同发展而成的集体智慧。第三，

———————————

　＊　本文系2018年度江苏省社科基金青年项目《基于〈马克思恩格斯全集〉历史考证版的马克思工艺学笔记的翻译与研究》（项目编号：18ZXC002）的阶段性成果。

目前政治马克思主义已发展为拥有两三代理论传承、多个学术重镇、影响诸多学科领域的理论流派。第四,历史特殊性、阶级关系和阶级分析构成了政治马克思主义的核心范畴和方法,在一定程度上对历史唯物主义的历史—政治维度做出了重要深化。

张福公（以下简称"张"）:众所周知,"政治马克思主义"肇始于 20 世纪 70 年代中后期,布伦纳和伍德对政治马克思主义的形成发展做出了开创性贡献。实际上,中国学者很早就开始关注伍德教授的思想著述,但直到最近几年才将"政治马克思主义"作为一个整体的理论流派加以研究。① 您能否介绍一下政治马克思主义产生的历史背景与理论渊源?

科米奈尔（以下简称"科"）:好的。我首先向你推荐一本书,即美国历史学家哈维·J.凯伊（Harvey J.Kaye）的《英国马克思主义历史学家导论》②。他阐述了以莫里斯·多布（M. H. Dobb）、乔治·鲁德（George Rudé）、艾瑞克·霍布斯鲍姆（Eric Hobsbawm）等人为代表的英国马克思主义历史学家的独特研究路径。他们从底层群众出发考察历史的方法促使 E.P.汤普森从不同视角来思考阶级问题。他们共同建构了一种自下而上的历史观,强调工人群众能创造自己的历史。因此,"阶级"概念代表着一个过程,而非纯粹的范畴。阶级关系对于工人阶级的自身权利是至关重要的。受其影响,许多马克思主义者开始注重考察历史,其中就包括布伦纳、伍德和我。所以,通过这本书,你可以了解布伦纳和伍德的"政治马克思主义"同 E.P.汤普森等人的自下

---

① 近年来,鲁克俭、郑吉伟、冯旺舟、关锋等学者已开始关注"政治马克思主义"及其代表人物,并做出了开拓性研究。参见鲁克俭、郑吉伟:《布伦纳的政治马克思主义评析》,《当代世界与社会主义》2006 年第 2 期;冯旺舟:《政治马克思主义对"欧洲中心论"的批判——从艾伦·梅克森斯·伍德的视角》,《福建论坛》（人文社会科学版）2016 年第 7 期;关锋:《生产方式的政治解读与"政治马克思主义"——析伍德对历史唯物主义的"重建"》,《南京大学学报》（哲学·人文科学·社会科学）2016 年第 4 期;等等。

② H.J.Kaye, *The British Marxist Historians: An Introductory Analysis*, Polity Press, 1984.

而上的历史观之间的学术渊源。其次是 20 世纪 70 年代,马克思主义研究在北美的许多高校迅速发展,特别是以阿尔都塞和普兰查斯为代表的结构主义马克思主义占据了主导地位。1977 年秋,埃伦·伍德和尼尔·伍德(Neal Wood)在约克大学开设了一门研究生研讨课,我当时是班上的学生之一。我们都不是阿尔都塞主义者。阿尔都塞认为,人们一旦掌握了正确的理论,理论就绝不会被证伪。因此,他不相信历史。但我们认为,阿尔都塞对马克思主义的解读是有问题的。如果历史是一回事,那么,关于历史的理论就是另一回事。当你选择历史时,你就必须使理论符合史实,而不是相反。当时许多马克思主义者都批评我们是错误的,因为我们竟然用历史来质疑理论。最后是佩里·安德森出版了《从古代到封建主义的过渡》①和《绝对主义国家的系谱》②,试图阐明奴隶制生产方式、封建制生产方式和资产阶级革命所带来的历史转变等重大问题。但他试图将所有东西都纳入一种连续同质的、符合他的整体历史观的理论。而在我们看来,他所理解的历史实际上脱离了真实的历史。当然,他的错误并非完全来自他自己,而是当时人们对于马克思主义理论的种种误读所导致的。总之,我们不仅要同正统马克思主义和结构主义马克思主义作斗争,而且要在吸收英国马克思主义历史学派观点的同时,警惕他们的理论缺陷,同他们保持一定距离。更重要的是,当时马克思主义在北美高校的勃兴并没有持续多久,很快后现代主义、后结构主义和后马克思主义等思潮就开始泛滥,削弱了马克思主义的影响。因此,我们又必须同它们作斗争,你从伍德的著述中可以清晰地看到这一点。

张:这样看来,政治马克思主义诞生的历史背景和理论语境是非常复杂的。您作为伍德教授的学生,想必亲身经历了政治马克思主义的

---

① P.Anderson,*Passages from Antiquity to Feudalism*,New Left Books,1974.中译本为《从古代到封建主义的过渡》,郭方等译,上海人民出版社 2001 年版。

② P.Anderson,*Lineages of the Absolutist State*,New Left Books,1974.中译本为《绝对主义国家的系谱》,刘北成等译,上海人民出版社 2000 年版。

整个形成过程。您能否具体谈一下当时的具体情况?

科:好的。刚才提到的埃伦和尼尔开设的那门研讨课就是我在讲的研究生课"历史视域中的国家理论与实践(The Theory and Practice of the State in Historical Perspective)"①。从当时的历史背景来看,这门课是非常重要的。我们的目标首先是理解政治理论,准确来说是关于阶级社会的政治理论。因为我们认为,当时的主流政治理论在很大程度上是资产阶级社会的产物,因此必须进一步考察过去历史中不同阶级社会的政治理论。我们想通过回溯古代历史来探究阶级社会的重要意义。为此,埃伦自学了希腊语,认真研究了古代理论家的思想,并集中考察了古希腊社会。而尼尔则考察了古罗马社会。总之,当时他们已经对古代和近代早期的政治理论做了深入研究。他们在《阶级意识形态和古代政治理论》②一书中探讨了社会历史语境中的苏格拉底、柏拉图和亚里士多德的政治思想。

我们发现,传统马克思主义关于奴隶制生产方式的观点是行不通的。正如后来埃伦在《农民—公民和奴隶》③一书中所指出的那样,马克思主义所设想的奴隶制实际上是一种关于古代社会的自由资产阶级构想,即古代社会主要是基于公民和奴隶的对立,而公民将最终聚集为更富有的公民。而我们在考察统治阶级和作为非生产阶级的奴隶时却发现,事实上并没有足够的奴隶充当生产阶级,尤其是并非所有奴隶都从事基础性的农业生产。于是,我们遇到了一个难题:如果奴隶并不是整个阶级体系的基础,那么,如何确定这是一种奴隶制生产方式呢?因此,"奴隶制生产方式"这一表述就存在简化事实的嫌疑。这些都发生在 1977 年。

---

① 参见 https://www.yorku.ca/comninel/courses/6030index.html。

② E. M. Wood, N. Wood, *Class Ideology and Ancient Political Theory: Socrates, Plato, and Aristotle in Social Context*, Oxford University Press, 1978.

③ E. M. Wood, *Peasant-Citizen and Slave: The Foundations of Athenian Democracy*, Verso, 1997.

当时布伦纳刚开始他的批判和辩论。但我们在组建这个研讨班来探讨上述问题之前并不知道布伦纳和他的文章。实际上是埃伦的弟弟彼得·梅克辛斯(Peter F.Meiksins)读了布伦纳的文章,并把它们带给埃伦。布伦纳发表在《过去与现在》(Past & Present)[①]和《新左派评论》(New Left Review)[②]上的关于东西欧差异、英法差异的文章,同我们正在探讨的一些问题恰好契合。我们认为,结构主义马克思主义的历史理论无法有效地解释阶级关系问题。历史理论必须通过考察历史来加以检验和确证。因此,当我们读到布伦纳的文章时,我们发现他提供了很好的个案研究。这也使我们立即产生一种紧迫感,因为有人已经认识到重新考察历史本身和重建历史唯物主义的重要性。当然,我们认为这个历史学家的工作还不够完善。

到了第二学期,我将课堂陈述的主题定为法国大革命。因为我发现当时许多学者都一再强调英国和法国有着相同的历史,由此引出一个重要问题:他们的资产阶级革命理论都是建立在资本主义发展之上的,但在法国大革命期间并没有资本家卷入其中。这在 20 世纪 70 年代的法国史学界已成为一个激烈争论的问题。当时许多曾是马克思主义者的法国历史学家正在抛弃马克思主义,因为他们认为 18 世纪末和19 世纪初的法国并不存在能够引发一场革命的资本主义。受其影响,我和埃伦开始质疑这种资产阶级革命理论,这也成为我的博士论文的研究对象。我和埃伦花了大量时间来研究和讨论这些问题,并得出这样的结论:在马克思之前,关于资产阶级革命的思想已经被建构起来,马克思继承了这种思想并加以发展。拉斐尔·塞缪尔(Raphael Samuel)等人也指认了当时历史学家对马克思相关思想的影响。他指出,马克思自己就称赞过自由主义历史学家们最先提出了阶级思想,特

① R.Brenner,"Agrarian Class Structure and Economic Development in Pre-Industrial Europe",*Past & Present*,No.70,1976,pp.30-75.

② R.Brenner,"The Origins of Capitalist Development:A Critique of Neo-Smithian Marxism",*New Left Review*,Vol.I,No.104,1977,pp.25-92.

别是资产阶级革命思想。于是,我沿着这一线索重新研读了马克思的著作及其同时代的历史学和政治学著作。我发现,马克思从未对前资本主义社会做过单独研究,虽然他在《资本论》中偶尔讨论过封建主义,但他对前资本主义阶级社会的所有阐述几乎都是直接继承于自由主义历史学家。而借助布伦纳关于英法历史差异的观点,我们就更容易理解为什么英国是资本主义的发源地,而法国却有所不同。其中的一个关键问题在于:在英国革命和法国革命中,哪些是资本家,哪些是贵族,特别是封建贵族?人们通常认为英法两国的革命都是资产阶级反对封建贵族阶级,但我们却发现:两国都不存在资本家与封建贵族的对立。比如在英国,革命双方由资本家和地主所主导,因此,在资本主义的变革体系中并不只有资本家,还有地主。而这两股势力属于同一个阶级,是同一阶级的两个方面。因此我们认为,英国革命在本质上是统治阶级内部的一场内战,而不是两个阶级之间的革命。

我在考察法国革命时看到了同样的情形。在法国大革命时期,并不存在纯粹的资产阶级,同时,统治阶级也并不只是封建贵族阶级,而是建立在布伦纳所说的政治构成性财产(politically constituted property)之上的。法国的政府官员同时拥有土地,无论资产阶级还是贵族都拥有政治构成性财产。因此,在英国和法国都是统治阶级内部的斗争,而不是两个阶级之间的革命——这两种判断有着根本差别。这也是许多西方马克思主义者强烈反对伍德和布伦纳,尤其是我的观点的主要原因之一。"法国大革命是两个阶级之间的革命"这一观点实际上意味着这一革命可能成为无产阶级革命的一种模板,比如,许多托洛茨基主义者就主张我们应该发动一场永久性革命(permanent revolution),即我们可以先从资产阶级和贵族阶级之间的资产阶级革命开始,随着时间的推移,革命就会转变为无产阶级和资产阶级之间的无产阶级革命。

但是,如果一开始就没有资产阶级革命,如果这场革命不是资产阶级和封建贵族阶级之间的革命,那么,它又将如何转变为其他革命呢?
因此,许多马克思主义者认为我否定了无产阶级革命的可能性。实际
上,我并没有这样做! 我只想说明无产阶级革命将不同于法国大革命,
而法国大革命也绝非唯一的革命指南。而有些人恰恰将法国大革命奉
为一种革命圭臬。有些人甚至试图重现法国大革命、1848 年革命或者
1871 年的巴黎公社运动。但我认为这是不可能实现的。

不管怎样,这些以探讨阶级社会本质为开端的问题逐渐发展出相
关的政治理论。我发现,"资产阶级革命"这一提法恰恰是一种自由主
义意识形态,它赋予了资产阶级革命以合法性和历史意义。因此,它构
成了资产阶级政治理论的一部分。自由主义者相信,在这种革命历史
进程中,资产阶级将成为人类文明中正在崛起的力量——这是他们的
自我确证。因此,如果我们质疑它,那么我们就必须进一步追问这种观
念背后的历史真相是什么,即必须在历史源头中寻找答案,而不是假定
一切都是现成的和固定的。

张:这样看来,在政治马克思主义的形成过程中,当时共同的历
史语境促使伍德教授和布伦纳教授在互不相识的情况下几乎是同时
捕捉到了相同的问题,并开始思考相似的重大理论问题。这的确改
变了我对政治马克思主义的了解。因为不少中国学者认为布伦纳教
授是政治马克思主义的创始者,而伍德教授则只是他的追随者和拥
趸①。但根据您所说的,事实并没有这么简单,而是比我们想象的更
加复杂。您能再跟我们分享一下当时伍德教授和布伦纳教授之间的学
术关系吗?

科:布伦纳教授当时已发表了两篇文章,当然也只是两篇而已。这
些文章非常具有影响力,他的思考也给我们留下了深刻印象。不过,我
们在读到他的文章之前已经在探讨有关古希腊和古罗马的诸多问题。

---

① 鲁克俭、郑吉伟:《布伦纳的政治马克思主义评析》,《当代世界与社会主义》
2006 年第 2 期。

当然,我们都认为布伦纳的个案研究是非常重要的。于是,埃伦与布伦纳取得联系。1977年,埃伦邀请布伦纳来到多伦多,我们都结识了他。当时,他正在准备回应别人对他的第一篇文章的批评。埃伦花了大量时间同布伦纳一起工作,并把她的一些关于如何回应的想法告诉布伦纳。因此,布伦纳的许多观点都跟埃伦有所讨论,埃伦也给他提出许多建议。例如,他在撰写发表在《过去与现在》上的第二篇长文①的过程中就征询过埃伦的意见。当然,这篇文章完全是他自己的理论成果。而且,正是布伦纳最早被法国历史学家居伊·布瓦(Guy Bois)称为"政治马克思主义者",他认为布伦纳犯了"政治马克思主义"的错误。②而当时埃伦的著作还不为人知,但她很快就同布伦纳齐名了。

因此,真实情况是并不是布伦纳独自创立了政治马克思主义。但必须承认,他构成了这一理论传统的首要环节,这集中体现在他对英国与法国、东欧与西欧的历史差异的研究上。而我认为,英法两国的差异要比东欧西欧的差异更为重要,因为前者所指向的是英国的资本家—地主关系与法国的政治构成性财产关系之间的差异。它的重要意义在于:如果西欧并非只有一种历史轨迹和发展道路,那么,我们就必须重新思考历史。人们总是假设西欧只有一种历史,而我们却发现还有其他几种发展道路:英国不同于法国,英法又不同于意大利。埃伦和布伦纳经常对此进行讨论。

张:我了解到,由于布伦纳教授和伍德教授的巨大影响力,已经有一批学者深受政治马克思主义的影响,您能具体谈谈到目前为止政治马克思主义的整体发展状况吗?

科:好的。实际上,我们的许多学生都在继续推进这一研究工作。

---

① R.Brenner,"The Agrarian Roots of European Capitalism",*Past & Present*,No.97,1982,pp.16-113.
② Guy Bois,"Against the Neo-Malthusian Orthodoxy",*Past & Present*,No.79,1978,pp.60-69.

比如,汉内斯·拉切尔(Hannes Lacher)①主要从事全球化和民族国家问题研究。我的另一个学生米歇尔·安德鲁·兹莫莱克(Michael Andrew Žmolek),在他的《反思工业革命》②一书中利用政治马克思主义的方法考察了五百多年的英国经济发展史,以展现英国资本主义的形成与发展。他认为,资本主义最初并不是产生于城镇,而是产生于乡村,而国家在其中扮演了非常重要的角色。即使在农村,国家也控制着资本家来指挥全体工人。总之,到目前为止,我们已经形成两代政治马克思主义者,第三代政治马克思主义者即我们的学生正在加入进来。

张:这样看来,从伍德教授到您再到您的学生已经形成了一种紧密的理论继承关系,构成了政治马克思主义中一股强劲的学术传统。

科:是的。现在我的这门研究生课就是我从埃伦手中接过来的。当然,许多学生都有各自的研究兴趣,因此,并不是所有学生都是政治马克思主义者。不过,每隔几年就会有新成员加入我们。有人会采用我们的研究方法和解读路径来做自己的研究,也有人对我们的工作产生兴趣。因此,我们的学术纽带一直保持着,彼此之间相互交流。汉内斯从约克大学硕士毕业后去了英国伦敦经济学院等地求学,后来又回到约克大学政治系。丹尼斯·皮隆(Dennis Pilon)也听过这门课,并利用政治马克思主义的方法研究加拿大政治问题。还有其他人也深受政治马克思主义的影响,虽然他们并不一定做同样的研究。总之,从这里走出去的学生都具有政治马克思主义的理论背景。因此,在某种意义上,这里已成为政治马克思主义的一个中心。

张:总体来看,"政治马克思主义"已发展成为一个理论旗帜鲜明、

---

① 汉内斯·拉切尔:加拿大约克大学政治系副教授,主要从事政治马克思主义视域下的国际政治经济学研究,其代表著作有《超越全球化:资本主义、地域性和国际现代性关系》(Beyond Globalization: *Capitalism*, *Territoriality and the International Relations of Modernity*, Routledge, 2006)等。
② M.A. Žmolek, *Rethinking the Industrial Revolution: Five Centuries of Transition from Agrarian to Industrial Capitalism in England*, Brill, 2013.

方法论自觉的理论流派,吸引了越来越多的学者的关注与研究。据我了解,由罗莎·卢森堡基金会(Rosa-Luxemburg-Stiftung)和"Helle Panke"协会共同创办的"Marx200"论坛网站就将"政治马克思主义"作为 20 世纪 70 年代以来的众多马克思主义理论流派之一而作了专门介绍。①而英国萨塞克斯大学的本诺·特施克(Benno Teschke)和塞缪尔·科纳弗(Samuel Knafo)也组建了"政治马克思主义研究小组(Political Marxism Research Group)"②,并专门创建了"政治马克思主义与社会科学(Political Marxism and the Social Sciences)"网站。请问您是否关注到这一理论动向?

科:的确如此。特施克著有《1648 的神话:阶级、地缘政治和现代国际关系的形成》③一书。他与汉内斯的关系很好,都是政治马克思主义者。塞缪尔·科纳弗也是我的学生,他和特施克组建的研究团队使政治马克思主义在英国迅速发展,因而构成了政治马克思主义在英国的一个分支。我们一直保持着密切联系。

张:所以,现在比较活跃的年青一代政治马克思主义者几乎都是您和伍德教授的学生。不过,我也了解到,在美国除了布伦纳教授,查尔斯·波斯特(Charles Post)④教授也被称为政治马克思主义者。请问您和伍德教授与波斯特教授有怎样的学术关系呢?

科:我和埃伦是在 20 世纪 80 年代的纽约"社会主义学者会议"

---

① 参见 https://marx200. org/en/marxism-think-one-two-many-marxes/political-marxism - 1970 s。

② 参见 https://politicalmarxism.wordpress.com/。

③ B.Teschke, *The Myth of* 1648: *Class*, *Geopolitics and the Making of Modern International Relations*, Verso, 2003. 该书获评 2003 年度"多伊彻纪念奖(Isaac and Tamara Deutscher Memorial Prize)"。

④ 查尔斯·波斯特:纽约城市大学曼哈顿社区学院社会学教授,政治马克思主义代表人物之一。主要从事历史社会学研究,代表著作有:《美国的资本主义之路:阶级结构、经济发展与政治斗争研究》(*The American Road to Capitalism*: *Studies in Class-Structure*, *Economic Development and Political Conflict*, 1620-1877, Brill, 2011)等。该书获评 2013 年度"多伊彻纪念奖"。

（即现在的"纽约左翼论坛"）上认识查尔斯·波斯特的。虽然他并不是我们最初的研究小组成员，但他同我们的观点是完全一致的。从那时起，我们就建立起了学术联系。现在，他正在同我和埃伦的一个学生萨维埃·拉弗朗斯（Xavier Lafrance）合编一本书①，主要考察政治马克思主义比较视域下的历史发展，比如英国和法国、荷兰和西班牙的历史差异性，以挑战那种认为这些国家都遵循同一发展模式的观点。

张：这样看来，政治马克思主义在40多年的发展历程中不仅形成了薪火相传的学术传统，而且具有极强的开放性，实现了在诸多学科领域中的多元发展，并且在英语世界中建立了多个学术重镇。现在，我想把谈话拉回到政治马克思主义的理论本身。您认为政治马克思主义的根本方法和核心思想是什么？或者说，您是如何从政治马克思主义的视角出发来重新思考马克思的思想精髓和时代价值的？

科：虽然"政治马克思主义"这一术语最初是作为贬义词而被使用的，但我们始终强调，历史分析的核心是阶级关系。马克思曾说过，在农民社会中，阶级关系是超经济的，它不是单纯由市场所建构的关系，实际上，市场的作用还微乎其微。而阶级关系恰恰是政治的。这在封建社会中可以看得一清二楚。当我发现并不只有两种前资本主义生产方式（奴隶制生产方式和封建制生产方式）时，我就想去考察各种阶级关系，揭示这些阶级关系的本质。于是，我发现存在着各种各样的占有剩余的政治形式。因此，问题的关键就在于：阶级关系是如何结构性地使农民放弃自己的剩余而被统治阶级所占有的？很多人认为，马克思所谈论的亚细亚生产方式是指19世纪的印度和中国，其实这是错误的。当马克思在《资本论》中讨论亚细亚生产方式时，他是在谈论农民社会（peasant society），在这种社会中，没有私有财产，并且具有两种迥异的社会形式，即西方封建社会和亚细亚社会。也就是说，这种社会同时具有建立在农民家庭（peasant families）和农民公社（peasant commu-

---

① X.Lafrance,C.Post,*Case Studies in the Origins of Capitalism*,Inbunden,2018.

nities)基础上的两种社会形式。因此,在某种意义上,它们的经济基础是相同的,但包含财产形式在内的政治关系却是不同的,因而攫取剩余的形式也有所不同。而且,许多马克思主义者认为,每一种经济力量只对应于一种阶级形式,经济决定论便是如此。比如,农民只对应于封建主义。而马克思在《资本论》中谈论了两种阶级社会,它们具有不同的组织形式,但却有着相同的经济基础,且都是建立在农民阶级之上的。因此,马克思认识到,相同的经济生产形式可以成为不同的阶级关系的基础。这是马克思留给我们的重要启示。

现在,大多数马克思主义者都批判资本主义而向往共产主义。但如果我们相信历史唯物主义,相信中国、美国、英国等国家有着各自不同的发展道路,那么,我们就必须考察各种阶级社会的历史发展,以理解这些社会是如何成为现在这样的。譬如,尽管英国和法国在某种程度上看起来非常相似,但我们必须找出它们之间的差异。

作为一个政治马克思主义者,我认为阶级关系是值得深入研究的,因为我们不能假设我们已弄懂了一切阶级关系的本质。我们还需要继续考察剩余价值是从哪里来的,是何种社会关系将这种剩余转移到另一个阶级的手中。实际上,这是一件非常吊诡的事情。因为在近现代史上,存在着各种不同的转移剩余的政治法律关系。正是基于这些关系,一种阶级社会转向另一种阶级社会。如果霍布斯鲍姆重新思考19世纪60年代的半封建主义(semi-feudalism),就会发现当时到处都是半封建主义,比如半封建的中国、印度、印度尼西亚等等。更重要的是,他们都完全不同于英国或欧洲的封建主义,但所有这些国家都有农民。因此,似乎农民所对应的唯一范畴就是半封建主义。然而,"半封建主义"这个范畴并不能解释任何东西。如果只是考察正在发生的所见所闻,并由此产生某种感性认知,那么,所得到的结果将是非常糟糕的。

张:您提出的这些问题和观点的确是值得我们深入思考的。最后,我想问的是伍德教授在《民主反对资本主义》一书中使用了"重建历史唯物主义"这样一个副标题,那么,在您看来,政治马克思主义是在何种意义上"重建"历史唯物主义的呢？

科：这个问题对我们来说非常重要。我还是结合我自己的研究来回答你。我经常引用《资本论》，特别是有关地租起源的章节，我一遍遍地引用它们。因为我认为这是马克思从抽象层面对阶级关系的理论化，而且几乎是其所有著作中的唯一一次。在这里，马克思区分了没有私有财产的亚细亚社会和封建社会。因此，即使经济基础是相同的，阶级关系也会有所不同。由此，马克思指出，直接生产者创造经济产品的特殊形式决定了阶级社会的结构。我认为这正是问题的关键。也就是说，我们必须认识到阶级社会是建立在剥削的基础之上的，而剥削并不只是一个经济范畴。我们必须研究资产阶级经济学家所说的"经济"到底是什么，考察剩余是由谁生产的，它又是如何被夺走的。在《共产党宣言》中，马克思指出历史中的各个阶级都可以归结为剥夺者和被剥夺者。这是非常重要的。因为这不是经济问题，而是关于剥夺和被剥夺的问题，是使用权力进行统治和剥削的政治问题。因此，我们必须真正理解剥削究竟是如何发生的，但是我们不能从想象的剥削出发。譬如，一个社会的绝大多数人口是从事农业生产的农民，因此，这个社会就是基于谷物生产的农业社会。对此，你可以确定它的阶级关系是同剥削农民有关的。但问题是，这种剥削究竟是如何发生的呢？它是一种合法关系还是一种权力关系？它又是如何产生的呢？它同统治阶级有怎样的关系？统治阶级内部是竞争关系还是合作关系？等等。因此，我认为，政治马克思主义在某种程度上就是历史唯物主义，或者说，政治马克思主义是对历史唯物主义的某些问题的深化。当马克思说迄今为止的一切社会历史都是阶级斗争的历史时，他是正确的。但我们必须进一步追问阶级斗争是什么？问题就在于，太多的马克思主义者认为，如果他们读过《政治经济学批判。第一分册》的"序言"，他们就弄懂了关于阶级的一切问题。在这里，马克思罗列了几种生产方式，但很多人都不求甚解。实际上，我们必须弄清楚这些生产是如何组织的，剥削是如何进行的。我们可以清楚看到佃农所遭受的剥削是明显的，他们的大半粮食被地主直接拿走。而在其他农民社会中,这种剥削却有所不同。因为农民被要求在地主的土地上耕作,这样一来,农民的粮食就没有被夺走,因为他们从未拥有这些粮食。但农民在地主的土地上付出了所有劳作。对此,我们必须思考这种阶级关系到底是什么?这种转变体现在哪里? 等等。我认为,这就是政治马克思主义的核心,也就是历史唯物主义,即它研究的是阶级关系在历史过程中得以表现和发展的方式及其内在矛盾。

(作者　乔治·C.科米奈尔,加拿大约克大学政治学系副教授;张福公,南京师范大学哲学系讲师)

公平是一种社会燃素吗？*

——对恩格斯《论住宅问题》中交换公平的争论的解读

魏　博

摘　要：恩格斯在《论住宅问题》中提出，公平是一种社会燃素。分析的马克思主义者，如麦克布莱德、莱文和桑德洛等，认为恩格斯的这一观点实际上是一种道德相对主义。本文试图还原和重构恩格斯与米尔伯格关于"住宅问题"的争论，以论证米尔伯格的公平观实际上是一种交换公平，它背后的图景是建立在"自由的个体占有"这一观点之上的"永恒公平"。恩格斯认为仅仅在交换领域去谈论公平是毫无意义的，因为交换公平概念在雇佣关系面前是无法自洽的。在这个意义上，公平是一种社会燃素。但是恩格斯并没有否定公平本身，他提出不是从公平本身去理解公平，而应该从否定性的角度去理解公平，即从经济关系和现实斗争的角度去理解公平。

关键词：永恒公平　《论住宅问题》　交换公平　社会燃素

一、社会燃素与道德相对主义

斯坦福大学哲学教授艾伦·伍德在《哲学与公共事务》杂志发表

---

* 本文系清华大学亚洲研究中心 2018 年度重点项目的阶段性研究成果。

的《马克思对正义的批判》一文引起了北美学者的兴趣。他们试图探讨这样一个问题：马克思和恩格斯在自己的著作中对资本主义的不公正性提出了严厉的批判，但是又反对蒲鲁东和拉萨尔等人的公平观，似乎这里存在着一个悖论。从讨论的结果来看，大部分学者倾向于认可构造出马克思主义的正义理论。威廉·麦克布莱德分析了马克思和恩格斯在正义问题上的相关话语，认为恩格斯的《论住宅问题》批判了蒲鲁东的道德主义，正是恩格斯的这篇文章激发了"两位美国人最近论证马克思关于正义主题的灵感：一篇是艾伦·伍德发表在《哲学与公共事务》杂志上的论文，另一篇是罗伯特·塔克的专著《马克思主义者的革命理念》中的一章"。他反对这两者的观点，认为恩格斯把正义这个概念当作一种"社会燃素"来意旨正义概念的意识形态性的做法是一种历史相对主义的做法，而恩格斯这一做法"把他带到了对马克思主义理论中的真理主张造成彻底破坏的危险的边缘"①。大卫·莱文也同意马克思主义存在着道德相对主义，认为原初的道德代表了集体的利益与其中的个体成员的利益的对抗，而在《论住宅问题》中恩格斯实际上说明了这个观点。②

阿兰·桑德洛也认为，恩格斯的《论住宅问题》把正义的概念描述为"社会燃素"时，表达出了马克思主义思想传统中存在的一个难题，即"贬低关于正义问题之讨论的重要性，而且将最终消除这种思想"③。他认为，历史唯物主义的逻辑使共产主义社会不能将一种正义概念作为多余的东西而排除，而这恰恰说明了对某种马克思主义正义理论的需要。但是罗杰·佩登提出了相反的看法，他回顾了马克思和恩格斯对空想社会主义批判的历史，认为恩格斯的《论住宅问题》对空想社

① 威廉·麦克布莱德：《马克思、恩格斯和其他人论正义》，王贵贤译，载李惠斌、李义天编：《马克思与正义理论》，中国人民大学出版社2010年版，第336页。

② David S.Levin，"The Moral Relativism of Marxism"，*The Philosophical Forum*，Vol. 3，1984.

③ 阿兰·桑德洛：《马克思主义的正义理论？》，王贵贤译，载李惠斌、李义天编：《马克思与正义理论》，中国人民大学出版社2010年版，第347页。

主义者的道德原则的分析和批判切中了"正义"、"公平分配"和"平等"等概念空有形式的要害,空想社会主义者没有认识到这些价值概念是和他们的社会结构相关的,是不可以单独地从法律角度来观察的。和恩格斯的观点一样,他也认为,空想社会主义者关于人类需要的观点是建立在田园式的幻想之上的,这个幻想来自准封建的资产阶级社会阶段,这些观点只能带来反动和保守。

那么,在恩格斯看来,公平是一种社会燃素吗？我们的旅程将从恩格斯所批判的米尔伯格的文章开始,相信这会有益于主题的展开。笔者在这篇文章中的工作将分为三步:首先,从恩格斯与米尔伯格的论战中获得笔者所需要的主要信息,从而排除细枝末节的干扰,以还原出恩格斯批判对象的公平观点的实质;其次,分析和论证这个公平观点的深层图景,以及它在概念上无法自洽;最后,回答恩格斯在何种意义上认为"公平是社会燃素"这个问题,以引导出对于公平概念的另一种理解。

二、《住宅问题》中的公平观念

（一）米尔伯格的公平观念

米尔伯格将住宅问题定义为:"住宅缺乏现象,即房租极其昂贵"。他试图解决这个问题,因为"住宅问题……同真正的中间等级、小手工业者、小资产阶级、全部官僚的利益有极大的关系,总之,同不是自己的房屋或自己的住宅的所有者和占有者的一切社会成员的利益有极大的关系"。[①] 米尔伯格认为,解决问题的关键在于抓住"资本生产率"这头"牛的双角",它在城市中的形式就是"租金"。因为能创造价值的只

———————

① 阿·米尔伯格:《住宅问题》,载《马列著作编译资料》第 2 辑,人民出版社 1979 年版,第 127、128 页。

能是劳动而绝不是资本,而租金是一种不劳而获的"虚假的存在",它夺取了来自"房屋、建筑场地等原来的成本价格同它今天的价值之间的差额"的"剩余价值",而这本来是归于社会的"正当的权利"。①

　　为了论证建筑成本与租金之间的巨大差额是归属于社会的正当权利,首先得从公平权利开始。在米尔伯格看来,"租赁合同"与其他现代社会生活中的交易一样,都渗透着"权利观念",到处都按照"严格的公平要求"进行。然而,他认为实际的交易是不公平的,到处充满了欺骗,"现代租赁合同……是种种不公平和压迫的根源"。在米尔伯格看来,正如资本家通过资本雇佣工人不劳而获一样,房主收取承租人租金这种资本形式和前者是同样的增殖形式。那么,要想达到"把雇佣工人的社会改造成自由生产者的社会,从而使每个人可以享受其全部劳动所得"的要求,首先应该"废除住宅租赁制"。②

　　米尔伯格废除住宅租赁制度的办法是"赎买出租住宅",即"过去,交付的房租是承租人偿付给资本的永恒权利的贡赋,而现在,从宣布赎买出租住宅之日起,承租人所付出的那笔精确规定的金额,就成为补偿转归他所有的住宅价值的每年付款"。③ 这样做的目的就是通过分期付款将原来由少数的房屋所有者和绝大多数受压迫的承租人所组成的社会变成由独立的自由的住宅所有者所组成的总体,如此才能将公平的权利贯彻到底。在米尔伯格看来,房屋的建造本身就构成了"获取一定部分的社会劳动的永恒权利根据",但是这个权利根据使得建造房屋原先的成本价格以租金的形式得到了巨量超额的补偿。因为某种不公平的权利导致了不公平,所以要废除这种权利。而这个不公平的权利在米尔伯格那里就是资本生产率的不劳而获的特权。

---

① 阿·米尔伯格:《住宅问题》,载《马列著作编译资料》第 2 辑,人民出版社 1979 年版,第 129、130、131 页。
② 阿·米尔伯格:《住宅问题》,载《马列著作编译资料》第 2 辑,人民出版社 1979 年版,第 135、136 页。
③ 阿·米尔伯格:《住宅问题》,载《马列著作编译资料》第 2 辑,人民出版社 1979 年版,第 137 页。

米尔伯格认为现代社会本身充满着法的精神,但是权利观念承认某种不公平的特权的合法性,也就承认了某种不公平现象,所以他要废除这种不公平的权利。这个思路实际上暗含了一个前提,即废除了不公平的权利,就等于废除了产生这种不公平现象的实在条件,或者说这种不公平的权利是造成这个不公平现象的经济条件。米尔伯格的做法实际上是用法学词汇来解释经济现象,使得人们只能观察到租金与权利之间存在因果关系,而忽略了法律现象背后的经济现实,看不到房租实际上来自工人阶级的总体的剩余价值。这样就只能用法的标准即公平的标准来衡量,并且发现这种现象是不公平的。在米尔伯格看来,法的精神肯定了与其精神不相符合的权利,所以要反对这种权利,以维护这样的精神。然而,如果这种权利根本不是租金产生的物质条件或物质来源,那么即使在法的领域禁止了这样的权利,作为整体的工人阶级受到的剥削不会受到任何改变,只不过发生了转移而已。

至此,可以清楚地呈现米尔伯格解决住宅问题的基本思路及其深层的观念成因:住宅问题影响着每一个人,而住宅租赁制度保护了收取租金的永恒权利,这个权利是一种不劳而获的权利,伤害了所有没有住宅所有权的人的利益,尤其是"真正的中间阶级"的利益,使得法的观念或者永恒公平没有得到满足,所以要废除租赁制度以维护法的观念。但是,这个公平观念的形象很朦胧,仍然无法得知其具体内涵,所以我们需要进一步细致分析。

(二)永恒公平的图景

从一开始,这种解决住宅问题的思路及其背后隐藏的公平观念就限定在商品交换的领域——住宅需求大于供给,即卖方市场,所以价格昂贵。而这个昂贵的价格在米尔伯格看来是不公平交换的结果,因为属于房东的资本生产率无偿占有本应属于社会的房屋和地皮的"剩余价值"。可是,米尔伯格凭什么说"剩余价值"就应该属于全社会呢?他有一个逻辑前提,就是劳动价值的法理化——"有生产效能的,也就是说能创造价值的,仅仅是劳动而绝不是资本",而"资本生产率是不存在的"和虚假的,所以劳动在法理上应该获得它的造物。在米尔伯格看来,这里似乎有一个矛盾,即法律视收益权为所有权的合法产物,也就是承认了租金作为住宅所有权的结果的合法性,而这个产物其实是劳动创造的,也就是说,根据"法的观念",这个产物理应归劳动者所有才是公平的。一个形式上是公平的法律,即租赁制度,违背了在内容上是公平的法律,即"法的观念"。如果追问他的"法的观念",那么他在逻辑上就一定会回到在思路上和他一致的蒲鲁东的"永恒公平"上去。而那个"永恒公平"充满了矛盾和神秘。

恩格斯在《再论蒲鲁东和住宅问题》中简要地谈到了蒲鲁东的"永恒公平"的内涵。他说蒲鲁东在其一切作品中都是用"公平"来衡量一切社会的、法的、政治的、宗教的原理,也就是这些原理的优劣真假存去都是根据他所谓的"公平"来判定。恩格斯提到这个"公平"在《贫困的哲学》中被称为"永恒公平"(justice éternelle),而在蒲鲁东 1858 年出版的《论革命中和教会中的公平》一书中,这个公平的形象是"各社会中的基本原则,有机的、起调节作用的、至高无上的原则,支配其他一切原则的原则……是人类自身的本质"。① 蒲鲁东的《什么是所有权》中有这个观念的雏形,而这个雏形乃是"永恒公平"的基石。

蒲鲁东认为所有权是"一种不劳动而可以取得利益的权利"②,而"永恒公平"和这个权利相反。蒲鲁东将其规定为"一切社会的一般的、原始的、绝对的定律",它"决不是法律的产物",相反"法律永远不过是正义的表示和应用"③。而人类的正义是对法权的尊重和遵守,而正义是一种社会性的本能。这里似乎和前面的"正义决不是法

---

① 《马克思恩格斯文集》第 3 卷,人民出版社 2009 年版,第 319 页。
② [法]蒲鲁东:《什么是所有权或对权利和政治的原则的研究》,孙署冰译,商务印书馆 1963 年版,第 10—11 页。
③ [法]蒲鲁东:《什么是所有权或对权利和政治的原则的研究》,孙署冰译,商务印书馆 1963 年版,第 52 页。

律的产物"以及"绝对的"相矛盾：一方面必须尊重法权才有正义，而且正义还是社会性的；另一方面，它又不产生于法律，而且还是绝对的。

蒲鲁东划分了三等社会性：社会性的理性、正义、公平。这三类社会性刻画了"永恒公平"的上升之路。最初它表现为人是一种有理性的社会动物，由此每一个理性都要求获得相等的承认，而表现为"平等的人格"，即正义。最后正义以体现"社会相称性"的感情为基础，而在每个人身上形成"公平"。"社会性、正义、公道，这就是本能在它的三种不同程度上的确切的定义，这个本能使我们和同类交往，它的具体的表现是可以用下列公式来说明的：对自然财富和劳动产品有平等享受的权利。"①"永恒公平"是一种平等对待财产的自然权利，而自然权利或称自然正当（natural right）的本意就是一种永恒的东西。

因此，米尔伯格将自己的视野无意识地限定在交换领域，而这绝不是一种偶然。在米尔伯格看来，充满正义和公平的社会是一个"由各个不依赖别人的、自由的住宅所有者所组成的总体"。在这个总体中私有财产是没有特权的，是"自由的个体占有"。米尔伯格所强调的"自由的个体"的历史存在就是"真正的中间阶级"，或者说小手工业者和小资产阶级。他们的特点在于其资本非常有限，以至于只能自产自销，或者完全从事销售，也就是说他们的活动集中在交换领域。他们几乎完全是自己劳动力的主人，因而不存在雇佣劳动，当然也就没有《资本论》意义上的"剩余价值"了。所以，只要搞好公平交换，或者按照"法的观念"进行交易，一个全部都是"真正的中间阶级"的社会就没有不公平了——因为公平的内涵萎缩成交换公平了。

---

① ［法］蒲鲁东：《什么是所有权或对权利和政治的原则的研究》，孙署冰译，商务印书馆1963年版，第240—256页。

三、交换公平的悖论与否定性的公平

（一）交换公平的循环论证

米尔伯格认为，承租人之于房东的关系完全和工人之于资本家的关系一样，恩格斯却说"这完全不对"。在恩格斯看来，租赁合同体现的是一个单纯的商品买卖，只是"一个"交换关系。在"这个"交换关系中，关系的双方都是固化而不会在内部增长的定在。这个关系是一个封闭的局限存在，即使交换并不是等量地进行，也只是说明关系一方的量向另一方的量倾斜或者转移了，而不增减这个关系体的总量。

而雇佣关系则复杂得多，一方面工人与资本家的劳动合同在法律的领域中是一次交换关系，即以工人自身的劳动力作为标的的商品交换。从这个角度来说，在这一次封闭的交换关系中，双方的交换可能是等价的，也可能是不等价的，就如同其他的商品交换一样，这完全是凭借交换的两方的各个个体在交换中的各自优势而定的。在这个角度上也只是在这个角度上来说，劳动合同和租赁合同具有共同的形式。然而，另一方面，在劳动合同的内容方面雇佣关系则体现了和租赁关系完全不同的质的区别：劳动力作为一种特殊的商品具有内生性——它不仅是其他一切商品产生价值的动力因，还是自身存在的动力因。

无论在劳动合同中双方是否凭着诚心诚意的"法的观念"进行公平的交换，这个增量在总体上都会发生。那么，这个增量的归属问题就成为一个分水岭，一个暴露"法的观念"或者"公平观念"的效力范围的问题。遵循交换公平的规范，如果一次雇佣关系能够称之为作为交换公平的雇佣关系，那么雇主或者资本家付给雇员或者工人的工资就必须是与其劳动力价值等值的。即使暂且假定在一次雇佣劳动中，双方的交换是等价的，也就是说根本不存在交换公平与否的问题，可是这个交换关系仍然面临着增殖归属问题。

如果遵循现存法权精神的要求,即承认增殖归雇主或者资本家,那么作为劳动过程的自然的必然结果,这个增殖就被人为地赋予这个过程的他物。而这根本违背了现行实在法的哲学基础,即自然法的内涵——我们都是作为上帝的创造物而存在,所以我们在法权上属于上帝——即造物属于造物主。如果遵循造物属于造物主的要求,即承认增殖归雇员或工人,那么这就意味着承认现行的私有制在实际运行过程中违背了高于它的自然法,而自然法根本就是私有制的理念模型——我们都是作为上帝的私产而存在的。

前面的分析建立在雇佣劳动是公平的交换这个假定基础之上,但是公平交换的基础又是什么呢?有人可能说,交换公平的本质规定是雇佣关系中劳动力交换现象是否符合公平精神的内在尺度。但是,如果劳动力和其换取的货币在数量上是等值的就可以称之为交换公平,那么,什么情况才能称之为等值呢?如果认为劳动力获得再生其本身的价值的量就称之为等值,那么无疑在合同签订的时候,在逻辑上事先就是交换公平,那么增殖就与该劳动力无关而被切割开来;如果认为劳动力获得其全部的价值量,即包括其造物的增殖,才称之为公平,那么增殖在签订合同之时,在逻辑上事先就是交换不公平的,那么增殖就被人为地归属于他物上。

在雇佣合同中,交换公平的定义一直是自我循环的:如果不能确定等值的标准,就无法确定增殖的归属,就无法确定何为交换公平;如果不能确定交换公平,就无法确定增殖的归属,就无法确定何为等值的标准。在雇佣关系中,交换公平就陷入了自身矛盾的泥沼之中。当交换公平在一个封闭的关系体中面对一个凭空的或者神秘无来源的增量时,它可以通过把这个增量斥责为不公平的交换结果而否定其存在,这样就可以维持其固定的、清晰的、同一规定性。但是,当交换公平在这个关系体中面对着一个有实际来源的增量时,悖论就出现了,它本身的公平形式就要被超越。

（二）从否定的角度理解公平

在进一步讨论之前，先总结一下前述论证的收获。米尔伯格的公平观念本质上是一种"交换公平"，它的图景是建立在"自由的个体占有"的永恒公平观念之上。如果没有这个图景，交换公平就是一种循环规定，而恰恰在雇佣关系中这个图景暴露了自身的非现实性。现在可以回答文章开始所提出的问题了：在恩格斯看来，公平是一种社会燃素吗？恩格斯在《论住宅问题》中的一段话中给出了他的回答。这个回答一共有五个要点：（1）法律产生于不断重复的生产、分配和交换的行为的习惯，而随着分工的发展，法律进一步发展为立法，因此显得好像是一种"独立的因素"，好像它的发展是有内部根据的；（2）法学和法学家把"各民族和各时代的法权体系"的共同点称为"自然法权"，其最抽象的表现就是"公平"；（3）法权的目的在于使由法律表现的人类生活条件愈益接近于永恒公平，但它不过是"现存经济关系在其保守方面或在其革命方面的观念化、神圣化的表现"；（4）关于永恒公平的观念不仅是因时因地而变，甚至也因人而异，它是"一个人有一个理解"；（5）在关于经济关系的科学研究中，"永恒公平"是社会燃素。①

从经济和社会发展的角度来看，法律不具有独立的地位，而是依赖于社会经济的进步。只是单纯从法律的角度来看，才显得法律有一个独立自足的根据，也就是公平概念。按照公平的概念去理解经济和社会的发展，就会把经济关系观念化和神圣化，而成为一种不变的形式或范畴。但这种观念化的理解其实并不是永恒和普遍的东西，因为它的具体内涵是因时因地因人而异的。因此它相对于经济关系而言，只是一种意识形态。那么对于剖析经济事实的科学研究而言，它的存在就是一种没有意义的存在了，就如同化学中早已被抛弃的燃素概念一样。在"永恒公平是社会燃素"的回答中，看似恩格斯否定了公平概念，认

---

① 《马克思恩格斯文集》第3卷，人民出版社2009年版，第322—323页。

为公平概念只是意识形态。而实际上他只是否定了单纯从公平概念出发去理解公平,否定了从公平概念出发去理解经济关系。

从否定的角度去理解公平就是从经济关系的角度去理解公平,而不是求助于一个固定不变的范畴,这是否定性的公平的第一个内涵。这一点不仅仅针对公平概念,也针对被形式化理解的一切概念。在恩格斯看来,公平的内涵取决于斗争的形式和内容。无产阶级的发展会把"永恒公平"的"万应灵丹"扔在一边,"并在工人阶级本身中产生一种认识:再没有什么东西比这些预先虚构出来的面面俱到的'实际解决办法'更不切实际的了,相反,实际的社会主义则是对资本主义生产方式各个方面的一种正确的认识"①。无产阶级对于公平的理解是从反面系统地对资本主义进行批判。这种批判不是为了获得"十足的工资",不是在一个局部关系中去获得等价交换或某种财产。

否定性的公平的第二个内涵落脚在通过斗争来消灭私有制中。因为无产阶级的运动不是为了促成"自由的个体占有",或者说不是使社会变成每一个人都拥有劳动资料而自给自足的个体,而是为了促成自由人的联合体。"这种否定不是重新建立私有制,而是在资本主义时代的成就的基础上,也就是说,在协作和对土地及靠劳动本身生产的生产资料的共同占有的基础上,重新建立个人所有制。"②在这个新的经济关系的基础上去理解的公平概念就不再是交换公平了。在新的经济关系中,个体与个体的交换已经被消灭,但是分配仍然存在。因为在这个重建的个人所有制中,一部分财富"重新用作生产资料,仍然是社会的;但另一部分用于消费,因此必须在所有成员之间进行分配。分配方式会随着社会生产机体和劳动者的历史发展程度而改变。"③换句话说,在交换公平已经被取消的经济关系中,分配公平的内涵仍然取决于

① 《马克思恩格斯文集》第 3 卷,人民出版社 2009 年版,第 333 页。
② 《马克思恩格斯全集》第 23 卷,人民出版社 1972 年版,第 832 页。
③ 《马克思恩格斯全集》第 49 卷,人民出版社 1982 年版,第 194 页。

社会发展的实际情况,这个实际情况也包含了劳动者的需要的发展。因而"各尽所能,按需分配"也就不被称之为一种"公平的"分配原则了,而只是对社会财富极大丰富和劳动者需求情况的一种事实确认和客观描述而已。

(作者　清华大学人文学院哲学系博士研究生)

自然、自主与认同:情感再奠基的三个维度

——对马克思与斯宾诺莎的一种比较

乔 戈

摘 要:出于批判马克思"人本主义"解释路向的逻辑,学界长期忽视了马克思理解人类情感问题的独特视角及其贡献,进而缺失了唯物史观进入当代社会科学情感主题讨论的理论基础。当代国外马克思主义研究中以"新斯宾诺莎主义"潮流为代表,重新揭示了马克思与斯宾诺莎哲学之间的多重内在关联。也为进一步反思"广义唯物论"传统中情感观念的独特认识提供了研究线索。本文通过对比研究,展示了马克思与斯宾诺莎将情感予以理性化的共通哲学方案及其目的。从方法论逻辑来看,两者不约而同地遵循了 17 世纪以来的情感"制衡原则",重新提出了区分主动与被动情感的标准,将情感的主动性奠基于因果机制的认识条件之上。从价值诉求来看,两者对情感主动性的追求,旨在强调情感(依存)与理性(自由)的调和,而非去除情感本身,借此重获完满人性。从政治目标来看,两者共同思考了人类情感之间的认同如何可能超越基于自利的政治契约,从而实现真正的"自由联合"。

关键词:马克思 斯宾诺莎 情感 自主性

当代激进左翼理论家及"新斯宾诺莎主义"(Neo-Spinozism)思潮

对斯宾诺莎思想遗产的普遍重视,使马克思与斯宾诺莎之间的种种关联成了不断获得突破的研究视角。这些视角,从实践哲学(德勒兹)到政治政治学(巴利巴尔),从唯物主义新传统(阿尔都塞、托塞尔[André Tosel])到诸众解放理论(奈格里、维尔诺[Paolo Virno]),两人之间的种种关联在新的语境下得到诠释,马克思哲学的许多重要范畴也被直接追溯至近代。作为哲学概念的情感或激情观念,一直是当代左翼思想家追溯斯宾诺莎遗产的重要精神资源,比如德勒兹将斯宾诺莎的伦理学作为一种区别于道德哲学的行为生态学(ethologie),它旨在以类似尼采的方式批判否定现实生活的"痛苦激情"及其超验观念;①巴利巴尔则在一种"后阿尔都塞思想谱系"中,把构成社会枢纽形式的真实情感认同,视为斯宾诺莎后期"人类学"文本《伦理学》和《政治论》处理社会性、服从和交往三大难题的核心主题之一;②而奈格里则把斯宾诺莎的努力(conatus)和欲望作为其破除先验先入之见的力量,以恢复诸众自我创造并进入政治实践行动的内在丰富性和现实性。③

左翼理论家对斯宾诺莎情感观念的类似阐述,在许多语境中都涉及了他们对唯物论传统中情感观念的独特认识,而马克思与斯宾诺莎对这一问题认识的内在关联实质上构成了这批思想家思考的参照系。正如推进这种工作的主要学者之一蒙塔格(Warren Montag)指出,部分左翼思想家习惯将斯宾诺莎作为他们阅读马克思的优先参照点,是因为他们认为,斯宾诺莎或许是哲学史上"最彻底的唯物主义者"。④这一论断是否完全无可置疑暂且不论,但从两人的问题意识及其理论逻辑

① [法]吉尔·德勒兹:《斯宾诺莎的实践哲学》,冯炳坤译,商务印书馆 2005 年版,第 30—33 页。
② [法]巴利巴尔:《斯宾诺莎与政治》,赵文译,西北大学出版社 2015 年版,第 117、128—134 页。
③ Negri, A., *The Savage Anomaly: The Power of Spinoza's Metaphysics and Politics*, Michael Hardt trans., The Regents of the University of Minnesota, 1991, pp.146-153.
④ [法]巴利巴尔:《斯宾诺莎与政治》,赵文译,西北大学出版社 2015 年版,第 207 页。

来看,马克思(资本主义批判)与斯宾诺莎(实体—元论和犹太教批判)的思想的确存在一定程度的同构性,例如,都偏好以某种"结构性"的视角来剖析其世俗化世界观的因果关系。① 而两者对世俗化和理性化的因果关系的探讨,又总是套嵌在他们洞察人类自由与必然之张力的认识中:一边是对某种憧憬"完满"的、未经玷污、不曾割裂的人类情感与理性的统一状态的追溯;另一边是作为自然世界的部分,人类又需要理性的科学的方法认识和遵循世界的本然秩序。无论是斯宾诺莎对于其特定含义的愉悦(hilaritas)状态的探究②,还是马克思对"现实的个人"与"真正共同体"理想幸福状态的构想,都包含了他们调和上述张力的独特诉求,即探讨人应如何重新实现情感(依存)与理性(自由)的统一。

在此问题背景下,本文将从三个维度对比分析马克思与斯宾诺莎对人类情感观念的共同反思,并指出两者为情感奠基的共通目的:首先,出于各自不同内涵的"一元论"世界观,两者通过回归一种"新自然主义"的维度——都采取了某种非传统的道德基础主义的话语,确立了人类情感的必然性,较之于霍布斯等人的自然法观念,他们恢复了情感对于人性完满的内在价值。此外,两者在因果关系的结构性视角下,重新界定了情感与理性(认知)的关系,并以类似方式论证了:情感如何可能从被动的、破坏性要素变为主动、充满生命力的人性要素。最终,斯宾诺莎与马克思确立情感要素的"唯物主义路线",为超越奠基

① A.Kiarina Kordela, *Surplus*: *Spinoza*, *Lacan*, State University of New York Press, 2007, pp.1–3.

② 如何翻译和理解斯宾诺莎的 hilaritas 观念在今天西方学界也存争论,英语研究界通常译法有 cheerfulness(欢乐)和 mirth(欢快)等。在内涵上,斯宾诺莎的 hilaritas 观念重在强调身—心两个方面的愉悦,是理性与情感相交汇的、更高层次的、在时间上持续的反思性欢乐,也是一种从身体整体出发全面获得更高生命力和主动性的状态。有人甚至认为,在强调时间持续性上类似于亚里士多德哲学中的 eudaemonia(幸福)观念。见 Genevieve Lloyd, "Rationalizing the passions: Spinoza on reason and the passions", in Stephen Gaukroger, ed., *The Soft Underbelly of Reason*, Routledge, 1998, pp.40–44。

于个人主义的现代政治提供了怎样独特的可能性。

一、情感观念的"复兴"与"新自然主义"转向

无论是理性还是启示传统的古典视野中,情感或激情首先是一种需要被克服、利用和驾驭的心灵或肉体状态。尽管柏拉图将激情(thymos)界定为理性与爱欲之间的中介,但在此后希腊、罗马乃至西方中世纪基督教文化中,情感已逐渐演变为囊括各种欲望、爱恨、苦痛、愤怒、恐惧等心理状态的总体性范畴。①人类的某些情感首先被设定为堕落的恶,如对于金钱、肉体和荣誉的欲望皆是如此。这种从道德意义上对激情和欲望展开批判的观念,在文艺复兴的人文主义传统兴起之后,受到了全面的挑战,尤其是当马基亚弗利式的"政治现实主义"扭转了政治对于美德(能力/virtú)的预设后,似乎激情和欲望不再是一种神学和道德意义上的邪恶,传统的道德教化和宗教救赎观念已经让位于那些更能约束和利用情感的政治手段和世俗方法。②至 17 世纪下半叶,斯宾诺莎提出了一种实体(神或自然)一元论,将情感视为思想属性的一种样态,还原了情感最终属于自然组成部分的必然性基础③,这从根本上拒斥了中世纪以来基督教传统中的自然目的论和上帝造物的"人类中心主义"对情感的贬黜,也否定了把情感纯粹看成是精神意志任意产物的观念,这是近代宇宙论变革带给斯宾诺莎与马克思的共同精

---

① [英]苏珊·詹姆斯:《激情与行动:十七世纪哲学中的情感》,管可秾译,商务印书馆 2017 年版,第 7—10 页。

② 斯宾诺莎曾明确表示,"尽管大家都相信,宗教与之相反,教导每一个人都要爱邻如己,也就是像维护自己的权利一样维护他人的权利。但是,正如我所指出的,这种信条在控制情感方面几乎是无能为力的"。见[荷]斯宾诺莎:《政治论》,谭鑫田、傅有德、黄启祥译,广西师范大学出版社 2017 年版,第 3 页。

③ 斯宾诺莎指出,他并不把人的情感视为恶,而是看成跟天气变化等自然现象一样,它们出于不可避免的自然本性。理解情感之本性,就是要认识情感产生的充分和最终原因。见[荷]斯宾诺莎:《政治论》,谭鑫田、傅有德、黄启祥译,广西师范大学出版社 2017 年版,第 2 页。

神遗产。①

英国学者塞耶斯（Sean Sayers）曾提出一个尖锐的评价。他认为，当代马克思主义研究中存在着一类倾向，要将马克思的工人阶级予以"清教伦理化"解释。似乎在马克思眼中，任何激情与欲望满足的观念都只是阻碍无产者实现自我解放的幻象。②这一预设导致对马克思的解释重新落入了历史目的论的困境——无产者成了历史的"理性狡计"实现自身的工具。③以至于无产阶级的自由和全面实现的状态被描述为清教徒式的精神与职业救赎。这种看法本质上与马克思的真实意图相去甚远。

马克思早期对激情或者情感的认识，首先来自其"彻底的自然主义或人本主义"诉求。这一诉求在《1844 年经济学哲学手稿》中明确表述为双重意涵：即，人的"感觉"和"激情"，"不仅是［本来］意义上的人本学规定"，更应该是"对本质（自然）的真正本体论的肯定"。④马克思一方面辩护了激情的"自然正当"。他在黑格尔的"现象学"意义上呈现了激情（欲望）主体对自然的否定以及扬弃，将主体作为一种对象性存在物承认了"激情（欲望）一般"就是人的本质力量或人本身。同时又将费尔巴哈"感性直观"和自然人本学予以了吸纳，因而，尽管马克思强调了自己对费尔巴哈复归赤裸自然的批判，将人本学的自然观念置入社会历史尤其是工业化实践中，但他这种"彻底的自然主义或人道主义"⑤，依然是建立在对人自然需要及其精神冲动的肯定之上，简

---

① 近代宇宙论从中世纪世界观中的一大转变就是，自然被赋予了更高的地位，人不再是宇宙的中心。宇宙从一个封闭的等级世界变成了一个开放的世界。自然就是这个开放世界，人只是自然的部分。见［法］亚历山大·科瓦雷：《从封闭世界到无限宇宙》，张卜天译，商务印书馆 2017 年版，第 2 页。

② ［英］肖恩·塞耶斯：《马克思主义与人性》，冯颜利译，东方出版社 2008 年版，第 88 页。

③ Schlomo Avineri, "The Instrumentality of Passion in the World of Reason: Hegel and Marx", *Political Theory*, Vol.1, No.4, 1973, pp.394–397.

④ 《马克思恩格斯文集》第 1 卷，人民出版社 2009 年版，第 242 页。

⑤ 《马克思恩格斯文集》第 1 卷，人民出版社 2009 年版，第 209 页。

言之,科学和工业化的价值先服务于人的自然需要和情感,缺乏情感的人本学奠基,将丧失基本的人性动力。人类的情感是在历史、社会和自然的统一进程中完成的。即便是在共产主义阶段,人的情感只会以更加充分的方式予以实现,它将是一种情感获得更为复杂而充分满足的高级阶段。值得一提的是,20世纪科耶夫在欲望问题的思考上,正是借鉴了马克思对"彻底的自然主义或人道主义"的结构性反思,从而将欲望作为对象本身的最终满足视为历史发展的终点,弥补了黑格尔"理性狡计"对欲望主体的贬抑。科耶夫的这个方案本质上就是对马克思激情"人本学规定"的发挥。①

此外,马克思对激情的"自然主义或人道主义"辩护,立足于他对自然的双重含义的理解,即自然的内与外的统一。马克思将外部自然视为人自身的延伸和外化,"自然界,就它自身不是人的身体而言,是人的无机的身体",②换言之,人的内在自然延伸到了外在的自然界。因此,对人的激情的"自然主义"辩护也就是对人与自然异化关系的纠正,当然也包括对人与自身生命活动相异化的纠正。同时,克服劳动异化的四个层面也就构成了回归自然的内外统一的途径。

马克思的情感观念,固然包含了人的基本生存欲望和物质需要的心理状态,但在广义上牵涉到人对于自我发展的各种物质和社会条件的欲求,如身心健康、免受精神压迫和复杂能力发展等。马克思从早期的"人道主义"劳动异化观至后期的资本逻辑批判,一直有一条或明或暗的线索存在,即现代意义的无产者的生存欲望(狭义激情)与生命力的全面实现(广义激情)之间的张力和冲突。早期资本主义始终将人压制到单纯的生存需要,但人对于更高层次的需要和精神冲动使其努力逃离这种压制。然而,资本逻辑的深入在本质上追随了人的激情的发展阶段,不断以更为复杂的方式使人的激情被异化和扭曲,因

---

① [法]科耶夫等:《驯服欲望:施特劳斯笔下的色诺撰述》,贺志刚等译,华夏出版社2002年版,第138—139页。
② 《马克思恩格斯文集》第1卷,人民出版社2009年版,第161页。

此,对人的激情的"自然主义"辩护,在后期《资本论》中,实质上转变为马克思对一般意义的物质生产(生存欲望满足)与资本主义下资本逻辑支配的物质生产(包含对生命的全面政治控制)两个层面的区分和剖析。

马克思对激情的"自然主义"辩护跟斯宾诺莎一样,接续了前述 17 世纪以来的观念,即重新将情感作为人性实现的内在条件和一个自然事实予以承认。①在斯宾诺莎的《伦理学》中,情感主要包含了痛苦、快乐和欲望三种主要形式。斯宾诺莎界定了自然或神作为唯一实体的无限意义,同时又使自然脱离了目的论的世界观,将其还原为一个因果互动的世界。由于人只是(自然或神)实体在思想和广延属性上的样态(modus),而人与其他存在物之间又不可避免发生着相互的偶然关系,因此,人的大多数情感就是这种与外物相互关系在身体上产生的结果。"欲望"作为情感的原始形态之一,斯宾诺莎将其定义为"人的本质自身",也就是"人竭力保持其存在的努力(conatus)"。②由于人身处自然万物之间,人的理性首先要求确保自身的利益和存在。人的各种动机和情感都跟人"努力"引发的自保相关联。

由于受马基亚弗利和霍布斯的影响,斯宾诺莎将保存自我的情感和努力作为首要的"德性"予以强调,在他看来,"遵循德性而行","不是别的,即是在寻求自己的利益的基础之上,以理性为指导,而行动、生活、保持自我的存在"。③ 斯宾诺莎所指的"德性"与道德意义上的"善"的内涵,并不完全重叠,一方面它类似于马基亚弗利思想语境中的能力、力量、权力或生命力;另一方面,它也涵盖了道德意义上的至善

---

① 《伦理学》汉译本译为"情绪"、"情感",斯宾诺莎使用的原词为拉丁文的 affectus,目前英文权威译本将其主要翻译为"affect",Curley 认为,affect 优于 emotion 的地方在于,斯宾诺莎的情感有身体和心灵情状的双重含义。见 E. Curley,*The Collected works of Spinoza*,Princeton,2006,pp.613-614。
② [荷]斯宾诺莎:《伦理学》,贺麟译,商务印书馆 2017 年版,第 150、183 页。
③ [荷]斯宾诺莎:《伦理学》,贺麟译,商务印书馆 2017 年版,第 187 页。

和理性生活的原则。①人首先要了解自己在自然之中的真实本质,它包含着人与人之间、人与物之间的丰富差异,认识这种差异,才能真正了解对自己有利的事物,方可保存自身的独特存在和力量。②这种力量的增减也是判断情感善恶的原则。又由于人只是实体的样态形式,与自然万物一样都是不完满的,人类的情感也必然充满缺陷。德性的意义就是要让人能够承认和理解这些缺陷,通过认识充分的观念和自己的本质,使情感成为有助于提升而非削弱自身的力量。

情感的演进和驯服意味着,情感不再是传统自然和灵魂等级秩序中应予以消除的低劣部分。政治的最高目的更不是要消除而是要保存情感,将情感的合理要素予以最大化,从而实现情感内部的调和与提升,这是马克思和斯宾诺莎回归"现实之人"并为情感重新奠基的首要基础。

二、情感的制衡方法与新分类学

至17世纪,由于对身—心二元论、道德的人性基础与生命力关系的重新认识,情感和激情重新成为自我认识与行动的重要主题,情感和激情内部出现了崭新的分类方式。赫希曼(Albert Otto Hirschman)将其称为"激情的制衡原理"。③具体而言,就是首先承认情感的某种合理性,将人类情感的内涵予以优化和剥离,通过鼓励情感之中的合理、无害的部分,去压制情感中的堕落、有害的部分。而按詹姆斯(Susan James)的看法,"选择一种[激情的]分类体系,便意味着选择了一套总

---

① Matthew Kisner,"Spinoza's Virtuous Passion",*The Review of Metaphysics*,Vol.61,No.4,2008,pp.774-776.

② 在斯宾诺莎看来,"德性与力量在我理解是同一的东西"。见[荷]斯宾诺莎:《伦理学》,贺麟译,商务印书馆2014年版,第171页。

③ [美]阿尔伯特·赫希曼:《欲望与利益:资本主义胜利之前政治争论》,冯克利译,浙江大学出版社2015年版,第17—24页。

的激情理论,而任何一套激情理论,反过来又会被人们比照已有的分类加以衡量"。①情感的内部分类和剥离,情感开始在 17 世纪获得了正当性,并重新作为一个合法的范式,奠定了近代政治哲学探讨自然权利和契约论的基础。②对情感的分类和重新整合,使情感在 17 世纪后重新获得了在自然中的地位。

马克思与斯宾诺莎在这种传统中占据着地位。两者都对情感范畴内部进行辨析和剥离,希望提出一种标准和方法,在自由与自然之间找到一条纽带,使那些更为自主、丰富、理性的情感最终能够扬弃和克服被动、粗陋、低级的情感。他们都阐明了主动情感对于被动情感的优先性,或者是人如何从被动情感向主动情感(自由)的演进,从而奠定一种非神学和反目的论的人性观念。③

马克思强调的激情"自然主义和人道主义",包含了其内在规定性和自主性的两种含义:一是人基本的生存需要和感受性,另外则是自我发展的能力、生命力和潜力。后一层次含义带有某种亚里士多德式的"潜能""实现"观念的色彩。④当代研究者大多重视马克思的"需要"概念对于马克思社会理论的重要价值,较之"激情"或"情感"这类概念的感性和宽泛,似乎"需要"是一种更为客观的社会范畴。而人的"需要"自主性是情感自主性的直接表征。

在马克思看来,富人"是需要有人的生命表现的完整性的人,在这样的人的身上,他自己的实现作为内在的必然性、作为需要而存在"。

---

① [英]苏珊、詹姆斯:《激情与行动:十七世纪哲学中的情感》,管可秾译,商务印书馆 2017 年版,第 8 页。
② [英]苏珊、詹姆斯:《激情与行动:十七世纪哲学中的情感》,管可秾译,商务印书馆 2017 年版,第 27—33 页。
③ 有学者认为,斯宾诺莎哲学体系中的反目的论和自由诉求,是出于对笛卡尔反目的论不彻底性的不满——其未将此逻辑彻底贯彻到人的心灵和精神世界。见吴增定:《斯宾诺莎的理性启蒙》,上海人民出版社 2012 年版,第 52—53 页。
④ [美]纳斯鲍姆:《本性、功能与能力》,载麦卡锡主编:《马克思与亚里士多德》,郝亿春等译,华东师范大学出版社 2015 年版,第 231—233 页。

而贫困,作为"被动的纽带,它使人感觉到自己需要的最大财富是他人"。①贫富之人的差别,不只是财富的多寡,本质上体现在,与需要相伴而生的情感状态的主动与被动,即人的自主和被塑造。马克思认为,独立的人,并非生活在群体之外,而是在自我意识中不把自己视为一个他者的从属物,"如果我不仅靠别人维持我的生活,而且别人还创造了我的生活,别人还是我的生活的泉源,那么我就完全靠别人的恩典为生;如果我的生活不是我自己的创造,那么我的生活就必定在我自身之外有这样一个根源"。②概言之,贫困的人不仅认为自身存在的基本需要来自他人,并且没有完全认识到,自己的这种需要本身也是被他人创造和塑造的,是他者提供了这种想象。这一虚假意识构成了贫困之人在情感(需要)上的双重被动。同时,也就模糊了贫富之间的伦理意识。

马克思主张,情感的主动与被动,能动与受俘,两者的辩证关系一定程度构成了劳动异化的前提。贫困之人在基本生存需要尚不能在物质和想象上独立时,其自我实现的劳动和其他对象化过程,脱变为异化和自我丧失的过程。在此意义上,马克思后期在《资本论》"商品拜物教"段落中谈到的"物象化"问题,实质上是这一问题的逻辑延续。即人与人之间的交往和情感关联,不再体现为主体—客体的直接关系,而是虚假的社会和价值关系,一种"被物象化作为客观的某种东西假象性地呈现出来的东西而已"。③

在资本主义的交往关系中,情感的满足不再取决于自我的直接感

---

① 《马克思恩格斯文集》第 1 卷,人民出版社 2009 年版,第 194—195 页。
② 《马克思恩格斯文集》第 1 卷,人民出版社 2009 年版,第 195 页。
③ [日]广松涉:《物象化论的构图》,彭曦、庄倩译,南京大学出版社 2002 年版,第 145 页。广松涉从《资本论》"物象化"的批判体系入手,提供了一种交互主体性的立场,以反思价值对象的虚构性。试图进入一种路径超越传统"人道主义马克思"诠释的主体—客体框架。笔者认为,这一路径恰好与斯宾诺莎从情状结构分别思考身—心平行属性的视角形成了某种值得探讨的认识论逻辑类比。

知和满足,而是来自于处于不对等地位的一方所能塑造情感来源的有
效性及其强度。因而,在私有制下,创造他人的情感和需要,成了迫使
对方做出牺牲的手段,只有当他人产生了此种依赖,并追求这种新的
"享受",受制于异己的力量,创造情感者自己的情感也才能获得满
足。①正如马克思在《神圣家族》中所指的,资本主义造成无产阶级是不
被满足、感到自身"毁灭"的对象,而有产阶级则是依靠向对方提供这
种满足,而获得"自我强大的证明",但本质上,有产者和无产者双方都
处于一种"自我异化"的过程之中。②简言之,物的社会关系使被异化的
双方经历了情感从主动到被动,从全面享有人性到逐渐丧失的过程。
此后,科耶夫的欲望和历史终结论一定程度上将马克思这一逻辑推向
了极限。

在马克思本人的语境下,情感和需要的自主与被动,最终关涉到历
史的结构性前提和实践的主体性问题。它意味着,自我将意识到自身
需要对外部世界和他人的依赖程度和限度,当新的社会关系塑造了新
的需要,与之相应的情感也会发生自由和自主性的改变。

情感的主动与被动问题,在斯宾诺莎的《伦理学》甚至《政治论》中
同样占据着极其关键的地位。首先,长期以来,不少学者认为,情感属
于被动的心理状态,因此不能够提升人的力量,也就与美德和理性无
关。然而,斯宾诺莎并不认为所有的情感都是有害的,他甚至谴责那些
"把困扰我们的情感视为我们由于自己的过错而导致的恶。因此他们
总是嘲笑、怨叹、责骂这些情感"的哲学家。③斯宾诺莎在《伦理学》中
一个主要的论题就是如何主宰自身的情感以获得自由。为了让人获得
情感的自主,斯宾诺莎提供了控制和审视情感的技艺。

---

① [日]广松涉:《物象化论的构图》,彭曦、庄倩译,南京大学出版社 2002 年版,第
  223 页。
② 《马克思恩格斯全集》第 2 卷,人民出版社 2002 年版,第 44 页。
③ [荷]斯宾诺莎:《政治论》,谭鑫田、傅有德、黄启祥译,广西师范大学出版社
  2017 年版,第 1 页。

斯宾诺莎将所有关于掌控情感的论证奠立在一个独特的基本前提之上，即"一个情感只能通过一个和它相反的，较强的情感才能克制或消灭"①，言下之意，情感是人的本性，而人关于善恶的真正知识（理性）本身并不能驯服情感，唯有关于善恶的真正知识运用另一种更为强烈的情感时，才能克制某些不当的情感。②

斯宾诺莎重新区分了自由（libera）与必然（necessaria）的差别，自由意味着，凭借自身本性而存在，仅仅由自身所决定的东西；而必然意味着受制（coata），即一物的存在及其行为受他物决定。③真正自由的事物也就是拥有自因之物，它只能是无限的实体，也就是神或自然这一唯一实体。由于人不是实体，人在自然中的存在需要靠努力的冲动而得以维持，换言之，人并不在自然之外享有自由，而是在充分理解自然的必然性之后，方可具备获得自由的能力。因此，人的情感实际上是人与其他存在物在相互作用的关系中，力量此消彼长的心灵属性的反映。人首先获得的知识，也只是被动获得的关于情状的观念。要想让情感从被动上升至主动，需要将这种知识提升至"共同概念"和充分观念，甚至理智直观的知识。④

斯宾诺莎强调自己总是以"几何学"考察面、线和体积的综合方法考察人的情感和行动。在《伦理学》中，他对区分主动与被动情感的"界说"（定义）主要基于两个层面：其一，引发情感的事情的发生是否出于我们的本性，也就是，我们自身是否是这件事的充分原因（观念）或正确原因。反之，则是被动情感，被动的情感出自外在的偶然性或不正确的原因。⑤其二，更为根本的是，斯宾诺莎所谓的出自自身和本性，带有认识论的前提，即衡量情感的主动与被动的标准最终在于，情感的

① ［荷］斯宾诺莎：《伦理学》，贺麟译，商务印书馆 2017 年版，第 175 页。
② ［荷］斯宾诺莎：《伦理学》，贺麟译，商务印书馆 2017 年版，第 181 页。
③ ［荷］斯宾诺莎：《伦理学》，贺麟译，商务印书馆 2017 年版，第 2 页。
④ 韩东晖：《天人之境：斯宾诺莎道德形而上学研究》，中国人民大学出版社 2008 年版，第 181—187 页。
⑤ ［荷］斯宾诺莎：《伦理学》，贺麟译，商务印书馆 2017 年版，第 97 页。

原因能否被充分、绝对地知晓，从而我们可以从这一原因中完全理解情感产生的原委。充分的原因（观念）是我们从中可以推导出某物的所有性质的观念，也就是某物导致我们情感的全部、终极原因。[1]

斯宾诺莎试图将情感的主动与被动、合理与错误建立在一个认知的、非单纯道德主义的基础上。虽然斯宾诺莎没有排除道德因素，但他确实在论证上试图呈现一种"超善恶"的理论形式。在他看来，衡量善恶知识的标准"不是别的，只是我们所意识到的快乐与痛苦的知识"，"所谓善或恶，是指对于我们存在的保持有补益或有妨碍之物而言"。[2]主动与被动的情感并不能直接等同于快乐与痛苦。一种对我们的力量有所增益的快乐，若未被我们充分认识其原因的观念，那它依然是被动的情感。相反，一种同样能增进我们力量的短暂痛苦，我们如果能充分认识其原因，那就是主动的情感。个人追求的最高善，也就是最能提升自身的力量，理性应该让人认识到自身利益和他人是一致的，只有如此才能实现相互力量的最大化。主动的情感要求人能看到相互之间的这种共同本质，它首先是利己，同时也是人与人彼此间最为有利的状态。这一状态涵盖了道德上的至善，也包含了自然权利和生命力的最大化。斯宾诺莎在《政治论》中明确表示，国家的自然基础不应该在理性的教诲中发现，应该在人共同的本性中去发现。但斯宾诺莎并不是要否定理性，而是要重新认识理性，使其与情感共同回归自然秩序的一个环节。[3]在自然中发现更为普遍的人类共性，使人与人的情感能够达成相互的满足，从而实现自身力量的提升。

马克思和斯宾诺莎对情感的奠基除了价值论上的"最低限度"的辩护之外，并没有将情感诉诸任何道德主义的基础。斯宾诺莎将这类道德情感视为宗教产物，而马克思则认为是意识形态。对此，两者将情感

① ［美］戴安·斯坦贝格：《斯宾诺莎》，黄启祥译，中华书局2014年版，第62页。
② ［荷］斯宾诺莎：《伦理学》，贺麟译，商务印书馆2017年版，第176页。
③ ［荷］斯宾诺莎：《政治论》，谭鑫田、傅有德、黄启祥译，广西师范大学出版社2017年版，第4—6页。

置于一种类似的理性框架之内。表面上,其目标只是将人类情感从被动转向主动,属于一种内在反思的理智结果。但实质上,两者对于情感发生机制真实性和充分性的强调,呈现了一种外在的批判性视角,这一视角的充分有效性在斯宾诺莎语境中是一种"准知识论"的问题,而在马克思那里,则是人类生产和交往社会条件的真实性和合理性问题。这种情感认识论为一种保存人类情感丰富性的理性主义政治观给予了可能性。

三、共同体的认同:个人情感如何超越自利

斯宾诺莎的形而上学体系中,贯穿始终的一个核心问题是,人类如何可能认识自然万物的因果规律——即实体的自因及其无限属性和样态的关系。由于斯宾诺莎反对一种目的论和上帝意志论的自然观念,并将实体(内在于自然的上帝)视为内在的自因,因此,理解上帝这一实体也就是理解自然作为内因导致的因果关系。情感问题的本质,也就是理解人与外物(或他者)之间相互作用在因果链条上的充分、最终的原因。而马克思早期对实践和社会关系的强调以及"去神秘主义"的理论批判,本质上,属于对社会生活及其交往形式的因果关系的事实性探讨。①

巴利巴尔认为,斯宾诺莎"最伟大的充满理智勇气的行动之一就是打破传统的二元选择,根据这种传统选择,要么个体相互对立且社会涣散(人对人是狼),要么社会作为整体而构成,进而和平与爱必然主导其成员(人对人是上帝)"。②斯宾诺莎的"最大勇气"就是要揭示个

---

① 比如《费尔巴哈提纲》第八条的这一表述,"全部社会生活在本质上是实践的。凡是把理论引向神秘主义的神秘东西,都能在人的实践中以及对这种实践的理解中得到合理的解决"。见《马克思恩格斯文集》第 1 卷,人民出版社 2009 年版,第 501 页。

② "人对人是狼"观念的代表者是霍布斯,而"人对人是上帝"观念的代表者则是费尔巴哈。这恰好构成了斯宾诺莎与马克思各自的重要思想资源。见[法]巴利巴尔:《斯宾诺莎与政治》,赵文译,西北大学出版社 2015 年版,第 184 页。

体情感背后的确定性原因,也就是人类情感的共同本质。情感在本质上并不必然导致人与人的分离,也不必然导致人与人的联合。所谓本质,在斯宾诺莎那里,并不代表情感的整齐划一和抽象均质化,而是代表着不同情感在人与人之间得以相互作用和激发的条件。情感从被动到主动,从分离到联合,意味着人类需要充分认知,自我保存的欲望和情感也应该是对他人同样有利的情感,在此基础上,人与人的情感才能形成最大的合力。

巴利巴尔还看到,斯宾诺莎对情感起源或本质的追溯,其内在隐含着两条主要纽带:一是人与人之间通过情感的相互强化获得的共同利益,再者,是人与人在情感上的相互模仿认同,也就是对于同类的一种共同感和想象。①前者这种彻底的利益互惠及其最大化,最终还需后者的补充甚至奠基,否则单纯的利益算计很容易演变为冲突。此外,情感的认同还将表现为,人对于自己阶级和国家的认同。②简言之,阶级、民族和国家是人类认识情感本质的外在途径。③

由于情感的本质要求个人需看到情感超越个人的更高可能,也只有在人与人能相互承认对方的情感时,自己的情感和力量才能获得更大的满足,因此,情感的本质,不是一种内在的抽象,而是人与人的情感之间相互作用的因果关系。马克思跟斯宾诺莎一样,在为情感进行自然主义奠基的基础上,提出了更为核心的问题,即随着情感在现代资本主义系统中演变了一种扭曲的抽象关系时,情感如何可能充分实现其不被异化的本性。所以,在马克思的语境中,情感的本质和自主表征为人性的全面实现和经济关系的权力合理性。

马克思把这一层面的情感分析,明确视为,对激情的"真正本体论

① [法]巴利巴尔:《斯宾诺莎与政治》,赵文译,西北大学出版社 2015 年版,第182页。
② [荷]斯宾诺莎:《伦理学》,贺麟译,商务印书馆 2017 年版,第135页。
③ [法]巴利巴尔:《斯宾诺莎与政治》,赵文译,西北大学出版社 2015 年版,第117—119、131—134、183页。

的肯定"。①情感不仅在人的"自然主义和人本学"的意义上予以规定,它还伴随历史进入了更为复杂的中介性体系。在他看来,人类历史上,情感首先获得了私有财产的中介性。私有财产及其所有制使人的情感得到了全新的实现方式和抽象化延伸,情感演变为可以公约和量度的抽象利益关系,以货币的方式予以呈现并实现交换和流通。② 正是在这种激情的"真正本体论"的意义上,人类情感才彻底进入了社会关系的现实化。当情感借助于私有财产和货币形式表现为私人利益的商业形式,即马克思所说的"私有财产的异化",情感的实现反而成为约束人的自然情感、需要和自由的社会机制。由于货币具有将情感普遍化和形式化的能力,人对于自然原本不同的各种情感和欲望也就被抽象化和均质化,原本在"人本学规定"上需要捍卫的人本主义情感和自然需要就转变为自利的抽象观念和绝对手段。因此,情感在经由私有财产和货币的中介后,竟丧失了本来的自然丰富性。

当作为人类情感对象的私有财产被异化后,至此马克思也就面对跟斯宾诺莎共同的问题:如何实现人与人情感的普遍认同?

马克思反对任何一种抽象的人性预设,同样,"激情"并不是作为一种普遍的人性要素而被抽象化,因而马克思对情感的辩护,实质上也蕴含着情感的现实差异性以及最终的普遍目的问题。情感在不同的时代、地域、文化表现出具体的形式,但无论任何特殊社会都必须首先满足个人在自然层次的需要,在此基础之上,情感会通过人的需要在现代经济体系中成为普遍关系。在马克思看来,人的情感实现并不必然导致冲突。这是他与斯宾诺莎的相同前提预设。进而马克思开始进入了其早期的问题意识:人作为感性或情感的差异化存在者,在特定的历史

① 《马克思恩格斯文集》第1卷,人民出版社2009年版,第242页。
② 马克思在《1844年经济学哲学手稿》中"货币"节明确了激情的真正本体论。从马克思思想的起点开始,他考虑的主要问题之一就是人类激情(整个感性存在)在经过现代经济体系的中介化、对象化而变得抽象和普遍之后,人与人的情感交互关系如何被一种深层次的权力扭曲为工具性的虚假形式。

条件下,如何确保差异化的个体能够掌握自身存在的基础,最终又如何实现普遍的目的。

塞耶斯曾准确地指出,马克思的情感和需要观念被镶嵌在一种社会发展理论当中,因而,马克思并不会否认在超出最低生存意义的需要之上,情感还有更高的认识和道德意义,此外,马克思也不会认为,现代工业创造的所有人类情感、欲望和需要都是"虚假"幻象和罪恶诱惑。相反,现代资本主义社会产生的人类某些虚假情感和欲望,因为具有历史的相对性,必定会随着历史进步的力量消亡,抑或随着人的自主力量、需求和人性的提升而最终被超越。①

在承认情感的自然正当和差异化,并追求情感的普遍性上,斯宾诺莎与马克思都诉诸一种利益的共同体的现实基础,但斯宾诺莎将情感的善恶奠基在一种对自然秩序本质的共识之上,而马克思则引入了历史的维度,换言之,情感的善恶在斯宾诺莎"柏拉图主义"式实体观念下首先是认识问题;而马克思认为情感的真正实现是一个社会历史的动态过程,在这一过程中,自然世界的激情(需要)与人类社会创造的激情(需要)处于一种张力的关系,个体之间差异的激情最终在"真正"共同体或自由的联合体中获得普遍目的,并在全面掌握自己的生存条件基础之后,获得自由。正如马克思在《德意志意识形态》中批判社会契约论时表明,现代社会的分工只是造成了人与人之间的"异己的""必然"联系,真正的个体之间的联合是要把"个人的自由发展和运动的条件"置于自己的控制之下,"每个人都是作为个人"参加所属的阶级和利益共同体,方可形成真正自由的联合体。②由于人与人之间的情感差异,因此联合体的形成有赖于差异化的激情(需要)的保留,并在此基础上,通过特定历史阶段的物质条件和社会关系将情感和需要的差异在更高的阶段予以扬弃和升华,从而实现个体与普遍的融合。马

① [英]肖恩·塞耶斯:《马克思主义与人性》,冯颜利译,东方出版社 2008 年版,第 166—168 页。
② 《马克思恩格斯文集》第 1 卷,人民出版社 2009 年版,第 211 页。

克思明确提出,个体的自由只有在那些有别于"虚假共同体"的真实共同体中才能实现。①

余论:唯物论传统与当代情感哲学

当代哲学在情感与认知之间关系的研究上获得了诸多突破,研究者开始重视情感作为个体与环境之间因果关联的内在意义,正因如此,斯宾诺莎主义传统逐渐受到当代情感理论研究的关注。②从这一传统的特点来看,马克思同样提供了对于人类情感的类似思考,这在今天社会科学所谓"情感转向"(Emotion/Affective Turn)的研究潮流中已经得到回应。③ 斯宾诺莎的哲学受惠于 17 世纪的新自然哲学和机械论(mechanism),这一思想资源与马克思哲学可共同追溯至古代原子论的古典唯物论传统。④如何进一步挖掘这一传统对人类情感问题的独特思考,以至于为当代研究提供更丰富的资源,尚留有大量有价值的工作。

(作者　西南政法大学马克思主义学院副教授)

---

① 《马克思恩格斯文集》第 1 卷,人民出版社 2009 年版,第 576 页。

② Nico H. Frijda, "Spinoza and Current Theory of Emotion", in Yirmiyahu Yovel, ed., *Desire and Affect: Spinoza as Psychologist*, Little Room Press, 1999, p.237.

③ 在西方近年情感社会学、情感政治学和情感伦理学等研究方向兴起的影响下,国内学术界已有学者开始探讨马克思的情感观念在宏观和微观社会层面的理论价值,并尝试建构一种马克思的"情感社会学"框架。见成伯清、李林艳:《激情与社会——马克思情感社会学初探》,载《社会学研究》2017 年第 4 期。

④ 韩东晖:《天人之境:斯宾诺莎道德形而上学研究》,中国人民大学出版社 2008 年版,第 27—29 页。

福柯论对自我和他人的治理

李 嘉 弘

摘 要：本文扼要梳理了米歇尔·福柯生命最后七八年时间的工作、特别是他1977—1979年在法兰西学院所做系列讲座的内容。本文认为：以《规训与惩罚》为代表的"权力"时期的福柯思想和后来"自我修身"时期的福柯思想之间并不存在着某种断裂；相反，这一时期存在着一段以治理为主题的平稳过渡。经由治理问题，福柯先前采用的权力—抵抗的旧的分析模式最终转向治理与真理的关系结构，进而形成了后期福柯自我治理和主体塑造的叙事框架与基本线索。同时，福柯这一时期对现代治理技术的历史分析也为我们批判性地认识现代国家概念和当代新自由主义学说等问题提供了独特的视角。

关键词：福柯 治理 新自由主义 主体技术

过去学界一般认为，福柯在其理论生涯的晚年经历了某种程度上的思想转变，从较早前对权力和规训的分析最终转向了以古代欧洲修身文化和所谓生存美学为对象的专门研究。这种转向经常被国外研究者认定为福柯晚期思想中的某种哲学回归(philosophical return)。① 这样的印象在很大程度上要归咎于福柯生前出版著作的不连贯。从著名

---

① O'Leary,Timothy & Christopher Falzon,"Introduction:Foucault's Philosophy",in *Foucault and Philosophy*,Ed.Timothy O'Leary & Christopher Falzon,West Sussex:Blackwell Publishing,2010,pp.1–16;McGushin,Edward F.,*Foucault's Askesis:An Introduction to the Philosophical Life*,Evanston:Northwestern University Press,2007,pp.xiii–xxi.

的《规训与惩罚》到《性经验史》的第一卷问世,再到《性经验史》之后两卷在研究主题上的重大调整,很难确定福柯在这一时期的思想演进能够在这些不连续的著作中得到充分反映。而随着新世纪以来福柯在法兰西学院的系列讲座陆续结集出版,如今他的研究者已经能够更加深入地把握晚期福柯思想的发展。① 上述系列讲座不仅具有很强的连贯性,而且也更加直接地反映了福柯本人在这一时期的实际工作。通过对福柯"治理"(governmentality)思想的进一步认识,可以发现,在权力分析时期的福柯和修身技术时期的福柯之间,不仅不存在某种断裂或者转折,而且形成了一条缓慢而渐进的思想发展路径。

一、福柯对治理概念的解释

实际上,福柯在 20 世纪 70 年代后期和 80 年代初的研究主题就发生了一次可大可小的转移。他在这一时期在法兰西学院的讲座为后来的研究者留下了诸多重要的理论资源。其中"生命政治"概念对诸如内格里和阿甘本等后代学者的工作产生了很大影响。② 在 1977—1979 年间,福柯在法兰西学院先后完成了题为"安全、领土、人口"和"生命政治的诞生"的两个系列讲座。在随后的 1980 年,福柯将其在法兰西学院的年度讲座定名为"对活人的治理",并且在讲座的第一次课程宣布他随后的研究将由权力转向治理、由知识转向真理。③ 在这一年讲座的一开始,福柯重拾了他曾在 70 年代初分析过的希腊悲剧《俄狄浦斯王》。在较早前的分析中,福柯将悲剧主人公俄狄浦斯所追索和提取的知识看作是一种冗余的知识、一种相对于其统治的合法性

---

① Elden, Stuart, *Foucault's Last Decade*, Cambridge: Polity, 2016, pp.1-5.

② Hardt, Michael & Antonio Negri, *Empire*, Cambridge: Harvard University Press, 2000, pp.22-41; Agamben, Giorgio, *Homo Sacer: Sovereign Power and Bare Life*, Stanford: Stanford University Press, 1998, pp.126-135.

③ Foucault, Michel, *On the Government of the Living: Lectures at the Collège de France, 1979-1980*, Basingstoke: Palgrave Macmillan, 2014, pp.11, 12.

而言非法的知识。① 在 80 年代他对相同的文本做出了更进一步的解释。福柯认为，俄狄浦斯的知识就其本身来说并不是多余的。俄狄浦斯悲剧的内在矛盾在于这样一类真理同俄狄浦斯所掌握的专制君主权力的背反。② 这种背反实际上反映了古典时代希腊城邦政治对真理问题的基本态度。对古希腊城邦社会而言，存在着一类真理，这类真理只能来源于城邦公民，而统治者则无法获得这类真理。在福柯看来这样一类真理就是治理的真理。

从这一年的讲座开始，福柯的研究重心逐步转到了修身技术的问题上。这方面的研究最终反映在福柯去世前出版的两卷《性经验史》以及他在法兰西学院最后几年所做的讲座中。③ 尽管从 70 年代后期直到去世，福柯的研究领域从早期近代和当代社会转向了中世纪基督教和古典时代的地中海文明，但是这并不表示在其学术生涯的晚期存在某种断裂或者转折。对盛行于古代基督教的"灵魂指导"技术的考察在 1978 年的法兰西学院讲座中就已经出现过。④ 而这一年的讲座主要讨论的是西方治理风格的历史。到了 1980 年，福柯又在法兰西学院的讲座中涉及古代基督教的课题。这一次他集中讨论了古代基督教的忏悔实践和真理问题。⑤ 古代基督教的忏悔实践恰恰处于基督教治理模式同真理问题这两者之间，但同时也处于对自我的治理与对他人

---

① Foucault, Michel, *Lectures on the Will to Know: Lectures at the Collège de France, 1970-1971 and Oedipal Knowledge*, Basingstoke: Palgrave Macmillan, 2013, pp. 229-257.

② Foucault, Michel, On the Government of the Living, pp.24-74.

③ 参见[法]米歇尔·福柯：《性经验史》，上海人民出版 2005 年版，第 107—474 页。另见[法]米歇尔·福柯：《主体解释学：法兰西学院演讲系列，1981—1982》，佘碧平译，上海人民出版社 2010 年版；[法]米歇尔·福柯：《说真话的勇气：治理自我与治理他者 II：法兰西学院演讲系列，1984》，钱翰、陈晓径译，上海人民出版社 2016 年版；Foucault, Michel, *The Government of Self and Others: Lectures at the Collège de France, 1982-1983*, Basingstoke: Palgrave Macmillan, 2010。

④ Foucault, Michel, *Security, Territory, Population: Lectures at the Collège de France, 1977-1978*, Basingstoke: Palgrave Macmillan, 2009, pp.164-184.

⑤ Foucault, Michel, *On the Government of the Living*, pp.253-313.

的治理之间。忏悔实践一方面代表了基督教教会对教民施加的一种治理技术,另一方面也是基督教徒显示自身之真理的一种自我修身的方式。正是在基督教的忏悔实践中忏悔者才将自身建立为说真话的主体。福柯的分析表明,对治理模式的探讨不能脱离对自我治理和自我技术的研究。换句话说,对自我的治理和对他人的治理总是分享着共同的内在布局。例如对于古典希腊城邦而言,自我治理是专属于城邦公民阶层的特权。这一特权是统治者无法掌握的。但是在另一方面,自我修身又成为公民阶层对地位更为低下的人群加以统治的正当性依据。城邦的男性公民对奴隶和妇女的统治是建立在男性公民对自我的充分治理之上的。而与此同时,统治者对于城邦的统治却又并不建立在统治者类似的自我治理之上的。也就是说,城邦名义上的统治者并不掌握一种能够治理城邦公民的技术,原因在于统治者的自我治理并不能使他成为比一般公民更优越的人,而其统治只是出于血统或继承等先天和偶然原因才确立起来的。因此,在古典希腊城邦内部的这种自治与他治的并存关系中,治理技术的风格是一贯的,尽管其对象发生了改变。

由此可见,福柯的研究课题在 80 年代由现代西方的治理技术转向古代的自我技术并不意味着他对前一研究主题的放弃,也不意味着他试图在古代世界的各种自我技术中寻找某种对抗现代治理的灵丹妙药。实际上,他在 80 年代的工作延续了 70 年代他所分析的问题,而在福柯的谱系学分析中,现代西方治理技术和古代欧洲—地中海盛行的自我修身文化都从属于同一条历史线索。

如果我们从这一点出发来阅读福柯在 1977 — 1980 年间所做的讲座,那么他在这一时期提出从权力转向治理的研究计划就可以得到很好的理解了。在 1977 — 1978 年度讲座的一开始福柯将讲座的主题定为生命权力。但是随着讲座的进行他很快表示希望放弃讲座原有的标题而将其研究的问题改为治理风格的历史。① 在解释治理概念的时候福柯说

---

①   Foucault, Michel, *Security*, *Territory*, *Population*, pp.1, 108.

道:"我理解的'治理'是一种趋势、一种发展线索,这一趋势很长一段时间在整个西方持续地导致了我们称之为'治理'的那一类权力凌驾于其他所有权力——主权、规训权力等等之上,并且一方面发展出了一系列特定的治理机制,另一方面也发展出了一系列的知识。"①在这里我们看到福柯所说的治理乃是一种形式的权力,但它并不只是与主权权力或者规训权力等并列的另一种权力,而是时常凌驾于其他权力之上的某种权力形式。如果我们从这个角度回过头去考虑福柯曾经着重分析过的规训权力的话,那么我们应当意识到,规训权力在很多场合乃是治理的一种具体手段和体现。在西方历史上曾经出现过的那些大型的教养所、监狱、收容所、济贫院、孤儿院、工厂、医院、精神病院等机构,一方面在方法上是规训权力集中施加的场所,但另一方面从目的上说也是一类治理机构。作为治理机构,它们关心的是人的行为操守(conduct),而规训技术只是对人的行为操守进行塑造的某一种具体方式。

二、古典时代的他治(Government of others) 问题和国家理性(Raison d'état)

福柯所说的治理实际上指一类特殊的活动,这种活动的目的是"引导人、指导他们的行为操守、限制他们的行动和反应等等"②。因此并不是任何一种政治权力都意味着一种治理。比如,古希腊城邦社会的阶级分化包含着政治统治和经济剥削两个层面。一方面是城邦公民对奴隶和妇女的统治和剥削,另一方面则是城邦贵族和统治者对城邦的统治。但是这两个层面都不包含治理的成分。自由人对奴隶的统治并不意味着前者对后者行为操守的关切。这种统治仅仅涉及人身支配和物质资料的剥夺。这两个层面并不表示自由人需要对奴隶的行为和

---

① Foucault, Michel, *Security*, *Territory*, *Population*, p.108.
② Foucault, Michel, *The Birth of Biopolitics*: *Lectures at the Collège de France*, *1978–1979*, Basingstoke: Palgrave Macmillan, 2008, pp.1, 2.

德性等等方面加以特别的关注,并且奴隶的德行仅仅附属于主人的德性。同样,城邦贵族和统治者并不是城邦公民行为操守的指导者。与此类似,我们知道在近代西方历史上开始形成的现代国家同样是庞大的经济集中和权力行使的中心。但是福柯在1977—1978年度所做的讲座却并没有分析现代国家作为税收机器和权力主体的角色,而是着重考察了现代国家的治理功能。福柯的兴趣并不在建立某种关于国家和统治的政治理论或者经济理论,而是发掘现代治理技术在历史上采取过哪些形式。这也就是为何在他开始对近代国家的分析之前,福柯首先回顾了古代东地中海社会和基督教的灵魂指导技术。这种技术正是他治实践在古代西方的最为突出的表现。换句话说,将自我的德性与他人的行为操守联系起来,在古代基督教观念中有着非常重要的影响。对于基督教而言,自我的得救始终是同他人的得救密切相关的。因此与古典希腊城邦社会公民圈子的自治文化不同,古代基督教关注所有信徒的得救、强调对他人的治理。这种他治理念明确体现在古代东方宗教流传的牧人—羊群的寓言之中。①

那么,福柯是如何理解近代以来兴起的国家形态的治理功能的呢?在原本题为“安全、领土、人口”的系列讲座中他分析了近代国家所具有的治理功能。福柯原本是打算把安全、领土、人口等问题作为生命权力的一部分来加以研究的。但是随后他发现把这些问题纳入一种对治理风格的总的历史考察或许更为恰当。如果我们坚持以分析权力关系的方式来理解近代以来产生的上述这些观念,那么有一些问题就无法得到很好的理解。譬如说,福柯一度将规训权力视作是18世纪资产阶级对抗民众非法活动时动用的一种博弈手段。而规训权力之所以关注人的身体、行为操守,只是因为这种权力把身体和行为操守当作是其作用点之故。然而如果我们考虑到18世纪西欧的一系列规训机构同时也承担重大治理功能,那么就很难将这些机构对身体和行为操守的关

---

① Foucault, Michel, *Security*, *Territory*, *Population*, pp.123–130.

切单纯理解为一种以身体和行为操守为作用点的权力的结果。在中世纪的欧洲无论是群体之间的政治冲突还是阶级之间的经济压迫都从不依赖于一种关注人身和行为操守的权力技术。相反,这样一种技术或许最早是在基督教会对教徒得到拯救的关切下发展出来的。福柯很清楚规训技术与古代基督教的这种复杂历史关系。同样,他也知道像教养所这样的机构是如何在一些新教教团内部发展出来并且随后被资产阶级社会广泛使用的。① 如果说在近代欧洲规训技术开始被运用到世俗事务上去的话,单纯将这种转移理解为一种技术的借用恐怕是不能令人满意的。仅仅将规训技术看作是权力博弈中的一种工具仍旧无法解释这样一个根本问题:为何规训权力作为一种跟主权权力截然不同的权力形式会如此地关注人的身体和行为操守? 与此相同,如果说相比于规训权力对身体和行为的关注,生命权力转向了人口和安全等等问题,那么这种转向本身是何以发生的? 面对这样的疑问,福柯重组了他之前所研究问题的分析方式,不再从权力技术的角度来考虑不同权力技术及其作用点的替换,而是在治理的总框架下考察不同治理风格的变迁。

虽然规训技术同生命权力的作用点不同,但是它们都是近代西方产生的非常重要的治理模式。这就意味着,它们首先不是涉及对他人行为操守的塑造,而是对自我的关注。福柯对古典时代西方世界的哲学复兴做出过一种饶有趣味的解释。他把笛卡尔的主体性哲学看作是一种近代形式的关心自我或者自我治理的模式,将其理解为一种塑造真理主体的尝试。福柯进而指出在这一时期的西方,一方面基督教会所代表的各种他治实践在不断加强,但另一方面古代哲学所包含的关心自我、自我治理的成分却也得到了复兴。② 而近代西方公共领域的他治问题则是伴随着私人领域的这种自我治理文化的复兴而发展起来

---

① ［法］米歇尔·福柯:《惩罚的社会:法兰西学院演讲系列,1972—1973》,上海人民出版社 2016 年版,第 76—83 页。

② Foucault, Michel, *Security, Territory, Population*, pp.229, 230.

的。福柯解释道:"在公共领域产生出一种问题,这一问题涉及主权权力的行使如何并且在多大程度上能够并且必须承担起这些以往不被承认的指导行为操守的任务。"①换句话说,新的他治模式实际上是新的自治诉求的延续。因此,在福柯看来,在近代兴起的国家和政治领域内的他治实践不是古代基督教的他治实践的继承和转移。但是,国家和政治领域对治理的关注也不是治理观念被直接带入政治诉求和国家权力的结果,因为国家权力本身也将按照新的治理模式加以重建。在这时国家和政权开始关注治理问题的原因在于:传统意义上的政治权力或者说主权权力被现代国家的力量观念所代替,而后者又开始被认为依赖于对被统治者的治理。简单来讲,在某一个时期,对于近代形成的庞大的绝对主义国家而言,一个国家的力量强弱和稳定被认为恰恰取决于其国民是否能够很好地治理他们的行为操守。国家力量不再被认为来自其君主的德性,而是建基于其国民的行为操守,这构成了近代国家关注治理问题的根本原因。而主权权力本身也将在治理问题之下被加以重组。因此福柯才会提出,不是将治理问题作为国家的一个部分来加以考虑,而是将国家形态放入治理风格的历史中加以理解。现代国家不是治理实践得以展开的唯一途径。相反,现代国家的观念却只是围绕着治理实践才能够被建构起来的。

所以,现代国家的治理职能即是一种自治同时也是一种他治。作为一种自治,国家理性关注的是国家自身的力量强弱和存续,以及同其他国家在国际竞争中的地位差异。而另一方面,国家的力量和存续取决于国家对某个内部对象的他治;这一特定的治理方式就是古典意义上的"警察"(police,一译"公共管理")。根据福柯的叙述,"警察"概念在 15—16 世纪的欧洲指的是由某种公共权威治理的社群及其治理的实践活动②。可以看到这时作为一种治理实体和治理实践的"警察"

---

① Foucault, Michel, *Security*, *Territory*, *Population*, pp.230, 231.

② Foucault, Michel, *Security*, *Territory*, *Population*, p.313.

概念还没有同国家建立起联系。它更像是资产阶级社群对其成员的某种内部治理，而不是国家治理。但是到了 17 世纪，资产阶级社会的对内治理，也就是"警察"活动开始被同国家的治理联系起来。在福柯所引用的一段 17 世纪初的文本中我们看到，"警察"活动关心的是"一切为城市提供修饰、形象和光辉的东西"。但是在一段 18 世纪末的文本中，一位德国作者却把"警察"定义为"服务于国家的光辉和其全部国民福祉的一系列举措"。① 可以看到"警察"概念是如何从资产阶级社群的内在治理转变为国家对国民的治理的。很明显这一转变的基础在于国家力量最终被同国民的行为操守联系在了一起，也就是说在于这样一种观念：国家的力量取决于国民的福祉。由此，一个新的治理对象被建立了起来。这个治理对象便是"人口"。对于近代形成的国家理性而言，只有治理好"人口"，国家才能治理好自身。时至今日，正是近代西方产生的这一观念仍旧在福利国家的框架下发挥着作用，尽管现代治理风格在 19 世纪以后的发展将会不断地挑战现代国家的这一治理职能。

三、他治权力的内在界限与新自由主义学说

在 1977—1978 年度讲座最初的几次课程中，福柯试图从生命权力的角度对 18 世纪西方国家为应对食品短缺而采取的不同措施进行一番分析。由于他不久后出于某种考虑变动了这一年度讲座的主题和基本框架，因而在此之后他暂时搁置了对上述现象的分析。直到这一年度讲座的最后一次课，福柯才又重新回到 18 世纪西方近代国家对食品短缺问题的处理这一课题上。而这时他对这一现象已经有了更新、更深刻的认识。②

---

① Foucault, Michel, *Security*, *Territory*, *Population*, pp.313, 314.

② Foucault, Michel, *Security*, *Territory*, *Population*, pp.30-42, 341-348.

　　福柯之所以在讲座的末尾坚持回到他一开始搁置的问题,甚至不惜为此专门将讲座拖延了一周的时间,其原因在于 18 世纪后半叶在西欧国家展开的有关食品短缺问题的争论标志着西方现代治理风格发展历史上的一次重要转折。按照近代国家理性的原则,确保城镇的食品供应是国家治理的一个重要职责。因为在重商主义者看来,国家财富的积累来自商品的对外出口,而城镇则是出口商品制造的基地。良好的食品供应保证了城镇稳定的商品生产。鉴于此,当城镇的食品供应出现危机时,近代国家采取的基本措施一方面是限制食品的流通、禁止食品的外流和囤积,必要时采取没收手段,另一方面则是控制食品价格、强制定价以保证城镇居民能够以低价购买食品。这样一套应对措施在 18 世纪受到了重农学派的批评,其理由是流通和价格管制措施反而导致食品的生产衰退和进口削减,从而加剧食品短缺、适得其反。福柯把这样一种批评看作是对近代国家治理的一种反制。重农学派通过引入经济活动的内在规律来为国家治理职能设置一种界限,从而划定了一个国家权力无法企及的治理领域。这一领域从本性上来说是排斥国家介入的,并且倘若国家权力试图违反这一领域对他治的排斥本性,其结果只会事与愿违。

　　由此,新的治理空间才在近代形成的国家治理之外确立下来。虽然近代国家形态在财政、军事和外交方面的职能保留了下来的,但是它对内治理的活动却获得了新的形式。在 1978 — 1979 年的法兰西学院讲座中,福柯紧接着上一年的讲座内容分析了西方治理风格历史上的这一重大转变。他把西方政治经济学作为国家治理的某种内在限制进行了深入的研究。如果说 18 世纪西方社会关于法权问题的诸多思考是从外部限制近代国家治理职能的一种尝试的话,那么现代西方经济思想的一个根本问题就是如何从内部确立国家治理活动的有限性。①这种有限性不是由个人的某种自然权力或者全体个人的共同理性考量

①　Foucault, Michel, *The Birth of Biopolitics*, pp.10−18.

构成的,而是产生于市民社会的某种内在自然和必然规律。国家对这种内在自然和必然规律的违反只会损害国家的力量,而只有在这些必然规律按照其自然状态正常运转时,国家的治理才能够有效。因此任何国家只有在市民社会的内在运转出现异常时才应当介入。相应的,需要建立一种关于市民社会内在自然和规律的知识门类。现代西方经济学即承担了这一任务。

另外,现代经济思想不仅仅为国家治理提供了一种界限,同时它也是这样一类思考:其问题在于如何处理国家治理和资产阶级社会的自我治理——尤其是抽象经济人(homo œconomicus)的自我治理之间的关系,在于如何处理自治与他治之间的关系。在福柯看来,亚当·斯密的学说正是对这一问题的最早的回答之一,因为亚当·斯密试图论证的恰恰是个人福祉同集体财富的积累之间的关系。① 与之类似,新自由主义则是对这一问题回答的一种现代版本。新自由主义理解下的经济人不仅仅是追求自身利益和做出理性计算的古典意义上的经济人,同时也是一个不断对自我的客观环境和外在条件、对自己的健康、身体、无意识、职业技能、人力资本(human capital)等等进行资产(resource)管理的主体。同时,新自由主义学说中的经济主体并不限于个人。任何对自身资产进行治理的人、组织机构、企业乃至国家和社会都可以纳入经济分析之中。由此,国家的他治权力在新自由主义学说中得以同个体经济人的自治等量齐观。

以生命政治为例,福柯告诉我们,在19世纪,人口的外部环境和生存条件开始形成新的他治对象。疾病、居住环境、水源、健康等等开始进入国家治理职能的视野。② 从这时起,国家对人口的治理开始包含一个重大内容。那就是对人口的生活环境的治理。而资产阶级则在此基础之上重新试图从内部为国家在这方面的治理实践划定内在界限。

---

① Foucault, Michel, *The Birth of Biopolitics*, pp.278–286.

② Foucault, Michel, *Security, Territory, Population*, pp.324, 325.

为此,作为国家治理对象的人口就必须具有某种内在自然和必然规律。人口的这种内在自然和必然规律便是生命。① 作为治理对象的现代意义上的"生命"就是由此被生产出来的。而一旦生命开始被作为治理对象生产出来,那么现代社会的生命政治便诞生了。

这些构成了当代新自由主义经济学说的背景。这种学说将人口的生活环境视作是一系列的公共物品或者社会资产。同政治经济学的策略相同,公共物品的提供也被新自由主义经济学说纳入经济活动自身的内在规律中来思考。其基本结论是:凡是那些能够确保市场规律顺畅运转的治理领域都应划归个人自治,而只有那些出于各种原因无法保证自律的治理领域才交由非市场机构治理。例如人力资本理论和所谓"罪恶税"(sin tax)等学说都是这种立场的表现。② 以医疗市场为例,只要能够保证医疗市场的自律,那么为自身提供医疗资源便仅仅成为个体自身关注的问题和决策领域。只有在医疗市场的某些部门或者出于某些特殊原因整个医疗市场无法保证自律的情况下才允许公共权力的介入。究竟要将多少资源投入到自身健康的资产管理中去? 这一问题需要由经济个体通过理性计算来决定,而其资产管理和决策的风险也同样要由经济个体自己来承担。

新自由主义的这样一种理论策略产生了一个后果。那就是各种经济主体对自身生活环境和客观条件的治理进入自由市场和经济交换的分析之中。也就是说,生命成为资产,而主体对生命的资产管理变成为现代经济主体自我治理的基本内容。由此,在古典意义上追求个人利益并进行理性计算的经济人之上形成了现代意义上的经济主体。而对自身生命的出色管理成了优秀的现代主体的基本要求。另外,新自由

---

① Foucault, Michel, *Security, Territory, Population*, pp.77, 78.

② 参见 Becker, Gary S., *Human Capital: A Theoretical and Empirical Analysis, with Special Reference to Education*, Chicago: University of Chicago Press, 1993; 另见 Reubi, David, "Of Neoliberalism and Global Health: Human capital, Market Failure and Sin/Social Taxes", *Critical Public Health*, 26(2016), pp.481–486。

主义学说实际上处理的正是自治与他治之间的关系。它将这两个原本互相封闭的治理领域贯彻起来,从而重组了这两个治理领域。由于生命政治的产生,由于作为资产的生命既是国家他治也是经济人自治的对象,因此这两个领域之间变得可以交流了。反过来讲,将国家的他治同个人自治联系起来的正是它们所具有的共同对象。那就是作为资产的生命。新自由主义经济学能够将国家和个人的治理纳入共同的分析框架,恰恰是由于资产管理被看作是一切治理活动的本质。而现代经济学则是关于资产管理的学问。

总的来说,如同重农学派和古典政治经济学一样,我们仍旧可以把新自由主义经济学看作是近代国家治理权力同资产阶级自治要求之间博弈和妥协的一种结果。但是与此同时,新自由主义并没有改变现代治理问题从 19 世纪以来所形成的基本面貌。在这里不难看到福柯所分析的新自由主义经济学说同他对生命政治的批判之间的内在关联。在福柯看来,生命政治作为一种现代治理风格同任何传统治理模式不同的地方在于:生命政治通过以生命为治理对象来治理自我和他人,并且在这种治理活动中不断将"生命"生产出来、把主体塑造为具有生命的人。而新自由主义经济学说的要旨则恰恰在于:经济主体通过对自身资产的管理来达到自我治理的目的,同时在对"资产"概念的不断扩充中将作为治理对象的资产生产出来。在生命权力与新自由主义的结合点上,"人力资本"这样的概念就是"生命政治生产"和资产概念膨胀的最好例证。而当代社会无限衍生的各种医疗实践和话语则是一个不断"生命政治化"和"新自由主义化"的社会的标志之一。

从一个更广的角度来说,新自由主义所表征的现代社会的问题并不在于,现代性掩盖或者扭曲了诸如生命等所谓本质。在福柯看来,像生命或者劳动这样的所谓人的本质并没有在现代社会遭到削减或者还原。实际上,这些东西恰恰是作为治理对象被现代社会生产出来的。当代社会面对的问题因而不是本质的贫乏或者异化,而是本质的剩余和过度膨胀。新自由主义所能够设想的唯一的治理手段,就是经济主体对资产的治理。而新自由主义学说本身所从事的便是治理对象的无休止的生产。反过来,在现代社会,不需要生产治理对象的治理风格却边缘化了。从这个角度看,晚期福柯试图在古代欧洲—地中海文化中寻找的,不是摆脱治理的可能性,而是另一种不包含对象生产的治理风格的可能性。

四、结　论

福柯在 1977—1979 年间在法兰西学院所做的系列讲座在其思想发展中占据着非常重要的位置。在此后的工作中他将逐步转向对古代欧洲—地中海文化和自我修身问题的研究。然而日后的这些研究仍是他在以上两年所做工作的直接延续。诸如治理、真理和主体化等等问题都是在这两年的讲座中首次被提出的。同时,这一时期福柯研究的具体问题,比如古典时代和 19 世纪的知识问题、权力关系、生命政治/生命权力等等却又同他更早前的研究范围相重合。可以说,在这关键的两年里福柯所做的正是从一个新的理论叙事框架出发重组他之前研究过的问题,并借此来完善这个新的叙事框架。而从 1980 年开始,他将借助这个新框架分析一些他之前并没有考察过的现象,比如古代地中海文化中的修身技术等等。

相比于福柯从 20 世纪 70 年代开始建立起来的权力关系的分析框架,他在理论生涯的晚期所使用的叙事框架不再是围绕着权力—抵抗的关系而组织起来的。在 1980 年初的讲座中他把这个框架关注的要点确定为治理和真理之间的关系。在福柯看来,任何形式的治理总是与某种展现真理的方式密切相关。在随后的几年中,主体性概念又逐渐在这个理论框架中浮现出来。我们知道,在其生命的最后几年中,福柯研究的基本课题便是主体塑造和关心自我。可以说,治理和真理的展现都是围绕着主体塑造而构建的。从根本上说,晚期福柯的理论分析框架就是一种关于主体塑造和自我治理的叙事框架。从《规训与惩罚》时期的权力关系框架到一种关于主体塑造的叙事框架的最终形成,构成了福柯思想后期发展的基本线索。

如果我们由此出发回过头去审视福柯1977—1979年的讲座的话,可以看到福柯对国家理性直到新自由主义经济人这之间历史的分析实际上是对现代西方历史上一些至关重要的主体塑造技术的梳理。国家治理问题的提出反映了近代国家从16世纪以来被逐步建立为新的政治叙事主体的过程。国家理性实际上正是一种以国家为主体的主体技术学。而作为新叙事主体的国家及其自我治理从一开始就受到了流行于资产阶级社会的个人自我治理伦理的挑战。以上两种主体塑造技术和叙事的冲突和博弈构成了福柯所分析的近代以来西方政治和经济思想谱系的最根本的内在线索。而生命政治作为现代社会的基本治理模式,便是在此基础上被建立起来的。正是在福利国家的他治和理性经济人的自治的不断拉锯之中,作为治理对象的"生命"的各种具体内容才被生产出来,并被作为客观真理加以接受。而在新自由主义既作为一种政治思想又作为一门经济学存在的今天,我们实际上仍旧没有摆脱现代社会的治理问题,也没有摆脱现代主体问题这个一般思想内核。

(*作者* 复旦大学哲学学院博士研究生)

时间理论:理解列斐伏尔的另一把钥匙[*]

关 巍

摘 要:晚期列斐伏尔对时间问题进行了系统研究,提出了节奏分析理论,并将其作为自身整体理论体系的重要组成部分。节奏分析理论的核心旨趣是将节奏与日常生活融为一体,重新思考日常生活的异化问题。贯穿"节奏分析"理论的逻辑主线是"日常生活何以被异化、以何异化、如何克服异化"。列斐伏尔以节奏分析理论完成了对其一生理论观点的再综合,既批判资本主义条件下以节奏控制为方法的时间异化控制模式,又试图将对日常生活和身体的微观研究与时间的宏观研究相结合,探索人类解放模式。

关键词:列斐伏尔 日常生活 时间 节奏分析 身体

亨利·列斐伏尔(Henri Lefebvre, 1901—1991),西方马克思主义著名代表人物,日常生活批判理论、空间生产理论、新马克思主义城市研究和节奏分析理论的开创者。列斐伏尔的思想理论影响深远,尤其是晚期以节奏分析为载体的时间理论,既是列斐伏尔最后的理论创建,也是对自身日常生活批判、空间、城市研究的综合性尝试和原理性表

---

* 本文为国家社会科学基金重大项目"东欧新马克思主义美学文献整理与研究"(15ZDB002);辽宁省社会科学规划基金项目"列斐伏尔节奏分析理论与历史唯物主义研究"(L17CKS007)的阶段性研究成果。

述。目前国内学界较为关注列斐伏尔的日常生活理论、空间生产理论和城市问题研究,而对列斐伏尔的时间和节奏分析理论的研究则相对薄弱。事实上,列斐伏尔将节奏分析与人类生产、生活方式研究相结合,试图对资本主义制度主导下人类社会生活异化的根源进行本质性说明,以探索以身体为核心的微观与宏观辩证结合的人类社会解放道路。对列斐伏尔时间理论的研究,构成理解其思想的另一把钥匙。

列斐伏尔认为,以往哲学对日常生活被压制状态的"失察",造成了自身对现实生活的"失语"。日常生活的全面异化提出了对日常生活进行哲学批判性考察的迫切任务。因此,列斐伏尔将系统考察资本主义制度与日常生活的对立、探索人类社会的革命性解放之维,作为终其一生的总问题。"以往模式的革命只注重宏观世界的革命,即重视政治问题和经济问题,重视社会解放,而忽视了微观世界的革命,即忽视对日常生活的批判,忽视个人解放。"①列斐伏尔认为,摆脱异化状态,微观日常生活革命恰是人们的不二之选。列斐伏尔以《日常生活批判》三部曲,系统构建了日常生活批判理论。随着时代条件的变化与自身理论研究的深入,列斐伏尔逐渐意识到实现宏观与微观握手言和的重要性。其晚期著作《节奏的分析要素:节奏分析知识论导论》,列斐伏尔以时间为研究对象,以生产方式表征人类社会发展、表达人类日常生活变迁、生活方式更替,系统提出了节奏分析理论,以重思日常生活异化;以节奏分析为方法,将身体作为节奏异化的载体和时空统一体,以"疾病"和"革命"的双重逻辑,构建了人类社会节奏化的"一般原理"和揭露资本主义制度异化本质的节奏化"特殊原理";回答日常生活"何以被异化、以何异化"这一困扰其日常生活批判理论的核心问题,清理自身理论的地基,试图实现宏观与微观的和解。

学界对列斐伏尔在多部著作中反复"预告"并于其去世后最终"出

---

① 陈学明、吴松、远东编:《让日常生活成为艺术品——列斐伏尔、赫勒论日常生活》,云南人民出版社 1998 年版,第 22 页。

场"的时间问题研究成果——节奏分析理论涉猎较少,尚未深耕。其原因,一方面相较列斐伏尔日常生活批判理论和空间生产理论,其晚期时间问题研究著作的翻译,尤其是英译本出现得较为晚近,影响了学界对节奏分析理论的了解与掌握;另一方面在理论文本中列斐伏尔对时间问题长期并未给出完整系统的理论探讨,以至人们认为列斐伏尔将不会对时间问题进行系统的理论建构。此外,列斐伏尔研究者和传记作者的"忽略",也成为影响学界知觉的重要原因。事实上,从列斐伏尔20世纪20年代踏入理论界伊始,到1991年离世,非但并未放弃时间研究,反而对时间问题的思考始终贯彻于其整个理论体系中,可谓"草蛇灰线,伏延千里"。

一、列斐伏尔时间理论的酝思与最终出场

在列斐伏尔漫长的研究与写作生涯中,时间问题在其头脑和"作品"中挥之不去。从初踏理论界,到成为法国共产党的重要理论家,再到对日常生活批判理论、城市理论和空间生产理论的建构,列斐伏尔屡次涉及时间问题,尤其认为时间与日常生活和空间有着内在关联,对前者的说明,有助于阐明日常生活异化与城市问题和空间研究的本质。同时,一些思想家对相关问题的探讨,一定程度上构成列斐伏尔时间研究的理论资源。列斐伏尔在《日常生活批判》第二卷中,指出循环时间与线性时间在日常生活中的作用必须予以密切关注,因此我们将建构社会节奏分析来考察这一问题。在《空间的生产》中列斐伏尔指出,时间与空间的关系有待于清晰的阐明,而时间研究将构成《日常生活批判》的第四卷,也意味着《空间的生产》的最终完成。在1981年出版的《日常生活批判》第三卷中,列斐伏尔给出研究时间问题的关键概念——节奏的定义以及节奏分析理论的部分内容。列斐伏尔指出,节奏分析是一个正在构建的新科学,研究这些高度复杂的过程。它可能会补充或取代精神分析。它把自己置于身体、生理和社会之间,是日常

生活的核心。

20 世纪 20 年代中叶，年轻的列斐伏尔与一批巴黎哲学生们展开了密切的合作与思想交锋，以"瞬间"理论，为时间研究奠基。此时，挑战柏格森哲学的统治是他们关注的重要话题。① 列斐伏尔认为，正是在这一时期，开启了列斐伏尔的时间，形成了——"瞬间理论"。② 列斐伏尔认为，相对于柏格森的"绵延"，"瞬间"更为重要而深刻。列斐伏尔深受克尔凯郭尔和尼采的影响，将"瞬间"理解为现有的正统观念遭遇可能被推翻或彻底改变之挑战的关键时刻。瞬间虽为"一眨眼的工夫"，但却意味着一个"关口"，在那里过去和未来冲突、融合、轮回、循环。列斐伏尔以"瞬间"反叛连续的线性时间，意识到以时钟为标志的线性时间，包含着同质化的隐忧，人们的生活显然是异质性的、充满趣味与想象的。生活中间断的瞬间，如游戏、休息等，对人们尤为重要，它们形成了人们相遇、交流的模式，也是在场的模式。因而，在这一时期，列斐伏尔形成了必须将时间理解为"生活"的和社会的，这一重要观念。

20 世纪 30 年代，作为法国共产党理论研究的重要代表人物，列斐伏尔对研究和译介马克思的思想著作作出重要贡献。列斐伏尔尤为关注《1844 年经济学哲学手稿》，尤其是其中关于异化问题的探索，列斐伏尔以此为基础出版了研究专著《辩证唯物主义》。列斐伏尔以马克思为思想导师，认为马克思对生产方式，尤其是对生产关系的分析对他

---

① 这些年轻的人包括诺伯特·古特曼、乔治·波利策、保罗·尼赞、乔治·弗里德曼。列斐伏尔和他们一起组成了"哲学家小组"，编辑了种类繁多的杂志，包括在马克思主义传入之前的《哲学》（Philosophies）与《思想》（L'esprit）；马克思主义传入后，他们于 1928 年加入法国共产党，创办了《马克思主义杂志》（La revue marxiste）。此后，列斐伏尔与古特曼一同翻译并编辑出版了马克思早期著作简读本，包括对《1844 年经济学哲学手稿》的译介等。

② "瞬间理论"是列斐伏尔日常生活批判理论与时间研究的重要理论内容。尤其是在时间理论中，"瞬间"被理解为连续性的中断，意味着断裂和革命。列斐伏尔以"节庆"作为"瞬间"的比喻也见于《城市的权利》和《城市革命》等著作。关于"瞬间理论"的详细阐明，见《日常生活批判》第二卷。

产生了重要影响。列斐伏尔以马克思相关理论为基础,对造成时间异质性的根源有了本质性的领会,尤其是对不同生产方式构造的时间"占用"和生活模式有了深刻领会,意识到生产方式与时间社会性之间的内在关联。第二次世界大战爆发后,列斐伏尔参与反抗法西斯主义的地下活动,流亡法国南部,1947 年出版《日常生活批判》第一卷。此后,相当长的一段时期,列斐伏尔中断了对时间问题的进一步研究,但这并不表明列斐伏尔忽视甚至遗忘时间问题,也并非意味着时间问题的次要性,时间研究以潜在的形态存在于相关问题的探讨中。十年后,列斐伏尔为该书撰写的第二版序言中的《日常生活中的工作和闲暇》部分,以历史眼光,通过"工作—闲暇"间关系的揭示,具体探讨不同社会形态下的时间"占用"问题,批判资本主义制度对"闲暇"时间的占用、制造和控制。

20 世纪 60 年代之后,法国思想界研究主题的切换以及相关理论研究的影响,开启了列斐伏尔时间研究的新思路。彼时,以福柯、德里达和利奥塔为代表的一批理论家,为 20 世纪 60 年代差异性哲学(Philosophy of Difference)的兴起作出了重要贡献。列斐伏尔积极关注差异性哲学,认为差异性根源于人类的现实生活境遇。列斐伏尔认为,差异并非意味着简单的对同质性、统一性的否定,而是代表着平等、民主和社会主义。尤其是,差异性哲学为列斐伏尔思考时间的差异性、异质性开辟了新道路。在这一阶段,列斐伏尔的好友乔治·古尔维奇对时间问题的研究,对列斐伏尔产生了一定影响。列斐伏尔视贾斯廷·巴士拉为自身时间理论的直接思想来源,通过巴士拉,列斐伏尔将"节奏分析"一词的历史追溯到葡萄牙作家卢西奥阿尔贝托·皮涅罗·多斯·桑托斯。巴士拉对"要素"问题的研究,对列斐伏尔有一定的影响。列斐伏尔的时间理论在涉及节奏分析的成分或者基本原则问题时,将要素理解为某种构成世界的最初元素,而节奏具有和要素相类似的属性,是某种构成世界的基本元素。

20 世纪 60 年代,精神分析理论在传入法国近 40 年后发展势头仍然不减,列斐伏尔对此经过长期的了解和研究后,旗帜鲜明地表达了对精神分析的批判态度,试图构建新的方法——节奏分析方法,以替代精神分析方法。列斐伏尔与精神分析学家纠葛颇多。在精神分析理论传入法国后,列斐伏尔最初受其吸引,但不久之后即产生疑虑。在 20 世纪 60 年代,列斐伏尔对精神分析学家的态度变得更为强硬。虽然他和拉康都参加了 1960 年关于无意识理论的研讨会,但列斐伏尔认为,弗洛伊德将性欲理论化,一定程度上导致了性泛滥,而心理学家也不再将资本主义的生活方式作为性泛滥的根源,这样的观念被普遍接受,严重削弱了对资本主义生活方式的批判。列斐伏尔对拉康的理论尤其难以容忍。列斐伏尔将建构一种新的理论与方法形态以替代精神分析,作为一项重要工作。最终在《节奏的分析要素:节奏分析知识论导论》第二章《节奏分析学家》中,列斐伏尔着重强调了节奏分析学家的社会诊断功能,试图以之抵御精神分析方法。

20 世纪 70 年代,福柯的《规训与惩罚》,对列斐伏尔节奏分析理论核心概念"身体"的研究产生了重要影响。此时列斐伏尔对该问题的思考体现在《空间的生产》一书中。列斐伏尔认为,西方哲学已经摒弃了身体研究,这是不能容忍的①,因而在《空间的生产》中,始终贯穿着身体的在场。列斐伏尔指出,身体是一个有机的整体。眼睛、耳朵和手并不是身体的被动组成部分,它们在身体这一承担生物性、物理性和社会性互动的载体中拥有各自的节奏。列斐伏尔认为,资本主义通过干预、影响、控制、重建身体节奏实现对社会生活的全面控制。列斐伏尔明确指出:"没有一刻,节奏的分析和节奏研究忽视了身体。"②列斐伏尔在《节奏的分析要素:节奏分析知识论导论》中用大量篇幅、以隐喻的方式,分析和描述了身体节奏干扰、控制与重建的方法。列斐伏尔试图表明,资本是在蔑视生命的基础上建立起来的,并以对身体和生活节

①　Henri Lefebvre,*The Production of Space*,Blackwell Publishing,2014,p.407.
②　Henri Lefebvre,*Rhythmanalysis*:*Space*,*Time and Everyday Life*,Bloomsbury,2013,p.6.

奏的裁制为统治基础。

1985 年《节奏分析理论研究》(Le project rythmanalytique)和 1986 年《地中海城市节奏分析随笔》(Essai de rythmanalyse des viles méditerranéennes)两篇论文的发表,使列斐伏尔的时间研究以节奏分析理论的形态得以初始显现。[①] 列斐伏尔认为时间研究能够提高对人类现实生存状态的分析质量,节奏分析能够弥补《空间的生产》的不足,通过时间,资本主义空间部署与安排的原则和机制能够得到更好的说明。列斐伏尔尝试以节奏研究综合视觉上观察到的占空间的物体及各种有形的感觉。这一构想最终在《节奏的分析要素:节奏分析知识论导论》第三章《从窗户向外看》中得以实现。列斐伏尔试图综合抽象的、带有暴力性和生殖崇拜的空间视觉统治,这是他在《空间的生产》一书讨论的一个主题。[②] 在后一篇论文里,列斐伏尔将节奏分析方法应用于地中海城市的节奏研究,给出了使用节奏分析方法的实践范例。列斐伏尔试图以此说明中心和边缘、中心国家和边缘国家之间的相互影响、空间干涉和布局关系。以此为基础,1992 年《节奏的分析要素:节奏分析知识论导论》出版,标志着列斐伏尔时间理论的正式提出。

此外,列斐伏尔时间研究的直接灵感源自音乐。列斐伏尔认为,节奏在音乐理论中是最重要的,且音乐给了我们一种替代线性模型的选择余地。在《节奏的分析要素:节奏分析知识论导论》一书的第七章

---

① 此两篇论文由 Henri Lefebvre 和 Catherine Régulier 共同撰写,发表于 Communications,41,1985,pp.191-199。Essai de rythmanalyse des viles méditerranéennes,发表于 Peuples méditerranéennes,37,1986。两篇论文皆收入于列斐伏尔去世后第二年,即 1992 年出版的著作 Éléments de rythmanalyse:Introductionla à la connaissance des rhthmes,paris:Éditions Syllepse,1992。该著作的完成,标志着列斐伏尔时间理论系统构建的完结。该书的英文版 Rythmanalysis:Space Time and Everyday Life,由 Stuart Elden 和 Gerald Moore 共同翻译,于 2004 年出版,2013 年再版。随着该书英文版 Rythmanalysis:Space,Time and Everyday Life 的出版,西方英语世界随即开始了列斐伏尔时间理论的研究。

② Henri Lefebvre,The Production of Space,Blackwell Publishing,2014,pp.405-408,407,410.

《音乐和节奏》中，列斐伏尔系统讨论了音乐问题。

二、列斐伏尔时间理论的主要内容

列斐伏尔以节奏分析理论作为其时间研究的理论形态，明确指出节奏分析理论的核心旨趣"是要找到一种科学，一个知识的新领域"。这一研究的目的在于将节奏与日常生活融为一体，以揭示日常生活异化的本质原因，诊断资本主义制度的症候，深化日常生活批判，探索人类解放模式。列斐伏尔节奏分析理论的主要内容如下。

（一）时间与日常生活的内在关系

列斐伏尔从人的自然属性和社会属性出发，指出日常生活时间存在两种"计量"方式，或者说日常生活既可以进行自我计量又同时被他物所计量，且这两种计量方式需要保持一定的平衡，方能使日常生活保持稳定、持续运转并制度化自身。日常生活时间的自我计量方式，源于自然，表达为循环节奏；日常生活时间的他物计量时间源自人类社会，表达为线性节奏。循环节奏源自宇宙和自然。线性节奏则源自社会实践和人类活动。循环节奏与线性节奏在日常生活中相互交织，但线性节奏以一种同质化的统一性力量，日益消除时间乃至空间质的差异性，使日常生活趋于同质化。因此，对循环节奏与线性节奏关系的说明，将有助于找出日常生活异化的根本原因。

列斐伏尔指出，循环节奏和线性节奏的斗争，在不同的社会形态下，具有不同的表现形式和程度差异，其对人们日常生活的影响也随之存在差异。在资本主义社会之前，围绕时间的占用和斗争虽然存在，但尚未对人们长期演化形成的自然节奏构成严重威胁。随着资本主义制度的发展，社会经济、技术原因的引入，社会节奏与自然节奏、循环节奏与线性节奏的斗争日益激化。日常生活时间日益呈现出配给性和碎片化。比如，由于经济目的，工作时长的增加，夜晚侵占白天，破坏了昼夜节奏,缩短了睡眠时间,带来了疲乏的社会症候和精神身体疾病;由于技术的原因,工作步骤的碎片化、重复化形成了差异性的时间使用与工作模式,构成了时间的等级制,贬低了劳动者的自我价值和创造力。列斐伏尔以循环节奏和线性节奏的辩证关系构建了人类社会节奏化的"一般原理",以资本主义制度下的社会节奏控制揭露资本主义制度异化本质的节奏化"特殊原理"。

(二)时间与空间的本质关联

列斐伏尔的时间研究早于空间研究,但对时间与空间的关系长期言而未明、思而未决。但他坚持,只有对时间进行充分研究,空间与日常生活理论才能最终完成。

在节奏分析理论中,列斐伏尔反复强调时间与空间的辩证统一关系,在二者的地位与作用上,时间是空间的动力机制,空间是时间的表征或投影,即空间是时间的产物或者产品,这是列斐伏尔通过节奏分析理论对时空关系的重要解答。时空关系在作为时空统一体的身体上表现得最为明显。"节奏借助空间存在于城镇和城市的工作中、存在于城市生活中、存在于运动中。同样地,节奏也存在于自然生物和社会时间尺度的冲突中,由此出现了身体的节奏和社会的节奏。"①列斐伏尔批判了资本主义制度下的时空关系,指出"社会空间和社会时间被交换所主导成了市场的时间和空间。尽管不是所有的存在都成了商品,但至少节奏变成了商品"②。节奏的商品化,是列斐伏尔对资本主义制度进行批判的重要内容。资本主义通过空间的生产,将资本逻辑贯彻于人们的日常生活、城市化进程和思维模式,但是节奏的商品化、资本主义线性节奏成为"领奏",统治和制裁自然节奏和多样性社会节奏,

---

① Henri Lefebvre, *Rhythmanalysis*: *Space*, *Time and Everyday Life*, Bloomsbury, 2013, p.2.

② Henri Lefebvre, *Rhythmanalysis*: *Space*, *Time and Everyday Life*, Bloomsbury, 2013, p.16.

带来的人类社会节奏和社会发展的同质性,是我们时代资本逻辑的重要统治方式。

(三)时间权力及其运作批判

循环节奏和线性节奏,宏观上表征了两种时间作用模式,但是,列斐伏尔指出,在人类历史上,存在着关于时间及其使用的艰辛而隐秘的"斗争"。也就是说,"循环节奏和线性节奏的关系并不简单,它们可以是互动关系、干预关系,或一方统治另一方,或一方反抗另一方。总而言之,二者是辩证统一关系。它们一方渗透于另一方,但却处于无休止的抗争之中:有时妥协、有时分裂。然而,它们之间存在不可分割的联结,如钟表重复的滴嗒声'计量'日夜循环,反之亦然"①。

线性节奏作为理性的、数字的、定量的、同一性的节奏尽管没有改变身体的各种自然节奏,却将自身叠加在身体各自然节奏之上,如呼吸、心跳、饥渴等等,使自然节奏纳入社会权力运作。时间的重复性带来的感觉消减了人们对时间权力问题的自觉意识,忽视了现代社会时间控制与安排的给定性和限定性,对时间控制的批判尚未走入社会批判理论的视野,节奏分析理论研究将扛起时间权力及其运作机制的批判性考察,将时间权力批判带入前台。

(四)资本主义制度下时间斗争的微观身体研究

列斐伏尔的节奏分析理论,将身体作为时间控制的焦点,指出时间权力斗争和时间节奏控制是阶级社会权力运行和斗争的角斗场。节奏分析理论的一个重要目标在于使人们理解时间斗争、抵抗时间异化。列斐伏尔开启了哲学的日常生活研究路向,这种相对微观的研究及其成就,已经被人们所公认,但节奏分析理论显示,身体才是列斐伏尔日

---

① Henri Lefebvre, *Rhythmanalysis: Space, Time and Everyday Life*, Bloomsbury, 2013, p.58.

常生活研究的微观"单位"。

节奏分析理论视域下的身体具有如下特征:身体是自然节奏和社会节奏的承担者,自然节奏和社会节奏在身体上对立统一、复合平衡,形成身体节奏;自然节奏和社会节奏通过融入、占据、表达身体得以显现;人类个体,节奏是其独有"风格"与"姿态"的表征;身体作为空间存在,融合了时间与空间;身体节奏紊乱带来的肉体与精神疾病,是资本主义条件下时间异化隐秘性、严峻性与破坏性的具体显现。列斐伏尔认为,对身体的研究代表着对精神和知觉研究的胜利,身体是差异性产生的根源,也是差异性的表征,身体承载着自然与社会力量,是二者节奏的直接作用对象。时间节奏的重复、线性、循环等都铭刻在身体之上,这条路径使身体从不成熟走向成熟,最终走向疾病、衰老和死亡。从身体的日常节奏和对它的规训出发,我们能够理解资本主义制度的权力运作模式,把握资本主义制度是建立在对身体的戕害这一基础上的,因而,列斐伏尔指认资本主义制度本质上是敌视人的。即,资本的线性节奏,取代了自然节奏,压抑并抹杀了各种差异性节奏,以对身体的否定为基础,妄图建立以自身为基础的同一性节奏,这种毁灭性的力量是我们时代身体、精神症候的根源,也是社会症候的根源。

(五)节奏分析法及其应用研究

节奏分析法是列斐伏尔以节奏分析理论为基础,通过节奏的区分与辨识,诊断资本主义制度下被异化的病态性日常生活的方法。该方法以节奏分析学家为主体,强调调动以听觉为核心的综合感官,"倾听"节奏与节奏差异,进行节奏诊断。其核心目的在于,确证资本主义制度特殊的社会节奏与生活节奏,在全球化背景下,已经成为世界性的"单一节奏",破坏了节奏的多样性,以"单一节奏"统治、干预其他社会制度、文化传统、生活方式、思维方式与身体存在模式,形成全球资本主义"节奏统治"。

以节奏分析法为基础,列斐伏尔给出了将节奏分析法应用于实践研究的范例：一是"地中海城市"节奏分析，二是"巴黎街道"节奏分析。前者着重于在传统与现代、中心与边缘、保守与革新的对立统一中，揭示资本主义全球化背景下，各文明传统、社会制度、国家、人民的节奏共振、融合与对抗；后者则更为微观地展示城市、街道作为人群的集聚地，由于文化传统、生活方式、行为方式的差异性所带来的节奏对立与复合关系。

三、列斐伏尔时间理论的重要意义

列斐伏尔节奏分析理论对时间问题的研究，改变了笛卡尔以来，西方传统的时间解释模式，丰富了历史唯物主义对时间问题的理解，一定意义上带来了哲学传统时间解释模式的转向与唯物史观时间问题的自觉。节奏分析理论在对时间社会历史性揭示的过程中，将时间问题与资本主义制度的异化本质相结合，揭示了资本主义制度以时间控制进行异化统治的实质、策略和方法，开辟了一个审视资本主义异化问题的新视角。

近代以来，知识论研究背景下，牛顿和康德对时间问题的探索具有代表性。以牛顿和笛卡尔为代表的自然科学家和哲学家，将时间视为自存的客观实在。这种对时间物理性的理解存在两种后果：要么造成人们在讨论时间问题时将时间理解为完全客观的，从而丧失了社会历史规定性；要么在思考社会历史问题时，时间成了标的物或"刻度"，使时间成为抽象的、社会历史事件的附属物。作为近代哲学的集大成者，康德将时间理解为内直观形式，从而为自然界立法——赋予现象界以主观秩序，又使时间丧失了社会历史性的言说权力。

列斐伏尔对时间的理解，不同于上述方式。他以马克思的时间研究为基础，在当代资本主义条件下，丰富马克思的时间理论，促进了唯物史观时间社会性研究及其动力机制的当代自觉。马克思对时间的理解和阐释，经历了一个历史的发展过程。包含认识论意义上的主体维度、对资本主义制度的批判维度和未来社会的解放维度。在博士论文《德谟克利特的自然哲学与伊壁鸠鲁的自然哲学的差别》中,马克思提出时间问题是感性存在者的问题,是人的问题。时间对人的意义,在于人通过时间能够把握现象世界,认识事物,但是人对现象世界的把握、对事物的认识不是抽象地讨论人的认识能力或范围,而是通过把握事物的现实性和本质,以创造性地发展人的可能性维度——通过现实把握未来。在《德意志意识形态》中,马克思虽然没有直接谈论"时间",但却通过实践概念,提出了"历史"这一问题。马克思认为,历史是人的实践活动的产物,同时也是实践活动的前提。这就将实践概念引入时间和历史,构成了马克思时间理论的主体内容。此后,通过政治经济学,马克思对资本主义制度展开批判,比如指出:"工厂制度的特点是,它本身显示出剩余价值的真正本质。在这里,剩余劳动,从而劳动时间问题成了决定性的东西。但是,时间实际上是人的积极存在,它不仅是人的生命的尺度,而且是人的发展的空间。随着资本侵入这里,剩余劳动时间成了对工人精神生活和肉体生活的侵占。"①马克思清楚地表明,资本主义制度下,工人的剩余劳动时间是剩余价值的真正来源。对自由时间的争取,事关人类的自由与解放。"剩余产品把时间游离出来,给不劳动阶级提供了发展其他能力的自由支配的时间。因此,在一方产生剩余劳动时间,同时在另一方产生自由时间,整个人类的发展,就其超出对人的自然存在直接需要的发展来说,无非是对这种自由时间的运用,并且整个人类发展的前提就是把这种自由时间的运用作为必要的基础。"②

列斐伏尔的节奏分析理论对时间问题的研究,一方面,区别于近代以来思想家们对时间的理解模式,通过资本主义制度节奏异化的揭示,将时间作为批判武器,自觉时间社会性研究的意义与价值。另一方面,

---

① 《马克思恩格斯全集》第47卷,人民出版社1979年版,第532页。
② 《马克思恩格斯全集》第47卷,人民出版社1979年版,第216页。

列斐伏尔认为,马克思的时间理论虽然具有重要的启发意义,但是对时间与人类社会的具体关系,尤其是时间与日常生活及其权力争夺与控制的关系,对时间与空间的内在关联,对时间与身体的关系等,尚未充分揭示。在节奏分析理论中,列斐伏尔试图提出人类社会节奏化的"一般原理"和揭露资本主义制度异化本质的"特殊原理"。在该原理之下,身体构成节奏分析理论微观研究的核心范畴,以揭示资本主义条件下时间控制、节奏异化的隐秘性、严峻性、破坏性,将个体肉身与社会紧密地联结在一起,以补充马克思的研究视角,实现宏观与微观的辩证综合。列斐伏尔的节奏分析理论,揭示了不同社会制度、文化传统等时间上的异质性,对西方现代性中对日常生活的遗忘、对时间单一的客观性和同质化理解,做了系统的反思和批判,是对历史唯物主义时间理论的开显,和对马克思"时间是人的生命尺度"的致敬。但是,将时间控制作为资本主义制度异化的原因与社会控制方法,并未深入到资本主义制度的本质的一度中,不能回答人类社会的发展问题及其动力机制,也未找到推动人类社会历史发展的主体力量,因而列斐伏尔试图超越历史唯物主义的目标并未达成。列斐伏尔希望通过身体节奏革命这一微观革命模式重建"和谐节奏",最终实现人类解放,对推动历史唯物主义解放问题研究具有一定意义,但是以时间维度建构人类社会的解放维度的目标从本质上难以实现。虽然如此,列斐伏尔的节奏分析理论创造性地提出了资本主义制度下社会的时间"规训"模式——通过节奏控制人们的生活、身体和思想,制造出病态的社会和病态的人,为批判和反思资本主义制度,显示社会主义制度的优越性提供了新视角。

（作者　大连理工大学马克思主义学院副教授）

关系性身体观：吉登斯生活
政治学的理论基点

陈　曲

　　摘　要：身体作为社会理论中的重要维度，在20世纪70年代的西方社会理论研究中占据重要地位。随着经济发展与社会变化，身体问题已然超越了传统哲学意义上的身心概念思考，而逐渐发展成为身体社会学，与政治、历史、社会问题密切联系在一起，这一变化与其作为实践领域与社会文化变化形式密切相关。在晚期现代性社会，身体、财产、性之间的传统关系随着社会经济发展发生变化。同时，通过身体引发的伦理问题也进入社会理论的研究视野。英国当代社会理论家吉登斯将身体视为日常接触的行动系统，具有能动性特征，成为晚期现代性社会新型亲密关系的载体。本文主要结合吉登斯的关系性身体观，探讨其理论渊源并揭示与生活政治学之间的关联。

　　关键词：关系性身体观　行动系统　能动性　情境空间性

一、关系性身体观的理论渊源

　　吉登斯关系性身体观的核心就是将身体视为日常生活的行动系统，且具有能动性特征。较之于先前传统哲学中有关身体的探讨，吉登斯在晚期现代性背景下赋予身体更为现实具体的概念内涵。一方面是对笛卡尔身体—心灵二元对立观点的突破；另一方面将身体纳入日常生活领域中结合行动的自我加以分析。

具体来说，起初笛卡尔的"身心二元论"将身体视为受灵魂指令支配的机器，使其从属于精神。此后，斯宾诺莎的"身心平行论"对身体概念的重新阐释实现了有关身体研究的重要推进，但依然未能抛弃笛卡尔对身体和心灵的二元划分。事实上，真正开始处理并跨越主—客二元对立问题的是梅洛-庞蒂，他在胡塞尔的生活世界理论和海德格尔的此在现象学的基础上提出前意识的"现象身体"，心灵与身体的观念被相对化。"我们已经看到身体不是一部封闭的、心灵只从外面作用于它的机器。只有通过它的可以提供所有层次的叠合机能，它才能够获得界定。"①因此，"现象身体"是超越二元对立、混合精神与物质的存在。梅洛-庞蒂彻底否定了笛卡尔的意识主体，"将身体的内在世界和身体主动感知到的身体交叉起来，于是身体不仅标识了自我的存在，也成为感知外在世界的主体"②。身体间充满着各种关系性的存在并延伸普遍至生活世界之中。"事物总是处在与我的关系中，并烙上了身体的印迹。"③此时，身体已然不再是孤立的客观存在，而是处于关系之间。在此基础上，吉登斯将身体视为个体行动与其周遭生活世界的中介，是将个体与社会联结在一起的行动领域，这一关系性身体观彻底与笛卡尔传统区别开来。

此外，梅洛-庞蒂的"情境空间性"（spatiality of situation）也成为吉登斯身体观的重要理论来源，即将身体定位于在场的时空之中，只有在具体的行动中才能被理解为身体。身体作为存在与展开的空

---

① ［法］莫里斯·梅洛-庞蒂：《行为的结构》，杨大春、张尧均译，商务印书馆2010年版，第296页。

② ［法］莫里斯·梅洛-庞蒂：《知觉现象学》，姜志辉译，商务印书馆2001年版，第20页。

③ ［法］莫里斯·梅洛-庞蒂：《知觉现象学》，姜志辉译，商务印书馆2001年版，第20页。

间,不能仅被理解为物质性空间,相反,"身体的轮廓是某种无法被一般的空间关联跨越的边界"①。身体的空间性使其维持成为一个系统,身体的统一使人们认识到周围世界的统一。基于此,吉登斯着重关注时空中的情境化实践,将身体空间性作为共同在场的基础,是与他人发生社会交往关系的行动领域。只有在情境化实践中,身体才能成为身体。

然而,吉登斯的思想随着其研究重心的转移发生变化,因此,对于吉登斯身体观的考察需要结合前后期思想加以分析。本文旨在揭示吉登斯的关系性身体观与其后期生活政治理论之间的关联。此时,吉登斯整体研究方向已逐渐侧重于晚期现代性背景下的自我与社会。而作为其核心概念的"反身性"也随着研究重心的偏移,与"自我的反身性投射"关联在一起。身体作为反身性的载体与表现,似乎已然受到反身性的影响和控制。对此,有学者指出,如果说吉登斯早期著作《社会的构成》中,身体是作为对社会行动约束的自然有机体出现的,得以对个体施加自然约束。既受社会结构影响,又积极主动再生产社会结构。那么,在后期的生活政治理论中,身体则被吸纳为现代性内在指涉的反身性的定位场所。吉登斯的身体观随研究重心发生了变化,这种对反身性的放大似乎忽视具身性中的生产性要素,身体对结构性规则和资源的再生产和转化所发挥的作用都让位于反身性。可以说,"社会的反身性力量和具备反身性能力的个体结成相互决定的关系,似乎没有给肉身化主体的能力和倾向留下任何积极肯定的余地"②。

对于上述观点的反驳,理应结合吉登斯关系性身体观的基本特征加以分析。事实上,尽管吉登斯身体观存在研究领域的变化,但其核心特征并未因此改变。处于关系中的身体必须从一开始就与笛卡尔那种

---

① [法]莫里斯·梅洛-庞蒂:《知觉现象学》,姜志辉译,商务印书馆 2001 年版,第 101 页。

② Chris Shillig, *The Body in Culture, Technology, and Society*, Sage Publications of London, 2005, p.66.

从属于精神的身体严格区分开来。首先,与笛卡尔身心二元论所体现的主体主义自由意志不同,作为社会理论家的吉登斯,其出发点始终是生活世界中行动的自我与身体。我们知道,笛卡尔的身心二元论将精神与身体分离,身体只是被心灵操控的物质实体。相反,吉登斯所关注的是日常生活中作为行动领域的身体。其中,以日常接触作为分析切入点,将现实生活中人与人之间的交往行动置于共同在场的情境之下,即日常接触的区域化实践。在具体定位的互动情境之下,个体与他人进行日常接触。吉登斯对情境空间性的重视深受欧文·戈夫曼关于日常生活中的自我理论的影响,即"个体在他人面前出现时会造成一种情境定义……其他人不管处于多么被动的角色定位,他们也会通过自己对个体的回应,通过他们对个体发起的任何行动方式,来有效地影响这种情境定义"①。同时,吉登斯比戈夫曼更加重视日常接触的例行化实践对社会再生产的重要意义,尤其是其中所体现出的社会系统制度性特征,这一点在吉登斯有关现代性内部指涉体系的分析中得到详细阐述。在这一意义上,其身体观早已与笛卡尔主义相距甚远。

关系性身体观的另一特点是重视能动性,即身体从来都不是在道德奴役和组织权威双重影响下"被驯服的肉体",这一点区别于福柯纪律权力下的身体。在吉登斯看来,福柯关于权力、话语、身体的理论,缺失了真实历史及其主体,他的"'身体'并非行动者"②。在福柯的权力话语中,所关注的是身体在各个阶段受社会和文化影响被驯服的历史。现代社会中权力的焦点是政治的作为权力关系产物的身体。产生作为权力客体的身体是为了对它进行控制、认同和再生产。③ 在这一意义

---

① [美]欧文·戈夫曼:《日常生活中的自我呈现》,冯钢译,北京大学出版社 2008 年版,第 7 页。

② Giddens, A., *The Constitution of Society*, Cambridge:Polity Press,1984,p.146.

③ 福柯将支配身体物质性的权力分为惩戒权力与生命权力,分别用来训诫身体与调控人口,对应于"单数的身体"的解剖政治学(anatomo-politics)、"人类身体"的人口生命政治学(bio-politics)。

上,"福柯的身体具有被动铭写性,身体不是根据它自身的主动力量而展开"①。不同的是,吉登斯所考察的是具体的历史及其主体,其中,自我的反身性(reflexivity)作为核心机制持续内嵌于日常生活中的行动流之中,身体本身得以解放。同时,行动者具有一定的认知能力(knowledgeability),即行动时具有自觉意识并知其所为。如果说意识是情境性主体的肯定性活动,而能动性则是强调对潜在具有可塑性的客观世界的干预。

立足于关系性身体观,吉登斯以身体作为行动中的自我统合体(coherence),借由自我的反身性联结自我与社会,"自我"是"社会自我"(social self),自我认同(Self-identity)"一方面由现代性制度所塑造,同时也塑造着现代性制度本身"②。伴随晚期现代性社会对生活世界的影响,一种不同于解放政治、更为关注个体生活方式选择与自我实现的新政治话语——生活政治产生,其中,自我与身体成为其展开的重要领域。

二、生活政治的重要领域:自我与身体

在晚期现代性社会,自我与身体在自我认同的反身性投射中变得更加亲密和协调,成为生活政治理论的重要领域。以关系性身体观为理论基点,生活政治围绕自我的社会关系世界,关注生态问题、贫富差距问题、家庭问题、身体问题、自我认同与自我实现问题等等。这些问题固然与解放政治所关注的社会公正、正义和解放等问题具有相关性,但更多涉及与价值认同和价值选择相关联的生活决策、生活方式的选择,即在传统与自然趋向衰微之后我们应当如何生活的问题。"自我

---

① Chris Shillig, *The Body in Culture, Technology, and Society*, Sage Publications of London, 2005, p.66.

② [英]安东尼·吉登斯:《现代性与自我认同:晚期现代中的自我与社会》,夏璐译,中国人民大学出版社 2016 年版,第 2 页。

身份认同在当今是一种通过反身性方式而获得的成就。自我身份认同的叙事需要在与不断变迁的本土和全球社会情境的关系中被形塑、修正并以反身性方式被保持。个体必须以这种方式把多元化的传递性经验所产生的信息与本土的实际生活相整合,从而使未来的投射与过去的经验得以通过一种合理且连贯的方式实现联结。而只有当个体能形成一种内在真实性时,这样的整合和联结才能实现。"①也就是说,生命历程被理解为一个统一体,进而形成一种基本的信任框架。因此,与关注权力与资源的差异性分配的权力等级制的解放政治不同,生活政治中的权力是生成性的,即作为转换能力的权力,旨在形成一种在全球化背景下促进自我实现且在道德上合情合理的生活方式,对生活政治的现实关切昭示着未来社会秩序意义深远的变迁与发展。

首先,"生活政治的理论论争和实践斗争的一个根本要素就是对身体过程和身体发育的反身性的获取"②。身体与反身性的结合,成为生活政治领域关于自我身份认同的重要议程。我们知道,自我的投射注重"控制"与"真实性",但随着现代性抽象体系③对自我和身体的渗透,鉴于人们的私密感受度,这种投射成为将日常生活重新道德化的根本推动力。因此,除真实性之外,道德问题也成为自我反身性投射密切关注的内容。尤其是身体所有权问题,即个体如何在生活规划中作出有关身体发展策略的抉择,以及该由谁来决定对身体产物和身体部分进行"处置"。这种自我的反身性规划直接关系到"我将如何生活",即生活政治的主题。

---

① 安东尼·吉登斯:《现代性与自我认同:晚期现代中的自我与社会》,夏璐译,中国人民大学出版社 2016 年版,第 2 页。
② 安东尼·吉登斯:《现代性与自我认同:晚期现代中的自我与社会》,夏璐译,中国人民大学出版社 2016 年版,第 203 页。
③ 现代性抽象体系,即现代性制度动力机制中的"脱域机制"(disembedding mechanisms)。这一机制由"象征标识"与"专家体系"构成。由于二者都具有抽象化特征,可被合称为"抽象体系"。脱域使社会关系得以从特定场所中解脱出来,摆脱场所的特殊性。抽象体系一方面营造相对安全的场域,另一方面也衍生风险与危机。

一方面,与传统社会相较,自我和身体不再是自然的,也就是说,不再是原初给定的,而是发生着"自我社会化"与"身体社会化"。我们的身体,是经由"自我反身性规划"的身体,反身性使身体不再被接受为个人生活的既定"图像",而是具有"全面排查程序"(comprehensive screening programme)。这一身体的自检程序,时刻对身体的健康程度进行监控,利用饮食和医疗知识组织个体未来生活。另一方面,现代性使反身性自我认同的积极建构成为可能。在传统社会,自我仅被理解为具有独特性的某个人;而在晚期现代性社会,拥有自我必须要通过行动才能够回答"我是谁",完成自我实现与自我认同。"自我"不是只能承受外在影响的被动实体,自我身份认同更强调经由反身性认知所实现的建构过程,其中的"自我"是一种"具备反身性的行动者",而"身体"在其中起到类似中介的作用,用以接收和传递经验信息。自我通过反身性构建其身体,并以此为基础完成自我实现与自我认同。查尔斯·泰勒曾言,"为了形成并保有一种自我感,我们必须清晰地知晓我们来自何处,又去向何方"。自我与身体的社会化过程具有历史性,即不断吸纳周围发生的事件并纳入自我生平。

同时,道德与生存问题通过自我和身体集中体现在生殖领域,构成生活政治的实质性内容。吉登斯指出:"性认同越来越成为一个生活方式问题,至少在最近的将来,性差异将继续与人类的繁殖机制联系起来。"①受现代性内部指涉体系影响,自我与身体在生殖领域中实现联结。这里涉及的现实问题是生殖伦理。生物学意义上,生殖固然体现的是基因的传递,但从道德角度上来说,它还触发生存性矛盾。其背后所关涉的乃是自我的超越,即人的个体生命有限性与无限接近自身限度的问题。比如刚刚出生的胎儿具有何种权利? 又或者未出生者具有何种权利? 这些问题不仅是分析问题,更是道德问

---

① [英]安东尼·吉登斯:《亲密关系的变革——现代社会中的性、爱和爱欲》,陈永国、汪民安等译,社会科学文献出版社 2001 年版,第 254 页。

题。此外,生殖领域也体现出个体生活方式的选择与全球性影响之间的联系与作用。比如传统社会科技的滞后造成避孕手段的单一与局限,造成生殖方面人为控制的可能性极小;而随着现代各种避孕手段的出现以及生殖技术的发展,生殖领域充满多元选择,基因传递可以不依赖于生物体而是以人工的方式实现。从此前通过避孕控制生命跨越到如今依托技术创造生命,个体决策有可能直接关涉到整个社会秩序的变动,这种围绕整体和个体权利的问题将长期影响人类的生活世界。因此,生殖领域引发的多样选择为生活政治议程中的机遇与风险提供了丰富内容。

不难发现,晚期现代性社会中的自我身份认同有着既稳健又脆弱的矛盾特征。一方面,由于其具备一种预设的本体安全感——接受他者的存在但不会依赖于他物,因此保障了自我身份认同的稳健性;而另一方面,由于外部环境随着社会的发展发生变迁,那些构成自我身份认同主要内容的"自我生平"也会发生变化。现代性的抽象体系彻底渗透了自我与身体,并使之成为各种生活方式选择的检验场。自我与身体以一种私密的方式置于自我身份认同的反身性投射之中,其中还渗透着个体生活伦理学,即一个人不重新发现道德生活,就不能"成为某个人"。这一日常生活再道德化的过程昭示着晚期现代性社会生活的转型,身体作为新型情感关系的载体,从外部关系转至现代性内在参照体系,吉登斯称之为"亲密关系的变革",透过生活政治议程表现为私人领域的民主化。同时,受个体反身性与社会反身性的双重影响,私人领域民主化又与公共领域民主化之间存在某种对称。

三、晚期现代性社会的民主化与社会团结

在吉登斯看来,晚期现代性社会中"个人之间及家庭成员之间的关系不再建立在财产契约之上,而是建立在通过亲密关系和性接触来实现的对个人满足的一系列期盼之上。这些新型的亲密关系也表现了

在后工业社会中身份属性与个人观属性的重大变化。"①在生活政治中体现为"作为民主的新型亲密关系",强调主体间沟通交往的平等与尊重,包容多元与差异。

在个人生活领域,情感力量以身体作为载体,成为晚期现代性社会中纯粹关系的重要维系。纯粹关系之所以纯粹,正是由于脱离了外部的制度性压抑,依靠基本信任维护本体性安全。在这一意义上,这种关系是基于情感交往而非制度给定的关系,因而是抽象的、纯粹的。置于关系性身体观中,身体作为情感关系的中介,其特征是"能动"与"自治",尤其体现在对于身体控制、操纵的剔除以及有关社会关系的生成性特征上。相较于解放政治时期理性与情感之间所存在的严格遵循两性差异的制度分化,生活政治重新定义了可塑性性征与生育性征。所谓亲密关系的变革,在性关系上直接体现为女性的性自主与性多元主义的突破。自此,性欲经由情感重新整合成为爱欲,性认同把广义的自我认同与道德关怀联系起来,"性和感情平等的纯粹关系使个人生活的大规模民主化成为可能"②,构建伦理原则。值得注意的是,吉登斯对于情感的理解,是与伦理维度结合在一起的。这一点不同于弗洛伊德。在弗洛伊德那里,情感受理性支配,而理性因其性质与伦理相分离,伦理仅存在于公共领域。与之不同,吉登斯将情感视为交往手段,这种情感关系模式意味着在个体和群体生活中的伦理框架。"作为一种生活政治,情感问题并不是恢复激情的问题,而是要为评价和证实信念而发展伦理准则的问题。"③因此,这一发生在社会生活领域的关系变革,伴随着反身性自我规划,既是对自我生活的重塑,也是现代性内部指涉体系对传统生活模式的

① [英]安东尼·吉登斯:《亲密关系的变革——现代社会中的性、爱和爱欲》,陈永国、汪民安等译,社会科学文献出版社2001年版,第249页。
② [英]安东尼·吉登斯:《亲密关系的变革——现代社会中的性、爱和爱欲》,陈永国、汪民安等译,社会科学文献出版社2001年版,第8页。
③ [英]安东尼·吉登斯:《亲密关系的变革——现代社会中的性、爱和爱欲》,陈永国、汪民安等译,社会科学文献出版社2001年版,第256页。

取代。

吉登斯进一步指出:"个人生活的民主化与全球政治秩序中各种民主可能性之间存有一种对称。"①以关系性身体观为依托的生活政治,是以对话民主为特征的差异政治。他将对话民主描述为"以更加民主的方式管理的全球关系趋于原则性的谈判。这里,各方的相互作用以发现相互的基本关怀和利益开始。首先辨识出一定范围内的可行选择,然后进行筛选……既可能坚持谈判的实质内容,又可能对对方持支持和尊重的态度。总之,如在个人领域一样,差异可以成为交往的手段"②。尽管其中不乏浓厚的乌托邦色彩,但这种包容多元性与差异性的民主模式,体现出自主与团结的结合,成为晚期现代性社会民主化的重要特征。基于此,吉登斯提出一种建立在新型民主关系之上的社会团结方案——"后传统社会的普遍伦理"。这种普遍伦理,作为生活政治的目标,为处于生活世界中的我们揭示了普遍性价值,即在自主、团结、追求幸福的主题引导下恢复积极的生活价值。普遍性伦理原则承认人类生命的神圣性以及幸福和自我实现的权利,同时人类也要承担推动民主化与社会团结的义务,容纳差异与多元。由此可见,现代性带来的是个人生活与集体生活的重组,其中逻辑不再是"为自我持存而斗争",而是致力于社会团结。

当然,生活政治理论并不是一项完备的政策方案,但其意义在于揭示出晚期现代性背景下的社会整合与系统整合,从权力等级化的解放政治转变为以关系性身体观为基点、情感关系为交往手段的生活政治。"自我"不再作为被限定的个人领域与政治领域相隔离,行动者在共同在场情况下所进行的实践活动具有交互性特征。

---

① [英]安东尼·吉登斯:《亲密关系的变革——现代社会中的性、爱和爱欲》,陈永国、汪民安等译,社会科学文献出版社2001年版,第249页。
② [英]安东尼·吉登斯:《亲密关系的变革——现代社会中的性、爱和爱欲》,陈永国、汪民安等译,社会科学文献出版社2001年版,第250页。

但值得注意的是,尽管生活政治重视情境空间性,但其论域并非限于柯林斯所描述的"微观情境",社会结构也并非由相互关联的微观情境逐渐变为宏观。具体来说,柯林斯将互动仪式的核心机制描述为高度的相互关注与情感连带①:高度的相互关注,即高度互为主体性;高度的情感连带,借由身体的协调一致所焕发的情感能量,这些共同引发群体的身份认同与团结模式的形成,并构成稳定的社会关系。然而,尽管吉登斯在有关行动者的交互实践以及身体作为情感关系的载体等方面与柯林斯概念共享,但这种宏观/微观的划分,吉登斯认为毫无意义。事实上,柯林斯的"互动仪式"源自欧文·戈夫曼,因此也就沿袭了戈夫曼的微观互动立场。在吉登斯看来,戈夫曼把"行动者的活动存在于一个由社会的结构所决定的预先框架中……但他们对社会结构的形成和发展并没有太大的影响……正是由于这个原因使戈夫曼的著作正好符合成为现代社会学重要特征的宏观和微观研究分野"②。相反,吉登斯认为,这种宏观/微观划分所讨论的内容与现象,实际上涉及的是社会整合与系统整合之间的关系。"即使是那些最为变动不居、范围有限的微观情境,也深刻蕴含着制度化的行为模式。"③日常的区域化实践,必然受到现代性内部指涉体系—制度反身性、脱域以及本土与全球之间的相互渗透影响。在这一意义上,以关系性身体观为理论基点的生活政治并非简单的微观话语,而是超越了经济发展和技术控制的文明,分析共同在场情境中的互动与日常接触。其中,反身性以身体作为载体联结个体与社会,与社会系统的制度参数相互影响。在晚期现代性的轮廓下,由现代制度引发的社会生活变化直接影响着作为行动系统的身体并与自我相交织。生活政治将自主权利与个人和集体的责

---

① [美]兰德尔·柯林斯:《互动仪式链》,林聚红、王鹏等译,商务印书馆2009年版,第3页。

② [英]安东尼·吉登斯:《社会理论与现代社会学》,文军、赵勇译,社会科学文献出版社2003年版,第118页。

③ Giddens, A, *The Constitution of Society*, Cambridge:Polity Press, 1984, p.62.

任联系在一起,体现出自我作为行动者对生活方式所进行的具有生成性、可能性与创造性的决策与设计。

（作者　复旦大学哲学学院博士研究生）

何以走出黑格尔法哲学的"过度制度化"？*
——基于霍耐特承认理论的视角

任 祥 伟

摘 要：霍耐特极力强调黑格尔法哲学的当代价值，他认为黑格尔的《法哲学原理》中包含了丰富的相互承认思想，尤其是在伦理领域，相互承认构成了其中心主题。但是这种承认关系往往是奠基于形式化的法律和制度之上，因此，这反而凸显了黑格尔法哲学的"过度制度化"的特征。为了走出黑格尔"过度制度化"的窠臼和实现黑格尔法哲学的再现实化的目标，霍耐特在《个人自由的病理学》中展开了对黑格尔法哲学的修正和发展，尤其是强调"爱"和"友谊"这种习惯化的交往关系，以及承认的对称形式和水平维度。

关键词：霍耐特 黑格尔 承认 过度制度化 法哲学原理

迪特·亨利希指出："被黑格尔称为主观意志的个体意志，完全依附于不同制度的秩序，而这些制度是论证它的唯一法则。"①因此，黑格

---

* 本文系国家社会科学基金重大项目"当前主要社会思潮的最新发展动态及其批判研究"（16ZDA101）；厦门大学研究生田野调查基金项目（项目编号：2018GF004）阶段性成果。
① ［德］哈贝马斯：《现代性的哲学话语》，曹卫东等译，译林出版社 2008 年版，第 47 页。

尔的法哲学被其称为"绝对制度论"。霍耐特通过对黑格尔法哲学的
分析,也包含类似的看法,即认为黑格尔法哲学中具有一种"过度制度
化观念(overly institutionalist idea)"①。所谓"过度制度化",即在黑格
尔看来,在建立家庭、市民社会、国家等伦理实体方面,一个社会只需重
视法律制度,而忽视了人和人之间的交流。或者说,社会生活中的其他
交往关系被黑格尔排除在社会制度系统之外。为了走出黑格尔法哲学
的"过度制度化",霍耐特以《法哲学原理》为蓝本,在他的《个人自由的
病理学:黑格尔的社会理论》(以下简称《病理学》)②一书中试图转向
承认理论去寻找解决方案,并对黑格尔法哲学进行重构和发展。这个
过程同时也是霍耐特将黑格尔法哲学再现实化的过程,其最终目的是
为了对解决当今社会问题产生有益的启示和影响。

一、解决"过度制度化"的必要性: 黑格尔法哲学的再现实化

黑格尔的《法哲学原理》是一个时常引起歧义和争论的文本,从马
克思时代开始,对于该文本就有诸多不同的解释。虽然不少人对该书
中黑格尔表现的保守趋向存有质疑,但是很少有人将《法哲学原理》与

---

① Axel Honneth, *The Pathologies of Individual Freedom: Hegel's Social Thought*, trans. Ladislaus Löb, Princeton & Oxford: Princeton University Press, 2010, p.7.
② 霍耐特这本书的历史有点复杂,最初德文版是 Leiden an Unbestimmtheit: eine Reaktualisierung der Hegelschen Rechtsphilosophie, Stuttgart: Reclam, 2001。后来翻译成英文版,即 The Pathologies of Individual Freedom: Hegel's Social Thought, trans. Ladislaus Löb, Princeton & Oxford: Princeton University Press, 2010。目前该书尚无完整中译本。而其中德文版的大部分(即第7—71页)则于2000年翻译成为一个早期的英文版本,即 Suffering from Indeterminacy: An Attempt at a Reactualization of Hegel's Philosophy of Right, trans. Jack Ben-Levi, Assen: Van Gorcum, 2000。该英译版不包含德文版的最后一部分(即第78—127页)。该书近年也有了中译本,《不确定性之痛——黑格尔法哲学的再现实化》,王晓升译,华东师范大学出版社2016年版。本文中,笔者主要参考的是2010年版的英译本,因此这本书的名称也是参照该英译本的译法。

当代政治哲学相关的问题联系起来。霍耐特则试图将黑格尔法哲学再现实化,以期对当代社会产生积极的影响。在《病理学》中,德文"Reaktualisierung"一词被翻译为英文"reactualization",即"再现实化",这意味着通过对文本的再诠释,从而引出它的现实意义。在霍耐特看来,要做到黑格尔法哲学的再现实化,必须要摒弃黑格尔的两大缺陷:其一,黑格尔是在《逻辑学》体系的框架下展开其法哲学理论的,而这个方法体系(即逻辑推演)束缚了人们对它的理解。其二,黑格尔法哲学的"过度制度化"以及由此导致的黑格尔政治学说的保守性和反民主性。

在霍耐特看来,黑格尔的《法哲学原理》远比支配当代政治哲学的康德范式更适合反思现代问题,但是,由于黑格尔的反民主观念以及他整个哲学的本体论前提,当代政治哲学家不愿意诉诸《法哲学原理》。黑格尔的法哲学思想"由于其本体论的精神概念,对我们来说已经变得完全难以理解"[1]。在这里,霍耐特重申了对黑格尔形而上学的批判。除了霍耐特之外,对《法哲学原理》类似的批判者还包括查尔斯·泰勒(Charles Taylor)、艾伦·伍德(Allen Wood)等人。[2] 霍耐特还认为,不能通过论证《逻辑学》的结构和概念映射到《法哲学原理》上的某种程度来理解两本著作之间的关系,甚至我们能够摒弃黑格尔在《逻辑学》里提供的方法论指导,因此"最好还是把这个文本(指《逻辑学》——引者注)当作有许多孤立的闪光思想的采石场来处理,而不是徒劳无益地把这个理论作为整体重构起来"[3]。可见,霍耐特只是选择性的吸收黑格尔的《逻辑学》,进而把《逻辑学》与《法哲学原理》割裂

---

[1] Axel Honneth, *The Pathologies of Individual Freedom: Hegel's Social Thought*, trans. Ladislaus Löb, Princeton & Oxford: Princeton University Press, 2010, pp.4-5.

[2] 参见 Charles Taylor, *Hegel and Modern Society*, Cambridge: Cambridge University Press, 1979; Allen Wood, *Hegel's Ethical Thought*, Cambridge: Cambridge University Press, 1990。

[3] [德]阿克塞尔·霍耐特:《不确定性之痛——黑格尔法哲学的再现实化》,王晓升译,华东师范大学出版社 2016 年版,第 8 页。

开来,这种做法俨然抛弃了黑格尔哲学的整体逻辑,抛弃了黑格尔概念化、逻辑化的概念体系。但是霍耐特这样做的目的在于,更好地转向相互承认的法律关系、规范关系和伦理关系,更好地使法哲学再现实化。因此,霍耐特必然会偏离黑格尔法哲学的整体逻辑。

其实,霍耐特并非要直接面对这些形而上学问题,而是旨在表明"我们可以不借助国家概念或者逻辑学的推演过程而富有成效地解释这本书(指《法哲学原理》——引者注)的目的和结构"①。在霍耐特看来,这项工作的合理重构只需考虑黑格尔的该观点,即"所有社会现实都有一个理性的结构"以及在这个现实中采取"制度化的互动"(institutionalized interactions)。② 霍耐特转向黑格尔的《法哲学原理》,主要是因为它有着使社会和政治制度日趋合理的规范性功能。但是当黑格尔把现存的社会制度纳入其法哲学体系的时候,却潜在地证明了现存制度的合理性,这是黑格尔哲学中的保守趋向。甚至于,黑格尔总是诉诸现实世界中已然存在的固定化、形式化的法律和社会制度来充当实现个体自由的充分必要条件。为此,霍耐特进一步批判黑格尔实现"个体自由的过度制度化观念(overly institutionalist idea)"。③

在霍耐特看来,黑格尔的"过度制度化"并不能充当个体自我实现的充分必要条件,相反,一味地维护现存的法律制度反而使黑格尔陷入保守主义和反民主的窠臼之中。为了走出黑格尔的"过度制度化",从而能够使黑格尔法哲学再现实化,霍耐特转向了《法哲学原理》中丰富的承认思想资源。但是黑格尔法哲学中的承认思想大多也是强调的对法律形式、社会制度的承认,仍然是为其保守的政治观念所服务的。因此,霍耐特要做的就是,扬弃黑格尔的承认思想,进一步发展出对黑格

---

① Axel Honneth, *The Pathologies of Individual Freedom: Hegel's Social Thought*, trans. Ladislaus Löb, Princeton & Oxford: Princeton University Press, 2010, p.5.

② Axel Honneth, *The Pathologies of Individual Freedom: Hegel's Social Thought*, trans. Ladislaus Löb, Princeton & Oxford: Princeton University Press, 2010, pp.5-6.

③ Axel Honneth, *The Pathologies of Individual Freedom: Hegel's Social Thought*, trans. Ladislaus Löb, Princeton & Oxford: Princeton University Press, 2010, p.7.

尔法哲学具有再现实化作用的承认理论。霍耐特承认理论的思考重点在于,要达到个人的自我实现,就必然要预先假定各种形式的相互承认。相反,如果社会不能为个人的自我实现提供相互承认的条件,个人自由的病理学就会发生。人们实现自由的伦理条件表现了主体间性的相互承认关系。这个伦理条件可以归纳为三个方面:其一,人们之间存在着一种交往关系;其二,在这种交往关系中,人们相互承认;其三,人们还必须把这种承认表达出来。也就是说,从人们实现自由的伦理条件上看,只有当人们之间的相互承认被表达出来的时候,一个人才能获得自我实现。实际上,这就是要表明,人的自由和自我实现只有在社会交往和相互承认中才是可能的,一个人即使感到自己得到了自我实现,但是如果他的目标、价值观和实践活动不被别人认可,那么这也不是真正的自我实现。

二、爱和友谊:走出"过度制度化"的起点

(一)制度化的家庭领域

在家庭领域,黑格尔明确地将爱定义为一种相互承认的关系概念,他指出:"爱的第一个环节,就是我不欲成为独立的、孤单的人,我如果是这样的人,就会觉得自己残缺不全。至于第二个环节是,我在别一个人身上找到了自己,即获得了他人对自己的承认,而别一个人反过来对我亦同。"①《法哲学原理》中的这句话被霍耐特在《病理学》和《自由的权利》中部分地所引用来证明一种相互承认的形式。② 黑格尔还指

---

① 〔德〕黑格尔:《法哲学原理》,范扬、张企泰译,商务印书馆 2016 年版,第 199 页。

② 参见 Axel Honneth, *The Pathologies of Individual Freedom*: *Hegel's Social Thought*, trans., Ladislaus Löb, Princeton & Oxford: Princeton University Press, 2010, pp.64, 66, 和 Axel Honneth, *Das Recht der Freiheit*, Grundriß einer demokratischen Sittlichkeit, Berlin: Suhrkamp, 2011, pp.86-87, 255。

出："这种自由在我们的感觉的形式中,例如在友谊和爱中已经有了,我们在自己内部不是片面的,而极愿意在对他物的关系中限制自己,并且在这种限制中明知道自己本身。"①在这里,黑格尔认为,在友谊和爱的主体间关系中,人就获得了自由。获得自由的前提条件就是,在友谊和爱的交互关系中,人自愿地限制自己,并且人与人之间的普遍性也得到了承认。这其实就是黑格尔所说的伦理。在爱和友谊的伦理关系中,这种普遍性实际上就是人与人之间的被普遍接受的共同规范。

由于人要遵守普遍性的规范,所以黑格尔对于爱和友谊的承认关系的理解转向了制度化的建设。在黑格尔那里,家庭领域中的关系需要用制度化的形式固定下来。这是因为,家庭领域的情感关系并不具有固定性和稳定性,黑格尔指出："爱既是感觉,所以在一切方面都容许偶然性,而这正是伦理性的东西所不应该采取的形态。"②为此,黑格尔认为家庭关系必须由法律化和制度化的婚姻形式所保障,因为"婚姻是具有法的意义的伦理性的爱,这样就可以消除爱中一切倏忽即逝的、反复无常的和赤裸裸主观的因素"③。黑格尔强调家庭中的关系必须被理解为契约关系和法律关系,而不是从友谊和爱的习俗化的交往关系中去理解,一切家庭的相互关系都要在制度的框架中得到保障。这就是说,习惯化的爱和友谊等交往关系渐渐远离了黑格尔的视野,取而代之的是形式化的制度。

但是,如果将家庭这个伦理实体"过分的制度化",也会导致一系列的困境。例如,黑格尔认为,婚姻必须抛弃激情的偶然性因素,他的

---

① [德]黑格尔:《法哲学原理》,范扬、张企泰译,商务印书馆 2016 年版,第 21—22 页。

② [德]黑格尔:《法哲学原理》,范扬、张企泰译,商务印书馆 2016 年版,第 201 页。

③ [德]黑格尔:《法哲学原理》,范扬、张企泰译,商务印书馆 2016 年版,第 201—202 页。

解决方式就是通过"伦理性的权威来维持婚姻(伦理的实体性)的法"①。这样做的好处在于,可以保障家庭的稳定秩序,特别是防止离异。他指出:"婚姻是伦理性的东西,所以离婚不能听凭任性来决定,而只能通过伦理性的权威来决定,无论是教堂或法院都好。"②而且这种伦理性的权威把各种形式(例如婚姻生活中一时脾气的偶然性,如此等等)同完全隔离相区别,"只有在确证完全隔阂的情况下才可以离婚",比如"由于通奸而发生了完全隔阂"③的情形下,教堂或法院的权威就必须允许其离婚。但是这种做法俨然违背了当代社会的婚姻自由的价值观,因为夫妻双方在达成协调一致和相互承认的基础上,并非一定是发生了"完全隔阂"的情况下也是可以离婚的,也并非一定要诉诸制度化的伦理性权威。在家庭财产问题上,黑格尔则指出:"家庭作为法律上人格,在对他人的关系上,以身为家长的男子为代表。"④那么为何男子代表了家庭财产的所有者呢? 这样做的好处是免于家庭中伦理性的情绪还在直接阶段的"分歧和偶然性之弊"⑤。但是这种做法俨然违背了当今社会的男女平等的自由观念。综上所述,黑格尔在家庭领域诉诸的制度化形式,并不能保证一种公平正义的组织形式,也并不能完全保证家庭领域的相互承认关系。

(二)强调习惯化的爱和友谊等交往关系

在霍耐特看来,黑格尔《法哲学原理》的主要缺陷就是,在"伦理"

---

① [德]黑格尔:《法哲学原理》,范扬、张企泰译,商务印书馆 2016 年版,第 216 页。
② [德]黑格尔:《法哲学原理》,范扬、张企泰译,商务印书馆 2016 年版,第 216 页。
③ [德]黑格尔:《法哲学原理》,范扬、张企泰译,商务印书馆 2016 年版,第 216 页。
④ [德]黑格尔:《法哲学原理》,范扬、张企泰译,商务印书馆 2016 年版,第 211 页。
⑤ [德]黑格尔:《法哲学原理》,范扬、张企泰译,商务印书馆 2016 年版,第 211 页。

部分论述人们之间的关系时过度地强调那些制度化的法律关系，而忽视了那些习惯化的交往关系——爱和友谊。霍耐特认为，黑格尔仅仅局限于固定法律形式的家庭制度，广义上的友谊、社会关爱等伦理关系被排除在他的视野之外。应该说，霍耐特的看法是有道理的，因为在现代社会中的家庭、市民社会和国家等领域中，除了存在法律维系的各种关系之外，必然还存在着其他的交往关系。所以，霍耐特对"友谊"和"爱"等交往关系的重视，也是为非制度化的交往关系留下地盘，这也成为霍耐特试图走出黑格尔"过度制度化"的出发点。

霍耐特要做的就是，努力汲取黑格尔关于友谊和爱的关系中所蕴含的相互承认的内涵，更加强调的是一种习俗化、共识化的主体间性的承认关系。例如霍耐特认为："朋友总是有助于部分地实现他们的自我，因为在互动中，他们是根据互助互利的道德规范来行动的"①，显然友谊中的承认形式是对称的，根据习惯化的互助平等的道德规范，人与人之间达到一种主体间平等的承认关系。在基于相互承认的前提下，爱和友谊的伦理关系就是取得共识的情感纽带，是人之常情的东西，这种伦理关系显然超越了制度化的法律范畴。在霍耐特看来，家庭秩序固然需要法律制度的维系，但是爱和友谊这样的承认关系模式同样是个体自我实现的必要保障。

在霍耐特这里，爱和友谊的承认内涵为何如此重要呢？因为这更加凸显了家庭作为伦理实体的重要意义。在家庭领域，人的本能的需要得到满足，而家庭领域中爱的关系就是一种本能的情感关系。如果仅仅局限于这一点，那么家庭就没有伦理意义。那么家庭为什么具有伦理的意义呢？这是因为，家庭成员通过主体间的爱来满足自己本能的需要，即"使家庭成为伦理要素的特殊情况是，个体本能需求的满足是在相互爱的形式中实现的，即在我与她同她与我同一的情感互动中

---

① ［德］阿克塞尔·霍耐特：《不确定性之痛——黑格尔法哲学的再现实化》，王晓升译，华东师范大学出版社 2016 年版，第 110 页。

发生的"①。在这里,人都被作为家庭共同体中的成员而相互承认。与爱的承认内涵相类似,霍耐特也看到,人与人之间的相互承认的情感关系是丰富和多样的,朋友之间也存在着情感关系,这就是友谊。在朋友之间,人们也不会固执于自己的利益,而是要限制自己的片面性,并在其中相互承认。家庭成员之间建立爱的关系,朋友之间则建立友谊的关系,他们通过爱或友谊的互动关系来满足自己的自然需求,其本质就是通过爱或友谊来在一定程度上保证家庭成员之间和朋友之间平等的相互承认关系。总之,不论是爱的关系还是友谊的关系都是基于相互承认,都是个体自我实现的必要条件。

三、承认形式的转变:进一步走出"过度制度化"

(一)承认形式从"不对称"到"对称"

"承认"一词首次出现在黑格尔专门讨论抽象法的部分中,目的是为了讨论交换和交易中的自由条件。"契约以当事人双方互认为人和所有人为前提。契约是一种客观精神的关系,所以早已含有并假设着承认这一环节。"②显然,契约只有当合作伙伴相互承认之时才会生效,这里是一种对称的承认形式。但对黑格尔来说,这种对称的承认形式是基于一种纯粹抽象的契约形式。抽象法规定承认的对称形式,这是因为它是从处理社会交往的组织形式里抽象而来。此后,在对市民社会的讨论中,黑格尔继续发展一种客观化、形式化的承认模式,从而赋予一种制度化的特征,即"在市民社会中所有权和人格都得到法律上的承认,并具有法律上效力"③。在黑格尔那里,抽象的承认形式是现代社会的一部分。现代社会不再被"为支配而斗争"所规定,这是因为

① 王凤才:《黑格尔法哲学:作为规范的正义理论——霍耐特对黑格尔法哲学的诠释与重构》,《复旦学报(社会科学版)》2009年第6期。
② [德]黑格尔:《法哲学原理》,范扬、张企泰译,商务印书馆2016年版,第91页。
③ [德]黑格尔:《法哲学原理》,范扬、张企泰译,商务印书馆2016年版,第259页

现代社会已经置身于这样一个政治秩序的法律和制度中，即每个人都承认他者的自由，无人有权力去奴役他人。

然而，这种在法律形式上对人类自由的抽象承认并不排除这样一个事实，即参与主体之间的实际伦理生活中仍然存在着不对称的承认关系。例如，家庭成员、同业公会的成员、国家公民等在实际的社会联系中是否真做到了对称形式的相互承认，这仍然会有争议。其实，不对称的承认关系仍然是黑格尔法哲学关注的焦点。因此，黑格尔在《法哲学原理》中明确提到"承认"一词的地方，他认为很多的承认形式是不对称的。例如，"承认有权任意订立遗嘱，很容易造成伦理关系的破坏，并引起卑鄙的钻营和同样卑鄙的顺从"①。这种承认形式显然是不对成的承认形式会导致"社会病理学"（Pathologien des Sozialen）。病理学从康德对理性会产生病理现象的分析开始，经由法兰克福学派社会批判理论的发展，所指的是由于对理性的盲目崇拜而产生的社会紊乱现象，对工业文明和技术理性的批判大抵如此。霍耐特的病理学观念的产生主要是因为社会认同机制出现了障碍，承认的对称是理性主体所要求的，但问题就是这个相互承认才能构成社会认同的规范前提不见了的时候，社会就会陷入紊乱状态。黑格尔在法哲学中所陈述的不对称的承认，就是现实的"社会病理学"的真实写照，黑格尔经常使用"孤独"、"空虚"、"压抑"等词汇来描述这种社会的紊乱现象。

黑格尔在《法哲学原理》中诉诸法律的制度化形式来解决非对称形式的承认问题，他是基于一种纯粹抽象的法律形式。与此不同，霍耐特更加注重的是生活世界中主体间性的相互承认，并试图寻找承认对称性的规范条件。在这方面，黑格尔的早期思想给予了霍耐特重要的借鉴。早在黑格尔耶拿时期的"为承认而斗争"观念的提出，就是因为

---

① [德]黑格尔：《法哲学原理》，范扬、张企泰译，商务印书馆2016年版，第218页。

实现这个对称性承认的艰难，所以需要经过艰苦卓绝的"斗争"，因而，规范建构的前提恰恰就在于不对称的出现，或者由于社会紊乱的出现，但是，黑格尔只是提出了"为承认而斗争"这个概念就中途放弃了，转而从事理性哲学的建构。而霍耐特所要批判的就是黑格尔的这个纯粹"理性"的视角，所以他引入"犯罪"、"歧视"、"病理学"这些观念来与纯粹的"理性"相抗衡，充当"为承认而斗争"的道德动机，这在某种程度上是继续完善黑格尔未竟的"为承认而斗争"事业。在此基础上，霍耐特要做的就是倡导承认的对称形式，以此走出现实社会的紊乱状态，即通过对称形式的相互承认，使个体主体在不平等的痛苦中解放出来，并为所有社会成员创造平等地自我实现的条件。

（二）承认形式从"垂直"走向"水平"

承认还有第二个显著特点，即垂直维度的承认和水平维度的承认。在《法哲学原理》后半部分，黑格尔突然用垂直维度的承认（即"我—我们"之间的承认）取代了水平维度的承认（即"我—你"之间的承认），霍耐特指出，"在黑格尔开始谈论'国家'一章中相应的承认关系的那一刻，水平关系突然被垂直关系所取代……承认获得确定的意义"[1]。也就是说，在黑格尔那里，个人之间的水平关系要融入个人与共同体之间的垂直关系中，个体之间的承认要发展到个体和共同体之间、公民和国家之间的承认，在这里承认获得了垂直维度的确定意义。

在霍耐特看来，黑格尔垂直维度的承认主要作用于国家领域。在《法哲学原理》中，黑格尔认为现代国家是一个由理性法律、有能力的管理人员和一个强有力的政府维持的有组织的整体，因此，国家是合乎理性的最高的伦理实体。所以，黑格尔的这种垂直维度的承认关系就在于对共同体（国家）的承认。除了对共同体的承认，霍耐特认为，黑

① Axel Honneth, *The Pathologies of Individual Freedom: Hegel's Social Thought*, trans. Ladislaus Löb, Princeton & Oxford: Princeton University Press, 2010, pp.78-79.

格尔垂直维度的承认内涵还包括对普遍的法律制度的承认,这种垂直维度的承认内涵也符《法哲学原理》强调社会制度化的整体思路。例如当黑格尔在他对婚姻的分析中使用"承认"这个术语时,它不是指丈夫和妻子之间发生的相互承认的行为,而是家庭和群体承认婚姻这个固定的法律制度的行为,即"庄严地宣布同意建立婚姻这一伦理性的结合以及家庭和自治团体对它相应的承认和认可,构成了正式婚姻和婚姻的现实"①。这里承认的对象是作为法律形式的婚姻制度,承认的主体是家庭成员、市民社会成员乃至整个国家公民。

黑格尔强调通过法律形式来建构稳固的制度体系,并且通过垂直维度的承认来保障这些法律制度的顺利运转,以此保障整个社会的稳定秩序,这也是他重视以法律规范来调节伦理实体(家庭、市民社会和国家)的主要原因。然而,如果过分强调某种法律制度的稳定性,一味地去承认现存的社会制度并为之做出辩护,那么社会制度的变迁和合理化问题无法得到满意的解释,反而会陷入反民主和保守主义的窘境。必须承认的是,法律系统具有可预测性的重要功能,即能够简化复杂的社会过程,从而使人能够预期自己和他人的符合法律规范的社会行为。然而,这并不意味着社会的法律制度本身是一成不变的。相反,社会制度的合理化变化与发展,恰恰需要水平维度的相互承认来予以保障,即通过主体间性的"为承认而斗争"来保障法律制度的合理化进程。所以,霍耐特特别强调水平维度的承认形式。

在《病理学》中,霍耐特指出,政治领域应该被"在共同的善的创造中合作"②的主体所规定,这俨然与黑格尔的国家观不一致。在《自由的权力》中,霍耐特进一步指出,黑格尔对国家的"集权主义的和实体

---

① [德]黑格尔:《法哲学原理》,范扬、张企泰译,商务印书馆 2016 年版,第205 页。

② Axel Honneth, *The Pathologies of Individual Freedom*: *Hegel's Social Thought*, trans. Ladislaus Löb, Princeton & Oxford: Princeton University Press, 2010, p.78.

主义的"叙述完全忽略了"公民之间的横向关系"①。可以说,不论是在《病理学》还是在《自由的权力》中,霍耐特都反对黑格尔的国家观念,而强调一种水平维度的主体间性关系。对此,西方学者波尔(Karin de Boer)指出,"霍耐特拒绝黑格尔的国家观,这是因为他意识到,伴随着黑格尔专制的、独裁的,甚至极权主义的立场,国家和市民社会之间的关系是垂直的、不对称的"②。其实,马克思早就在《黑格尔法哲学批判》中对黑格尔的国家观进行了批判,并进一步指出是市民社会决定了政治国家。与马克思的视野不同,霍耐特则是更加强调家庭和市民社会领域中水平维度的承认关系,即"我—你"之间的相互承认,以此对资本主义社会进行合理化的修正和完善。因此,为了更合理地论证市民社会中水平维度的相互承认,霍耐特认为,作为子系统的同业公会不适合黑格尔的市民社会,所以他在市民社会中移除黑格尔关于同业公会的分析,以此来修订黑格尔的市民社会思想。根据霍耐特的观点,同业公会应该放在"国家"领域的框架内,他认为"也许黑格尔不该将'同业公会'这个中间领域定位在'市民社会',而是把它放在国家组织的领域内,这或许更明智"③。虽然这个方案可能带来其他问题,但黑格尔"至少可以避免必须在同一领域容纳两种完全不同的承认形式(即垂直维度和水平维度的承认——引者注)的困境"④。

综上所述,黑格尔在国家领域强调垂直维度的承认形式,这种对权威的契约制度或法律制度的承认是单向的垂直承认,它既是黑格尔被

---

① Axel Honneth, *Das Recht der Freiheit*, Grundriß einer demokratischen Sittlichkeit, Berlin:Suhrkamp,2011,p.471.

② Karin de Boer,"Beyond Recognition? Critical Reflections on Honneth's Reading of Hegel's Philosophy of Right",*International Journal of Philosophical Studies*,2013,p. 548.

③ Axel Honneth,*The Pathologies of Individual Freedom:Hegel's Social Thought*,trans. Ladislaus Löb,Princeton & Oxford:Princeton University Press,2010,pp.76-77.

④ Axel Honneth,*The Pathologies of Individual Freedom:Hegel's Social Thought*,trans. Ladislaus Löb,Princeton & Oxford:Princeton University Press,2010,p.77.

诉病为反民主和维护现存制度的主要原因，又是黑格尔走向"过度制度化"的表征和确证。霍耐特则更加强调水平维度的相互承认，其原因在于，一方面，通过强调伦理领域中水平维度的承认关系，以此来不断合理化地修正和完善资本主义社会中现存的制度；另一方面，霍耐特认为只有水平维度的相互承认才能保障个人的自我实现，即"社会互动的形式，其中只有通过以某种方式表达对另一个人的承认，一个主体才可以获得自我实现"①。

四、结　语

早在《为承认而斗争》中，霍耐特就认为承认思想毫无疑问在黑格尔耶拿时期的著作中发挥着重要作用。② 后来，德克·瓦德弗利格（Dirk Quadflieg）曾做了个对霍耐特关于黑格尔"承认"概念解读的批判性讨论，他认为黑格尔的"承认"并没有被霍耐特相互的、对称的或主体间性的形式所穷尽。③ 在此基础上，笔者试图通过解读黑格尔《法哲学原理》文本，尽可能地呈现出黑格尔承认思想的丰富内涵，继而通过对霍耐特《病理学》的解读，我们会清楚地看到，为了走出"过度制度化"的困境和实现黑格尔法哲学的再现实化，霍耐特是如何吸收、修正和发展黑格尔法哲学中的承认思想。其实，霍耐特并不是反对制度化，相反，霍耐特的承认理论离不开制度化。例如，波尔就明确指出："在霍耐特那里，相互承认需要充分的社会和政治制度的保障，而并非仅仅

① Axel Honneth, *The Pathologies of Individual Freedom*: *Hegel's Social Thought*, trans. Ladislaus Löb, Princeton & Oxford: Princeton University Press, 2010, p.52.

② 参见［德］阿克塞尔·霍耐特:《为承认而斗争》，胡继华译，上海人民出版社2005年版，第38—68页。

③ 参见 Dirk Quadflieg, "Vom Zwang, Person zu sein: Hegel als Theoretiker einer nicht-reziproken Anerkennung", In Axel Honneth (ed.) *Gerechtigkeit und Gesellschaft*: *Potsdamer Seminar*, Berlin: Berliner Wissenschafts-Verlag, 2008, pp. 68–75。

是主体间性关系的问题;衡量社会繁荣的程度就是要看一个社会通过其制度在多大程度上加强相互承认的形式,因而那些未能加强相互承认形式的社会制度则需要批判和改进。"①霍耐特真正反对的是"过度制度化",也就是说,一个社会只强调要法律制度的重要作用,而其他的社会交往关系被排除在黑格尔的视野之外。霍耐特认为,正是因为黑格尔没有区分清楚这两种情况,才导致了"过度制度化"的危机。他说:"黑格尔没有清楚地把下述两种情况区分开来,一种情况是,伦理领域需要确立适当的法律前提,另一种情况是,制度作为一种事实仅仅由于国家的强制性契约而得以存在。"②然而黑格尔没有看到这个"国家的强制性契约"总是存在着内在的危机。

一直以来,现代西方法治危机都与现存的法律制度和形式紧密相关,如果现存的社会制度"过度化",更是会加剧这种危机。这是因为,现存的法律制度必然存在着内在和外在的两种紧张。从内在方面看,法律规则只具有合法律性而不具有合法性和正当性,它们只具有事实强制力而缺乏规范上的有效性;从外在方面看,现代国家的法律统治只具有事实的强制性而缺乏规范的有效性和可接受性。解决这个问题的关键就在于,要从外在他律性的法律权威转向人的"自我立法"。关于这个命题,在历史上经历这样一个嬗变的过程:卢梭秉持一种伦理整体主义的伦理观,主张笼统的"公意",是一种公意论立法思想,难免会产生"集体专政"和"多数暴政"的后果。康德诉诸理性的"绝对命令",主张从个体主体出发的"自我立法",但是这不免会成为远离现实的海市蜃楼。哈贝马斯则为"自我立法"找到了现实的基础,即诉诸主体间人际互动的交往模式,通过话语商谈的民主程序,为公民的"自我立

---

① Karin de Boer, "Beyond Recognition? Critical Reflections on Honneth's Reading of Hegel's Philosophy of Right", *International Journal of Philosophical Studies*, 2013, p. 537.

② [德]阿克塞尔·霍耐特:《为承认而斗争》,胡继华译,上海人民出版社 2005 年版,第 117 页。

法"找到操作性路径,立法的实现和合理化来自交往理性和商谈理由的力量。"霍耐特肯定哈贝马斯在解决早期批判理论困境方面的贡献,但同时认为哈贝马斯在语言理论框架中理解交往范式是狭隘的。"①因此,霍耐特试图通过交往范式的重新理解,从哈贝马斯的语言交往理论转向自己的承认理论,他的"为承认而斗争"也构成了制度合理化的内在道德动力。

霍耐特试图以相互承认的视角来重构黑格尔的法哲学,一方面,他主张对爱和友谊这类相互承认关系要加以重视,以此突破黑格尔"过分制度化"的壁垒,为习惯化的交往关系留下地盘;另一方面,他继续黑格尔"为承认而斗争"的未竟事业,在现实的交往关系中继续探求对称形式的承认和水平维度的承认的现实条件,试图改变非对称承认形式下的不合理现状和垂直维度承认形式下的反民主和保守性,以此充当社会进步的内在道德动力。霍耐特对黑格尔法哲学的重构,这在思想史上是全新的。过去,自马基亚弗利和霍布斯开始,人们习以为常地从功利主义角度去理解社会冲突和斗争(斗争是为了追逐实质性的利益或荣誉),这种解释无法为斗争提供道德—自我实现维度的规范说明。霍耐特突破这个理解范式,指出斗争的道德性质和实现方向,即"为承认而斗争"。一旦在自我实现、交往和承认之间建立起联系,霍耐特很容易进入一个新的理论空间,当代诸多道德规划、社会诊断、正义思想、批判路径都能围绕承认—实现这个轴心获得伦理解决。

(作者　厦门大学哲学系博士研究生)

---

① 王凤才:《承认·正义·伦理:实践哲学语境中的霍耐特政治伦理学》,上海人民出版社 2017 年版,第 91 页。

关于消灭分工的另类思考

——论阿里·拉坦西对马克思分工思想的解读

李 向 上

摘 要:拉坦西揭示了马克思从消灭分工到消灭脑体分工的路径转向,分析了这一转向的深层背景在于马克思思考分工的逻辑起点发生了从"交换"到"生产"的转变,探讨了马克思对社会主义制度下分工、交换与市场的看法,认为马克思在社会主义制度下保留了社会分工而对市场和交换持一种拒斥态度的观点需要修正。拉坦西的观点对我们深入把握马克思分工理论具有重要启示意义,但也表现出一些值得商榷的地方。拉坦西没有注意到历史唯物主义在马克思分工理论中的重要意义以及消灭分工与资本主义制度批判在马克思理论话语中的内在关联,没有注意到马克思晚期对社会主义发展阶段的区分以及对交换关系的重新思考。

关键词:分工 异化 拉坦西 阶级

阿里·拉坦西在《马克思与分工》一书中,详细阐述了马克思分工思想的发展脉络,通过选择性地分析马克思的"消灭分工"概念,他澄清了马克思使用分工概念的某些含糊不清之处,揭示了马克思从消灭分工到消灭脑体分工的路径转向。拉坦西认为,马克思在早期文本中将分工与阶级关联起来,并提出了消灭分工的主张。而在马克思成熟时期的著作中则试图区分"阶级"与"劳动分工",以便揭示阶级的消亡并不意味着劳动分工的消亡。在他看来,马克思和恩格斯不再指称废除劳动分工,而是以需要废除"旧式分工"的这一说法代替之,是因为他们放弃了早期文本中废除劳动和废除劳动分工的观念,而把关注点转移到克服脑力劳动和体力劳动分离方面。在马克思那里,在社会主义制度下仍然存在某种职业专门化。拉坦西观点对我们今天进行社会主义市场经济建设,进一步发展马克思分工理论具有重要的启示意义。

一、从消灭分工到消灭脑体分工的理论转向

拉坦西指出,"分工"一词在马克思那里不是一个既成事实,马克思对分工的理解和亚当·斯密一样有许多含糊不清的地方。这源于劳动分工概念本身的历史变动性,这种情况被马克思思想的复杂性和快速性进一步加剧了。因此,马克思对劳动分工的分析只能根据上下文变化和对构成其理论背景的思想传统的选择性选取来得到恰当理解。拉坦西将马克思的劳动分工观分为三个时期:(1)早期著作时期,从《1844年经济学哲学手稿》到《德意志意识形态》,马克思站在"全面解放"的立场上,将"劳动分工"概念完全吸收到"阶级"中;(2)过渡阶段,主要体现在《哲学的贫困》(1847)中,马克思区分了社会劳动分工和工场手工业分工——代表着一种从再生产到劳动分工的分析状态的分离;(3)成熟的著作,始于《政治经济学批判》(1856—1857),在其中马克思发展了剩余价值理论,并在分析中开始将"阶级"与"劳动分工"分开。①

拉坦西认为,马克思消灭分工的思想受到了黑格尔和早期社会主义者圣西门、欧文、霍吉斯金等人的影响。黑格尔和他同时代的歌德、

---

① AliRattansi,*Marx and the Division of Labour*,London:Macmillan Press Ltd.,1982, p.59.

席勒、荷尔德林等人都已经认识到分工带给个人生活和文化发展的负面影响。拉坦西指出,黑格尔认识到分工造成了下等阶级的依赖性与痛苦,使他们无法享受更广泛的自由和精神益处,"对任务的细分逐渐达到一种阶段,在这一阶段,许多劳动变得枯燥而机械,而且常常与贫困结合在一起"①。通过将贫困与分工联系起来,黑格尔将阶级的作用叠加在劳动分工之上,从而将阶级与异化问题联系起来,这一思路影响了后来的马克思。

另一方面,废除劳动分工包括废除交换的思想在 19 世纪早期的空想社会主义者那里是一个重要的主题。与黑格尔企图通过保留阶级来解决现代问题不同的是,这些社会主义者寄希望于社会重组。圣西门就提出,生产者应该合作,并以理性有效的方式从事计划性的生产。霍吉斯金从李嘉图的劳动价值论出发提出,不生产的劳动者构成市场扩大、分工细化以及一国生产力发展的重大障碍,劳动者之所以没有从分工中受益是因为"对产品的不公平占有、在财富聚集中的篡夺和掠夺……对贫穷聚集的屈服和应允"②。拉坦西指出,这些社会主义者"都主张对早期资本主义工业主义的生产形式和政治表现形式带来更大潜在威胁的变革"③。

拉坦西提出,受此影响,在马克思早期著作中,他认为废除分工是必要而且可能的,并把它作为社会主义充分、适当发展的基本前提。废除分工的观点早就预设在马克思关于解放和消除异化的观点中。拉坦西指出,在马克思以前的社会理论中,阶级、所有权和劳动分工在各方面的合并已经成为一种时尚,此外,受青年黑格尔思想特别是其异化思想的影响,此时的马克思坚信通过社会重组来实现人类彻底解放的可

---

① AliRattansi, *Marx and the Division of Labour*, London: Macmillan Press Ltd., 1982, p.29.

② AliRattansi, *Marx and the Division of Labour*, London: Macmillan Press Ltd., 1982, p.38.

③ AliRattansi, *Marx and the Division of Labour*, London: Macmillan Press Ltd., 1982, p.38.

能性。因此,"对于普遍解放的总的信念以及使无产阶级成为解放的最高工具的阶级理论"①构成马克思废除分工的思想背景。在这一背景下,马克思不断同化阶级与分工概念,提出劳动分工构成人类解放的障碍,废除阶级就等于废除劳动分工并把阶级的废除看作实现人类进步的关键。拉坦西指出,马克思在 1844 年之前的一些著作表明:他对劳动分工概念的使用是由他在批判中发展起来的话语结构决定的。在这一阶段,马克思并没有提到劳动分工概念,这一概念只是马克思在"对黑格尔和资产阶级社会的批判过程中出现的更广泛的有关阶级、交换,异化和解放的辩证法中被包含和预设的"②。马克思在接触古典经济学以后,从中借用了有关阶级、交换和劳动分工等概念,这表现在马克思在《1844 年经济学哲学手稿》中提出了劳动分工的概念。在这一手稿中,马克思采用了费尔巴哈的人本主义立场,认定无产阶级和私有财产、交换关系以及异化有着非常密切的联系,这使他在将劳动分工纳入其分析框架时能够立刻接近阶级的概念。他从逻辑上将分工与阶级不可分割地联系在一起,认定只有通过无产阶级的解放才能实现人类的普遍解放,随着对阶级和私有财产的全面废除,分工必将完全消失。

拉坦西指出,随着马克思理论研究的进展,"马克思的兴趣从废除劳动分工转移到克服脑力劳动和体力劳动分离方面,在他成熟的讨论中,这是一个始终出现的广泛主题"③。他批评麦克莱伦没有注意到马克思早期和成熟期的作品的这一重大变化。在拉坦西看来,这一变化不仅意味着马克思放弃了废除劳动分工的想法,开始将阶级和劳动分工分离开来,而且意味着马克思对未来社会中分工地位与作用的重新

---

① AliRattansi, *Marx and the Division of Labour*, London: Macmillan Press Ltd., 1982, p.60.

② AliRattansi, *Marx and the Division of Labour*, London: Macmillan Press Ltd., 1982, p.61.

③ AliRattansi, *Marx and the Division of Labour*, London: Macmillan Press Ltd., 1982, p.175.

审视,"这其中的一个含义是,随着一种新的生产方式的出现,阶级的消失并不一定必然意味着职业专业化的彻底消失"①。

二、从交换到生产:马克思思考分工的 逻辑起点的转变

拉坦西认为,马克思有关阶级和劳动分工关系的修正归因于他思考分工的逻辑起点发生了变化。根据拉坦西的研究,在"劳动分工"与"阶级"之间起中介作用的是马克思对交换关系和市场力量的看法。黑格尔认为交换协调并使得人们之间处于相互依赖关系中,但也由此使个人嵌入到一个"不可估量的盲目相互依赖"的结构当中,"使个人失去对其产品的控制,工作变成他无法控制的一种外来力量"②。这一观点对马克思发生了重要影响,在早期的马克思那里,交换关系构成异化的表现。马克思对交换关系的批判首先表现在,他认为市场力量将工人变为商品,使工人的命运受供求关系的变化无常的影响。拉坦西提出,马克思在《德意志意识形态》和随后的文本中又用交换这一概念表述了生产的全面失控这一异化状况,"这种关系就像古典古代的命运之神一样,遨游于寰球之上,用看不见的手把幸福和灾难分配给人们,把一些王国创造出来,又把它们毁掉,使一些民族产生,又使它们衰亡"③。只有理解到马克思同化了劳动分工、交换关系和私有财产才能理解马克思在《德意志意识形态》中对分工造成的生产力异化的指责。

拉坦西指出,尽管在《德意志意识形态》中,马克思对"劳动分工"的用法有相当程度的扩展,以至于把分工变成"所有社会利益划分的

① AliRattansi, *Marx and the Division of Labour*, London: Macmillan Press Ltd., 1982, p.57.

② AliRattansi, *Marx and the Division of Labour*, London: Macmillan Press Ltd., 1982, p.29.

③ 《马克思恩格斯选集》第 1 卷,人民出版社 1995 年版,第 87 页。

代名词"①,但其核心仍然是强调阶级和劳动分工之间的融合,这一原则承袭自《1844年经济学哲学手稿》。如果说在《1844年经济学哲学手稿》中,"阶级"和"劳动分工"的概念区分还处于一种遮蔽状态的话,在《德意志意识形态》中马克思则设法使二者合并起来。拉坦西进而指出,从马克思在《德意志意识形态》中对历史发展的各方面描述来看,"这两个概念几乎可以互换和不加选择地使用"②。这一状况一直持续到《哲学的贫困》中,拉坦西指出,虽然在《哲学的贫困》中劳动分工得到详尽阐述和成熟分析,马克思却仍然把阶级和劳动分工混为一谈,他相信随着阶级社会的瓦解,仍然存在完全从劳动分工中解放出来的可能性。

拉坦西肯定了马丁·尼古拉斯1972年在《不为人知的马克思》一文中提出的把"交换"与"生产"的关系分别作为马克思早期和晚期著作的基本理论出发点的观点,他指出,马克思的理论中发生上述变化的原因在于马克思在19世纪50年代到19世纪60年代,"他的理论起点从交换到生产的转变,迫使他不得不重新反思人类的生产生存条件……这使得马克思反过来修改他早期信仰在未来无阶级社会从劳动分工中彻底解放的可能性"③。从"生产"这一新的起点出发,马克思改变了资本主义的基本机制在于交换和流通体系的观点,认识到市场作为一种幻象"代表了一种更为本质的潜在过程,而这一过程包含着资本主义运作的真正线索:资本主义在生产过程中从劳动者那里抽取剩余价值的体系"④。拉坦西指出,随着马克思分析的基础出发点的变

---

① AliRattansi, *Marx and the Division of Labour*, London: Macmillan Press Ltd., 1982, p.77.

② AliRattansi, *Marx and the Division of Labour*, London: Macmillan Press Ltd., 1982, p.79.

③ AliRattansi, *Marx and the Division of Labour*, London: Macmillan Press Ltd., 1982, p.125.

④ AliRattansi, *Marx and the Division of Labour*, London: Macmillan Press Ltd., 1982, p.110.

化,他对劳动价值理论的肯定以及对剩余价值理论的发展,马克思认识到劳动分工的许多方面是不可避免的,尤其是在大规模工业生产中。作为一种组织方式,分工是由物质生产过程强加的,它独立于由阶级的存在所引起的变革,因而"修正了他先前对废除劳动分工的可能性的信念"①。

拉坦西认为,从《哲学的贫困》到《政治经济学批判》导言的起草构成马克思思想发展中劳动分工概念化的一个"过渡"阶段。这一时期既存在对早期的继承,也存在某种突破。在《共产主义原理》中,恩格斯重申了废除劳动分工的观点,同时也讨论了"在一个阶级较少的社会中,仍有可能出现另一种形式的劳动分工。后一个命题的出现,就恩格斯而言,不仅是修辞上的华丽辞藻,而且是对阶级关系和劳动分工的重新思考,从而摆脱了早期文本所持有的概念上的合并"②。在指出这一点之后,拉坦西评论道,《共产主义原理》毕竟只是一个过渡阶段,完全废除劳动分工的词句仍然被保留和贯彻下来。

另一个值得注意的地方在于马克思对分工和权力关系的重新思考。拉坦西提出,马克思的劳动分工概念实际上总是隐含着包括从属和优越地位的不平等关系,因此,马克思废除分工的想法总是伴随着对打破行政部门(不管是生产部门还是政治机构)的专业化的思考。在《德意志意识形态》中,国家被简化为分工,后来更被当作一种相当粗糙的阶级工具主义。而在《资本论》中,马克思则尝试将阶级和权威区分开,这表现在马克思对协调资本主义劳动过程的指挥劳动和监督劳动的看法。马克思指出,随着资本主义的发展,这种指挥劳动比比皆是,但"这种劳动并不随着资本的消失而自行消失;只要这种劳动不只限于剥削他人劳动这个职能;从而,只要这种劳动是由作为社会劳动的

---

①　Ali Rattansi, *Marx and the Division of Labour*, London: Macmillan Press Ltd., 1982, p.58.

②　Ali Rattansi, *Marx and the Division of Labour*, London: Macmillan Press Ltd., 1982, p.102.

劳动的形式引起,由许多人为达到共同结果而形成的结合和协作引起,它就同资本完全无关,就像这个形式本身一旦把资本主义的外壳炸毁,就同资本完全无关一样"①。拉坦西认为,既然协调和权威的规定包含在劳动分工的概念中,马克思的这种做法显然就是要把分工与阶级的概念分离开来。

同样的变化也表现在马克思对剥削概念的理解上,马克思剥离了分工和剥削之间的关联而将其源头认作资本主义对剩余价值的榨取,"关于剩余价值的详尽阐述和因此发生的对交换关系和市场的取代,构成马克思分析解决和剥削的方法的和实质的起点"②。拉坦西认为,马克思早期指控的事实是,工人变成了商品,雇佣劳动成为和其他商品一样的存在,从这一角度出发,"他将工人的非人化定位在劳动分工上"③。而在《资本论》中,剥削的概念发生了一次换位,马克思转而把关注的视角放在一种非对等关系上,他指出劳动者和资本家之间的自由契约,掩盖了这种不平等性,剥削"建立在资本主义生产过程中从工人阶级提取和占有剩余价值的基础上"④。

三、社会主义制度下的分工与交换

拉坦西指出,马克思在后期著作中用废除"旧式分工"的说法代替了废除分工的说法,转而关注如何克服脑力劳动和体力劳动的分离所带来的破坏性影响,这一点根源于他对技术变革后面隐藏着的职业和技能流动性的预测。他肯定了麦克莱伦关于马克思对分工的看法发生

---

① [德]马克思:《资本论》第3卷,人民出版社2004年版,第435页。
② AliRattansi, *Marx and the Division of Labour*, London: Macmillan Press Ltd., 1982, p.55.
③ AliRattansi, *Marx and the Division of Labour*, London: Macmillan Press Ltd., 1982, p.110.
④ AliRattansi, *Marx and the Division of Labour*, London: Macmillan Press Ltd., 1982, p.111.

变化的原因在于其对先进的机械尤其是自动化发展的开放式理解的观点。拉坦西引述了马克思的下述看法来说明技术带来的新变化："大工业又通过它的灾难本身使下面这一点成为生死攸关的问题：承认劳动的变换，从而承认工人尽可能多方面的发展是社会生产的普遍规律，并且使各种关系适应于这个规律的正常实现。"①他进而从马克思阶级理论的变化对此做了进一步发挥。他认为，马克思在 19 世纪 40 年代后期的分析中确立了两极分化理论即随着资本主义的发展，中产阶级将很快消亡，只留下资产阶级和无产阶级之间不可避免的冲突。而在《资本论》中，马克思则提出了三种长期存在的工人阶级内部的分化和差别，这表现在：第一，劳动力被划分为操作工和"监督员"；第二，机械化所带来的劳动的减轻，导致妇女和儿童被纳入劳动力；最后，产生了工业后备军。② 此外，随着股份公司的增长，又产生了第四个新的集团，即"众多的工商管理人员"，他们接管了资本家的监督和管理职能，使资本家变得超级贪婪。拉坦西认为，虽然如此，两极分化理论在《资本论》中仍然存在。在马克思看来，技术带来的新变化被资本主义制度抵消了。

马克思认识到技术是中性的，生产力也是如此。"机器就其本身来说缩短劳动时间，而它的资本主义应用延长工作日；因为机器本身减轻劳动，而它的资本主义应用提高劳动强度；因为机器本身是人对自然力的胜利，而它的资本主义应用使人受自然力奴役；因为机器本身增加生产者的财富，而它的资本主义应用使生产者变成需要救济的贫民"③。拉坦西认为，这段经典话语表明了马克思对技术中立性的思考，马克思已经认识到"生产工具的本性可能由提供其存在与发展条件的社会关系的类型来标记"④。在此基础上，马克思把分工带来的问

---

① ［德］马克思：《资本论》第 1 卷，人民出版社 2004 年版，第 561 页。
② AliRattansi, *Marx and the Division of Labour*, London：Macmillan Press Ltd.，1982, p.154.
③ ［德］马克思：《资本论》第 1 卷，人民出版社 2004 年版，第 508 页。
④ AliRattansi, *Marx and the Division of Labour*, London：Macmillan Press Ltd.，1982, p.182.

题和资本主义制度联系起来。拉坦西认为,马克思后期试图"把一种特定生产形式("大规模的联合劳动")中隐含的'技术'要求与资本主义生产关系所造成的特定变形区分开来"①。这意味着分工与阶级和资本主义制度的剥离。在拉坦西看来,马克思已经认识到脑体之间的有害鸿沟是由于资本主义对经济和政治职能的支配必然产生的,工厂内分工的资本主义形式是资本家最大限度地榨取剩余价值的直接结果。拉坦西指出,马克思成熟时期的文本显示,分工的某些有害形式,"注定要在社会主义制度下消失或经历剧烈地变革。……他们的存在只是由于社会关系的弊端"②。马克思在有关巴黎公社的文章中致力于改变未来社会劳动分工的性质,例如以"武装人员"代替常备军,赞成将立法机构与行政机构合并等等,这表明马克思明确肯定了在社会主义制度下仍存在某种职业分工。

拉坦西认为,在马克思那里,大规模工业生产的迫切需要为未来社会劳动分工的继续存在提供了机会。与早期相比,马克思理解到重组社会的可能的物质界限,恩格斯在《反杜林论》中的做法为此提供了一个很好的例证,这表现在他放弃了废除分工的主张,把阶级的出现看作生产力不够发达的结果,并指出只有在消除匮乏的基础上才能废除阶级和废除劳动。"生产力本质中立性的命题,是与匮乏和丰富的概念及其在社会主义建设中的作用密切相关的"③,消除"匮乏"是建立社会主义的先决条件。因此,必须利用分工来发展生产力。

在肯定分工的同时,拉坦西指出,马克思却仍对市场和交换持一种批判态度,这导致了某些理论缺陷,"在生产资料共同所有的条件下,社会分工和交换关系共存的可能性在讨论中被排除了,这一缺憾构成

① AliRattansi,*Marx and the Division of Labour*,London:Macmillan Press Ltd.,1982,p.138.

② AliRattansi,*Marx and the Division of Labour*,London:Macmillan Press Ltd.,1982,p.167.

③ AliRattansi,*Marx and the Division of Labour*,London:Macmillan Press Ltd.,1982,p.183.

了他对社会主义条件下必要和可能的交换形式的理解上的一些局限"①。拉坦西认为,马克思在《资本论》中未能将商品生产和交换关系与资本主义私有制区分开来,因此,他坚决反对社会主义条件下的交换生产而主张一种计划生产的可能性。在马克思的视域中,交换是与资本主义的非理性即完全由交换支配的异化状况紧密联系在一起的。马克思认为,交换生产对资本主义市场关系的无政府状态以及由此产生的资源浪费和需求相对不足负有主要责任,因此"任何规模的交换生产从根本上都不符合社会主义"②。拉坦西提出,尽管一些社会主义市场的改革者试图在马克思的文本中寻找某种论据支撑,但"市场社会主义"这一不妥当的说法显然违背了马克思的本意。在拉坦西看来,马克思在其早期文本中暗示劳动分工和交换必须共存,并把废除二者作为社会主义完全实现的条件,而在《资本论》中,马克思却承认劳动分工不一定意味着商品生产,他以印度原始公社为例说明了这一点,这意味着劳动分工的继续存在与消灭商品交换关系并不矛盾。

拉坦西指出,马克思完全消灭社会主义条件下的交换关系的看法是不正确的,"现在看来,完全废除市场力量(这是马克思对效率低下的解决方案)很可能会产生其自身的非理性"③。他指出,马克思曾在关于巴黎公社的著作中提出了一个关于代表制和问责制的详尽建议,然而马克思没有考虑到这些分权措施在实行计划生产基础上的决策机制问题,事实上"作为工作场所民主化前提的经济决策的有效分权没有市场力量的一些空间是不可能实现的"④。拉坦西批评了新左派把

① AliRattansi, *Marx and the Division of Labour*, London: Macmillan Press Ltd., 1982, p.135.
② AliRattansi, *Marx and the Division of Labour*, London: Macmillan Press Ltd., 1982, p.188.
③ AliRattansi, *Marx and the Division of Labour*, London: Macmillan Press Ltd., 1982, p.193.
④ AliRattansi, *Marx and the Division of Labour*, London: Macmillan Press Ltd., 1982, p.194.

社会主义生产的效率低下和浪费归因于官僚机构膨胀和生产者对此缺乏民主控制的观点,指出他们从不分析那些直接生产者是如何控制经济的,马克思和恩格斯对未来社会主义的反市场概念排除了任何形式的自我管理,因此必然与其设想的通过直接生产者对生产过程进行经济和政治控制的愿望相冲突。他进而引用赛勒基的说法表示,"要实现社会主义经济的自我管理,就必须改革马克思主义对市场经济的排斥"①。

四、对拉坦西观点的简要评论

拉坦西揭示了马克思从消灭分工到消灭脑体分工的路径转换,分析了这一转换的深层原因,并探讨了马克思对社会主义制度下分工、交换与市场的看法。他的分析深刻而富有条理,对我们把握马克思分工思想的内在逻辑和理论特质具有重大启示意义,但也应该看到拉坦西观点仍然存在一些缺陷和不足。

废除分工的观点确实构成马克思早期思考分工的一个主要方面,拉坦西强调了在这一阶段马克思对分工与阶级问题的同化,并把握到此时马克思的人本主义立场。随着历史唯物主义的创立,马克思对分工的看法发生了重要变化,拉坦西显然对这一立场变化及其带来的影响强调得不够。拉坦西认识到马克思后期将阶级与劳动分工分离开来的尝试,但他认为"这一理论转变的含义并没有被马克思完全阐明,也没有被他的历史唯物主义理论或社会主义概念连续地吸收"②。事实上,马克思在《德意志意识形态》中借助于分工创立了历史唯物主义的基本框架,而后在《哲学的贫困》中则从唯物史观的角度重新审视了社

---

① AliRattansi, *Marx and the Division of Labour*, London: Macmillan Press Ltd., 1982, p.195.

② AliRattansi, *Marx and the Division of Labour*, London: Macmillan Press Ltd., 1982, p.57.

会分工,揭示了分工的社会历史性,从而奠定了其分工理论的独特品格。马克思在对蒲鲁东的批判中强调了分工受物质生产条件的影响而不断发生变化的历史性质,他把分工看作和信用、货币一样的资本主义生产关系,指出这一关系的变化受生产力发展水平的影响。他不仅初步区分了社会分工和工场手工业分工,而且强调了工具的改进对分工形式变迁的影响。在他看来,手推磨时代的分工不同于蒸汽磨时代的分工,工场手工业时期的分工不同于大工业时代的分工。对于这一点,拉坦西强调,"虽然在《哲学的贫困》中劳动分工得到详尽阐述和成熟分析"①,但马克思继续把阶级和劳动分工混为一谈。可以看出,马克思哲学立场的变化及其影响没有引起拉坦西的重视。

拉坦西注意到马克思对技术中立性的思考及其将分工与资本主义制度剥离开来的倾向,但忽视了马克思对资本主义制度批判的强调,因而将马克思从消灭劳动到资本主义制度批判的理论转向简单归结为从废弃分工到消除脑体对立的转向。在《资本论》中,马克思从批判工场手工业分工的资本主义性质入手,阐述了分工形式的革命性变革与资本主义制度的保守性质之间的矛盾,阐述了在资本主义生产目的的驱使下社会分工与工场内部分工的矛盾对抗性,指出了变革资本主义制度的必要性。在马克思看来,机器使社会分工革命化、扩大了社会内部分工、使社会分工获得广阔的发展空间,使生产力得到巨大增长;机器提供了劳动的变换、职能的更动、工人的全面流动性的条件,机器从技术上废除了旧式分工。马克思指出,虽然机器从技术上废除了旧的分工制度,但是这种旧制度"被资本当作剥削劳动力的手段,在更令人厌恶的形式上得到了系统的恢复和巩固"②。工厂手工业分工的旧形式和机器带来的革命性变革之间的矛盾通过工人的牺牲、劳动力的浪费、社会无政府状态、灾难表现出来,因此必须推翻资本主义制度。

---

① AliRattansi, *Marx and the Division of Labour*, London: Macmillan Press Ltd., 1982, p.97.
② [德]马克思:《资本论》第1卷,人民出版社2004年版,第485—486页。

　　马克思、恩格斯不仅阐述了资本主义基本矛盾的激化及其灭亡的必然性,并且指出了未来社会分工形式与人的发展的新形态。在《论住宅问题》中,恩格斯提出,由于工业革命带来的生产力变化,在实行明智分工的条件下,不仅生产可以满足人们的消费需要,而且将使每个人有闲暇去获得和发展科学、艺术、社交方式等精神性的东西。拉坦西注意到马克思关于社会主义社会劳动分工继续存在的观点,却将分工与交换割裂开来,单纯强调马克思在社会主义制度下对交换和市场的排斥。应该说,在马克思那里,交换和分工是一个问题的两个方面。按照马克思的分析,分工、交换与市场发育有着内在的关联。社会分工构成了商品生产基本条件,正是在劳动的社会分工的条件下,产品才成为商品,商品交换才成为生产的条件。商品生产又反作用于社会分工,使社会分工不断增进。马克思在批评亚当·斯密时曾指出,交换不是分工的基础,相反,交换是分工的结果。在《哥达纲领批判》中马克思进一步区分了共产主义的初级阶段和高级阶段,指出前者"是刚刚从资本主义社会中产生出来的,因此它在各方面,在经济、道德和精神方面都还带着它脱胎出来的那个旧社会的痕迹"①。马克思以按劳分配为例,指出在这一阶段,交换关系依然存在着但是内容和形式都发生了变化。综观马克思的理论思路可以看出,马克思着力强调推翻资本主义制度是消灭旧式分工的首要条件,而在资本主义制度被推翻以后,这种分工的旧式性质仍然会持续一段时间,随着这种过渡条件的消失,到了共产主义高级阶段,一种新式的分工形式才会被真正建立起来。

　　总之,拉坦西感受到了马克思分工进路中的某种转向,也通过探讨马克思对技术中立性及其所带来的革命性变化的思考正确接触到了马克思对资本主义制度的批判,但并没有把重心放在这一方面,没有看到马克思对分工理论所完成的革命性变革,因而没有真正把握历史唯物

---

　　① 《马克思恩格斯选集》第3卷,人民出版社1995年版,第304页。

主义对马克思分工思想的重大影响,因而在对马克思关于社会主义制度下分工和交换问题的讨论中陷入某种矛盾。

(作者　上海电力大学马克思主义学院讲师)

四、民族主义专题 <<<<

民族主义研究的类型学考察

张 米 兰

摘　要：民族主义在近代历史上作为一种强大的塑形力量对世界进程产生了深刻的影响。这一具有巨大威力的社会思潮在 20 世纪中期成为历史学、人类学和社会学竞相讨论的研究主题。本文旨在对目前西方民族主义的主要学派做一种类型学的梳理，厘清经典理论关注的核心问题，并指出新一阶段的民族主义理论在何种意义上突破了经典框架。把握当代西方民族主义的研究脉络，对于中国的民族主义研究具有很大的借鉴意义。

关键词：民族主义　民族　族群

一、不同语境下的民族主义与族群理论

古代法文（nación）和英文（nation）的"民族"一词源于拉丁语 natio，其动词词根 nasci 的本义是"出生、繁衍"。在罗马语境下，民族指的是"一群人因出生的相似性而聚集在一起"①。这种出生的相似性

---

① 　Zernatto, Guido, "Nation: The history of a word", *The Review of Politics*, 6.3 (1944): p.352.

最开始指某种血缘和地缘上的接近,由此形成的民族规模处于宗族(clan)和家庭之间。根据意大利学者圭多·泽纳托(Guido Zernatto)的考证,罗马人用"natio"一词多指罗马帝国时期居住在城中的外国民族,以便和拥有高贵血统的罗马公民相区分。

随着时间的推移,对"民族"一词带有贬低色彩的使用逐渐被中性含义取代。如马基亚维利在《佛罗伦萨史》中将支持帝国的吉伯林派称为一个民族(nazione Ghibellino),这代表"民族"一词自 13 世纪以来有了新的意涵,即指有相同意见和意图的团体,特别是世俗或宗教团体。正如孟德斯鸠所指出的,"第一和第二两时期,常常召开全国会议(the nation was often assembled),也就是说领主们和主教们的会议;那时还没有平民(the commons)问题"①,民族问题在当时被认为是和政治精英或宗教领袖相关的议题。

里亚·格林菲尔德(Liah Greenfield)指出,民族内涵的历史性转折出现在 16 世纪初的英格兰:它首次超越了精英的范围,被用来指称英格兰的全体人民。② 这不仅标志着现代意义上的民族的产生,更"开启了民族主义的时代"。人民脱离了"群氓"(rabble)进入了政治领域,并直接与领土上的主权国家相连。随着时间的推移,这一概念逐渐通过政治的、地域的或族裔身份来巩固自身区别于其他民族的特殊性。到了 18 世纪,民族已经成为政治动员中不断被召唤的重要主体。

因此,从广义上看,"民族"一词既包括近代以来的民族国家(nation-state),也包括历史上的各种共同体,例如希腊城邦、东方王朝、非洲部落、罗马帝国等。从狭义上看,民族特指近代民族国家,即拥有自治权的政治共同体和拥有共同历史和习俗的文化共同体。

---

① [法]孟德斯鸠:《论法的精神》,商务印书馆 1995 年版,第 224 页。英文版参见 Montesquieu, *Charles de Secondat. The Spirit of Laws*, Kitchener, 2001, p.544。
② [美]里亚·格林菲尔德:《民族主义——走向现代的五条道路》,王春华等译,上海三联书店 2010 年版,第 5 页。

在中国的语境中使用的"民族"一词是近代从日本引进的。当今学界主流看法认为英文的"nation"应该被翻译成中文的国族,因为国族强调必须有国家实体,而民族不强调自治权和国家形态。以下针对"民族"与"少数民族"等词的翻译问题举几个有代表性的学者的看法:

马戎对"nation"和"ethnic group"的中译有长期的研究,他主张区分民族和民族主义的不同用法。[①]"民族"一词被用于"中华民族"和"56 个民族"两处的含义不同,而"民族主义"被用在反对帝国主义的、代表全体中国人的"民族主义"和与少数民族相关的"地方民族主义"这两个层面的含义不同。因此他提出翻译有关术语的"两种选择",一个是从"国族"的新角度来使用"中华民族"这个习惯用语同时保留 56 个民族的称呼;二是"中华民族"的称呼不变,以便和英文的"Chinese nation"相对应,而把 56 个民族改称"族群",与英文的"ethnic group"相对应。他认为中国对民族术语的翻译应当根据国家官方确认的民族理论和民族政策,即斯大林的"民族"定义[②]和我国 20 世纪 50 年代开展的"民族识别"工作。

许纪霖指出,现代民族国家的主体只能是民族而不能是族群(ethnic group)。二者的区别在于,族群一般缺少独特的高级文化或经典"大传统",只有以日常生活为背景的民间风俗等"小传统"。[③] 而民族在长期的历史演化中拥有自己的史诗、神话等高级文化,有由本民族精英自觉构建的民族精神。对于多民族国家(multi-national state)而言,是否具备统一的身份认同是整体意义上的国家能否形成的前提。

① 马戎:《关于民族研究的几个问题》,《北京大学学报(哲学社会科学版)》2000 年第 4 期。
② 斯大林在《马克思主义和民族问题》一文中对"民族"的界定是:"民族是人们在历史上形成的一个有共同语言、共同地域和共同经济生活以及表现在共同文化上的共同心理素质的稳定共同体。"
③ 许纪霖:《国族、民族与族群:作为国族的中华民族如何可能》,《西北民族研究》2017 年第 4 期。

就中华民族的情况来看,中华民族是一个国家与民族同构的国族(state-nation),其中民族认同与国家认同二元合一,形成对作为民族国家的中国的认同。从历史上看,中华民族自古以来拥有共享的文化和历史,在晚清以来也逐渐成为拥有自我意识的"自为的"民族。因此,"国族"恰好代表了中华民族"多元一体"的特性。

中文"民族"和英文"nation""ethnic"的对译问题首先源于中文对于"民族"一词在多重语境下的含义不同的情况,另外也源于nation 本身兼具国家和民族的双重含义而产生的混乱。除此以外,反对将 nation 译为国族的学者普遍从"族"和"国"两词的连用是否会过于强调"族"的政治意涵的角度出发。另外对于少数民族与中华民族中的"民族"一词是否应分别对应不同的英文,前者应该被翻译成"ethnic group"还是"national minority",也是很多学者考察的焦点。

二、经典民族主义理论的解释框架

历史学家沃克·康纳(Walker Connor)在 1989 年提出"民族何时出现"(when is a nation)的问题①,能很好地概括经典民族主义理论的主要研究议题。在很多历史和人类学家看来,"民族"似乎是在人类历史起点上就业已存在的古老的社群单位。但随着现代民族国家的产生,"民族"一词的内涵和表现形式都发生了明显的转变。不仅冠以"民族"名义的国际冲突愈演愈烈,民族主义在世界范围内掀起的狂热也似乎暗示了民族在当代的全新内容。如何看待民族的历史延续性及其产生的原因?美国社会学家安东尼·史密斯(Anthony Smith)依据不

---

① Connor, W., *Ethnonationalism: The Quest for Understanding*, Princeton: Princeton University Press, 1994.

同学派对这一问题的回答将民族主义分为四大范式①：原生主义（Primordialism）、永存主义（perpetualism）、现代主义（Modernism）和族群象征主义（Ethnic symbolism）。

（一）原生主义和永存主义

原生主义学派的共同之处是相信民族的原生性（primordial）②。这种从发生学意义上对民族起源的理解包含对民族的非人为性（或自然性，naturalness）和历史性（antiquity）的确认，这意味着现代民族国家只是民族历史发展的新形式。坚持这种观点的学者大多倾向于相信民族单位会在历史上永存。因而在一些学者看来，永存主义（perpetualism）属于原生主义学派的一种极端情况。

原生主义对民族自然性的理解可以追溯到 18 世纪自然主义，如休谟把民族特性的形成归结为两个原因：精神（moral cause）和体制（physical cause）。后者强调自然地理环境对人类脾气秉性的改变，而精神方面则是"心灵长期作用的情况，如政府性质，公共事务的变革

---

① 史密斯的分类在总体上成为民族主义学界的经典解释框架（该框架的系统性提出在 A. D. Smith, *Nationalism*：*Theory*，*Ideology*，*History*，Cambridge：Polity，2001a），但学者在诸多细节上对这一框架有不同的理解，如格雷厄姆·戴伊（Graham Day）和安德鲁斯·汤普森（Andrews Thompson）主张一种"后经典"（post-classic）的解释框架来补充史密斯框架的有限性。（Andrew Thompson and G.Day，Theorizing nationalism，Palgrave Macmillan，2004）另外，就某一特定理论究竟应归属哪一范式，目前仍存在争论。如，史密斯在《民族主义：理论、意识形态、历史》（上海人民出版社 2011 年版）一书中认为约翰·阿姆斯特朗（John Armstrong）的神话—符号理论应放在永存主义的分类下，但哈金森（John Hutchinson）则认为该理论应属于族群象征主义的范畴（John Hutchinson，*Modern nationalism*，Fontana Press，1994）。

② Shils，Edward，"Primordial，personal，sacred and civil ties：Some particular observations on the relationships of sociological research and theory"，*The British journal of sociology*，8.2（1957）：p.42.爱德华·希尔斯的该文章被认为是描述原生主义对民族的理解的第一人。他认为这种民族的原生性起源于家庭成员之间的依赖感，这种情感的特点是难以形容的（ineffable）和强制的（coercive）。

等"①。从长时段(即习惯)的角度对民族性形成原因的分析恰好反驳了对原生主义"有机性"(organic)的批评②,但另一个角度的批评却无法避免:原生主义对民族时间延续性的坚持很难解释历史上民族边界的变动和消亡。

克利福德·格尔茨(Clifford Geertz)在对原生主义辩护的过程中发展出了从文化的角度理解民族的新视角。他认为只有当人们相信血缘、共同语言和宗教等因素的强制性力量时,这些因素才能对民族的持存起到决定性作用,而这种信念的建构恰好是文化的力量。③ 阿扎尔·盖特(Azar Gat)则指出,民族和族群(ethnic)早在民族国家建立之前的历史中就是政治性的共同体,但这种政治性在前现代只能以一种粗糙的方式杂糅在宗教和血缘因素中。④ 原生主义虽在民族主义的现代语境中屈居弱势,但仍不断有理论从新的角度为民族在起源上的原生性辩护。

(二)现代主义

现代主义的民族主义理论是在批评原生主义的过程中产生的。经典的现代主义强调民族和民族主义的现代性,认为民族在前现代无法

---

① 《休谟政治论文选》,张若衡译,商务印书馆 2010 年版,第 85—86 页。

② 针对原生主义"有机性"的批评,见 Brass, Paul R., Ethnicity and nationalism: Theory and comparison, Vol.8, New Delhi: Sage, 1991, p.72;对原生主义的其他批评见 Smith, Anthony D., *The Nation in History: Historiographical Debates About Ethnicity and Nationalism*, UPNE, 2000, 第二章结论。

③ Clifford Geertz, "The Interpretation of Cultures", Vol.5019, *Basic books*, 1973, p. 260。查尔斯·梯利(Charles Tilly)认为这种文化原生主义实际上属于结构主义或工具主义。因为这里对民族主义的文化认同起到的是手段的作用,整个文化价值体系不是"自然的",而是人们通过选择而建构起来的。因此,原生主义又常常被分为有机论和工具主义两种倾向。参见 Tilly, Charles, "Western State-Making and Theories of Political Transformation", *The Formation of National States in Western Europe*, 638(1975)。

④ Gat, Azar, *Nations: The Long History and Deep Roots of Political Ethnicity and Nationalism*, Cambridge University Press, 2012, p.68.

找到痕迹。除了这个共同的观点之外,现代主义在"民族和现代性何者催生了何者"、"作为民族起点的现代究竟在什么时间"以及"是现代性的哪个方面和民族密切相关"这些问题上均没有达成共识。

英国新马克思主义学者汤姆·奈伦(Tom Nairn)从批判启蒙的立场上研究民族的形成。启蒙的经典叙述提供了一种"不平衡发展理论"(even development):虽然资本主义核心国家在早期资本积累和资本的全球扩张方面抢占了先机,但这种领先的趋势会随着资本全球化的发展逐渐消失。但现实恰好相反,核心国家在垄断技术和资源的前提下与落后国家之间产生了无法消弭的落差。这一压倒性优势使得落后国家的精英阶层不得不采用语言、肤色、地域性等方式进行民族主义的宣传,动员国内各个阶层团结起来反抗发达国家的压榨。① 当民族叙事在落后国家占据主导地位后,发达国家为了回应这场意识形态战争,也会采用民族主义的手段进行政治宣传。因此奈伦强调,正统马克思主义没有看到在帝国扩张的阶段,根本性的矛盾已经从阶级矛盾转化为民族矛盾,正是资本主义经济在国家之间的不平衡发展才催生了民族叙事的形成和壮大。②

与强调民族间排他性和对抗性的奈伦不同③,英国历史学者约翰·布勒伊(John Breuilly)主张通过反思民族的历史原型与现代民族国家的关系来避免排他性民族主义的弊端。传统历史学对民族主义的研究主要用时间先后排序(chronologic)来描绘民族,但这种研究暗含了一种目的论的预设,即历史叙事的起点往往是业已形成的民族。"仅仅选择那些发展成民族国家的民族主义来书写他们的起源和形

---

① Nairn,T.,*The Break-up of Britain:Crisis and Neo-Nationalism*,London,p.337.
② Nairn,T.,*The Break-up of Britain:Crisis and Neo-Nationalism*,London,p.363.
③ 奈伦的"不平衡发展"理论包含两方面:一者是经济的不平衡发展催生了民族叙事,二者是民族叙事在落后国家总是率先诞生并具有更强的动员力量。而这两方面的不平衡发展都是在 18 世纪工业革命后国与国之间经济竞争越发激烈的背景下产生的。因此,可以说奈伦的理论是强调民族的对抗性和排他性的。

成,看起来好像这些民族注定要在历史上成功一样——而这正是民族主义的辩护者们想要达到的效果。"①这种研究的另一弊端是"消失的民族"的历史面临无人言说的危险。为了扭转这一局面,布勒伊提倡一条"外在主义(externalist)"的近路,即有意识的抛开民族主体来讲述历史。这种视角不仅不会以碎片化的形式取代整全的民族框架,反而可以通过动态(dynamic)和辩证的眼光客观审视现代民族国家的历史形成。

现代主义中的另一位历史学家霍布斯鲍姆(Eric Hobsbawm)同样强调对民族主义叙事进行反思。霍布斯鲍姆认为民族和民族主义都是"传统的发明(invented tradition)"的产物,即通过和某个恰当的过去(proper past)建立起连续性历史,为现代民族国家的政治行动提供正当性证明,并以此来巩固群体团结。"某个恰当的过去"意味着这一历史建构过程往往充满人为色彩,需借助一种不断重复的仪式化过程来强调其内容的真实性。② 另外,霍布斯鲍姆强调民众(the mass)的看法在民族主义发展过程中的重要作用。他认为民族主义是"双元性(dual phenomenon)"的,一方面必定是由居上位者创建的,另一方面也必须通过分析民众观点才能完全理解民族主义。这不仅因为官方意识形态对民族主义的描写不能完全反映历史的真实情况,而且也证明了民族建构不仅需要客观事实的支撑,同样需要了解参与者的主观认同。在这方面,霍布斯鲍姆批判了借用单一的客观标准或主观标准研究民族

---

① Breuilly, John, ed., *The Oxford Handbook of the History of Nationalism*, OUP Oxford, 2013, p.7.

② 霍布斯鲍姆认为惯例(convention)与传统不同,前者仅仅具有技术层面的功能,而后者具有思想意识性质。任何需要反复重复的社会活动都会形成惯例,但它们并不都具有显著的仪式或者象征功能。工业革命以来的社会比以往更频繁的发明新的惯例,因为惯例有助于便利和高效的完成工作。当惯例和传统相结合时,二者通常具备了更强的赋予意义的功能。见[英]E.霍布斯鲍姆、T.兰格编:《传统的发明》,顾杭、庞冠群译,译林出版社 2004 年版,第 11 页。

内涵的局限性。① 就划分民族的客观标准而言,至今尚无一致的通论或原则,可作为民族区分的标准。但如果用客观标准来取代主观标准,如借助"集体认同"或者"个体认同"②来界定民族,则容易被出于其他目的的民族建构运动裹挟。换言之,只有采用两种标准结合的方法才能看到相对真实的民族全貌。

20 世纪 80 年代的另一位现代主义的重要作者本尼迪克特·安德森(Benedict Anderson)着重分析了文化因素在民族产生过程中的意义。在安德森看来,民族是一个建立在共同想象基础上的真实的共同体。这一共同体在 16 世纪前的欧洲主要表现为教团和朝代王国(dynastic realm),其中"宗教的共同体"的衰落是促成民族产生的重要原因。根据安德森的分析,传统宗教通过把一切偶发的灾难归结为命运,并通过神圣世界将偶然性转换为延续性(continuity)——通过把死亡和死后重生的世界联系起来,一切偶然的东西都即将在死后世界中获

---

① 在早期对民族和族群问题的研究中,原生论强调族群与生俱来的特性,这种特性通常与血缘、领土、故土等条件相结合,并且在早期社会文化都相对静止的情况下,族群往往被认为伴随着特定的"共享文化(shared culture)"。但是随着时间的推移,族群的文化在社会环境的变迁下逐渐发生变化,于是对族群特质的研究从强调客观标准转变为重视行为者的主观认同。一般学界认为从强调客观标准到强调主观认同的理论转折点是弗雷德里克·巴特(Fredrik Barth)在 1969 年 *Ethnic Groups and Boundaries:the Social Organization of Cultural Difference* 一书中提出的边界理论。该理论认为如果偏重客观条件的分析,就会使民族主义的研究变成文化研究、地理因素研究或语言研究等等,重要的是族群作为一个组织其如何在区分自己和他者的过程中进行的划界(Barth, Fredrik, *Ethnic Groups and Boundaries:The Social Organization of Culture Difference*,Waveland Press,1998,Introduction)。关于判定民族时应采用主观原则还是客观原则的问题,在民族自决的政治议题中十分重要。参见安东尼·史密斯的《民族主义:理论、意识形态、历史》,其中"自愿论和有机论"一节对阿尔萨斯究竟归属德国还是法国的分析。

② 支持个体认同的是以奥托·鲍尔(Otto Bauer)为代表的奥地利马克思主义者的看法:他们认为"民族性"乃是个人的特质,不管他们住在哪里或与谁一同居住,只要他们声称自己属于某个民族,他们就是属于哪个民族的。见[英]埃里克·霍布斯鲍姆:《民族与民族主义》,李金梅译,上海人民出版社 2006 年版,第 7 页。

得新的意义。在宗教衰落之后,就需要新的世俗力量将人类命运的偶然性转化为连续性,再把这种连续性赋予意义。民族就能胜任这个工作——每个民族都是深深的和过去的历史相连,然后无限延展到未来,民族本身的宏大叙事也给予了身处其中的个人一个历史使命感。宗教衰落的另一个后果是,建立在神—人垂直关系之上的"同时的延续时间(simultaneity-along-time)"被印刷资本主义建立的"同质的空洞时间(homogeneous empty time)"代替了。① 后者通过小说和报纸让人们得以想象一个在共识性和历史性的横纵轴上得以持存的民族共同体。总之,现代民族在三个因素的交汇点上产生:宗教时间观的转变、古老共同体的衰落和印刷资本主义的产生。

(三)族群象征主义

从广义上讲,族群象征主义就是强调神话、符号、记忆、价值观和传统在民族和族群性(ethnicity)的形成、持续存在和变化过程中的重要作用。② 与原生主义和现代主义相比,族群象征主义内部的各种观点趋于一致,该派学者认为民族不是一个"白板",而是从复杂的早期社会和族群形成中产生的。"族群祖先们"对现代民族的影响会随着时间被改变,但不会完全消失。族群象征主义是在批评现代主义理论对历史的忽视中逐渐形成的学派,该派的主要代表人物是美国人类学家安东尼·史密斯。

史密斯认为,关于民族起源的问题应该被进一步细分为三方面问题:1. 谁是这个民族(who is the nation)? 即现代民族的族群原型是什么。2. 一个特定民族是如何的? 3. 民族在何时何地出现的? 为了回答第一个问题,史密斯考察了族群形成的两种模式:合并型(coalescence)

---

① 参见[美]本尼迪克特·安德森:《想象的共同体:民族主义的起源与散布》,吴叡人译,上海人民出版社2016年版,第二章。
② 对族群象征主义特点的总结参见 Ozkirimli, Umut, *Theories of Nationalism:A Critical Introduction*, Palgrave, 2017, pp.154-155。

和分裂型。(division)①。前者是多个民族通过同化或吞并的方式结合成一个单一民族。后者是在一个单一族群内部逐渐产生细小分裂或"衍生"(proliferation)②。史密斯认为民族原型和现代民族国家之间的关系虽然不像原生主义强调的那样没有丝毫变化——一些客观因素如战争、宗教改革等确实会对族群认同的文化内容产生深刻影响——但他坚持认为即使是最极端的事件都不能摧毁民族的持续性。史密斯进而找出了维护民族自我延续(self-persistence)的四个路径:宗教改革、文化借鉴、民众政治参与和神话的选择(myth of ethnic election),这些机制有助于帮助族群共同体在外部因素和时间的双重冲击下横跨几个世纪得以存续。但上述产生于早期族群共同体的因素是如何影响后人的呢? 史密斯指出,对前现代共同体的文化进行阐释、演绎和传续的角色由"族群核心(ethnic core)"来完成。族群核心是指"一群相当有凝聚力,并能察觉到自身独特性的族群"③承担,通常是某一共同体内部的教士、识字阶层或贵族精英。虽然民族的边界和文化内容在历史上不断产生变化,但鉴于族裔核心塑造了民族的基本特性,以之为基础产生的多民族国家才能借助相对稳定的民族内容得以持存。

由于族群象征主义诉诸一个"过于连贯的模型(over-coherent model)"来解释族群原型与现代民族国家的关系,这种解释经常面临"把

---

① [英]安东尼·D.史密斯:《民族认同》,王娟译,译林出版社 2018 年版,第 27 页译文有改动。

② 此处安东尼借用了唐纳德·霍洛维茨(Donald L.Horowitz)在 *Ethnic Groups in Conflict*(1985)一书中分析的族群互动模型。分裂(division)指的是族群边界正在变窄,即从大群体逐渐变成更小的群体;而衍生意味着"一个新的群体产生,而产生这个群体的'父母群体'不会失去它的原有身份"。霍洛维茨:《民族认同》,《民族社会学研究通讯》2002 年第 30 期。

③ [英]安东尼·D.史密斯:《民族认同》,王娟译,译林出版社 2018 年版,第 50—51 页。

民族物化(reify)和永恒化"的批判。① 面对此种批评,族群象征主义第
二代学者约翰·哈金森(John Hutchinson)主张借助后现代主义对冲突
的理解补充族群象征主义对持久性的强调。哈金森首先描述了族群象
征主义和后现代主义路径的区别:族群象征主义的学者强调"长时段
调查(longue durée)",这种对历史的理解导致该学派把民族看成一个
相对同质的统一体,并把民族的现代性看成是一个漫长并扎根古老传
统的发展过程。而由尤瓦尔·戴维斯(Yuval Davis)等学者提出的后现
代视角则强调集体和个人在民族认同时间上的不一致,甚至在认同内
容上的冲突,这种民族群体内部的冲突和互动形成了一个持续更新自
身内容、并无固定形态的民族主义。② 哈金森综合两者的路径寻找出
一个新模型:这种新的理解把民族看成是族群的特殊发展阶段,很偶
然的和国家这种共同体形式相结合,并且承认国家对民族认同的控
制力量是波动且受限的。"该模型把民族嵌入到了一个更古老族群
共同体中,这一共同体内部持续存在的功能性差别——即认同多元
性和文化多元性——需要民族主义者们在现代的语境下来解决。"③
民族作为一个冲突的空间,通过制度化的机构和政治组织,反映到现
代民族国家身上。这种冲突表现为周期性的传统权力与新权力的斗
争以及国家对民族认同控制力的强弱变化。哈金森的解释路径既淡
化了传统族群象征主义对民族原型的强调,同时也补充了后现代主
义者对制度性认同的忽视,因此成为20世纪初比较有影响力的解释
模型。

---

① 从物化的角度批判族群象征主义,参见 Malesevic, Sinisa, Identity as Ideology: *Understanding Ethnicity and Nationalism*, Springer, 2006, pp.129–131。Malesevic 认为史密斯对民族的物化导致了一种进化论的历史主义(evolutionary histori-cism)。

② Ozkirimli, Umut, *Theories of nationalism: A critical introduction*. Palgrave, 2017, pp. 175–178.

③ Hutchinson, John, *Nations as zones of conflict*, London: Sage, 2004, p.4.

三、突破经典框架的多种尝试

经典民族主义的框架围绕"民族何时产生"这一核心议题建立起来。但也有不少学者质疑该视角是否过分强调了编年史（chronological history）和事实历史（factual history）对民族主义的影响，而忽视了社会科学领域其他主题——如阶级、性别、社会心理学等——对民族的建构作用。① 出于此种考虑，新一阶段民族主义的议题通过质疑经典理论的基本信条，一方面放弃传统的宏大叙事，给出了更加"局部性"的理论；另一方面试图超越以往对民族的具体化理解，从更多元和动态的角度挖掘被以往理论忽视的主题。以下选取 21 世纪以后关于民族主义研究的两个具有代表性的议题。

（一）民族主义的主体：从阶级到事件

经典民族主义研究中，关于"民族的主体究竟是精英还是大众"的问题有两派不同的回答。霍布斯鲍姆、布勒伊等学者基于以下原因强调大众视角的重要性：首先，在基础教育并未普及的年代，唯一掌握读写能力的上层知识分子遗留下来的文献材料无法完全代表民众的声音。② 如 14 世纪法国贵族使用的"法兰克式拉丁语"与法国下层民众使用的"日耳曼语"差别之大以至于基本无法沟通，而后者却与德意志境内的各种方言出自同一语系，因此法国上层贵族口中的法兰西民族很难包含下层民众的认同。其次，民族主义作为民众的认同之一和作为民众的最高认同是两个不同情况。只有民众愿意将国家利益放在其

---

① 提出"民族何时产生"这一议题的学者康纳对时间性因素在民族主义研究中意义的反思，见 Connor, Walker, "The timelessness of nations", Nations and nationalism 10.1-2 (2004)：p.45。

② ［英］埃里克·霍布斯鲍姆：《民族与民族主义》，李金梅译，上海人民出版社 2006 年版，第 9—11 页。

他一切利益至上,才能得出民族主义已经获得普遍认同的结论。① 最后,由精英产生的民族意识要传播到大众心中被最终接受需要很长时间,如果忽视这二者的差别就会导致对民族产生时间的定位有很大误解。②

厄内斯特·盖尔纳(Ernest Gellner)和史密斯则从两个不同的角度反驳了上述观点:持现代主义的学者盖尔纳认为,正因为前现代社会中等级流动性差,贵族需要通过"高文化"(high culture)来固化阶级差别,所以前现代没有产生统一的民族认同的可能性。③ 而史密斯则认为,历史学家对大众意见的善意倾听忽略了这样一个事实:一个农民的民族情感在决定民族是否产生的方面几乎没有影响。在早期专制皇权或者教权统治的历史中,很少有哪个民族能被称为是"大众民族(mass nation)"——大众的意见在那段历史上本来就是缺席的。但史密斯承认,由于国民教育和大众传媒等因素的发展,现代意义上的民族必须把大众的认同纳入重要考量。④

但关于民族主体为何者的上述讨论在罗杰·布鲁贝克(Rogers Brubaker)看来陷入了一种"群体主义(groupism)"的错误。布鲁贝克认为,在民族主义研究中,群体主义意味着"倾向于把族群、民族和种族当做实体(substantial entities),并把这一实体当做行动和利益的主体"⑤。这种理解最终有可能沦为一种化约论(reductionism),即把民族、族群和"未成功建构的民族"严格区分,并把成功的民族建构简化

① Breuilly,John,*Nationalism and the State*,Manchester University Press,1993,p.2.

② Connor,Walker,"Ethnonationalism",*The Blackwell Encyclopedia of Sociology* (2007)。

③ [英]厄内斯特·盖尔纳:《民族与民族主义》,韩红译,中央编译出版社 2002 年版,第 14—16 页。

④ [英]安东尼·史密斯:《民族主义:理论,意识形态,历史》,叶江译,上海人民出版社 2006 年版,第 37—40 页。另参见 Smith,Anthony D,"National identity and the idea of European unity",*International affairs*,68.1(1992),pp.70-72.

⑤ Brubaker,Rogers,"Ethnicity without groups",*European Journal of Sociology/ Archives européennes de sociologie*,43.2(2002),p.164.

为几个固定的客观标准。

与之相反,布鲁贝克提出应该把族群和民族概念化为一种动态的、过程的和关系性的离散术语(disaggregated term),并将其视为正在发生的"事件"(event)。① 布鲁贝克对群体性的批判基于他对范畴(category)和群体(group)的区分。严格来说,范畴和群体只是在"群体性的程度"(the degree of groupness)上有量的差别。群体属于一个严格区分外来者的排他性范畴,而范畴则表明群体在某些侧面有很弱的一致性。针对群体这一无法分割的行为实体,我们会问这一群体需要什么或倾向于做什么;而范畴则关注某一组织逐渐嵌入某一具有象征意义的神话或历史记忆,并最终使自身制度化的过程。历史上的民族建构(nation-making project)就是逐渐把动态的范畴转化为相对固定的群体的过程。②

把注意力转向群体性之下范畴的可变方面,在如下方面可以超越群体性的民族理解:首先,如果假定族群是一个"有清楚界限的群体"(bounded groupness),那么民族主义的研究通常以此为主体考察其起源和特性。但布鲁贝克注意到,族群内部并非一个均质的经验整体,如果从日常实践的角度理解经验群体的自我认知,那么视角就不仅仅局限于大众和精英的差别,还有诸如城市和乡村、不同方言使用者等更微观和更贴近事实的考察。其次,把视角从民族的连续性转换到其事件性的方面,有助于更好的理解"极端团结(extraordinary cohesion)"和与之相反的"冷却期"。布鲁贝克指出,由于民族内部成员的日常实践经常是分离甚至对立的(如经济活动中的买卖双方利益不同),群体的自我意识通常需要借助特殊事件将各种不同日常认知凝结在民族叙述之下,从而才能成功号召和动员其成员进行活动。从事件的角度理解民

① Brubaker, Rogers, "Ethnicity without groups." *European Journal of Sociology/ Archives européennes de sociologie*, 43.2(2002), p.168.

② Brubaker, Rogers, et al. *Nationalist politics and everyday ethnicity in a Transylvanian town*, Princeton University Press, 2018, pp.11-12.

族有利于考察民族从日常的隐身状态得以现身的过程。"如果把群体性当做事件,当做正在发生的某物,我们可以更好的理解'群体性未发生'的可能性",并防止一种把民族看成是到处都在起作用的"过度民族化(overethnicized)"的理解。①

(二)民族主义的再生产:日常民族主义与爱国主义②

上述布鲁贝克的理论用"事件"来分析群体性如何在日常状态下"发生",一定程度上展现了 21 世纪的民族主义研究所共同关注的问题:在民族主义话语逐渐淡出日常生活的背景下,民族情感是否只有在特殊事件的激发下才能得以显现? 麦克·比利格(Michael Billig)针对这一问题反驳了"通常把民族主义与一种试图建立国家的右翼政治企图联系在一起"的主流观点。在比利格看来,这种观点把民族主义归为没有成功完成民族建构(nation-building,也即国族建构)的民族的任务,在民族国家建立之后的日常生活中是一种剩余,只有在秩序和规则被打破的危机中才会重新回归。

但比利格认为,民族主义并不会在民族已经获得政治保障后就消失,而是被吸收进已经建立起来的家园中。因此,比利格使用"日常民族主义"指一种"意识形态的习惯,这一习惯使得已经建立起来的国家

---

① Brubaker, Rogers, Ethnicity without groups, Harvard University Press, 2004, pp. 12－13.

② 日常民族主义对应的英文有两个,一个是 banal nationalism,参见 Billig, Michael, Banal nationalism, sage,1995;另一个是 everyday nationalism,参见 Skey, Michael,"The national in everyday life:A critical engagement with Michael Billig's thesis of Banal Nationalism", The Sociological Review 57.2（2009）:pp.331－346。前者出现时间较早,后者是在批判前者的基础上发展起来的。Skey 指出,由于比利格强调语言在日常民族主义中的重要意义,因此在国家范围内掌握话语权的群体似乎对民族主义的内容具有垄断的解释,因此 Skey 批判比利格的日常民族主义是一个自上而下的模式,没有看到语言受众的主动性。基于此种原因,一些早期的翻译也将 banal nationalism 译作"平庸的国族主义"。

被不断再生产"①。现代民族国家的任务已经从民族建构转向了日常民族主义的再生产,这一再生产的过程给民族主义披上了新的外衣,即爱国主义。比利格找到了爱国主义的产生的两方面渊源:

从历史角度看,爱国主义在前一阶段的民族建构过程中得到辨识。"每一个家园都必须从总体性(totality)和特殊性(particularity)两方面被想象。"②比利格借用本尼迪克特·安德森的术语进一步分析了想象在民族建构中的作用。承担特殊性想象的是"自我范畴(the self-category)",这一范畴关注从第一人称出发的认同,通过讲述"我们"的人民和"我们"的生活方式建立我们之为我们的特殊性叙事。而承担总体性想象的是"关于故土的想象(imagined national homeland)",这一想象包含一种超越当下日常生活经验的地理归属,通过辨识他者来想象某一从未见过的领土是值得为之付出生命的。关于自我和故土的想象一经建立便很难再行重塑,如出生在他国的华裔仍与故土的身份认同相连,这使得爱国主义有了相对稳定的认同基础。③

但为什么民族国家建立以后,人们仍然不会忘记自己的民族认同?比利格指出日常语言时刻提醒我们身处于民族中。首先,"相似的语言习惯(familiar habits of language)"发挥了重要的"指别(deixis)"功能。日常民族主义通常与语言学上的微观现象相连,"诸如我们、这里、这个等小词(small word)成为重要的提示词"。如"the people"(人民)中的定冠词"the"把广义上的人类变成具有特定政治意涵的离散形式。④ 其次,政治话语在日常民族主义的再生产中也起到重要作用。其中政治家的功能在大众民主的时代不再是传播意见,而是借助其在社交媒体上的名人效应,潜移默化的在大众心中植入关于民族的修辞和叙事,为相似语言的"指别"功能的发挥提供重要语境。进而,比利

---

① Billig,Michael,Banal nationalism,Sage,1995,p.6.
② Billig,Michael,Banal nationalism,Sage,1995,p.75.
③ Billig,Michael,Banal nationalism,Sage,1995.
④ Billig,Michael,Banal nationalism,Sage,1995,pp.93-94.

格十分赞同本尼迪克特·安德森对大众传媒的重视。大众传媒通过话语传递的形式直接将其受众塑造成"我们(we)","国内版块(Home)不仅仅是一页报纸上的内容:它标记了新闻及其潜在读者的家园"①。比利格特别分析了体育活动如何通过大众传统来渲染和强化了民族叙事。

日常民族主义以上述方式无意识的渗透到每个人生活的各个方面。比利格指出,在这种意义上社会科学的学术研究需要反思"价值中立"的背后如何暗含了民族主义的话语。"作为社会学核心的'社会',总是在民族国家的背景下被定义的。"②如约翰·麦休尼斯(John Macionis)在1989年出版的经典教材《社会学》一书中将社会定义为"由在特定领土和共享文化的范围内互动的人民所形成的空间"③。这一定义与"民族"对自身的理解不谋而合。社会科学的常识④对民族主义意识形态的缺乏反思会导致如下结果:传统社会科学范式将民族主义理解为一种极端现象,因此倾向于把民族主义"投射(project)"到其他民族身上,而把发生在自己民族身上的民族主义"自然化(naturalize)"成为一种爱国主义。⑤ 这样一来,民族主义就自然变成了一种多余和异己的叙事,而爱国主义则被当成正常的自然情感而非反思的加以接受。因此,比利格强调日常民族主义通过把民族主义去政治化,回归日常生活实践,借此承认各个民族都是民族叙事的参与者,爱国主义作为民族主义再生产的一个重要表现,也需经过理性的反思,把它和中立的叙述剥离开来。

.

---

① Billig, Michael, Banal nationalism, Sage, 1995, p.119.

② Billig, Michael, *Banal nationalism*, Sage, 1995, p.52.

③ 转引自 Billig, Michael, *Banal nationalism*, Sage, 1995, p.53。

④ 比利格在分析社会科学与民族的意识形态话语的关系时,虽没有直接引用葛兰西,但其对常识(common sense)、领导权(hegemony)等词的使用可能间接受到葛兰西的影响。

⑤ Billig, Michael, *Banal nationalism*, sage, 1995, pp.16-17.

结语 关于民族的宏大叙事是否可能

美国政治学家恩斯特·哈斯(Ernst Haas)指出,现有的民族主义研究呈现出一种盲人摸象的态势:理论的总体面貌在不同学者从不同视角出发的研究中各有不同。① 这一比喻暗示了一种总体叙事在一定程度上仍然是民族主义理论的努力方向。但关于民族主义的宏大叙事在何种意义上是可能并有意义的呢?

关于民族主义的"宏大叙事(grand theory)"意指一种能够解释民族主义在任何一个大陆、任何时间以任何形式兴起的理论。很明显,虽然历史上各个时期和地区的民族建构运动共同在民族主义的标签下运行,但对民族主义的研究一旦透过看似同质的意识形态框架试图找寻其发生的原因,就不得不诉诸不同的社会结构和文化历史背景。正如克雷格·卡尔霍恩(Craig Calhoun)所指出的,"民族主义是一种想要通过单一的理论去言说和解释太多不同内容的修辞学。②"在他看来,例如爱尔兰的分裂和苏联解体同属一种民族分离运动,但想用诸如阶级政治的单一原因来共同解释这两种现象仍然是脱离现实的企图。

尤莫特·奥科瑞姆利(Umut Ozkirimli)从社会建构主义(social constructionism)的认知学的角度重新反思了这一问题。建构主义主张"知识是由人类的主动性活动所构成的观念集合",这一强调主体(agency)的理论关注"观念如何通过不同媒介、在不同语境下、在不同个体的思维中被形成和传播",并反对将社会话语体系理解为对客观事实的中性描述。奥科瑞姆利指出,社会建构主义的理论彻底排除了建构一个总体民族理论的可能性,这种总体民族理论既不可能产生,也

---

① Haas, Ernst B., "What is nationalism and why should we study it?", *International organization*, 40.3 (1986): p.708.

② Calhoun, Craig J, "*Nationalism: Concepts in social thought*", Series Ed.Frank Parkin. Minneapolis: U of Minnesota P (1997), p.8.

不可能被言说和描述。①

以上对于民族主义的宏大叙事的反思并不意味着建构这种理论的尝试应该被彻底抛弃。它在两个方面对传统理论具有批判意义:首先,反思宏大叙事有助于走出"物化"民族的陷阱,即把一个在漫长的时间内形成并不断自我更新其内容的民族,人为的划定在某一客观范畴的界限内,并以此为标准筛选和过滤掉不相关的历史和社会事实。其次,从"局部"和日常经验的角度丈量民族原型,并非盲人摸象的尝试。相反,基于生活实践去理解民族及其内容,在民族的话语与权力相互渗透的当今社会,能够更好帮助我们辨别何者是空洞甚至虚假的民族想象,何者是生动且真实的日常生活。

（作者　复旦大学哲学学院博士研究生）

---

① Ozkirimli, Umut, *Theories of nationalism: A critical introduction*, Palgrave, 2017, pp. 217–218.

复杂性与民族主义[*]

[英]埃里克·考夫曼著　张米兰译

　　摘　要：无论是现代主义还是族群象征主义,经典的民族主义理论均强调精英的作用,以及想象的共同体从中心向外围的扩张趋势。近来很多学科的成果对这一观点提出了挑战,这些成果强调的不仅是自上而下的流动,也包括自下而上和同阶层(peer-to-peer)流动的力量。最近应用于社会科学领域的复杂性理论能够扩大我们对自下而上的民族动力学的理解。该理论吸引了一些当代研究者的评论,并强调研究者们应该关注民族和民族主义的网络特征。复杂性理论指出,秩序可能会从混乱中产生;因此,"民族行为"也许会在缺乏"想象共同体"的情况下出现。如果将民族视为其形式自上而下呈现的复杂性系统,那么研究应该聚焦于复杂性的四个核心方面:显现(emergence)、反馈环路(feedback loop)、临界点(tipping point)和分布式知识(distributed knowledge)或称为"群体的智慧"。该理论呈现了如何通过群体性活动而不是国家行为来再现民族认同;为什么民族主义的思想会在小范围内经过长时间的酝酿后突然向外扩散;为什么分裂通常具有传染性;以及为什么民族认同内容在地方性上存在的巨大差异会增强而不是削弱

---

　　* 作者系英国伦敦大学伯贝克学院教授。原文载于2016年种族与民族主义研究协会和约翰威立出版有限公司共同出版的《国家和民族主义》。

民族动员的力量。

关键词:复杂性理论 日常民族主义 地区民族主义 多义主义 多义性 自下而上的民族主义 民族主义理论 个人民族主义 大众民族主义 临界点

本文认为复杂性理论——即复杂的社会现象可以从看似毫无关联的个人行为中产生——能够增强我们对民族身份、民族主义和族群冲突的理解。为人熟知的现代主义—族群象征主义(或者说建构主义—永存主义)的理论轴心被纵向("自上而下")和横向("自下而上")的维度一分为二。尽管这不是一个新颖的观点,但是人们却没有很好地理解这其中涉及的民族主义"横向"发展的特征和网络结构的力量。复杂性理论充分的阐释了这一力量在解释民族建构和民族主义扩张过程中的重要性。它揭示并关联了研究民族主义中的一系列令人费解的现象,特别是民族主义的变体以及对个人、团体及地区性民族认同的解读;突然爆发且无法解释的民族狂热情绪的发展;以及为什么某些民族建构和运动取得成功,而其他的运动却未能波及起关键作用的大众。它为经验主义研究者们推进这一领域的发展而提出了新问题和新的解释框架。

复杂性理论关注那些构成了民族的各个要素的本质。纵向理论,即以精英为核心的模型,将民族看成由个人组成的网络,每个个人都与各节点上的精英相连接。但这一理论受到了日常民族主义学者的一系列批评。那些紧密的、"自发"的、同阶层构成的网络在民族的形成和发展过程中甚至比纵向网络更为重要。如果民族是纵向的构成的,那么它们的符号语料库(symbolic corpus)会充满了精英阶层的文献和宣言。如果民族是横向地构成的,那么民族符号的内涵则会无处不在却又无迹可寻:它不落脚于某个个体或某份文献中,但是就像一片森林或一个鸟群一样,以一个复杂的混合体形式存在,从个人、团体和机构的相互联系中显现自身。因此,要想窥见其形状,必须问询大量的个人、团体和机构。

迄今为止,复杂性理论将日常民族主义、多义主义(multivocality)、竞争性民族主义、个人民族主义等截然不同的微观层面的文献联系起来,作为地方性隐喻的象征。通过此种做法,它把社会科学领域宏观理论的讨论与中程理论(middle-range)形成联系。更重要的是,它为经验研究打开了新的大门,帮助那些"自下而上"研究民族主义的人更好地理解所得到的材料。日常民族主义,或"自下而上"的民族主义,这方面的研究吸引着人们关注纵向理论模型的不足,在后者的模型中,精英观点和权力结构将民族的概念向下扩散到全社会,并从核心扩散到外围。国家就是最突出的精英节点,但是分离主义精英和个人也可以被看作是中心节点,其思想从上至下、从中间往外围流动,影响了普通群众。尽管这一模型在现代主义思想中最为突出,在地方管辖中强调国家或次国家(sub state)精英①,但是它同时在族群象征主义思想扮演了重要的角色,即将浪漫主义的知识分子强调为主要的行动者。② 因此,民族主义理论中的现代主义—族群象征主义被一分为二成横纵两个维度,而复杂性理论拓展了其横向维度的一面。

一、复杂性与民族主义

艾瑞克·霍布斯鲍姆(Eric Hobsbawm)敏锐的洞察到了民族主义在横纵两个方向上的发展。但是在这一主题上,他的表达却十分隐晦。对霍布斯鲍姆来说,"自上而下渐进渗透的行为……在这一时期(19 世

---

① Breuilly, J., *Nationalism and the State*, Manchester: Manchester University Press, 1993. Gellner, E., *Nations and Nationalism*. Oxford: Blackwell, 1983. Giddens, A., "The nation as power container", in J. Hutchinson, A. D. Smith (eds.), *Nationalism*. Oxford & New York: Oxford University Press, 1994, pp.34-35.

② Smith, A. D., *The Ethnic Origins of Nations*, London: Blackwell, 1986. Hutchinson, J., *The Dynamics of Cultural Nationalism: the Gaelic Revival and the Creation of the Irish Nation-State*, London: Allen & Unwin, 1986.

纪末的欧洲)可能占据主导地位"。但他同时也描绘了工人阶级发明
的"与上层社会阶级没有关联的"传统,比如足球。在这篇讨论"传统
的发明"一文的结论处,霍布斯鲍姆依然没有表明自己的态度,提出的
问题甚至比给出的回答还要多:

"最后一个方面是有关'发明'和'自发产生'的关系。……这是一
个不断困扰现代大众社会中的研究者的问题。'发明传统'有着重要
的社会与政治功用,而且如果它们不具备这些功能,这样的传统就既不
会存在,也不会得以巩固。然而它们在多大程度上是可以控制
的? ……第二帝国时期德国民族主义政治并不能只是自上而下地加以
理解。已有研究指出,在某种程度上,民族主义在这一时期脱离了那些
试图操控民族主义并以此获利的人的控制。"①

霍布斯鲍姆在后来的文章中写道:"跟盖尔勒(Gellner)一样,我会
强调人为、创造和社会影响等因素,它们都参与了国家形成的过程。"
接着,他总结道:"如果说奈尔纳的民族学说有值得批评之点,那就是
他只从现代化(自上而下)的视角来谈民族问题……即便是最忠诚的
公民或支持者,国家和民族主义的官方意识形态也并不会对他们的思
想起到决定性的作用……民族认同及其所代表的意涵一定是会随着时
间而发生变化的。"②

霍布斯鲍姆的作品影响了布鲁贝克(Brubaker)的研究③,后者的
团队在特兰夕法尼亚(Transylvania)的克路治(Cluj)进行了关于日常民

---

① Hobsbawm,E.and Ranger,T.,*The Invention of Traditio*.Cambridge:Cambridge University Press,1983,pp.306—307,强调部分为本文作者添加。译文参考[英]E.霍布斯鲍姆:《传统的发明》,顾杭、庞冠群译,译林出版社 2004 年版,第 394 页。译文有改动。

② Hobsbawm,E.J.,*Nations and Nationalism since 1780*,Programme,Myth,Reality.Cambridge:Cambridge University Press,1990,pp.10—11。译文参考[英]埃里克·霍布斯鲍姆:《民族与民族主义》,李金梅译,上海人民出版社 2006 年版,第 10 页译文有改动。

③ Brubaker,R.,*Nationalism Reframed:Nationhood and the National Question in the New Europe*.Cambridge:Cambridge University Press,1996.

族主义的民族志研究。他们的研究显示，尽管民族主义政治家花费了极大的努力，克路治的普通民众对自己的族群身份仍然不感兴趣。同样这也表明无意识的行为，如加入特定教会或雇佣自己社交圈子内的某人等行动，如何再生产出族群分化的结构。①

复杂性理论认为大范围原因（如政治动员）只能带来有限的影响（如大众民族主义对此回应不足），但是小范围原因（如地方性事件）却能带来极大的影响。在克路治的例子中，具有民族主义倾向的罗马尼亚克路治市市长反复鼓动群众，却未能激起群众的狂热情绪。然而，在其他例子中，最开始的小型运动形成一系列反馈环路，由此产生巨大的效果。戴维·莱廷（David Laitin）认为苏联解体后形成的新国家在民族同化方向上存在很大的分歧，变革的力量就像一个"引爆游戏"（tipping game）。变革开始可能很缓慢，然后随着爱沙尼亚语等此前有名无实的语言得以发展并形成扩张之势时，变革也突然加速。人们关注的不仅是民族主义者的促进和刺激作用，也包括他们所认为其民族同伴们可以取得的成就。随着爱沙尼亚语的发展超过了临界点，增加的不只是学习这门语言的实际好处，更重要的是人们转而关注的观念，这一过程形成了一个自我实现（self-fulfilling）的反馈环路。②

布鲁贝克及其同事关注的是显现，而莱廷重视的是非线性和反馈环路。这些都是复杂性理论相互关联的方面。理解这些网络结构的力量和特性能丰富对横—纵坐标系的理解，这一坐标系将民族主义理论中的现代主义和族群象征主义一分为二。因此复杂性理论可以帮助历史学家和社会科学家更好理解他们获得的材料，仔细研究经验事实，寻找关于显现、反馈环路、临界点和分布式信息的论证。

---

① Brubaker, R., *Nationalism Reframed: Nationhood and the National Question in the New Europe*, Cambridge: Cambridge University Press, 1996, pp.281, 285, 297.
② Laitin, D., *Identity in Formation: The Russian Speaking Populations in the Near Abroad*, Ithaca, NY, Cornell, 1998, pp.21-30.

二、复杂性理论与国家

20 世纪 90 年代,人们逐渐认识到相比于牛顿的线性方法,"复杂适应系统"(Complex Adaptive Systems)能够更好地解释自然世界中的很多现象。[①] 复杂性理论最初起源于自然科学,如气候中温度的增加速率或者鱼类资源总量的改变似乎无规律可循,这与增量模式(incrementalist modelling)的理解不符。既有的传统方法基于线性假定——即评估模型中额外输入量的增加在某一时刻带来的影响,以预测作为结果的边际利益的改变。与此相反的是,正如大西洋中鳕鱼数量原因不明的骤跌,阈值条件表明小范围原因可以带来巨大的影响。鱼类总数量持续下降,尽管食物的充分供给预示着总数量应回升到之前的水平,但这种下降趋势最终达成了新的平衡。复杂性理论也应用于社会科学领域。比如,市场和城市被认为是复杂性系统的范例。城市和市场的整体大于部分的总和:可见宏观力量不可以被化约为"有代表性的"个人行为的简单相加。

但本文的目的不是总结关于社会科学领域中复杂性理论的已有思想,因为其他领域已经有了很完整的概括。[②] 复杂性与民族主义之间的联系也不完全无人探究。塞德曼(Cederman)[③]利用主体基模型(agent-based modelling)研究众多小型邦国如何最终构成一个大国家,如德国;以及国家如何根据内部族群的相对大小整合族群和公民

---

① Capra, F., *The Web of Life: A New Scientific Understanding of Living Systems*. New York; London: Anchor Books, 1996. Gell-Mann, M., *The Quark and the Jaguar: Adventures in the Simple and the Complex*. London: Little, Brown, 1994.

② Bousquet, A. and Curtis, S., "Beyond models and metaphors: complexity theory, systems thinking and international relations", *Cambridge Review of International Affairs* 24, 2011, 1:43-62. Urry, J., "The complexity turn", *Theory Culture & Society*, 2005, 22, 5:1-14.

③ Cederman, L.-E., *Emergent Actors in World Politics: How States and Nations Develop and Dissolve*, Princeton, N.J.: Princeton University Press, 1997.

（civic）两种形式的民族主义。莫克（Mock）探究认知情感网络（cognitive-affective networks）如何将个体联结成具有民族认同的更大团体，在这一身份中，个体对符号的情感依附加强了符号在宏观层面的再现。① 民族通过低层级的互动而得以显现。

此前的研究与复杂性理论有密切联系，但是本文即将展开的分析也有如下的独特之处：它尝试在复杂性的指导下，总结并重组当下很多对于"自下而上"民族主义理论的评论。从研究民族主义的视角出发，笔者列出以下"复杂适应系统"的相关特征：

1. 显现——该观点认为复杂性系统不是由中心节点控制，而是在几个相互协调的基础规则之上，从独立部分的交互过程中得以显现的。它强调的是系统自下而上自行组织形成一个复杂的整体。一群鸟类不受领头的鸟控制，但仍有共同方向和集体行为——比如共同抵抗捕食者，因为所有的鸟都遵循一套简单却相同的原则，即躲避捕食者并与周围鸟类保持等距离飞行。鸟群内部不存在每一只鸟都应遵守的共同目标或方向。在人类社会中，行人交通模式（pedestrian traffic patterns）就是一个很好的例子。

2. 反馈环路——亚马逊热带雨林通过蒸发，成为该地区降水的主要来源。同样，温室效应通过云层将热量滞留在大气中而发挥作用，进而融化冰层、释放甲烷，这些效应增加太阳光的吸收和大气层的厚度，使得更多热量滞留在大气中，如此循环。当动物因炎热而体温升高、排汗降温时，反馈有可能是负面的（negative）；而当温室效应或流行病发生时，反馈也有可能是正面的（positive）。在以上情况中，事件的结果促使事件的原因扩大，而原因扩大又助推了结果的进一步升级，最终导致整体系统的失控。社会学中，时尚潮流的"病毒性"传播就是一个例子。

3. 阈值效应或者"临界点"——通常来说，长期停滞的局面会被突发的改变打破，而这些改变无法用相互分离的各个因素来解释。99℃

① Mock, S. and Homer-Dixon, T. F., *The Ideological Conflict Project*: *Theoretical and Methodological Foundations*, Vol.74, CIGI Papers Series, 2015, pp.10-11.

的水温度上升一度就会沸腾,最后一粒砂会导致沙堆的崩塌,无法预知的小范围原因可能导致戏剧性的后果。社会领域的例子是,一系列溃败的积累之后,军队会因最后一次的溃败而士气不振。

4.分布式信息,亦即"群体的智慧"①——在这里,系统的"头脑"广泛分布于各个组成部分之间,每个部分拥有不同的观点,当这些观点整合在一起,会形成一个比由核心主导的系统更有效的实体。在生态系统中,信息通过相互关联的不同物种之间构成的反复试错的进化路径而获得。在社会体系中,信息的获得通常来自相互关联或与整体关联的许多个体之间的反思与互动。市场通常被看作是这一理论的典范,它解释了如何通过利用消费者和生产者之间的分布式信息来更好地满足个体主义的人类需求,相比之下,由核心主导的分配体系下的计划者只能依赖部分信息和专业知识。这并不是为市场所遭受的指控做辩护,这种指控认为市场因无法提供公共产品而产生了诸如不平等、污染等社会弊病。关键在于,相比于由核心主导的体系,市场处理信息的能力更强,因此能根据个体需求——无论好坏——针对性地提供私人产品。

下文将逐个解释以上这些相互关联的问题。

三、民族认同:从生产到消费

经典的现代主义民族理论,尤其是厄内斯特·盖尔纳(Ernest Gellner)的著作②,假定了民族认同是由精英领导,并伴随着现代国家的崛起所产生的现象。这一现象是精心筹划、控制和协调的结果。这不仅适用于"狂妄自大(Megalomanian)"的国家精英,同样符合外围那些"极富浪漫(Ruritanian)"色彩的反国家精英(counter-state elite),后者

---

① Surowiecki, J., *The Wisdom of Crowds: Why the Many are Smarter Than the Few and How Collective Wisdom Shapes Business, Economies, Societies, and Nations*, New York: Doubleday, 2004.

② Gellner, E., *Nations and Nationalism*, Oxford: Blackwell, 1983.

向上流动的途径通常受到阻碍。经典理论关注的是民族主义的生产，比如纪念雕塑或学校课本，而不是普通民众接受或"消费"这些民族主义产物的方式。用盖尔纳的话来讲，国家"在民族不存在地创造了民族"，国家的各个方面——教育、征兵、官僚体制——都被用来服务于单一的民族愿景。① 民族主义通常从中心开始，进而从核心向外扩散，从精英向全社会范围传播。用韦伯（Weber）的话说，当民族观念在前现代的那种自给自足（self-contained）的地区性依赖的土壤上流传开来后，农民就被改造成了法国人。② 随着国家语言的标准化和方言的消失，地方性或少数群体的认同被同质的民族世界观所取代，这一世界观以诸如法国大革命等的神话为基础。韦伯当然意识到了地域性条件的重要性，他引用了法国周边地区的人民反抗征税和征兵的事例，以证明20世纪之前人民斗争的力量有多么渺小。③

自上而下的民族扩散理论也受到了挑战。霍布斯鲍姆将它看作是盖尔纳论证中的缺陷。已故的弗雷德里克·巴特（Fredrik Barth）也极具说服力地介绍了族群界限如何在地方性的"复杂多民族系统"（complex poly-ethnic systems）中再生产，而这一同化可能在某些情况下实现，但在其他情况下却无法实现。族群性（ethnicity）显现于邻近族群间的互动（反馈环路），这些互动又再次加深了彼此的族群界限。精英在族群性的建构和传播方面所起的作用相对有限。④ 过去20年中，历史和社会科学领域的经验研究同样指出了自上而下理论的不足。麦克·比利格（Michael Billig）关于日常民族主义的重要著作为探讨惯例

① Gellner,E.,*Nations and Nationalism*,Oxford:Blackwell,1983,pp.48-49.
② Weber,E.J.,*Peasants into Frenchmen:the Modernization of Rural France,1870-1914*,Stanford,California:Stanford University Press,1976.
③ Weber,E.J.,*Peasants into Frenchmen:the Modernization of Rural France,1870-1914*,Stanford,California:Stanford University Press,1976,pp.106-107.
④ Barth,Fredrik,"Introduction to ethnic groups and boundaries:the social organization of cultural difference",*Selected Studies in International Migration and Immigrant Incorporation* 1 (2010):407.Barth,F.,*Ethnic Groups and Boundaries:The Social Organization of Culture Difference*,Waveland Press,1998,p.21.

(the often routine)、世俗、本土和大众的民族主义再生产打开大门,让私人媒介而不是国家扮演重要的角色。① 这使得人们更多关注"日常的"民族主义,后者更注重水平而不是垂直方向上的关系,更关注大众文化而不是上层文化,更重视当代而不是传统,更强调分散化而不是国家中心化。汤姆·伊登索(Tim Edensor)的理论是这一新体裁的典型,他支持"'自下而上'的流动、发展和联系……而不是自上而下、等级明显的结构",并将此看作民族认同的核心内容。②

他认为民族主义领域的现代主义理论过分关注国家主义,同时误解了族群象征主义,即指责后者更重视传统和历史而非当代性,更重视上层文化而不是大众文化的表达模式。③ 根据日常民族主义的观点,民族认同比由核心主导的系统更类似"森林"——这是复杂性系统经常引用的例子:"有些树枝枯萎、重生、嫁接或萌芽……这些正在发生的过程都给彼此以反馈,巩固了理解和实现民族认同过程中的自然属性。"这些联系创造了"一系列空间、行为、事物和表现形式之间的关联性",为展现民族认同提供了无数种不同的方法。④ 换言之,民族认同如同一片树林,更多地产生于同层级间的流动和反馈,而不是国家的指导行为,尤其在我们所处的后工业化的民主时代更是如此。

伊夫·德鲁瓦(Yves Deloye)提醒人们关注民族再生产过程中的"不可见性"(invisibility);伊登索则强调其非自反性(unreflexive)的本质。微观社会行为——居住在具有本土风格的环境中、听极具民族特色的音乐、观看国家体育赛事、购买本国品牌的汽车等,比参与那些偶然发生的、集中体现民族主义的活动,如国庆日,要更为重要。德鲁瓦

① Billig, M., *Banal Nationalism*, London: Sage, 1995.
② Edensor, T., *National Identity*, *Popular Culture and Everyday Life*, Oxford; New York: Berg Publishers, 2002, p.30.
③ Edensor, T., *National Identity*, *Popular Culture and Everyday Life*, Oxford; New York: Berg Publishers, 2002, chapter i.
④ Edensor, T., *National Identity*, *Popular Culture and Everyday Life*, Oxford; New York: Berg Publishers, 2002, chapter vii.

指出了民族认同的传播"通过各种隐晦且模糊的方式,大量建基于无意识的过程……缺乏清晰可辨的行动主体。这种情况的危险性在于,民族认同的出现从总体上看是一个意料之外的结果"①。当拥有不同地域性文化实践和观念的移民进入英国,并给英国白人认为是理所当然的习俗和理解带来问题时,一种不和谐的情绪就由此产生。这给刚刚产生了自我意识的主流群体带来了本体论上的不安感。这一危机可能助燃了反移民党派或街头抗议运动,这些群体的成功不可能仅仅归功于极右翼的倡导者,而且还要依靠那些水平方向上的互动——这些互动强化了在发达的自由民主国家中产生的当代民族认同。② 在宗教—政治领域,另一个组织性认同得以显现的例子是"无领导的圣战"运动,比如基地组织和伊斯兰国。③

尽管一些民族主义理论家,尤其是族群象征主义理论家,意识到共鸣(resonance)的问题——民族感召未能通过赢得民众的欢迎而扎根——但是意义的生产仍然被认为是由精英主导的活动。④ 并且,正

---

① Deloye, Y., "National identity and everyday life", in *The Oxford Handbook of the History of Nationalism*, Oxford, Oxford: J. Breuilly, 2013, pp.617–618.

② Skey, M., *National Belonging and Everyday Life: The Significance of Nationhood in an Uncertain World*, Basingstoke: Palgrave Macmillan, 2011.

③ Bousquet, A., "Complexity theory and the War on Terror: understanding the self-organising dynamics of leaderless jihad", *Journal of International Relations and Development* 15, 3, 2012, pp.345–369. Sageman, M., *Leaderless Jihad: Terror Networks in the Twenty-First Century*, Philadelphia, PA: University of Pennsylvania Press, 2008.

④ 著名的失败事件包括欧西坦尼亚、帕达尼亚和本土"克鲁伊辛"(Cruithin)的阿尔斯特新教教徒身份等运动(Adamson,[1982] Adamson 1991)。后殖民时期民族主义,尤其在撒哈拉以南的非洲,未能取代明显的种族忠诚(Smith, 1983)。根据非洲晴雨表(Afrobarometer)的调查,大部分撒哈拉以南的非洲人都将种族置于民族身份之上,但是也有特例,比如坦桑尼亚人把民族身份置于情感的首位。可参见 www.afrobarometer.org,数据来源于 Rounds 1–4.2 和 2014 年 5 月 8 日与乔普·李尔森(Joep Leersen)的私下交流。Smith, A.D., *Ethno-Symbolism and Nationalism: A Cultural Approach*, London; New York: Routledge, 2009, pp.31–32, 71–72. Ozkirimli, U., "The nation as an artichoke?: A critique of ethnosymbolist interpretations of nationalism", *Nations and Nationalism* 9, Part 3, 2003, 348–350.

如特纳(Turner)指出,符号是多义的(multivocal)①,个人对于符号的解读会因不同情境而变化。如英国国旗(The Union Jack)不仅是20世纪60年代摩登派反主流文化中使用的娱乐符号,也用作法西斯英国民族阵线党(National Front)的标志。② 弗克斯(Fox)强调国家庆典活动的多义特征的本质:群众对官方活动,如庆祝巴士底日,反应各异,有些人无动于衷,有些人怀着强烈的爱国情绪,但是反映19世纪新古典主义典故的雕像对如今的人们已经没有吸引力了。③

最经典的对民族的概括性理解当属本尼迪克特·安德森(Benedict Anderson)"想象的共同体"(Imagined Community)一词。④在安德森的指引下,围绕"民族何时产生"这一问题争论不休的历史社会学家反复强调共同的想象是检验民族形态的重要指标。⑤ 这一结论有待检验。鸟群或鱼群以共同的方式行动,但其中的个体却没有想象过整体或提出领导性的计划。整体性不能只通过个体的部分就得到理解。每一个个体遵循简单的规则,这些规则催生了复杂的整体。当一群人根据某些受限的原因,如共享某种方言,以此为标准选择与一些人合作而排斥另一些人,这一集体即便缺乏整体性意识,也可以像族群共同体一样行动。群体中的成员无需对族群边界和普遍认同的一套神话

---

① Eriksen,T.H.,"Some questions about flflags",in T.Eriksen,R.Jenkins(eds.),*Flag,Nation and Symbolism in Europe and America*,London,2007,pp.Routledge:1-15.Turner,V.W.,*The Forest of Symbols:Aspects of Ndembu Ritual*,Ithaca:Cornell University Press,1967.Turner,V.,"Symbolic studies",*Annual Review of Anthropology* 4,1975,pp.145-161.

② Edensor,T.,*National Identity,Popular Culture and Everyday Life*,Oxford;New York:Berg Publishers,2002,p.26.

③ Fox,J.,"National holiday commemorations:the view from below",in R.Tsang,E.Woods(eds.),*The Cultural Politics of Nationalism and Nation-Building*,Abingdon,Oxford and New York:Routledge,2014,pp.38-52.

④ Anderson,B.,*Imagined Communities:Reflflections on the Origin and Spread of Nationalism*,London:Verso,1983.

⑤ Leoussi,A.et al.(eds.),*Nationalism and Ethnosymbolism*,Edinburgh:Edinburgh University Press,2006.

或记忆有足够清楚的意识,就能够进行共同行动。

以上理论就质疑了"想象的共同体"的重要性,以及共识性认识是否像许多研究者指出的那样,应被当作族群特征和民族形态得以产生的必要条件。① 我并不主张大多数民族都是自发形成的,这种观点很荒谬。但与此同时,在个体之间、村庄共同体之间形成的认识,以宗教或语言为基础产生的互动,这些都能解释为什么阿姆斯特朗(Armstrong)②认为欧洲族群共同体("民族主义产生之前的民族")是建立在语系和宗教所圈定的范围之上的。这些正是构成微观层面的互动、沟通和社会界限的力量来源,从这一力量中,类似"民族"的行为得以显现,随后的民族主义精英凸显出他们正在形成的集体意识,从而为他们的民族建构寻找共鸣。同样,布鲁贝克③也提到了克路治的罗马尼亚人和匈牙利人,他们仅仅"无意识"地加入不同的宗教,从亲密的家庭和友情网络中雇佣他们信任的人,帮助发展了这种族群特性。虽然这一行为的动因并不是族群性的,但是其影响产生了推动族群意识形成的结构。

复杂性理论与横—纵网络的理论密切相关,后者又与现代主义—族群象征主义的讨论密切相关。族群象征主义强调主观神话与符号的重要性,这些都由宗教组织、王朝国家、宗派、游吟诗人和艺术家在前现代中生产出来。④ 尽管这种意识的传播与其产生过程同时进行,但是复杂性理论也使得"鸟群般"无意识的协作在缺乏共同意识的情况下

---

① Connor, W., *Ethnonationalism: The Quest for Understanding*, Princeton, N. J: Princeton University Press, 1994, p.103.

② Armstrong, J., *Nations Before Nationalism*, Hill: University of North Carolina Press, 1982.

③ Brubaker, R., *Nationalism Reframed: Nationhood and the National Question in the New Europe*, Cambridge: Cambridge University Press, 1996.

④ Armstrong, J., *Nations Before Nationalism*, Hill: University of North Carolina Press, 1982. Smith, A.D., *The Ethnic Origins of Nations*, London: Blackwell, 1982. Hastings, A., *The Construction of Nationhood: Ethnicity, Religion and Nationalism*, Cambridge & New York: Cambridge University Press, 1997. Gat, A., *Nations: the long history and deep roots of political ethnicity and nationalism*, Cambridge: Cambridge University Press, 2012.

显现——这是族群象征主义没有提到的一个现象。在前现代的德意志土地上,如果说日耳曼方言的人与说日耳曼某一分支方言的人更多的交流,相比之下与其周边说拉丁语或斯拉夫语言的邻居更少的交流,这种现象可能就是类似"族群"边界的产生基础。大规模的冲突和合作产生于场域(locale)的微观力量,即便当地人并没有意识到在他们地方性的互动中已然显现出了广泛的"族群性"。

这不是要反驳一个事实——即冲突通常发生在文化内部,并且足以切断语言的延续性。比如,西班牙征服者在反抗阿塔瓦尔帕(Atahualpa)或瓜特穆斯(Cuahtemoc)的战争中有由当地人组成的盟友。但是与此同时,人们也会想到,在美国发生的白人和印第安人的冲突发生在前,而19世纪末形成的全国性质的"北美印第安人"的想象的共同体随后才出现。[①] 从共享相同的神话和符号的角度而言,北美印第安人不是一个族群共同体。[②] 然而,他们在一系列反抗白人殖民者的侵略斗争中呈现出如同"鸟群般"的"族群"特性。各个印第安部落的地方性合作并没有扩散成为全国性运动和意识,直到18世纪末通过协会和书面交流的联系,这一局面才得到改善。但是鉴于当地人反抗白人并与其他印第安部落合作,有人会将"新兴的"印第安"鸟群"提高到一个新的高度。即使这没有达到族群性意识的地步,这也不单单是一系列独立的地方性现象。

四、地方性与民族

经典民族主义理论讲述了礼俗社会(gemeinschaft)屈服于法理社会(gesellschaft)、前现代的地方主义让步于同质化的民族主义,而"呈现"理论保持了对各种事件的不同解读,这些事件中,地方性成为民族

---

① Tucker, S. et al., *The Encyclopedia of North American Indian Wars*, 1607–1890: *A Political, Social, and Military History*, Santa Barbara, Calif: ABC-CLIO, 2011, p.806.

② Smith, A.D., *National Identity*, London: Penguin 1991.

联合得以产生的活动主体。这件事至关重要,正如马来塞维奇(Malesevic)所说①,因为民族国家(nation-states)通常较为遥远和抽象,所以必须被编织到产生情感依附和团结情绪的微观共同体中。一旦场域——即部分——逐渐把自己看作是与国家紧密联系的——即整体,地方主义会促进而不是阻碍民族认同。一个人可以同时是利物浦人和英国人、加斯科人和法国人,这两种身份会相互促进。社会历史学家认为,城市和地域解释、塑造、推动国家之"被发明的传统"的传播。19世纪的国家庆典活动被嫁接在之前存在的公民传统中,以提供一个具有延续性的地方叙事。

例如汉堡的城市缔造者们深受当地光荣的汉莎人(Hanseatic)传统的影响,在1880—1900年期间带领德意志帝国成为海上强国,流传下来的贸易传统开启了海上帝国主义的未来。② 与此相反,德法交界处的法尔兹(Pfalz)在第一次世界大战期间,当地人诉诸德意志帝国统一之前反抗法国入侵的历史,甚至还追溯到欧洲三十年战争和路易十六时代。他们的历史成为了作为德国人的历史。在之后的二战灾难中,法尔兹人远离纳粹主义,成为普鲁士的拥护者,并诉诸当地的另一段法尔兹作为德国与法国枢纽城市的历史。当地的历史再一次融入了德国的民族认同之中,这一区域也成为德国民主的摇篮。③

民族作为所谓的精神家园(heimat)的观点表明,地方性通过一种共同选择的地方视角来窥视民族的准则。④ 许多民族神话最开始都是地方城市的神话,逐渐被其他场域内的受众效仿并接受。比如圣女贞

---

① Malesevic, S., *Nation-States and Nationalisms*: *Organization*, *Ideology and Solidarity*, Cambridge: Polity Press, 2013, pp.15, 29, 42.

② Umbach, M., "Nation and region", in T.Baycroft, M.Hewitson (eds.), *What is a Nation?*: *Europe*, 1789-1914, Oxford: Oxford University Press, 2006, pp.64-66.

③ Applegate, C., *A Nation of Provincials*: *The German Idea of Heimat*. Berkeley, CA: University of California Press, 1990, pp.89-90, 241-244.

④ Confinio, A., *The Nation as a Local Metaphor*: *Wurttemburg*, *Imperial Germany and National Memory 1871-1918*, Chapel Hill, NC: University of North Carolina Press, 1997.

德的雕像早在 1458 年就竖立在奥尔良,贞德也成为当地人自豪的主要来源。直到 19 世纪 40 年代,贞德成为民族英雄,部分原因在于儒勒·米什莱(Jules Michelet)的《圣女贞德》(1841)一书。通常这一模型在城市间的蔓延,而不是由核心来倡导实施,比如卡塔兰(Catalan)与普罗旺斯(Provencal)边界地区花卉竞赛的传播,后来这一游戏得到卡塔兰民族主义者的喜爱。① 在边界地区,新的界限叠加在之前存在的地区差异上。民族因此被当作边界两边的当地人与对方进行竞争的资源。正如萨林(Sahlin)写道西班牙与法国边境上的一个地区,民族归属感"相比作为国家意志的结果而言,更像是一个接纳和占据民族角色的地方性过程……当地社会出于自身的目的来反对或利用国家,它使得国家变成了一个村庄"②。

以不同的方式交流和解读民族象征意义的场域,激发了自下而上的显现理论。非国家实体的地方性分支——爱国社团和联合会——经常组织国家庆典。这种现象在中央政府较弱的国家尤为显著。美国在内战之前缺乏强有力的联邦政府,直到 20 世纪 30 年代罗斯福新政出台前,国家仍然缺乏积极的官僚机构。但是如果说美国缺乏民族认同却是不恰当的。民族认同及其象征被众多主体以不同方式阐发和解读。除了美国内战外,缺乏民族核心的情况没有减损国家的统一。民族作为一种习语(idiom)或象征性"冲突区域"(zone of conflict),在与区域性和意识形态碎片化的趋势作斗争,并在这个过程中强化自身。③

美国北方各州从 19 世纪 80 年代开始,由诸如联邦退伍军人联合会(GAR)和妇女救济团(WRC)等团体组织美国国庆日的庆祝活动,但在美国南方,庆祝活动则由南部士兵联盟(UCV)和联盟国之女联合会

① Leerssen,J.,"The nation and the city:urban festivals and cultural mobilisation", *Nations and Nationalism* 21,1,2015,pp.2-20.
② Sahlins,P.,*Boundaries:The Making of France and Spain in the Pyrenees*,Berkeley:University of California Press,1989,p.9.
③ Hutchinson,J.,*Nations as Zones of Conflict*,London:Sage.

（UDC）负责。爱国团体把地域性焦点——比如祭扫内战士兵墓地或
为内战将领建筑纪念碑等——与国家游行活动及其他庆祝活动相结
合。① 鉴于这些团体以地方性为基础，地域性的英雄进入了更广阔的
全国性舞台。由私人企业自主设计的纪念品在大众中传播了民族主义
形象。在这一独特的日常民族主义中衍生出的民族认同感，其影响力
不亚于由法兰西第三共和国国家主导的民族。在亚洲，类似的情况发
生在菲律宾民族主义与泰国民族主义所选择的不同道路上。后者以曼
谷为中心，强调国王的作用，而"菲律宾人显然缺乏对阿基米德点的理
解，从这一点出发，民族利益可以公开并中立地得以制度化……（菲律
宾的民族主义）既分散且大众化，它通过民众的表现和以'菲律宾特色
（Filipino）'为样式的抗争，自下而上的显现"②。

五、反馈环路和临界点

弗雷德里克·巴特写道帕坦人（Pathan）或拉普人（Lapp）的认同
如何因地区不同而有所不同，进而一些地区出现同化现象的可能性高
于其他地区。族群界限在不同群体之间的互动中得到巩固。被其他群
体所接受的族群身份声明（identify claims）或身份转变（shifts）进而巩
固了这些身份，由此形成了巴特所说的"自我实现"的过程。③ 接下来
我们讨论这些自我实现的反馈环路的影响，反馈环路中失控的因素会

① Kammen, M., *The Mystic Chords of Memory: The Transformation of Tradition in A-
merican Culture*, New York, NY: Vintage Books, 1991. O'Leary, C.E., *To Die for: The
Paradox of American Patriotism*, Princeton, NJ: Princeton University Press, 1999.

② Sidel, J., "Nationalism in post-independence Southeast Asia: a comparative
analysis", in *The Oxford Handbook of the History of Nationalism*. Oxford: J.Breuilly.
Oxford, 2013, pp.474-475.

③ Barth, Fredrik, "Introduction to ethnic groups and boundaries: the social organization
of cultural difference", *Selected Studies in International Migration and Immigrant In-
corporation* 1 (2010). Barth, F., *Ethnic Groups and Boundaries: The Social Organiza-
tion of Culture Difference*, Waveland Press, 1998, p.28.

导致临界行为（tipping behaviour）的发生。一个主动性反馈的例子就是得以建立的民族使新生一代融入他们自己的符号象征中。民族国家会产生刺激性因素——如荣誉和官职——以维系这一组织的持存，这也就是斯廷奇库姆（Stinchcombe）所说的"无限环路"（infinite loop）①，即使他们不再发挥经济或军事方面的职能。其他国家利用民族的标签并扩大其使用。实际上，如今的民族国家更多地依靠这些反馈环路得以维系，而不是依靠经济或军事命令，后者在城邦或帝国时代可能会更好地促进一种跨越共同体的网络。② 民族的再生产只会受到物质或外部冲击的阻碍。

民族的扩张是主动性反馈环路的一个典型例子。民族主义文献中很少提及却不言而喻的主张是民族主义的观点顺利地在帝国内部从知识分子中心传播到地区精英中间（就是盖尔纳所说的"极富浪漫"色彩的精英），或者传播到海外殖民地之上的本族精英中，如尼雷尔（Nyerere）和甘地（Gandhi）。随后，这些人领导了脱离殖民国运动和独立运动。由精英组成的小集团的作用经常被强调，这些精英在大城市中接受教育，并创建了民族主义组织和刊物。

但是其中的网络力量（network dynamic）是什么？民族主义的观点如何进行传播？作为自上而下的网络的一部分，处于中心位置的知识分子是否向有读写能力的个体传播了民族主义的观点，后者进而在公共场合宣传了民族主义思想？还是同时也有水平方向上、同阶层之间的传播力量起了重要作用？与其他社会科学一样，民族主义理论的关注点在于结构性的前提条件，而不是短期的作用③，但是后者在决定民族主义运动能否在有利时机发展壮大这一方面至关重要。有人认为，

① Stinchcombe, A.L., *Constructing Social Theories*, Harcourt, Brace & World, 1968, p. 112.
② Ohmae, K., *The End of the Nation-State*, New York, NY：The Free Press, 1995.
③ Biggs, M., "Strikes as forest fifires：Chicago and Paris in the late nineteenth century", *American Journal of Sociology* 110, 6, 2005, 1684–1714.

新观点的传播需要时间:在赫洛奇(Hroch)所说的① A 阶段民族主义的扩散,或 B 阶段民族主义组织的出现,这些阶段的产生不仅依靠自上而下的印刷资本主义,同样需要借助"至关重要"的同阶层之间的网络联系。如同一场流行病,被这一观点感染的人越多,观点得以传播所借助的媒介就越多,最终到达一个临界点。戴维·莱廷在前文提到的大范围同化——即少数群体的成员在突破临界点的某一时刻,会突然从帝国语言(imperial language)转向他们自己的方言——可以作为一个例证。② 这种现象在大众教育发展之前尤为显著。对于李尔森(Leerssen)来说,与其他现象相比,这一理论帮助解释民族主义在起沟通作用的基础设施比较薄弱的社会中的如何传播,如 1750—1825 年间信奉天主教的爱尔兰;以及如何理解突然发生的范式转变,如 19 世纪出现的历史主义。③

民族主义动员活动,尤其是分裂行为,创造了能够进一步激励其他人的榜样人物。因此,新民族的诞生刺激了其他人的思想和行为,不管现存国家或跨国行动的主体是否促进或抑制这一进程。如果潜在的分裂分子目睹了邻国分裂分子的成功,这一传染性的分裂意识尤其容易再度发生。④ 关于观念或民族主义运动会平稳地、线性地传播的假说,可以从临界动力学(tipping dynamic)的角度被重塑。

在民族主义暴力的问题上也会出现类似情况。在纳卡(Nagorno-Karabakh)冲突中,杀人事件通常是自发的,而非组织性的,民族主义精英只是回应,而不是引导事态的发展。谣言传入苏姆盖特(Sumgait)

---

① Hroch, M., *Social Preconditions of National Revival in Europe*, New York: Columbia University Press, [1985], 2000.

② Laitin, D., *Identity in Formation: The Russian Speaking Populations in the Near Abroad*, Ithaca, NY, Cornell, 1998, pp.21–30.

③ 来源于与乔普·李尔森(Joep Leerssen)的私下交流。

④ Ayres, R.W. and Saideman, S.M., "Is separatism as contagious as the common cold or as cancer? Testing the international and domestic determinants of secessionism", *Nationalism and Ethnic Politics* 6, 3, 2000, pp.92–114.

后,在亚美尼亚人和阿塞拜疆人(Armenian-Azeri)之间引起了一系列针锋相对的螺旋式暴力事件,随后暴力逐渐升级(Voronkova,2012)。尽管很多种族灭绝事件是由国家主导的,但是另一些情况下,比如由三分之一的胡图(Hutu)族人参与的卢旺达(Rwandan)种族灭绝事件,显示了同阶层的传染性事件的力量。唐纳德·霍洛维茨(Donald Horowitz)促使人们关注族群暴力的自发性特征,尤其是前一环节中暴力催生了新的暴力,这是一个主动性反馈环路的经典例证。

在爱尔兰近代历史上,1916年复活节起义被看作是一个转折点。在这之后,武装的爱尔兰分裂主义夺取了核心力量。但是通常被遗忘的是,爱尔兰天主教强烈支持参加一战,却没有对复活节起义做出及时的回应。爱尔兰共和派试图激发人民情绪的尝试经常受挫。当时已经发生的情况是,民众的政治民族主义正在悄然崛起,与到达临界点之前的蔓延阶段情况十分类似。[1] 正如民族主义在其中发挥了作用一样,一种对数的(logarithmic)、同层级间的民族情绪的传播在爱尔兰民众中也发挥了重要作用。

相比之下,复活节起义发生之前的几十年间,民族主义动员行为基本没有得到任何回应。同样,1956—1962年发生的爱尔兰共和军边境战役(IRA's Border Campaign)是一个悲惨的失败,尽管有一系列十分有利的条件(歧视、贫穷和组织)。这些有意识的努力未能带来任何结果。根据复杂性理论可知,北爱尔兰天主教的民族主义情绪还没有到达临界点。但是七年后,民众对再次发生的爱尔兰共和军边境战役反应却截然不同——大量当地志愿者加入了战斗。同样是这个道理,尽管发生了一系列诸如民权组织运动和警察镇压的重大事件,如果缺乏触发机制,就无法使进程缓慢、各自分散地对共和国的同情转变为统一的、突然的、大范围爆发的活动。

---

[1] Githens-Mazer,J.,*Myths and Memories of the Easter Rising：Cultural and Political Nationalism in Ireland*,Dublin；Portland,OR：Irish Academic Press,2006.

　　布鲁贝克①也揭示了为何克路治的民族主义情绪以潜在的方式存在,而不是凸显出来。因为罗马尼亚群体虽然受到民族沙文主义的激励,却未能到达一个关键的群众运动阶段,也无法激起一连串的动员和反动员的连锁反应。关于网上请愿的经验调查显示,很多动员运动都逃不开这样的命运:大部分运动都以失败告终,仅仅只有一小部分渗透到了大众之中。聚集性行为十分重要:同意请愿却不明确表态的请愿人需要确信,他们的同伴在支持请愿之前已经在请愿书上签名了。②聚集性行为的作用在于整个过程引入一个反馈环路,就像莱廷所说,关键在于民众是否能察觉到少数群体的语言在未来将会被广泛使用,这种觉察能推动行为的自我促进和发展。

　　网络结构的组织可能会影响信息是否会跨越一个关键的阈值:研究表示,如果个体从与之有社会联系的人中得知一件事,他们更可能转而相信这件事。因此,成功与否只是部分地取决于请愿本身是否有吸引力,重要的影响因素是请愿背后涉及的资源。同时,成功也取决于由参与者组成的网络形式,以及请愿信息是否传达到了能够起到连接不同网络作用的关键个体。所以,一个极具吸引力和拥有丰富资源的信息也有可能失败,如果该信息被孤立在网络之外的话。③进一步的研究在可能的情况下应该尝试分析能够阻碍或促进民族建构计划的水平的网络动力学。

六、分布式信息

　　上文已经分析过民族符号的多义性(polysemic)和模糊性(multivo-

---

① Brubaker,R., *Nationalism Reframed: Nationhood and the National Question in the New Europe*,Cambridge:Cambridge University Press,1996.

② Yasseri,T.,et al.,Modeling the rise in internet-based petitions,arXiv preprint arXiv:1308.0239,2013.

③ Yasseri,T.,et al.,Modeling the rise in internet-based petitions,arXiv preprint arXiv:1308.0239,2013.

cal),也提及了民族认同会因场域不同而有所变化这一事实。大量不同的个体和地方性认同可能会无意识地产生诸如拉普人(Lapps)这样的族群团体,或者会以更高级的聚合形式促进诸如19世纪捷克民族主义这样的社会运动。同样,对例如旗帜等日常符号的不同地区性理解,或例如法国人这类指称,会随着更高级的法国民族认同的出现而产生。这也显示了复杂性理论的第四个方面:分布式信息。

正如纽约时报记者詹姆斯·索罗维基(James Surowiecki)在其《群体的智慧:如何做出最聪明的决策》一书中所宣称的一样,分布式信息被用来解释为什么在提供私人物品方面,市场比集中计划更有效率。1989年鲍里斯·叶利钦(Boris Yeltsin)来到休斯敦的兰德尔超市时,他对超市提供的多样化选择感到无比震惊。"当我看到货架上摆满了数百件、数千件各种各样的罐头、玩具、商品时,我第一次为苏联人民面对的绝望而感到不安"①。叶利钦或许忽视了市场未能给贫穷的德克萨斯人提供医疗公共服务的缺点,但是市场满足私人需求的强大能力确实无可置疑的。休斯敦的商店如何每天储存合适数量的牛奶和其他易变质的食物,来满足整个地区个体的多样化需求呢?

这一问题的答案是,市场可以利用个体的分布式知识。每个个体既是消费者也是生产者,他们对自己所提供的东西和自己与他人需要的东西有着不同的理解。定价机制通过整合分布式信息来指导生产什么,生产多少,向哪里提供,为谁提供。很少有人会质疑这一系统比由核心控制的系统更能有效地提供私人商品,后者无法知道各个地方数百万人的不同品位和购买能力,也无法根据不断变化其模式的需求来调整生产和分配。简言之,从复杂性中产生的"自发命令"比由核心控制的命令有着更强大的信息处理能力,通常在后者模式下,知识掌握在专门的决策者手中。我们在其他领域中也可以看到这一作用,比如猜

---

① Allison, G. T. and Beschel, R. P., "Can the United-States promote democracy", *Political Science Quarterly* 107, 1, 1992, pp.81-100.

测瓶中有多少颗豆子,在这一事例中,整合每个人的猜测会不断接近或打败最佳猜测,或者可以赌一赌市场是否经常为专家们提供更恰当的预测。①

分布式信息的原则可以运用在民族认同上,鉴于民族认同就像供需一样,只用通过整合不同个体之间大相径庭的理解才能被更好的认识。从结果上看,"唯一"的民族认同是无法被描述的,即使在一些情况下,类似法国大革命或阿拉伯—以色列战争这种控制了大多数人情绪的事件中,极端重要的神话动力(mythomoteur)②也不必然依附于一系列固定的符号象征而存在。当英国连锁店——玛莎百货公司要求消费者写下他们最喜欢的一样英国的物品时,百货公司收到了超过一千种不同的回答,从英国君主制到一种叫考克斯的苹果。③ 从这个意义上讲,尝试定义关于民族的主旋律的核心决策者不太可能比苏联时期的公务员更好的照顾到群众的需求。

由安东尼·科恩(Anthony Cohen)提出的"个人民族主义"(personal nationalism)这一术语反映了相同的观点。在讨论苏格兰民族主义时,他提到苏格兰在地理、宗教、经济、地域、族群方面的多样化。"苏格兰的历史、文学、民俗、传统、语言、音乐、风景和食物"都是个体用来建构他们个人视域下的民族所用到的社会事实。他进而指出,"尽管这些事物被以不同方式加以理解,但民族情绪和依附感正是通过分享这些事物得以开始的"。的确,个人通常没有"意识到他们民族主义情绪中的个体性特征"。而试图利用民族情感的政治家们必须支持一种极具包容性的民族主义,在这其中每个人都可以看到他们自己。

① Surowiecki, J., *The Wisdom of Crowds: Why the Many are Smarter Than the Few and How Collective Wisdom Shapes Business, Economies, Societies, and Nations*, New York: Doubleday, 2004. Hayek, F. A. v., *The Road to Serfdom*, Chicago: University of Chicago Press, 1994.
② Smith, A. D., *The Ethnic Origins of Nations*. London: Blackwell, 1986.
③ Edensor, T., *National Identity, Popular Culture and Everyday Life*, Oxford; New York: Berg Publishers, 2002, p.175.

在此基础上,科恩承认,狭隘的民族不会允许这种宽容度,并且如果国家掌握了很强的控制,复杂性在这一框架下就很难发挥作用了。但是正如尤瓦尔·戴维斯(Yuval Davis)在其反对暴政的研究中指出的那样,反抗仍然是可能的。比如,少数群体或者女性经常以不同于白人男性霸权的方法看待民族。科恩总结道:"民族很显然在如下两个情况中非常不同:一个是那些从个体角度出发的多样性视角被允许的情况,另一个是那些试图将个体整合进民族模型的情况。"①

我们已经看到场域经常被看作是个体观察民族的重要窗口,这体现在对民族身份认可度的不同之上。约翰·哈金森②进一步展示了这种差别的更多维度,他认为竞争性意识形态和阶级分化以完全不同的方式使民族神话发生变形。在 18 世纪到 19 世纪初的英国,辉格党人承认盎格鲁-撒克逊人为自由民(yeomanry)的祖先,而托利党人认为皇室缔造者诺曼人(Norman Cavalier)才是这个国家的族群祖先。这一对立现象在美国的内战时期得以重演,当时美国北方人支持盎格鲁-撒克逊为自由民和共和党人的祖先,而南方人坚持诺曼骑兵的神话③;同样,法国的高卢人和有贵族传统的法兰西人之间也产生了分歧。根本上讲,地位较低的群体倾向于认同该民族过去发生的民众革命和抗议事件,而地位较高的群体则关注国教或者贵族传统。然而,政治和社会光谱的各个面向都使用了民族主义的话语,这一事实尤为重要,因为在民族性的问题上争执不下,实际上巩固而不是削弱了民族。从混乱的多样性中,在共同的民族话语之下呈现的统一得以产生,例如国旗这类专有名词,这种统一所起的整合作用就像市场上的定价机制一样。但如果相互竞争的政治力量在未考虑民族的情况下争夺各自的身份,那

① Cohen, A. P., "Personal nationalism: a Scottish view of some rites, rights, and wrongs", *American Ethnologist* 23(4), 1996, pp.804-805.

② Hutchinson, J., *Nations as Zones of Conflict*, London: Sage.

③ VanHoosier-Carey, G., "Byrhtnoth in Dixie: the emergence of anglo-saxon studies in the Postbellum South", in J.D.Niles, A.J.Frantzen (eds.), *Anglo-Saxonism and the Construction of Social Identity*, Tallahassee, University Press of Florida, 1997.

么多样性无法带来团结,更高的秩序也无法从底层的混乱状态中产生。

场域、阶级、意识形态和族群性并不是仅有的审视民族的角度。性别、心理学、生活方式和其他角度同样能反应民族形象,这些角度关注另外的符号资源和其他取决于个体的可用历史。[①] 这再次印证了分布式信息的理论:没有两个个体生活在完全一致的族群、地理、性别或心理空间中。这些个体正如科恩和尤瓦尔·戴维斯所说,透过各自不同的视角审视民族,如此产生了不同的民族认同。

个体的民族认同所指认的符号可能随着他们从家乡迁移到首都城市或迁移到不同国家而发生改变。随着地点的迁移,他们对自己的民族的看法也发生变化。这一转变即是从与核心认同相抗衡的地方性民族主义转变为在与其他民族国家的互动中产生的外向型(outward-facing)民族类型。后者比前者更贴合于民族认同的官方版本,但是并不能因此被看成是"唯一"的民族认同。

无论个人的族群起源是什么,他们民族认同的适当名称和落脚点仍然是民族,而不是他们的族群、信念共同体或生活社群。因此,民族认同不是多个族群共同体共同承认某一国家公民身份的"多族群国家"(multi-ethnic statehood),而是另一种情形——即不同个人和族群团体都以不同方式深切地承认"民族"这一拥有多重内涵的符号。差异性促进而不是阻碍了民族主义的发展。"众包民族主义"(crowdsourced nationalism)意味着公民社会里的个人,与国家精英相比,更能成为民族认同的集合体。因此,民族作为一个整体的特点就是彻底的多义主义(multivocalism),即不同的民族身份在同一个民族中毫无阻碍的相互交融。自下而上的显现方式可能比精英领导的自上而下的精心编排更加重要。

---

① Kaufmann,E.,"The lenses of nationhood:an optical model of identity",*Nations and Nationalism* 14,3,2008,pp.449-477.

七、多义主义成为规范的立场？

本文关注复杂性理论,尝试厘清一系列当代关于民族主义理论的评论。但是人们也可以把多义主义看作了解多元文化主义（multiculturalism）、世界性个人主义（cosmopolitan individualism）和自由民族主义之间的竞争性论点的途径。如果在稳定的自由社会中的民族认同高度个人化,那么摒弃既定的民族定义（即科恩所说的"民族主义赞词[nationalist litany]"）而承认这种复杂性的国家,能更好地推进公民自由与忠诚度。① 即使民族认同的变体相互冲突,这也会巩固而不是分化这个国家,因为各方都使用了民族的习语来表达他们各自的理想。②

八、结　论

本文提出民族看作复杂性系统,而不仅是由精英建构的。经典理论认为民族意识是从上层精英扩散到下层大众,从核心传播到外围,而复杂性理论则把民族认同的显现看作是自上而下发生的。国家和精英群体确实是重要的行动者,但大众在民族的日常生产和消费过程中的作用必不可少。复杂性理论指出了关于日常民族主义、争议性民族主义、多义性、个人民族主义、自发的族群暴力、地区民族主义、相互关联的文化运动等的理论之间的共同主张。然而,这些分散的话语未能系统地融合在一起。当下的研究对特殊的力量,如阈值、反馈或网络结构等,没有给予足够的关注,因此复杂性理论建议未来的经验研究者应该关注这些方面。

---

① Kaufmann, E., "From multiculturalism to multivocalism: complexity, national identity and political theory", In Antonsich, M., et al., *Building Inclusive Nations in the Age of Migration*, Identities, 2016, pp.1-21.

② Hutchinson, J., *Nations as Zones of Conflict*. London: Sage, 2005.

　　复杂性系统的几个重要方面——显现、反馈环路、临界点和分布式信息——质疑以精英为核心的视角来审视民族。民族的涌现，或民族主义观念的转播、分裂活动或暴力，这些情况的发生类似潜存于网络结构中的病毒在到达临界点后突然爆发，而不是产生于由精英有意识的规划并散播的民族蓝图中。在复杂性系统中，小范围原因可以导致大影响，反之亦然。这使人们理解民族觉醒的无规则（erratic）本质，这一觉醒可能在长期潜伏后伴随一系列突然的爆发，而这一爆发用任何单一事件或危急时刻都无法解释。大规模的精英煽动行为或者惊人的事件可能无法唤醒大众的意识，但是在其他情况下，小规模抗议或许会形成反馈环路，进而导致群众运动。

　　显现理论帮助解释了在民族主义的时代之前所产生的"类民族（nation-like）"行为，以及前现代语言和宗教格局与现代欧洲和东亚地区民族边界的大范围重合。它阐释了为什么民族运动会从自上而下发起的民间组织和媒介之间的互动中产生，而不是从国家的有意识行为中产生。排除最中心化和最集权的国家以外，民族认同在个体之间扩散，进而民族的集体性表现形式不能被简单的解读为官方文件或某个个人的理解。这也解释了在自由的民族国家中常常费解难懂的民族认同现象。"群众的智慧"对民族认同的理解甚至可以延伸到规范的领域，这意味着国家应该接纳民族主义的多义形式，与此同时可以增进其国民的自由与忠诚程度。

（译者　复旦大学哲学学院博士研究生）

马列主义经典著作大众
传播的有效性问题研究

崔 继 新

一、问题的提出

本文所探讨的马列主义经典著作在中国的传播,不是单指经典原文的翻译、出版和发行,也不是单指从传播学的角度来论述经典著作应该利用何种新技术、新方式进行传播,而是着眼于传播的有效性问题:即在经典著作的不断翻译和引介过程中,选择哪些有代表性的原典、篇章向当前社会大众进行传播,使其能够充分了解、接受马克思主义哲学指导实践的力量,并由此使理论能够掌握大众、成为大众思想上的"武器库"。

应当说,这种"有效性",曾活生生地发生在抗日战争时期:彼时,在"速胜论"与"亡国论"的对峙中,国人对于中国的前景感到迷茫,迫切需要一种行之有效的"主义"去指示民族未来的道路,著名哲学家冯契在回忆自己青年时代接受马克思主义哲学时就给此种有效性勾勒了一个鲜明的实例:"毛泽东的《论持久战》,我是在山西抗战前线读到的。这本书当时给前线战士带来的兴奋和所起的思想解放作用,没有亲身经历过的、体验过的人是难以想象出来的。抗战初期,因为平型关、台儿庄战役的胜利,许多人盲目乐观,以为抗战不用太久就会胜利结束。但接着打了许多败仗,日本长驱直入,很多城市沦陷了。在前线,我们亲知国民党那些杂牌军确实腐败得不得了,而我们游击队的力量又还比较弱小。抗战的前途究竟如何？使大家感到困惑,存在着许多思想问题。毛泽东的《论持久战》一出来,给大家指明了前途,使我们豁然开朗,解除了困惑,那种兴奋的心情是难于言表的。这本书以其理论力量一下子征服了我们,它分析了中日双方互相矛盾的基本要素,批判了亡国论和速胜论,指出发展的两种可能性中什么是优势的可能性,中国人将如何通过持久战来最后获得胜利。记得读这本书的时候,我完全被吸引住,一口气就读完了,后来又反复读。《论持久战》特别使我感受到理论的威力,它以理论的彻底性和严密性来说服人,完整地体现了辩证思维的逻辑进程。"①

可见,本文所研究的"有效性",因而在宏观层面与时代问题相勾连,即有效地指明中国未来的前途、有力回应"中国往何处去"这一主题;在微观层面与思维方式相勾连,即给大众看问题、想问题、解决问题提供一种富有生命力和影响力的思维方式。在中国特色社会主义进入新时代的历史背景下,这一问题的提出,尤其具有现实意义:在当前文化多元化的环境中,在矛盾不平衡发展的旋律中,马列主义经典著作的传播,如何能行之有效地走进大众的内心,使马克思主义哲学得以巩固并继续占有文化主导权。②

二、国内外研究概况

总体来说,国内外学界对该问题的研究主要采取了两种路径:要么聚焦于经典著作传播的史料,侧面涉及有效性问题;要么聚焦于马克思主义哲学中国化的过程,侧面涉及经典著作的传播问题。

---

① 《冯契文集》第一卷,华东师范大学出版社1996年版,第14—15页。
② 归根到底,这一问题的提出无非是在理论上回应着马克思在《〈黑格尔法哲学批判〉导言》中曾说过的两个分句:"理论只要说服人,就能掌握群众;而理论只要彻底,就能说服人。"

（一）国内研究状况

对于这一问题,学界的研究成果颇丰①,但研究的路径和角度与本文有区分。学界的研究主要是从两个方向展开:其一,以对马克思主义哲学中国化的研究来介入马克思主义哲学大众传播的有效性问题。马克思主义哲学中国化的研究始于 20 世纪 90 年代,"学术界展开这一课题研究,主要是为了驳斥当时流行的马克思主义'过时论'、'马克思主义传入中国中断了中国的启蒙运动'、'马克思主义哲学中国化是封建主义化'等谬论"②。很明显,学界展开这一研究,是通过在理论层面论证马克思主义哲学中国化的正当性,来助推实践层面的马克思主义哲学的有效传播,从而最终巩固马克思主义哲学在意识形态领域的主导地位。其二,以回顾和总结马列主义经典著作在中国编译和出版的历史,来呈现马列主义经典著作在中国的传播历程。学界在这方面的研究,一般着眼于历史的长时段,分时代、分时期地描绘"从马克思、恩格斯的著作零星介绍到中国,直到他们著作的全集本的出版"的全过程,从而让人们对"马克思、恩格斯著作在中国传播的历史有个梗概的了解"。③

上述两种研究路径,在研究方式上各有侧重:第一种采取哲学史的叙述方式,着重以人物研究带动时段研究,主要关注李大钊、陈独秀、毛

---

① 以 21 世纪为界限,前后有两本著作具有一定代表性:一是《马克思恩格斯著作在中国的传播:纪念马克思逝世一百周年》(人民出版社 1983 年版);二是《马克思主义在中国早期传播史料长编》(长江出版社 2016 年版)。仅从史料层面而言,前者考证了从 19 世纪末 20 世纪初开始至中华人民共和国成立初期的马克思恩格斯著作在中国传播的历史概况,并附上相关编译人员在编译马克思恩格斯著作时的工作回忆;后者分为三卷,辑录了 1917 年 11 月至 1927 年 7 月与马克思主义早期传播紧密相关的原始史料。有学者认为,该三卷本"可谓迄今为止马克思主义在中国传播资料搜集最丰富、最有价值的工具性图书"(参见王毅:《近十年来马克思主义在中国早期传播的研究与展望》,《教学与研究》2018 年第 8 期)。

② 何萍:《新世纪马克思主义哲学中国化研究的两个基本问题》,《江苏社会科学》2011 年第 5 期。

③ 《马克思恩格斯著作在中国的传播:纪念马克思逝世一百周年》,人民出版社 1983 年版,第 6、7 页。

泽东、恽代英、瞿秋白、艾思奇等中国马克思主义者,从而通过群像式的思想研究来梳理从 19 世纪末 20 世纪初马克思主义学说传入中国到毛泽东思想创立的过程。① 在研究过程中,学者们会涉及马列主义经典著作的传播,但对这一传播过程的探讨主要还是将其视为基础性的史料,研究的重心均偏向中国马克思主义者(在马列主义经典著作已然传入中国并编译、出版的前提下)自身的理论阐释。第二种采取历史考证的叙述方式,要么由各个时期从事马列主义经典著作翻译和出版工作的人员根据自身的回忆或调查到的资料进行撰写,要么按历史年代顺序介绍各个历史时期翻译和出版马列主义经典著作的情况。② 在研究过程中,研究者会涉及马克思主义哲学在中国的传播过程,但对这一传播过程的引介主要还是为了配合历史史实,并为后者增添一部分理论性。

总的来说,在第一种研究路径中,大体存在着如下两种片面的理解:其一,在探讨马克思主义哲学在中国的传播与马克思主义哲学中国化的关系问题上,有的人认为,前者与后者共同构成了前后相继的两个不同阶段——先有传播,后有中国化;传播是中国化得以可能的基础,而中国化是传播的积极成果。按照这一理解,两者之间似乎存在着截然明确的分割,由此则意味着马克思主义哲学在中国传播仅仅是一个"技术性"层面的事实,并未开启马克思主义哲学的中国化。③ 其二,有些研究都是"围绕着马克思主义哲学在中国的传播和应用展开的。这就造成了一种假象,似乎中国没有自己的马克思主义哲学理论,马克思主义哲学中国化不过是马克思主义哲学在中国的传播和应用过程"④。

---

① 参见何萍:《新世纪马克思主义哲学中国化研究的两个基本问题》,《江苏社会科学》2011 年第 5 期。

② 参见《马克思恩格斯著作在中国的传播:纪念马克思逝世一百周年》,人民出版社 1983 年版,第 6—7 页。

③ 参见汪信砚:《马克思主义哲学在中国的传播与马克思主义哲学中国化》,《马克思主义研究》2013 年第 8 期。

④ 何萍:《新世纪马克思主义哲学中国化研究的两个基本问题》,《江苏社会科学》2011 年第 5 期。

这两种片面的理解,从思维范式的角度而言,归根到底都是受"二元论"的统摄所致:它们片面地区分了传播与中国化、理论与实践的关系,要么将传播拉低到一个经验/应用的层面(这是就第一种片面的理解而言),要么将中国化拉低到一个经验/应用的层面(这是就第二种片面的理解而言),而没有看到"马克思主义哲学在中国的传播,一开始就是中国马克思主义者自觉结合中国的具体实际来宣传、阐释和应用马克思主义哲学的过程,它已经内在地包含着马克思主义哲学中国化即把马克思主义哲学与中国的具体实际相结合"[1]。在第二种研究路径中,由于其研究性质的局限,上述的片面理解同样也存在,不过变换了其表现形式:只是就传播而论传播,只是就描绘史实而描绘史实,未能理解到即便是编译或引介,也事先存在一个编译者/传播者进行选择的问题。换言之,编译者/传播者选择何著作或篇章,实际上已然或明或暗地表达了他们对中国特定历史阶段、社会形态下诸问题的思考和倾向。

因此,无论是在第一种研究路径还是在第二种研究路径中,以往的研究都或多或少忽视了如下前置问题:即在编译者/传播者的视野里,他们所引入的马列主义经典著作、篇章,一定是那些能对彼时中国迫切需要解决的问题进行有力回应的东西。在这个意义上,并不存在截然划分的事先引入和事后解读:即必须先有一个翻译、传播的过程,之后才能有一个马克思主义哲学在中国生根发芽的过程。更具体地说,就第一种研究路径而言,它忽视了马列主义经典著作传播过程中编译者在选择文本时所有意或无意形成的总问题,而大都将著作的传播视为马克思主义哲学传播的基础性环节,并存在将马克思主义哲学在中国的传播与马克思主义哲学的中国化区分开来的片面理解,因而只着重探讨马克思主义哲学中国化过程中所形成的总问题。就第二种研究路径而言,它大都将重心放在马列主义经典著作编译、传播的历时性过程

① 汪信砚:《马克思主义哲学在中国的传播与马克思主义哲学中国化》,《马克思主义研究》2013 年第 8 期。

上,着重搜集、考证这一过程的资料,同样忽视了编译者在选择文本时所形成的总问题,因而只能在经验层面再现这一个过程。无论如何,在两种研究路径的视野中,马列主义经典著作的传播过程中所潜在包含着的总问题的形成、演变过程,均是一个空白的存在。这样一来,两种研究路径由于其视野所存在的空白,不仅有将马克思主义哲学的传播拉低到应用层面的倾向,而且正是这种"拉低"导致其在研究传播的有效性问题时,或者只能截取"中国化"的这一端来进行论证,或者只能以不断叠加感性材料的方式来进行侧面回应。①

(二)国外研究状况

总体来说,国外对于该问题的研究,直接关联本文主题的研究成果并不多见,大都仅是侧面涉及。例如,日本学者石川祯浩于 2006 年出版的《中国共产党成立史》,就提出如下观点:"中国的马克思主义思想大部分是经由日本传进中国","马克思主义在五四时期传入中国,是日本的社会主义思想渠满而溢的结果。"②阿里夫·德里克在《革命与历史:中国马克思主义历史学的起源,1919—1937》这本著名的著作

---

① 以往的研究,较为偏于一面:要么单纯从哲学理论的角度分析中国化,要么纯从史实材料的角度分析文本传播。其间,人们所忽略的一个问题在于:他们默认了被编译和出版的文本是一个既成的事实,而没有进一步追问,为何偏偏挑选这些文本进行编译?没有追问,这些文本与当时亟须解答的时代主题之间的关系。如果一定要做比喻,不妨说,挑选出来的文本,已经暗含着编译者/传播者的"总问题",暗含着其对中国走向的思考。实际上,"进行选择"的这个"动作"并不是无意识的,正是在这个意义上,这些经典著作的文本、篇章成为马克思主义哲学中国化的"母型"(Matrix),其中或明或暗地折射出哲学范式的面貌。正是对这些经典著作文本、篇章的阐发,才进一步将马克思主义哲学中国化的形象呈现出来。因此,母型是尚未完全形塑出来的总问题,或者说,一种全新的总问题正是在选择、编译和传播的过程中,酝酿并崭露头角;而理论研究,则是伴随着这一总问题逐步精细化的过程。也可以说,选择、编译和传播的文本,代表着一种症候,代表着一种从旧有文化场域中脱离的新的力量要生发的"征兆";而理论研究,则是这一生发的新的力量与旧有文化场域以及其内包含着的各文化思潮/力量所作斗争并逐步占据主导权的全过程在理论层面的反映。
② 参见王素莉:《"五四"前后马克思主义在中国传播的若干问题探讨——也评石川祯浩〈中国共产党成立史〉的有关论述》,《中共党史研究》2010 年第 5 期。

中,以考察中国马克思主义历史学的整体形态为切入点,将马克思主义理论介入中国分为三个阶段①,并同样认为"从 20 世纪头十年开始,直到 20 年代中期在苏联和欧洲受教育的学生开始承担马克思主义著作的翻译工作之前",日本作者承担了马克思主义理论与中国知识分子之间的中介作用。② 可见,在国外学者的研究视野中,大都仅是关注马克思主义哲学在中国的生发和形塑,而较少地将马列主义经典著作的传播尤其是有效性问题与中国彼时的实际相勾连。

三、研究的理路

通过对比上述两种研究路径及其存在的片面理解,本文拟探讨的研究的问题得以树立的理论前提就清晰了:我们认为,马列主义经典著作的传播,并不是一个单纯的传播学问题,而是在其进行选择、编译的过程中,就已经潜藏着编译者/传播者在一定时代背景下对于彼时中国问题的思考。换言之,马列主义经典著作的传播,不是一个如以往研究所默认的单纯史实性、事实性存在,也不是一个前置性的、无须论证而只需描绘的自明性存在,相反,这一传播在其输出开始之前,就已然内化着一个总问题(Problematic)了,这一内化(无论其是有意识的或是无意识的)应当被包含在马克思主义哲学中国化的整个形塑过程之中。正是因为我们将研究视野"往前"拓展到传播输出开始之前的选择、编译过程中,正是因为我们确定了在这一过程中(甚至开始之前)应当包

---

① 德里克的三个阶段分期如下:1.从 1899 年至"20 世纪最初的 10 年晚期,中国人对于马克思主义的兴趣是非常有限的,马克思主义对于中国政治与思想也没有什么重大的影响";2.从 1918 年到 20 年代中期,"对于马克思主义的兴趣平稳地上升";3."始于 20 年代中期的革命运动,它使得马克思主义思想在众多中国知识分子中广泛传播,并为 1927 年之后马克思主义思想的繁荣准备了基础"(参见〔美〕阿里夫·德里克:《革命与历史:中国马克思主义历史学的起源,1919—1937》,翁贺凯译,江苏人民出版社2005 年版,第 17 页)。

② 〔美〕阿里夫·德里克:《革命与历史:中国马克思主义历史学的起源,1919—1937》,翁贺凯译,江苏人民出版社 2005 年版,第 18 页。

含着与时代问题相勾连的总问题,马列主义经典著作的传播,就与有效性问题合法地联系在一起了。因而,马列主义经典著作在中国的传播问题,必须与大众的接受问题相联系,不存在只考虑单纯的、单线的输出端而不考虑输入端的研究模式。这样一来,从宏观的或者说归根到底的角度而言,本文研究所提出的问题得以树立其上的理论基础,就是在文化场域的意义上进行的阐释:即马列主义经典著作大众传播的场域是一个其内和其外充满着各种多元矛盾因素的文化场域。在其中,每一种文化思潮/力量都试图通过去渗透大众的意识结构并使之能心甘情愿地对其表示接受(内化于心)的方式,来占据意识形态领域的主导地位。这样一来,它们之间的相互作用,归根到底表现为各自的总问题结构之间的碰撞、渗透与演变。因此,在理论最抽象的层面上而言,选择、编译、传播乃至中国化的过程,应当被表述为总问题断裂、生发和形塑的过程。

马列主义经典著作的传播,以及与之相伴的马克思主义哲学的传播与中国化是一个长时段的过程;也正是伴随着这一过程,马克思主义哲学逐渐在中国占据文化主导权,并成为支配人们思维的主导性观念体系。由于这一特点,人们在对这一过程进行研究时,可以遵循两种完全不同的研究理路:要么遵循连续性的研究理路,在马列主义经典著作的传播以及与之相伴的马克思主义哲学传播与中国化的复杂过程中,找到一种连续性的因素,从而在普遍性的意义上贯穿这一过程;要么遵循间断性的研究理路,聚焦新的观念得以生发的那些症候性因素,着重考察新的观念是"如何从旧的观念中产生出来的,又经过了哪些变化而确立起自己的原则,成为新时代的主导性观念"①。在这两种研究理路中,我们认为应采取后一种理路为宜:很明显,编译者/传播者在选择、编译马列主义经典著作的过程中所隐含的总问题结构并非是一种连续平滑的顺承过程。虽然他们在选择、编译或引介的时刻,所面对的时代

①　何萍:《新世纪中国马克思主义哲学观念史研究》,《学习与探索》2011 年第 5 期。

主题都是"中国革命道路"的问题,都是关涉民族救亡图存、国家未来前途的问题,但具体到不同的阶段,这些总问题结构都或多或少发生着某种变革。换言之,在每个特殊的历史时期所包含的各个总问题结构之间,它们各自的关系体现着一种断裂与演进的辩证关系:每一阶段的总问题结构,都是一个既定时期、特定阶段包含了特殊认识方式(并凭借此特有方式)去采取特殊的方法对概念群进行整合着的矛盾暂时平衡体,它们与前一阶段的总问题结构之间,并非完全的断裂关系,而是一种"断裂中的持续"或者说"持续中的断裂"过程(正是这种辩证的关系诠释了总问题结构并非单线式的演进过程)。如果我们要将这一过程呈现出来,就只能选择间断性的研究理路,从各个总问题结构的"自我反思、自我批判中发现那些具有否定性的新要素,叙述它们的形成和变化"①。

例如,在我们看来,虽然 1949 年以前的时代主题与如今新时代的时代主题不同——前者是"中国革命道路"的问题,后者是"中国特色社会主义建设"的问题,但归根到底,一方面,两者都是关涉"中国往何处去"的问题;另一方面,从理论最抽象的层面而言,两个时代都是矛盾不平衡的时代,都是存在着多元矛盾相互作用的复杂整体。因此,为何在多种矛盾相互作用的情况下,马克思主义哲学能逐步占据意识形态主导权,并最终开启崭新的中国道路呢?这个问题虽然在历史时段上属于过去,但问题本身面向着未来。换言之,1949 年以前的成功经验,虽然看似只是适用于彼时那个特殊的时代,但具体到传播的有效性问题上因而也就是大众接受的程度问题上时,我们认为,它反而能够给予当今新时代以宝贵的借鉴和启发作用:通过探究彼时编译者/传播者为何选择这般而非那般的文本进行编译,勾勒出其中隐而不发的总问题结构/理论母型,找到这些总问题结构/理论母型在具体的历史分期中与时代问题的联结,尤其是考察它们因为什么能够引起大众的广泛

① 何萍:《新世纪中国马克思主义哲学观念史研究》,《学习与探索》2011 年第 5 期。

接受,或者说,它们与大众的意识结构之间是以何种方式最终能紧密地联系在一起,从而为新时代的传播提供借鉴的范本。

四、当前马列主义经典著作传播中存在的可能性问题

坦率地说,如何在新的时代背景下,做好马列主义经典著作的大众传播问题,在理论研究层面,尚属于盲点。我们首先碰到的也是最为棘手的问题在于:以怎样的方式选取何种文本,能对当前时代的问题,尤其是大众所关注的焦点问题进行有效的回应? 例如,在这样一个信息化的时代,互联网上普遍传递的所谓焦虑感,归根到底,不是"异化"在新的社会条件下的反复呈现吗? 然而,作为淋漓尽致地展现"异化"概念的《1844年经济学哲学手稿》这一经典文本,对于大众而言,却是一种陌生化的存在。这意味着,提供大众在看问题、想问题、解决问题所迫切需要的思维方式这一点上,马列主义经典著作的传播有时是处于"失语"的阶段,马列主义经典著作传播的有效性因而有时是处于无效的状态。显然,问题当然不是只出现在文本的输出阶段,伴随着经典著作的传播,对于经典文本的理论阐释阶段也一定是出现了某种问题。

正是在传播对象和输出手段都存在一定问题的情况下,马列主义经典著作传播的有效性因而并未发挥出它本应充分发挥的程度。这一不充分的有效性,进而影响着马克思主义理论的传播。毕竟,不可能说对于一手原典较为生疏,反而能生发出对马克思主义理论的深刻理解。因此,在理论传播也存在提升空间的情况下,对于文化领导权的巩固和持续发展,就会有些许"漏洞";而当前各种非主流思潮,正是抓住了我们的这些漏洞,去影响和扩大它们的受众群体。实际上,这些思潮在对时代问题、社会形态的考察和把握的深刻度上,是远远低于马克思主义理论的;它们的各种形态,在马列主义经典著作中,也曾以各种被批判过的形式存在着。只是当前的受众,对于理论的理解有限(当然也是

我们的传播还没完全到位），他们只能选择或无意识地接受这些思潮，尤其是接受它们在某些具体问题上所谓切合生活经验或直观体验的提法。例如，以哈耶克为代表的新自由主义，在他的代表作《通往奴役之路》中，就提到了社会主义是导致极权、走向奴役的道路。这一观点的迷惑性在于，它所赖以分析的范本是苏联模式，或者说，是后期走向教条与僵化的苏联模式。但苏联模式的失败，并不代表社会主义的失败，更不代表马克思主义理论的失败；恰恰相反，苏联模式之所以失败，正是由于它最终背离了马克思主义理论的精髓。然而，对于没有马克思主义理论背景的读者而言，这一观点的破坏性就在于，受众会把本不属于马克思主义理论的问题、进而特别是不属于中国社会主义的问题，套用照搬到中国道路上来。他的直观体验会告诉他，哈耶克所讲的问题，似乎在当前的中国也在发生着。如果接受了这样一种比对，甚至将这一思潮当作某种启蒙，结果当然是糟糕的，它意味着这一新自由主义的思潮，正在腐蚀、冲击着我们的文化领导权。类似的情况，当然也发生在当前时代的大众文化领域。这些思潮此时不再是以"理论专家"或"启蒙导师"的面目出现，而是混杂在消遣文化/娱乐文化中，在大众的闲暇领域，悄悄地输出着它们的价值导向。

因此，我们需要正视新时代的问题，抓住不平衡不充分发展的主要矛盾，深刻理解巩固和持续发展文化领导权的重要意义，并在意识形态领域打好"阵地战"，对各种思潮进行有力的回应，保障社会转型时期的生产与再生产。而做回应的第一步，就是需要在马列主义经典著作传播的有效性上做文章，需要意识到这个问题的紧迫性，进而在如何进行有效传播方面下足功夫。

主要论文的英文目录及提要

Adorno on The Logic of Social Science
——From the Perspective of the"Positivist Dispute"

XIE Yong-kang

Abstract：

　　The dispute with Positivism sociology is a continuous tradition of the critical theory of Frankfurt School, of which the controversy between Adorno and Popper in the 60's is the most famous and far-reaching influence one. The critical rationalism of Popper stands between German classic philosophy and contemporary Positivism, and the Positivism theoretical assumptions it accepts become the target of the attack by the critical theorists. Being directed against Popper's praise on Kant's Critique, Adorno indicates that Popper just imitates Kant's metaphysical critique formally, but ignores the idea of identity that supports the whole epistemology of Kant, whereas the dialectical critique develops base on the very idea. Approving of Kant's identity idea, Hegel points out the defect of external critique of Kant's instrumentalism, and attempts to overcome it by the totality of absolute spirit in order to realize a true immanent critique. As a Marxist, Adorno emphasizes that Hegel's absolute spirit has in fact a social origin, which is the real totality constructed by the ware exchange. At the same time, Adorno regards this kind of totality as problematic, which makes up the real motive of critical social theory. Adorno inherits the central idea of German classic philosophy and tries to combine the problems of knowledge and praxis, the foundational and critical nature, in order to criticize the essential non-practical nature of Popper's theory; as a result, the critical and practical moment of critical theory is protruded, while its role as a methodology of social sciences is not very clear yet. In the end Adorno's critical theory has to face the problem of deficiency of scale and standard of critique, which must be overcome in the development of Frankfurt school afterwards.

Keywords:

Social Sciences, Critique, Reason, Falsification

What is the Role of Fait Social in Art's Double Character?
——A study on T.W. Adorno's aesthetics

SUN Bin, ZHANGHAI Peifen

Abstract:

According to Aristotle, art and a characteristic bound up with making or production would be the same thing. And Adorno insists that interest in the social decipherment of art must orient itself to production rather than being content with the study and classification of effects. At the same time, as a product of the social labor of spirit, art is always implicitly a fait social. In Durkheim's opinion, the term of fait social in his sociology must be treated as thing. Such thing is fashioned product and can't produce the impulsion that determines social transformation because it lacks motivating power. So is the art as product. However, the autonomy of art makes it possible that art becomes social by its opposition to society. And what is social in art is precisely its immanent movement against society. Art's double character—its autonomy and fait social—is expressed ever and again in the palpable dependencies and conflicts between the two spheres. Because of its aporetic situation today, art submits to integration as one harmless domain among others. This means that art becomes a kind of fait social whose social function is its harmlessness. As a result, without the element of antiart, art is no longer thinkable. This implies nothing less than that art must go beyond its own concept in order to remain faithful to that concept.

Keywords:

Art, Fait Social, Autonomy, Thing, Anti-art

Anti-representationism: an Analysis on the Concept of Adorno's Non-identity and Deleuze's Difference-in-itself

WU Jing

Abstract:

Difference and non-identity are the central concepts in Deleuze's and Adorno's philosophy. From the perspective of being against identity, the concepts—difference and non-identity—can be seen as a challenge to representation. Such a common logic of "internal difference" constructs the resonance between Deleuze and Adorno. This is the ground on which we can consider the distinction between them: the positive contra the negative.

Keywords:

Difference-in-itself, Non-identity, Representationism

Adorno and Phenomenology

MA Ying-hui

Abstract:

Adorno has an intense critical attitude towards phenomenology. From his review on Husserl to Heidegger, from the issue of consciousness to the problem of being, he tries to reveal the inner theoretical dilemma of phenomenology step by step. Although Adorno's understanding of the phenomenological "absolute" and problems of being often appears to be external, he still raises important critique on the basis of phenomenology, especially on Heidegger's ontology, from the perspective of Marx's philosophy and dialectics. His critique inspires us that being is generally the product of the large-scale socialized production, and the synthesis of being faces the impact of surplus and negation all the time.

Keywords:

Consciousness, Being, Production, Dialectics, Negation

The Private Existence and Possibility of Modern Ethical Life
—— A Review on Adorno's *Minima Moralia*

SONG Yi-fan

Abstract:

Adorno constructs his Minima Moralia on the Intellectual's experience in the private sphere. In order to understand his unique methodology which can be concluded as Immanent Critique., we must consider his usage of fragments, the defamiliarization (Verfremdung) of daily experience and irony in the Essay as form and then differs his concept of "die private Existenz" both from Lukacs' subjective illustration and Hegel's objective illustration. The private existence have two dimensions: one is highly damaged by the rationalization of society and productive process, the other is the refugee of the last and minimal reflexive space, whose tension remains an unsolved theoretical problem. At last, through the interpretation of adorno's moral philosophy as "critical moral idea inherently bearing the false" and "suffering experience with the historicity and connection between others", Adorno forms an unique ethics of resistance which aims to protect the bottom line of civilization.

Keywords:

Minima Moralia, Private Existence, Right life, Suffering Experience

Manipulation of Trieb and Emotional Salvation
——The Thought of Emotions in Dialectic of Enlightenment

JIN Ao

Abstract:

Dialectic of Enlightenment combines Marxism and classical psychoanalysis to investigate the individual emotions in capitalist society. From the perspective of sociology of emotion, Horkheimer and Adorno focus on Freud's concept of "Trieb", integrating social constructivism of emotion and biologism of emotion, and they emphasize the reconstruction of emotions by social power. The reshaping of emotions reveals a modern model of social manipulation to personal emotions. It is especially evident in laughter and sadness. *Dialectic of Enlightenment* regards the emancipation of emotion as the key to saving enlightenment, and from that, the connotation of "positive concept of enlightenment" has been expanded.

Keywords:

Dialectic of Enlightenment, Sociology of Emotion, Psychoanalysis; Trieb.

Benjamin's Criticism and Reconstruction on
the Historicist Linear Time View

GUO Guang

Abstract:

Benjamin believes that the historicist linear time view is essentially homogeneous, empty and rational, which fundamentally dissolves the intrinsic connection of time and human world coexistence, and deliberately abandons the past historical suffering and the possible disastrous dimensions in the future, fully catering to the capitalist mode of production. Benjamin re-understands time in the whole way of thinking of the dialectical unity of the limited timeliness existence and the infinite eternity existence, thinks that the real historical time is the messiah time in which limited timeliness existence and infinite eternity existence fused an organic whole in the present every moment, The true history is the dialectical unity of the whole structure which based on the present moment of the messiah time view. Benjamin's criticism of the historicist linear time view and the construction of the messiah time view, aims to used dialectical unity of the messiah time to replace the historical time with homogeneous and empty, to capture the Messiah power which exist in the historical time as tinfinite eternity existence, and to ignite the fire of revolution in the present moment of Messiah time, in order to break down the illusory continuum of capitalism and bring human back to the original integrity.

Keywords:

Walter Benjamin; The historicist linear time concept; Holistic way of thinking; Messiah time

The Marx's Value Theory from the Point of the Exchange Custom in Capital

NIU Xiao-xue

Abstract:

Most of the existing discussions on Capital use the concept of abstract labor to define value, which is to highlight the objective law that value of commodities is from objectivity of abstract labor. However, this train of thought ignores the habitual action in exchanging process of commodities. As against these considerations, this paper will rethink Marx's value theory from the point of exchanging customs, which are presented in the connection between habitual actions and economic institutions. This will locate Marx's theory relative to institutionalist thinking. The first part of this paper focuses on Marx's discussion of the value source, the second part explains the process of the value form by absorbing the idea of habitual actions from institutionalist economics. As a summary, the third part responses to institutional economists' questions on Marx's value theory and draws attention to a peculiarity of capitalism.

Keywords:

value law, condensed labour, social custom, metaphor, institutionalist economics

On Epistemology of Natural Science Based on Abstraction of Exchange Act
——an Explanation of Commodity Exchange in Intellectual and Manual Labor

LI Ling-jie

Abstract:

Standing on historical materialism, Sohn-Rethel defines the epistemology of natural science as a form of consciousness determined by social being. In order to find out the realistic root of epistemological category, he re-explains temporally and spatially the commodity exchange through division of labor. It is in need of a broadening of current horizon. To focus on the abstraction of exchange act needs a rather historical perspective. On this occasion, Sohn-Rethel interprets the exchange act as a social act leading to intellectual and manual labor. The dualistic character of Kant's Philosophy thus gets its social explanation, which means that the synthetic a prior essence of natural science modeled by Kant's epistemology is no more than a theoretical expression of social synthesis. Furthermore, the four dimensions of temporal-spatial variation included in exchange act becomes the phenomenological foundation of pure time and space as category a prior and individual immanent experience.

Keywords:

Division of Labor, Social Synthesis, Category a Prior, Exchange, Epistemology of Natural Science

Criticism of Modernism Based upon the Logic of Capital
——An Analysis of Unoist Theory of Marxism

YOU Xin-wei

Abstract:

The Unoist theory of Marxism one of the most important Marxist theories in Japan. It consists of three parts, i.e. the pure theory of Capital, the historical stages of capitalism and the analysis of capitalist economy in the real world. Uno Kozo also thinks that we have to research the laws of capitalism first, so as to comprehend human's action of material production which belongs to all the social forms. At last, Uno Kozo transformed the traditional Marxist theory of economic crisis. He regards economic crisis in capitalist society as a process which loops itself forever as business cycle, without self-collapse based on its own logic. In this way, capitalism is the center of history which signifies rationalism or modernism itself. We have to reflect the limit of rationalism and modernism if we want to overcome capitalism.

Key words:

Uno School; the Logic of Capital; Historical Materialism; Economic Crisis; Modernism

Karl Polanyi's Search for Freedom in a Complex Society
Claus Thomasberger and Michael Brie

ZHANG Run-kun

Abstract:

Starting from the last chapter of The Great Transformation and related theoretical background, this article discusses Polanyi's search for freedom in a complex society from three aspects. First, while criticizing the utopian character of the liberal concept of freedom, Polanyi points out the necessity of the overview to free and responsible decisions. Secondly, by clearly distinguishing the vehicle of the countermovement from the countermovement itself, Polanyi illustrates the inner relationship between the realization of freedom and the "society as a whole". In the third part, this article analyzes the current threats to freedom, and emphasizes that the realization of freedom in the 21st century requires social transformation and the expansion of overview.

Keywords:

overview, countermovement, freedom, ethics of responsibility

Is fairness a social phlogiston?
——Interpretation of the Controversy about Exchange Fairness in "On Housing Questions"

WEI Bo

Abstract:

Engels proposed in "On Housing Questions" that fairness is a social phlogiston. Analytical Marxism believes that this view of Engels is actually a moral relativism. In fact, the concept of fairness in "On Housing Questions" is an exchange of fairness. The picture behind it is "eternal fairness" based on the idea of "free individual possession". Engels believes that it is meaningless to talk about fairness only in the field of exchange, because the concept of exchange fairness cannot be self-consistent in the face of employment relationship. In this sense, fairness is the social phlogiston. However, Engels did not deny fairness. He proposed not to understand fairness from the perspective of fairness, but to understand fairness from the perspective of economic relations.

Keywords:

Eternal Fairness, " On Housing Questions ", Exchange Fairness, Social phlogiston

Nature, Autonomy and Identity: the Re-Foundation of Human's Emotions in Three Dimensions
—— A Comparative Study of Marx and Spinoza

Qiao Ge

Abstract:

The questions of emotion and passion in Karl Marx's work has traditionally been neglected by scholars, partly due to the criticism of the humanism interpretation of Marx. Modern radical left students would like to gain new understandings of Marx through the lens of Spinoza's work. However, in the context of Post-modernism, they fail to fully capture the unique link between Marx and Spinoza's understandings of human emotion. Marx and Spinoza share a threefold defense of emotion idea. First, they re-rationalize emotion and recover a kind of monism. Second, they follow the" check and balance" principle that dates back to the 17th century, and make a distinction between active emotion and passive passion. Third, they inquiry on the social mechanism of emotion so as to rebuild common identity among isolated individuals.

Keywords:

Marx, Spinoza, Emotion, Autonomy

Foucault on Government of Self and Others

LI Jia-hong

Abstract:

Foucault's theoretical project in the last 7 or 8 years of his life was combed through in this article, emphatically his lectures given at Collège de France in 1977 and 1978. The major point is that between the Foucault of power presented in *Discipline and Punish* and the later Foucault of culture of the self, there has never been any rupture; on the contrary, there has only been a smooth transition between power and culture of the self which centers on governmentality. Through governmentality, the old analytic mode of power-resistance that Foucault previously adopted turns into the relational structure between government and truth, formulating in turn his narrative framework and basic thread about self-government and subject production. Meanwhile, Foucault's historical appraisal of modern governmental technology provides us with new perspectives in our critical perception of such crucial subjects as the concept of modern state and contemporary neo-liberalism.

Keywords:

Foucault, Governmentality, Neo-liberalism, Culture of the Self

Time Theory: Another Key to Understanding Lefebvre

GUAN Wei

Abstract:

In the late stage, Lefebvre systematically studied the time problem and proposed the theory of rhythmanalysis as an important part of its overall theoretical system. The core purpose of rhythmanalysis theory is to integrate rhythm with everyday life and rethink the alienation of everyday life. The main thread of logic running through the "rhythm analysis" theory is "how is everyday life alienated, with what, and how to overcome alienation."

Lefebvre completed the re-synthesis of his life theory with rhythmanalysis theory, criticizing the time alienation control mode with rhythm control as the method under capitalism conditions. He also tried to combine the microscopic research of everyday life and body with the macroscopic study of time to explore the mode of human liberation.

Keywords:

Lefebvre ; Everyday Life ; Time ; Rhythmanalysis ; Body

Relational Body View: The Theoretical
Basis of Giddens'Life Politics

CHENQu

Abstract:

As an important dimension of social theory, body occupies an important position in western social theory in 1970s. With the development of economy and social life, the discussion of body has surpassed the traditional philosophy of mind-body dualism, and has gradually developed into the sociology of body, which is connected with political, historical and social issues. As the practice field, the change is closely related to the change of social and cultural forms. In the late modern age, the traditional relations among body, property and sex changed with the development of economy and social life, and some ethical problems caused by body attracted the attention of social theory research. Anthony Giddens, a contemporary British social theorist, regards body as an active system of action, which is loaded with new intimate relations in the late modernity. Combined with Giddens'view of relational body, this paper analyzes its theoretical origin and reveals the relationship between his body view and his life politics theory.

Keywords:

the View of Relational Body, Action System, Agency, Spatiality of Situation

How to get out of"overly institutionalism"of
Hegel's Philosophy of Right
——From the perspective of Honneth's recognition theory

REN Xiang-wei

Abstract:

Honneth strongly emphasized the contemporary value of Hegel's Philosophy of Right. He believes that Hegel's Philosophy of Right contains rich ideas of recognition, Mutual recognition constitutes the central theme of Hegel's Philosophy of Right especially in the field of ethics. But these relationships of recognition are often based on some laws and systems which be formalized. Therefore, it highlights the characteristic of Hegel's"overly institutionalism"in Philosophy of Right. In order to get out of the stereotype of Hegel's"absolute system theory"and realize the goal of reactualization to Hegel's Philosophy of Right, Honneth revised and developed Hegel's recognition of Philosophy of Right in The Pathologies of Individual Freedom, especially, he emphasizes the non-institutionalized communication relationship of"love"and"friendship", as well as the symmetric form and horizontal dimension of recognition.

Keywords:

Honneth, Hegel, Recognition, Absolute System Theory, Philosophy of Right

AlternativeThinking on Eliminating Division of Labor
——On Ali Ratanci's Interpretation of Marx's
Thought of Division of Labor

LI Xiang-shang

Abstract:

Ratanci reveals the path of Marx from the elimination of division of labor to the elimination of the division of labor. The deep background of this turn is that Marx thinks about the transformation of the logical starting point of division of labor from "exchange" to "production" and discusses Marx's view of division of labor, exchange, and market Under the socialist system, believes that Marx's view of retaining social division of labor under the socialist system and adopting a repulsive attitude toward market and exchange needs to be revised.Ratanci's point of view has important implications for us to deeply understand Marx's theory of division of labor, but it also shows some debatable places.Ratanci did not notice the significance of historical materialism in Marx's theory of division of labor and the internal relationship between the elimination of division of labor and the criticism of capitalist system in Marx's theoretical discourse.He did not notice the distinction between Marx's late stage of socialist development and the Rethinking of exchange relationship.

Keywords：

Division of labor, Alienation, Ratanci, Class

A Typological Analysis of Nationalism Studies

ZHANG Mi-lan

Abstract：

Nationalism has had a profound influence on the world process as a powerful shaping force in modern history.This social thought has become a topic of discussion among historians and anthropologists since the mid-20th century.The purpose of my paper is to sort out the typology of the main schools of Western nationalism and to clarify the core concern of primordialism, modernism and ethnosymbolism, meanwhile pointing out some breakthrough over the classic paradigm.Grasping the research context of contemporary Western nationalism has great significance for the study of Chinese nationalism.

Keywords：

Nationalism, Nation, Ethnic

《当代国外马克思主义评论》稿约

1.《当代国外马克思主义评论》是由复旦大学当代国外马克思主义研究中心主办的学术丛刊,现已被收录为 CSSCI 来源期刊(集刊类)。本刊以关注当代国外马克思主义研究的最新动态,加强国内外马克思主义研究的交流与合作,促进马克思主义研究的发展为宗旨,欢迎海内外专家学者赐稿。

2. 本刊学术性和思想性并重,倡导从哲学、社会学、史学、政治学、经济学、法学、伦理学、宗教学、人类学、心理学、美学和文艺批评等专业的角度展开对当代国外马克思主义的研究。

3. 本刊主要栏目为:研究性论文,专题论文,论坛,书评,学术动态,笔谈,访谈等。其中研究性论文一般限制在 1—2 万字,专题论文一般限制在 1.5—3 万字,书评一般限制在 1 万字以内。

4. 本刊对于来稿的形式作如下规定:原则上只接受电子投稿;电子版稿件请用 Word 格式,正文 5 号字体;注释和引文一律采用脚注;正文之前请附上英文标题、中英文的摘要和关键词,作者简介,并请注明作者联系方式。

5. 本刊采用匿名审稿方式,收稿后 3 个月内将通知作者稿件的处理意见。

6. 来稿经采用发表后,将赠刊 2 本并致薄酬。

7. 凡在本刊上发表的文字不代表本刊的观点,作者文责自负。

8. 凡在本刊上发表的文字,简繁体纸质出版权和电子版权均归复旦大学当代国外马克思主义研究中心所有,未经允许,不得转载。

9. 编辑部联系方式和来稿地址:上海市邯郸路 220 号,复旦大学光华楼西主楼 2622 室,复旦大学当代国外马克思主义研究中心,《当代国外马克思主义评论》编辑部,邮编:200433 电子信箱:marxismreview@ fudan.edu.cn。

策划编辑：崔继新
责任编辑：曹　歌
责任校对：周　昕
封面设计：王春峥
版式设计：东昌文化

图书在版编目（CIP）数据

当代国外马克思主义评论 . 19/复旦大学当代国外马克思主义
　研究中心编. —北京：人民出版社，2019.12
ISBN 978－7－01－021711－6

Ⅰ.①当… Ⅱ.①复… Ⅲ.①马克思主义-研究-国外-现代
②西方马克思主义-研究-现代 Ⅳ.①A81②B089.1

中国版本图书馆 CIP 数据核字（2019）第 299766 号

当代国外马克思主义评论（19）
DANGDAI GUOWAI MAKESI ZHUYI PINGLUN（19）

复旦大学当代国外马克思主义研究中心　编

人民出版社 出版发行
（100706　北京市东城区隆福寺街 99 号）

北京建宏印刷有限公司印刷　新华书店经销

2019 年 12 月第 1 版　2019 年 12 月北京第 1 次印刷
开本：710 毫米×1000 毫米 1/16　印张：28.5
字数：376 千字

ISBN 978－7－01－021711－6　定价：68.00 元

邮购地址 100706　北京市东城区隆福寺街 99 号
人民东方图书销售中心　电话 （010）65250042　65289539